"十三五"江苏省高等学校重点教材

江苏高校品牌专业"应用心理学"建设工程基金资助
南京师范大学"心理学研究方法"教学团队建设成果

实验心理学

邓 铸◎编著

介绍
「心理学实验」
的基本模式

北京师范大学出版集团
BEIJING NORMAL UNIVERSITY PUBLISHING GROUP
北京师范大学出版社

图书在版编目(CIP)数据

实验心理学/邓铸编著. —北京：北京师范大学出版社，2016.8
(2025.8 重印)

(高等学校心理学精品教材系列)

ISBN 978-7-303-20501-1

Ⅰ.①实… Ⅱ.①邓… Ⅲ.①实验心理学 Ⅳ.①B84.

中国版本图书馆 CIP 数据核字(2016)第 104409 号

SHIYAN XINLIXUE

出版发行：北京师范大学出版社 https://www.bnupg.com
　　　　　北京市西城区新街口外大街 12-3 号
　　　　　邮政编码：100088
印　　刷：北京虎彩文化传播有限公司
经　　销：全国新华书店
开　　本：730 mm×980 mm　1/16
印　　张：29.5
字　　数：516 千字
版　　次：2016 年 8 月第 1 版
印　　次：2025 年 8 月第 9 次印刷
定　　价：59.00 元

策划编辑：沈英伦　　　　　责任编辑：常慧青
美术编辑：李向昕　　　　　装帧设计：李向昕
责任校对：陈　民　　　　　责任印制：马　洁

序

　　2006年，要出版《应用实验心理学》时，为其写"序"，想起过往的人和事！自然，我作为"实验心理学"教师的职业起点清晰地浮现于眼前。今天也一样，油然忆起我的心理学启蒙老师——当年在河南师范大学教育系任教的华克伦教授。不同的是，2006年，华克伦先生还健在，我有机会把《应用实验心理学》呈于他的眼前，看着他欣慰的笑容，我心里很踏实；2015年，华克伦先生却已在天堂。他还能看着这本《实验心理学》，用慈祥的笑容继续给我鼓励吗？来自心底的声音告诉我——能！什么时候都不会忘记，"1989年，我是先生的助教；1990年，先生是我的'助教'！那一年，我开始讲授实验心理学，教室后排坐着我那位白发'助教'！每次上课，站在讲台上，看着那张慈祥的面孔，心中充满感动，语气中也不知不觉地增添了许多激情，鼓动得不少学生开始热爱起心理学来。然后，我又被学生鼓动着，也跟着热爱起心理学来！"（邓铸，2006）

　　相当程度上说，我是一个因果论者，不相信虚无世界，但相信人的精神层面的力量。这精神层面的力量也一定是来自时间过程中的信息环境变迁，及在其中的主客相互作用的自适应性建构。人的知识、信念和智能结构均是在内外信息的结合中不断改组重建而来的。1990年至今，恰是我国大陆地区心理学迅速繁荣的时期，也是国际心理学的格局发生重大转向的时期，信息量很大，各种观点的冲突或交融也很频繁，技术发展让人应接不暇，由此带来的学科成果积累很快。我们还可以注意到一种现象，心理学自身成果积累越多，心理学越是能够注意到相邻学科可借用的知识和技术越丰富，当心理学能够做到充分地吸纳众多学科发现的时候，它就真的可以期待洞见灵魂的奥秘了！可见，心理学需要修炼，心理学者也需要修炼！修炼的方法之一就是打好基础，还要有谨思勤思的习惯和开放的胸怀。

　　2000年之后的十几年，我国高校的"应用心理学"专业发展迅速，绝大部分开设心理学本科专业的高校都将专业名称叫作"应用心理学"，所以心理学的教学和人才去向，都要找到一个"应用"的支点，我在教学中受了影响，不断地强调方法的可应用性，这就有了2006年的《应用实验心理学》。《应用实验心理学》出版后，很快得到同行的认可，特别是在实验心理学的基本原理、设计方法的表述方面，让学生看到了心理实验研究的基本逻辑和其中的乐趣。他们不觉得"实验心理学"难学了。少了几分敬畏，也就乐意去尝试。我的不少本科生开始做起实验设计和实施研究计划，也信心满满地投稿发表论文了。在那本书中，我花费了不少篇幅介绍感知觉、记忆、思维等方面的具体实验，也谈到"人因工程学"的基本理念和方法。目的就是要推动实验心理学的方法和技术在实际中的应用。

可是当加强了实验心理学教学之后，我感觉具体实验的教学分量不够，于是促成了南京师范大学心理学本科培养方案中《心理学实验》的独立设课，也因此有了更多老师加入这个教学的队伍。此后，一发而不可收，我的年轻的同事们纷纷将新实验技术引入教学，带领学生开展较为前沿的实验研究，帮助学生掌握了 E-Prime 编程软件、眼动技术、ERP 实验技术、fMRI 实验技术等，于是又有了"心理学实验新技术"的选修课。随着课程的分化，教材的编撰也应有所分化，有了编撰系列教材的必要，即除"导论"性的教材之外，还应有具体实验技术类的教材。2012 年，在"万千心理"的石铁先生策划下，我出版了《实验心理学导论》（中国轻工业出版社）。《导论》中包含了心理物理学方法、反应时间的部分，未再涉及感知觉、记忆、思维等具体实验研究的分支领域，将篇幅集中于介绍心理学实验研究的一般方法、基本程序和常用设计类型。出版效果很好。

但是在后来的教学中，还是有了新的发现：许多学生学习了实验设计方法之后，要自己设计一项研究的时候，感到"无米下锅"，守着实验设计的一般模型，却无实验内容装进去。等到《实验心理学》课程开设之后，过个一年半载，学过了多门专业课程，"米"有了，却又忘记了该装在哪个锅里，研究内容与实验设计方法还是脱节了。所以，教学中对于研究范式的介绍，并由范式介绍带入案例，就成为非常必要的事情了。再者，我也注意到，有不少高校，在开设"实验心理学"时，并未把"心理学实验"作为独立课程开设。基于这样的思考，实验心理学教材还不能只是关注实验设计模型，也必须适当介绍各具体实验研究领域中的实验范式及案例。这就是编撰本部《实验心理学》的基本意图。

实验科学有其自身的规律和规则，使用这些规律和规则，就可以有效克服研究者的主观性可能带来的错误，至少可以有效减少这些错误。可是，在我们强调这种方法的时候，总会有来自学科内部的尖锐批评。这些批评有些是有道理的，有些则带着某种情绪而显得急躁。其实，强调方法，不等于忽视问题，并不是"以方法为中心"。实验心理学始终强调"问题为中心"，因为科学实验研究的核心主题就是探索未知，未知而想知，就有了研究的问题，然后才是寻求有效的研究方法、技术和程序。实验心理学就特别强调这一点。在与同行交流时，我们没有必要害怕批评的声音，甚至应期待听到不同的观点，以便于镜己，不断地修正我们的表述。关于心理学研究，我有两点想法是非常明确的。

第一，心理学研究的对象是人的心理现象，而心理现象是脑派生的，所以人的心理活动无论多么高级，都不可能脱离神经系统的运动而发生，即使是人的社会文化属性，又何尝不是人在自小而大的成长过程中，通过对社会生活环境提供的信息经输入神经系统而不断加工、积淀或建构而来的呢？这其中必然存在着基于神经系统运动规则的确定性和变异性。因此，心理学排斥自然科学的方法是没有道理的。当然，如何引入和使用自然科学的方法，将这些方法运用于什么问题和研究情境，那就要具体问题具体分析了，换句话说，那就是研究者们自己的智慧问题了。

第二，心理学研究的人及其心理活动，具有多重属性和多个侧面，也存在于千万种不同的主客状态中，有时带有随机性，有时处于多变量的交互作用中，是迄今为止，我们所知道的最为复杂的运动系统。对于这样的研究对象，心理学必须采用多方法多技术，或者说，必须容许采用各种取向的研究。我们也不要指望哪一种方法能够包办一切，不要指望哪一种方法完美无缺。采取不同研究取向的心理学家可以互相交流，带着尊重的心态去互相批评，心理学需要这样的氛围。说到这，我想起"盲人摸象"的故事，这些摸到了大象某些部位的盲人们都很自信，于是高声谈起自己的认识，互相争辩起来。其实，这群盲人很值得欣赏，都切实地去探究了一番，然后很有信心地表达自己的观点，争执中也还是保持很平等的氛围。我相信，争执之后，他们可能会对自己的认识产生怀疑，或许聪明的盲人就会去别的部位摸一摸。在进一步探究之前，他也可以多听听其他言者的声音。总之，心理学的研究需要多种方法的共存。擅长不同方法的研究者可以在某一侧面做出自己的贡献。你完全可以预见到，我们的队伍中，肯定会有一些同行是更乐于或更善于进行资料收集、整理、思考，将研究的成果进行理论抽象的，心理学的理论就是这样地向前发展了。

不管采用何种方法去研究，都应先踏踏实实地去学习这种方法。要切实地掌握具体方法的内在逻辑、基本路径和使用规则，既灵活变通又符合共识，而不可以在未经严谨过程的时候，生搬硬套，出现了问题还强词夺理。实验心理学主要是介绍心理实验的基本逻辑、基本模式、常用范式和有效技术，成为心理学作为科学的知识积累的主要方法学。本书在编撰体系上，依然不准备包罗万象，但也要顾及许多学校课程体系安排的情况。本书主要由两部分组成：第一部分（第一章至第六章）是关于心理学实验研究的基本逻辑、基本程序和常用设计模型；第二部分（第七章至第十三章）是关于心理学基础研究领域中的常用典型实验范式。做这样的安排，正是对多年实际教学思考的结果。

2014年，习近平总书记在北京师范大学考察时，走访了心理学部的团队行为、学习困难评估、学习能力提升等实验室，仔细观看了实验仪器上显示的被试者脑电波等图像和数据，了解了学校心理学科的发展以及在灾后心理重建、航天员选拔、南极科考等领域转化运用心理学的情况。2022年，习近平总书记在党的二十大报告中强调："教育、科技、人才是全面建设社会主义现代化国家的基础性、战略性支撑。"习近平总书记对心理学特别是实验心理学的重视，为我们做好新时代高校心理学专业学生的教育和培养工作提供了根本遵循，也为我们在专业课教材编写的过程中明确了目的和标准。习近平总书记关于科教兴国的论述，令我们振奋于为国之大计、党之大计做好支撑工作的终极使命。这本书源于近三十年的教学实践，也是几经探索的再一次总结提升，希望它能给同行教师和学生有益的帮助。但是，由于我的学识有限，书中难免有不足甚至错误之处。惶恐之中呈于专家、同行和青年学生面前，期待指正赐教！

邓　铸

目　录

第七章　心理物理学实验范式　187

第八章　反应时间的实验范式　226

第九章　　感知觉的实验范式　　251

第十章　　注意的实验范式　　291

第一章
作为实验科学的心理学

科学实验多以探索未知为目的,常带有一定的理想化特点,而且需要研究者的逻辑推理与数学思维。科学研究是理性过程,但容易受研究者的非理性和其他主客观因素影响而出现偏差。为保证结论相对可靠,研究者共同体不断总结出科学研究的规则和有效程序,这就是科学方法或范式。心理学自从采用了科学方法并在形成较完整方法学体系的过程中,不断走向辉煌。

本章要旨与重点

◆ 科学实验方法的主要特征：以探索未知为目的，以现象观察积累经验材料，带有一定的理想化，需要逻辑推理与数学思维相结合，总会伴随研究者的主观性。

◆ 广义的实验心理学是科学心理学的代名词，它采用实验方法探索人的心理活动的本质与机制，其发展经历了酝酿期、建立期、分化期和繁荣期，现已渗透到社会生活的广泛领域，且正在与其他学科的综合中揭示人的高级智能本质。

◆ 狭义的实验心理学，就是关于心理学实验研究的基本理论、基本方法和技术手段的学科，主要讨论如何在控制条件的结构化观察中收集资料和分析资料，揭示人的心理活动的基本规律，为社会实践服务。

◆ 中国实验心理学开始引自西方和日、俄，曾在历经战乱、政治动乱的曲折道路上艰难发展。改革开放以来，走上了快速生长之路，迎来了今天的繁荣期。

　　科学开始于人类意识的觉醒和生存斗争，好奇心则是其中永不枯竭的内驱力。人们可以通过"臆想"、"直觉"和"观察"来满足好奇心。臆想的"幻境"是美妙的，直觉的"发现"是睿智的，观察的"结果"则更具有确定性——引导人们走向无限的探索生涯，在经验中求证，在经验中叩问世界的奥秘！实际上，希腊哲学中唯理论和经验论最能反映人类认识世界的两条道路。唯理论可靠吗？毫无疑问，其中不乏真知灼见，处处闪耀着哲学家的思想光芒，但又时常与观察到的现象不相吻合，人们无法不困惑犹疑。经验论可靠吗？感性世界的生动和直观，让人们相信经验论更有助于积累实在的知识，并发展出一系列获取实在知识的方法和技术，这是科学发展的最主要特征。但要注意，我们切实经验到的未必都是真实可靠的。就心理学而言，观察技术、测验技术、相关技术和实验技术等，在我们认识人的精神现象中都发挥着重要作用，而且时时表征着心理学科学化的追求。

　　实验心理学（Experimental Psychology）充分体现了心理学作为一门科学的性质。

第一节　科学实验方法的主要特征

　　恩格斯说："在希腊人那里是天才直觉的东西，在我们这里是严格科学的以实验为依据的研究结果，因而也就具有确定得多和明白得多的形式。"（恩格斯，1971）用设计和实验的技术从自然世界挖掘奥秘，就是科学实验的方法。弗朗西斯·培根（Francis Bacon）认为，科学是实验的科学，他最早系统地提出了实验方法和归纳方法，构建了唯物主义的经验论。实际上，心理学也是因为系统采用实验方法之后才被认为是科学的。那么，科学实验（scientific experiment）具有哪些特征呢？

一、以探索未知为目的

　　不管结果会被应用于何处，是带来有益的还是破坏的后果，真正的科学实验，大都是以探索未知为其基本目的的。所以，科学实验多是从未解的问题开始，在控制条件下，通过观察和探索客观对象有关变化规律和机制的一种研究方法。它是人类获得知识、检验知识的一种实践形式。换句话说，如果没有求解的问题，就不可能出现真正的科学实验研究。当然，问题求解或探索规律，还有其他许多不同的方法可用，科学实验只是其中的一种，却是最基本的和最常用的科学研究方法。

　　科学实验是从问题(question/problem)开始的。科学问题是指研究人员基于特定的科学知识背景和认知目的提出来的待解矛盾或疑难，它往往反映了科学认识和科学实践的需要，表现为科研人员在科学探索过程中理想的目标知识状态与现实知识状态间的差距，与未被认识的现象或规律相联系，但又不同于现象或规律本身，因为未被认识的现象或规律只有进入人类的探索过程才成为科学问题(刘大椿，2004；张培林，等，2005)。所以，科学研究的第一步就是问题的发现或识别。

　　科学问题是未解的矛盾或疑难，但并非遇到的所有矛盾或疑难都是科学问题。根据疑难的性质，可将其划分为知识性问题和探索性问题(吕群燕，2009)。知识性问题是对具体个体来说的，它产生于该个体对相关背景知识的未知，而不是产生于对科学背景知识的系统检索与分析，反映的只是对所提问题的求解期望与提问者当前知识积累的差距。此类问题的求解只是个体查询、学习和掌握背景知识的过程，却不会为背景知识的累积做出贡献。例如，"灯光刺激信息是如何传递到大脑皮质的?"这个问题的答案在背景知识中是已知的，只是一些人不知道，但科学界是知道的，提问者通过查询和学习就可以解决这个问题，所以，这不是科学问题，构不成科学研究的任务。探索性问题则产生于对科学背景知识的分析，反映当前科学技术背景与所提问题的求解理想的差距，问题的答案在背景知识中未知或部分未知，需要通过各种手段获得新的信息或掌握新的方法才能解决。求解过程中可能会有新发现，成为背景知识的新成分。科学研究中的问题必须是探索性问题，它的答案不仅提问者不知，而且整个科学界都不知。因此，对科学问题的求解，将为背景知识提供新信息，甚至即使没有最终解决问题，也能提供新知识，不断促进理论的进步和科学的发展。

　　在科学探索过程中，经常是一个问题的解决会诱发出新问题，而新问题的解决又会诱发出更新的问题，这种环环相扣、层层推进的过程，就有可能导致科学的重大理论突破(吕群燕，2009)。例如，在现代认知心理学领域，从"短时记忆存在吗?"这一问题的解决，又激发出"是否还存在保持信息的时间更短的记忆系统?"从而启发出"部分报告法"记忆实验，出现了图像记忆、声像记忆的概念，发展出三级信息加工模型。例如，20世纪中期发展起来的信息加工心理学，在不断地解决"人脑是如何像电脑一样进行信息加工的?"一系列问题之后，激发出一个重大问题：人脑信息加工依靠的是复杂的具有层次结构的神经网络，它可以进行大量的并行加工，而电脑好像在此方面很有限。人脑真的像电脑那样工作吗？由此问题导致了大量认知神经科学的实验研究，建立起当代崭新的联结主义认知心理学，这被称为第二次认知革命。

可见，科学的发展是在问题的相继出现和解决的过程中实现的（张大松，2008；眭平，2007）。

当然，科学问题的生成也有一个过程。通常，研究者先遇到疑难或矛盾，然后系统检索背景知识，试图从中找到问题答案。如果问题获解，这个疑难或矛盾就解除；如果问题依然未能获解，疑难或矛盾就有可能成为需要进一步探索的科学问题。当然，背景知识是过去经验的积累，常常会存在一定的历史局限性，对问题的解答也有可能会被视为不理想的，矛盾就依然未被解除，还可能成为探索性问题。在特定领域中开展科学研究，较为全面的背景知识就成为一个基本条件，否则，发现或识别科学问题就会出现困难或偏差，许多时候，可能是在研究"假问题"——科学界已经解决了的问题，再对之进行研究就是重复，就不是探索未知。从生成过程来说，科学问题大致可以分为四种基本类型：科学理论与科学事实间的矛盾、科学事实间的矛盾、科学理论间的矛盾、科学理论自身的矛盾（马来平，1992）。

（一）科学理论与科学事实间的矛盾

特定科学领域已形成的理论和纳入研究范围的事实，分别叫作科学理论和科学事实，它们是构成一个科学研究领域的两个基本要素，二者的辩证互动成为科学发展的基本驱力。一方面，科学事实是科学理论形成的基本依据和检验的试金石；另一方面，科学理论最基本的功能就是解释已知科学事实以及预见未知的科学事实。解释科学事实，就是以科学理论所揭示的普遍性原理来说明具体事实的发生发展过程及其表现形态的必然性或合理性，事实的个别性被纳入理论的普遍性。预见科学事实，就是在一定条件下，凭借理论所揭示的基本原理预测未知事实的可能发生或可能表现形态。由于人们的认识在本质上是具有相对性的，任何理论都不会是完美无缺的永恒真理。在复杂多变的现实中，科学理论的解释和预言总会有遭遇失败的时候。当某一理论无法合乎逻辑地解释某一事实的发生及存在形态，或由理论预测的可能事实及其形态并未出现，就意味着解释和预测的失败，科学理论与科学事实出现了矛盾。这时认识主体的当前知识状态与所要达到的目标之间出现差距，科学问题便出现了。理论与事实的矛盾引发的科学问题，在任何一个科学领域都很常见，它甚至是科学持续发展的基本方式。

（二）科学事实间的矛盾

科学事实是感性的、具体的，有相对的可靠性，但也有分散性和表象性。人类的认识不会停留在具体的事实层面，总是倾向于探寻事实背后的本质、共性、必然联系等普遍性。这种普遍性的探索，有时是通过对典型或重大科学事实进行研究实现的，但更多情况下是通过寻找科学事实之间的联系而进行的。就是说，当要探索不同科学事实之间的联系时，科学问题就生成了。

科学事实间的矛盾成为科学问题，这有两种情况。一是相反的事实，即同一范畴的现象出现了两种相悖的或相反的形态，形成相互对立。这种情况往往会引起研究者的兴趣，成为典型的科学问题。在记忆研究领域，沃灵顿和魏斯克伦茨(Warrington & Weiskrantz，1968，1974)在对遗忘症患者(amnesic patient)的研究中发现，这些患者在再认测验中不能辨别先前学习过的单词，而在补笔测验中，却对先前呈现过的单词表现出正常的保持效果。这一对立结果激发了人们对内隐记忆的兴趣。二是同类或相似的事实，当同类的科学事实数量增多，显示出某种统一性时，会引起研究者的兴趣，成为科学问题。基于科学事实之间关系产生的科学问题，不论是相反事实间的关系，还是同类事实间的关系，都具有追求统一性的性质。

(三)科学理论间的矛盾

科学理论是按照逻辑规则严密组织起来的知识系统，其核心是那些足以体现其基本观点和倾向的一组概念及其关系，从其核心推演出来的不同层次概念、范畴、公式、定律、定理和推论构成理论的各种变式和具体表现形式。例如，牛顿力学理论体系中有八个基本概念和三个基本关系，八个基本概念是质点、质量、力、运动、空间、时间、加速度和万有引力，三个基本关系是惯性定律、加速度定律、作用力与反作用力定律。整个经典力学就是以这些基本概念和基本关系为基础，进行各种推演而形成的一个逻辑严密的理论系统。

另外，在一门成熟的学科里，科学理论都不是孤立存在的。它们往往要依附于一定的科学体系，以及具有一定的哲学背景，即所谓"形而上学基础"。由于基本概念和基本关系所体现的思想不同，以及由于科学理论所依据的哲学背景不同，带来了各自在理论出发点、研究重心、研究方法、思维方式等方面的差异，不同的科学理论之间发生矛盾是十分正常的事情。科学理论的矛盾常常表现为对经验解释的差异。当人们所了解到的关于客观事物的解释与经验到的现象存在差异，而又引发了好奇心时，经验问题就产生了。例如，我们看到一滴墨水在水杯里迅速扩散，某个人已有知识无法对此做出解释，因此很好奇，试图寻求对此现象的解释，经验问题就出现了。当然，个体的经验问题，不一定能上升为科学问题，因为有些经验问题可以通过查阅背景知识找到答案。如果背景知识中也没有答案，科学问题就生成了。或者，个体信奉的理论与经验存在矛盾，人们也会觉得"有问题"。特别是，当不同的理论对同一经验做出截然不同甚至相反的解释时，就可能会出现尖锐的对立和纷争。不同科学理论的信奉者竭力寻找有利于自己的证据和不利于对方的证据，由此诱发出热烈的科学实验的激情。自然科学发展中此类事情很常见，例如，光学领域旷日持久的微粒说和波动说之争，就是典型的经验问题。在心理学中，关于人的智力的遗传决定论、后天决定论也是持续地存在着对立，迄今未完全解决，不同理论信奉者都可以找到很多经验依据。

（四）科学理论自身的矛盾

科学理论的形成往往是研究者在经验材料和已有理论背景的基础上提出假说，再不断地根据新的科学事实修正、补充和完善，然后发展出来的。科学理论产生后，认识并没有停止。科学理论存在相对的可靠性和不同程度的可错性，理论构成成分之间或科学理论不同阶段之间的差异和矛盾会在一定条件下表现出来，由此引发大量科学问题。由于科学理论都有自己特定的经验事实基础，而特定的经验事实都是在特定时间或空间中发生的，必然具有一定的个别性，甚至偶然性，依此抽象或概括出来的"普遍性"常常会"以偏概全"。当更多的事实呈现在面前时，理论就可能会暴露出与该范畴内其他事实的矛盾。或者，理论内部存在自相矛盾，即逻辑不能自洽，都能暴露出理论的缺陷，随之成为科学研究的新问题。

二、以现象观察为基本形式

"现象"（phenomenon）是一个哲学术语，与"本质"构成矛盾关系，"是本质在各方面的外部表现，一般是人的感官所能直接感觉到的，是事物的比较表面的零散的和多变的方面。"具体地说，就是人能够看到、听到、嗅到、触摸到的一切自然的或社会的情况，是人感知的一切对象。在科学研究的范畴内，观察（observation）就是有计划、有目的且持久的感知。科学首先就是现象观察，其次才是基于观察的本质概括和抽象。

现象观察在早期人类生活实践中就自然发生了，它建立起早期人类的经验世界，也逐渐推动了人类语言文字的出现和发展、劳动工具的发明和制造，人类的生活境遇逐渐摆脱其自然属性，走向科学和文明的状态。人类实践活动的范围和复杂程度越来越高，接触到的现象越来越多（这也包括人与人之间的各种现象和关系），而文字可以很好地记录下他们觉得有趣的现象。当人类社会发展到可以使一部分人从体力劳动中解放出来，专门去追溯各种现象的前因后果时，他们就成为科学的真正先驱，其任务就是：查阅前人记录的各种现象，观察当前所能观察到的现象（有时需要借助于一些工具来进行观察，这些工具就成为科学的仪器），尽其所能描述现象的特点和寻求它们之间的关系——这就是科学研究最基本的任务，即使到了今天，科学研究发展得多么辉煌和精湛，它也没有脱离这一基本任务的范畴。

不过，当今的科学研究程序与最初的情形相比，有一个重要而明显的不同之处。今天的科学家都拥有了某一学科或多个学科的基本理论知识，这就意味着，他在还没有进行真正的科学研究之前，就对有关现象及其关系有了比较深入的理解，在此基础上，他就可以重新审视已有的各种理论和就未知的规律提出假设，然后以观察到的现象对之进行检验。这种现代科学研究的程序使我们少走弯路，更有成效，但同时，科学家的个人经验和主观性对研究结论可靠性的影响也变得更为微妙。

正如心理学研究后来证明的那样，从事科学研究的观察者持有许多先验的或习得的经验，先入为主的信念会或多或少地影响甚至左右其观察活动（Greenwald, Pratkanis, Leippe, et al, 1986）。人类普遍存在着求证误区：有意无意中去寻求那些支持其假设或信念的现象，回避那些反驳其假设或信念的现象。此时此地的我又怎么见得没有犯这样的错误呢？即使如此，我们并不会停止对世界的探索和讨论，又总会不遗余力地为我们的各种理论寻求支持，因为我们总是对自己头脑中浮现的那一丝灵感非常自信。聪明的人们，有时对于自己的愚蠢竟那么熟视无睹，甚至还为之扬扬得意！

此类例子并不少见。14 世纪至 16 世纪，欧洲战场上的医生们曾经习以为常地使用着"滚油灼烧"止血技术，即当士兵在战场上受伤不得不截肢时，战地医生就会在手术台旁支起一口大锅，将食用油倒进去煮沸。等到手术截肢后尽快用滚油浇灼伤口以止血。当时，这一技术被认为非常有效而广为采用。然而，在一次战役中，仗打到一半，一位法国医生安布诺伊斯·佩厄尔就无油可用了，他为士兵做截肢手术后只好直接用止血带简单包扎伤口。可是，后来他发现，这些未使用"滚油灼烧"术的伤员的伤口痊愈得更好（Levine & Parkinson，1994）。这一欧洲战场上流行 300 年的止血术从此才被废止（Levine, G. & Parkinson, S.，1994）。我们还注意到，在几乎所有的医院里，医生对病人的诊断和决定是否施行某种手术都显得过于自信和不容置疑。

行为科学研究中，研究者先入为主的信念对研究结果的影响比在自然科学研究中的影响更为严重和更难以被发现。因为人的心理和行为绝不像自然现象的运动那样遵循严格的法则，它具有一定的不确定性，所以心理学发展进程中的争论更多，但也绝不是无章可循，任何现象都是偶然性与必然性的统一，心理现象也绝不例外。既然能建立科学，那就可以肯定地说，我们有办法克服个人偏见，从许许多多的偶然现象中发现必然性。此类现象的存在是无法完全避免的，但作为科学，必须有办法去发现其中的错误。

科学是经验性的，科学研究的方法要以收集感知经验为基础，问题的解答也必须得到感知经验的支持才更有可能是正确的。尽管预测性答案或假设也可以通过其他方式得到，但科学要求经验证实。俗话说，"耳听为虚，眼见为实"，强调必须亲眼所见才可以相信，不可接受道听途说。有时，根据共同感觉，一个答案可能是显而易见的，而且看上去似乎完全合乎逻辑，这个领域中的专家也都支持它，但在它还没有得到经验证实的时候它就不算是科学。

强调科学方法的经验性，更有提醒之意，即在揭示一个未知事物的规律或本质时，要有实证的意识或倾向，而不是更为便捷地只采用其他方法。美国哲学家皮尔斯(Peirce，C.S.，1877)将人们获取知识的方法总结为四种：科学方法、权威法、凝念法、先验法(Kantowitz，B.H.，2001)。权威法和先验法都是不加质疑地接受既有知识，而忽视所有可观察的否定性事实，哪怕这些事实就在眼前，也不能引起个体进一步的思考；凝念法则是固守已有的认识，排斥不同意见，修正信息和反驳性质的事实。这三种方法是相对快捷和节省精力的，但都不是科学的方法，因为这三种方法都是忽视现象感知的。

依靠感官收集经验材料，作为科学结论直接或间接的支持证据，这是科学研究的普遍特征，但不是所有的观察都是科学的。欧洲战场上的"滚油灼烧"术，300年间，似乎一直得到观察资料的支持，但最终在"有对照的观察"中被证明是错误的。

为了尽量减少研究者的主观性对科学观察造成的消极影响，科学观察要具有系统的结构性、可重复的验证性、技术的先进性等特征。

(一)系统的结构性

科学观察不能过于随意，要有结构性或系统化。观察结构是由研究中使用的程序和技术决定的，它必须经过设计，为研究假设提供可靠的验证，要么提供明确的支持，要么提供明确的反驳。

现在考虑：维生素 C 预防流行性感冒的效果有多大？要解答这个问题，只询问人们是否定期服用了维生素，在某一季度里患过多少次感冒，显然是不够的，因为这里的观察没有结构性，无论得到什么样的回答，都不能为问题提供确定性答案。特别是，我们没有确定个体服用维生素 C 的剂量水平，也没有查验那些报告患病的患者实际所患的是某种流行性感冒，还是肺炎或其他疾病，更没有考虑被调查者的年龄、总体健康水平和生活方式。我们也没有试图控制人们关于维生素和感冒的信念可能对其回答的影响而带来的偏差，没有去对那些每天都服用一定剂量维生素的人与那些服用冒牌药丸(安慰剂)的人进行比较……我们可以列出更多方面的问题来说明，这里的观察是无结构性的，所以也肯定得不到确定性结论。

在科学方法中，观察需要进行系统的设计，要在一系列特定条件下完成，以便能够准确回答正致力于解决的问题。如果你想知道维生素 C 是否能预防感冒，本书介绍的许多方法都能做到这一点，会讨论到如何以结构化研究得到具有说服力的可靠结论。

科学方法具有结构性，才能有效地保证研究的客观性。科学一直被称为"不动声色地搜索知识"，意思是说，不让研究者个人情感"污染"观察。研究中容易出现什么样的个人偏见或信念呢？通常，个人偏见来自于特定的理论。因为研究者一般都是在检验理论，他就会对研究结果有一种期待。在有些情况下，期待会微妙地影响研究发现。

研究的客观性绝不是单靠实事求是的科学态度就能保证的。比如说，要研究智力的发展水平受到什么因素的影响，我们就要考虑在一定数量的儿童当中尽可能全面地收集可能与儿童智力发展有关的资料，例如，年龄，性别，生理成熟水平（假设其中包含体重，甚至手掌大小），父母职业，成长环境等，然后你可能发现儿童智力发展水平与其手掌大小存在显著的正相关，即有明显的正向共变关系。从现象感知的水平上，我们似乎可以非常可靠地说：人的手掌越大其智力发展水平越高。显然，该结论是荒谬的。如果我们掌握了足够的方法，而且按照这些方法进行研究，就不大可能得到这样的错误结论。要想探明手掌大小与智力水平是否有关，自然有相应的方法，即控制智力和手掌以外的变量，你就会发现，在同一年龄阶段、同一性别、相似的生活环境下，智力与手掌大小的相关就不存在了。

又如，我们要用再认方法比较两个大学生对同一组单词的学会程度，可以把这些单词与没有学过的一定数量的单词混在一起，分别让两个人再认。结果甲认出学过单词的 80%，乙认出 65%，那么是否就可以说甲比乙学会的程度好呢？不能确定，因为甲乙两人在再认测验时可能有不同的自信水平和判别标准，这些个性因素会对再认结果产生影响。所以，为了得出更可靠的结论，就需要使用信号检测论的方法处理数据，减少个性因素的影响而真正看到他们对单词组的学会程度。

（二）可重复的验证性

科学观察得到的结果，应是可以重复验证的，即科学观察也可以被复制。一般来讲，科学研究的过程需要公开，以使其他研究者能够对观察的程序和结果进行可靠性评估。在特定情况下，其他研究者能够按部就班地重复同样的观察过程，对其结果进行核查。

科学共同体通过将研究报告发表在科学期刊上而使科学观察公开化，这一行动是非常重要的，因为任何私密化的事件是无法被复制或评估的。大部分学术期刊上发表的研究报告都得到过研究者同行（同一领域中的其他科学家）的评估，这是为了保证其研究过程的严密性与适合度，保证研究中不存在明显缺陷。实验研究报告必须符合各种标准才能被发表。当阅读期刊上的实验报告时，要注意其对研究方法描述的详细程度。一般，实验研究报告都有一个独立的"方法"部分，它会很详细地介绍研究了什么样的人或动物，用到了何种仪器和设备，进行了何种测量，采用了什么样的研究设计等。方法描述的详细程度应足以使他人能准确复制研究中的观察。

就如我们将看到的，由于误差或偶然因素，存在多种导致错误结论的可能性。有时研究者犯欺骗性错误而故意伪造或歪曲研究的结果。作为科学家，我们仔细地审察和评估研究报告，对研究结果持一种怀疑的态度直到更多的研究证实这些发现。总之，复制和核查的理念提供了对研究的"检查和平衡"机制（格拉维特，佛泽诺，著，邓铸，译，2005）。

（三）技术的先进性

科学观察的主体是人，其本质是人依靠智力控制下的感官活动。但仅凭自身感官的观察所及，时间和空间均很有限，需要借助于工具或仪器等技术产品去延伸感知范围。几乎所有的科学领域，都有许多研究者非常注重引入先进科技成果，提升科学实验研究的水平，推动学科发展，心理学也不例外。在实验心理学诞生初期，就已经采用了来自物理学、生物学、解剖学、医学等许多自然科学领域中的技术和设备，比如，冯特1879年在莱比锡大学那座叫作孔维特的小楼里，采用类似于当时电报人员所用的电器设备，带领他的学生完成了人对声音刺激的反应时间的测试；巴甫洛夫采用生物学的技术，精确地测量了狗在不同条件下唾液腺分泌量的变化。一百多年来，广泛采用先进技术是实验心理学持续发展的重要特征和基本条件。在今天的心理实验室中，装备了很多集成现代光电磁学、计算机科学、神经生物学、分子化学等技术的先进设备，如脑电记录仪、经颅磁刺激仪、生物反馈仪、眼动仪等，有条件的机构甚至购置了价值数千万元人民币的核磁共振成像设备。利用现代先进技术设备，可以帮助研究者观测被试在各种不同条件下的生理变化和行为反应，甚至脑内的电位变化、血流变化、细胞内分子成分变化等。

有了先进技术，实验研究就能更快、更广地积累起大量的观察资料，为形而上的理论综合奠定可靠基础。对心理学而言，可以预期，建立系统的能有效解释人的生理、心理、行为、环境和文化的相互作用的理论的可能性也在不断提高。

三、带有一定程度的理想化

科学实验的观察不同于日常生活的观察，它带有更强的目的性，为了研究目的而有计划地对观察条件进行控制，使观察情境中的可变量大幅减少，以便更好地对观察到的现象进行归因分析。所以，科学实验或多或少都带有一定的理想化特征。伽利略是近代实验科学的奠基者，他创造了一种具有时代特色的理想化实验，其理想实验方法是在实验者限定的条件下对自然界的积极怀疑，而不是培根所主张的只对自然界自发出现的现象作纯粹的观察（张礼建，郑荣娟，2004）。伽利略针对亚里士多德的力学论断：重的物体比轻的物体下落速度更快、力是产生运动的原因等传统观念，从逻辑上和实验上进行了检验、分析和反驳。1590 年，伽利略在比萨斜塔上做了"两个铁球同时落地"的实验，得出重量不同的两个铁球下落速度相同的结论。伽利略还做了大量自由落体实验，他站在斜塔上面让不同材料构成的物体从塔顶上落下来，并测定下落时间。结果发现，各种物体都是同时落地，而不分先后。无论木制球或铁制球，如果同时从塔上开始下落，它们将同时到达地面。伽利略通过反复实验，认为如果不计空气阻力，轻重物体的自由下落速度是相同的，即重力加速度的大小都是相同的。此后，伽利略使实验方法系统化并上升到理想高度。理想化的实验方法帮助近代科学形成了较好地解释自然及其现象的理论知识体系，实证科学得到广泛认同。

在心理学的发展中，理想化的科学实验方法很常用。例如，20 世纪 30 年代就开始在工厂里开展实验研究的陈立先生，曾经在五六十年代开展过一系列的关于青少年形、色偏好的实验研究。在研究设计上，为了考察青少年"形"的偏好，控制了色的变量，即让被试对相同颜色的圆形、三角形、正方形进行偏好选择；为了研究青少年"色"的偏好，控制了形的变量，即让被试对相同形状的红、黄、蓝、绿进行偏好选择。对实验材料进行了简化的或抽象的处理，带有理想化实验的性质。这样的研究，孤立地看似乎意义不大，因为它确实与客观实际有了一定的距离。但是如果在一个主题领域，不断变换控制条件和操纵条件，就会积累大量的实验结果，越来越多经验的聚合就会促进形而上的理性思维直至辩证思维。从理想化实验的结果概括和抽象出来的理论就能回到具体情境，实现对现象的解释和理解。很不幸，当时有些政治投机分子抓住陈立的"理想化实验"大做文章[①]，彻底否定了心理学的实验研究方法，甚至逐渐把心理学剔除出中国的科学阵营，将其定性为伪科学。陈立曾对此给予了明确的回击，他在 1965 年 12 月 3 日的《光明日报》刊文指出："现实的过程是复杂的，可是作为心理学研究的对象，便被分析成一些单

---

① 后来成为"四人帮"成员的姚文元，于 1965 年 10 月 28 日以"葛铭人"为化名在《光明日报》上发表《这是研究心理学的科学方法和正确方向吗？——向心理学家请教一个问题》，公开批评陈立的研究是"形而上学""机械唯物论"的。为彻底批判心理学做了舆论准备。

纯的过程。要对这些比较单纯的过程进行考察，就不得不将条件做一些控制。例如，对感觉的研究，便不是研究对某一具体对象的反映过程，而是研究这一具体对象的某一特定属性的反映，如颜色或形状、重量或温度。这样的抽象，我认为是既不可免，而且也不是完全没有意义的。"（陈立，1966）

不只是心理学，而是任何一门科学，要想积累科学事实，进而形成科学理论，都必须进行大量的理想化科学实验。如果用"形而上学""机械论""脱离社会生活实际""脱离社会文化"等的批评去否定这样的科学实验，就会束缚经验的积累，减缓科学发展的速度。

四、逻辑推理与数学思维相结合

毫无疑问，今天的心理学已经无法离开数学了。通过各种途径收集的大量数据，甚至是非要利用计算机软件来处理不可。其实，逻辑推理与数学思维的结合早就成为近现代科学研究的基本特征了。

数学看似抽象，其实它源于生产生活实际，有具体性；数学看似具体，其实它早就是哲学家的思维工具，有抽象性。在古希腊，柏拉图批判性地继承毕达哥拉斯数学方法，以数学为工具或方法把"理念"与自然现象相连。柏拉图强调数学方法在认识自然中的地位，为后来近代科学家们自觉寻求自然现象的内在定量关系起到了思想动员的作用。伽利略、笛卡儿和牛顿在数学主义从自然观转变到强调方法论过程中也都起了重要作用，笛卡儿甚至认为，只有用数学证明了的东西才是科学的（张礼建，郑荣娟，2004）。

由于采用实验观察方法和数学方法，近代科学才具有确定性和精确性。但科学理论的形成，还需要逻辑推理等理论思维。这种理论思维经常以科学假说的形式来呈现——假设的提出、验证、修正和抽象化。训练有素的科学家，都不会"不假思索"地启动一项实验，他一般都会针对已有理论和已有经验材料，结合新的科学事实，经过逻辑推演提出一种假定性理论说明。这个假说是否正确或能否上升为科学理论，要求对材料和现象进行一系列的逻辑推理和观察实验论证。如果论证结果正确，就要逐步系统化和合理化，使之成为普遍接受的科学理论。所以逻辑推理与数学思维的结合成为现代实验科学的重要特征。

心理学作为一门实验科学，其发展的历史也充分地说明了这一点。心理学实验研究的第一次综合和系统化，应该说是费希纳（Gustav Theodor Fechner，1801—1887）完成的。费希纳精通物理、化学、数学，具有杰出的实验科学素养。而他又对哲学很感兴趣，善于理论思维，提出过"泛灵论"哲学。其严谨的科学实验与其哲学灵感、数学思维有机融合的时候，心理物理学

(Psychophysics)就诞生了。心理学后来的发展也多次有力地说明了这一点，最典型的是：斯皮尔曼（Charles Edward Spearman，1863—1945）的因素分析数学技术带来了智力结构及整个心理测量学的开创性发展；皮亚杰（Jean Piaget，1896—1980）的儿童实验心理学，是其生物学训练、哲学思维、数学推演、人类文化学等多学科素养的综合成就。

五、总会伴随研究者的主观性

科学方法是客观的，但科学家是总带有主观能动性的，既有真知灼见，也有个人偏见。明白这一点至少有四方面好处。第一，科学家的研究需要遵循规则，使用科学的方法，以防止个人偏见对科学结论的不利影响。第二，科学家之间既需要批评又需要宽容。需要批评，就要将研究过程和研究结果公开，接受同行专家的评判和修正；需要宽容，因为个人偏见或信念导致的错误，与科学欺诈有本质不同，允许存在，也允许研究者去修正和发展。第三，任何一个科学家都不要期望以自己个人的才智承担一个科学领域发展的全部重任，而是要自觉地投入科学家的共同体，尽可能地发展自己的研究专长，以己所长为科学共同体做出贡献。第四，任何学术权威都不能将自己的观点强加于他人，尤其是不能强加于年轻的学者，因为这样做的结果不仅会打压新生代的创造力，也会暴露心虚。反之，青年学生、初涉研究的学者不要总以为：权威者的演讲、教材上的洋洋文字、学术期刊上的研究报告都是对的。当聆听演讲或阅读书刊上的文字时，即使你一时无法对之进行全面的检验，至少可以思考他的观点与你的经验吻合吗？他的研究设计和程序存在缺陷吗？这样想就容易发现已有研究的缺陷，引出新的研究课题。

由于不同的知识经验和思维方式，科学家提出的假设前提、选择的研究手段以及对结果所做的解释都必然带有主观性。但是科学家的主观性可以得到来自多方面的制约和监督，比如，遵循确定的研究程序，参与科学家群体的讨论，接受其他有关研究的检验和其他科学家的批评，等等。

总之，科学的实验研究方法就是一套具有结构性的系统的观察方法，也包括对观察资料的整理和分析程序。我们认为，科学实验方法既是一个学科发展的前提，也是衡量一个学科成熟水平的标志；既是学习一门科学知识的有效途径，也是从事科学研究的基本工具；既是一个科学家群体联结和沟通的纽带，也是对科学家个人偏见影响学科发展的制约机制。实验心理学所要介绍的就是这样的一种科学的心理学研究方法。

第二节 实验心理学的建立与发展

实验的心理学不像实验的物理学、实验的生物学等容易让人接受，因为它研究的对象是人的精神现象，不能被直接观察。在人文学科的领域，主流的观点是思辨性质的，经验实证显得多余。18 世纪中叶以前，心理学都未能成为一门学科，人们对灵魂现象的好奇心在相当程度上还依赖于"臆想"。不过，从 18 世纪中叶开始，自然科学的迅速发展和资料积累，逐渐渗透到唯心主义的哲学阵营，哲学开始解放"灵魂"这一科学研究的禁区：人是机器、人是动物、人的灵魂和肉体可以分离……这些信念开始深入人心，科学方法开始深入"人心"了。

一、酝酿期：18 世纪中叶至 19 世纪中叶

心理现象成为独立的科学研究对象尽管很迟，但人类对自身精神世界的探索很早。在古代中国和希腊的哲学与医学典籍中，有许多关于心灵或灵魂的学问，这些学问没有明确的研究核心和科学的逻辑体系，还不能构成一个独立的科学研究领域。到中世纪前后，欧洲自然科学繁荣，一些自然科学家注意到人的心理问题，并获得一些关于神经系统、感官生理和感知觉的知识。但是他们仍然固守一个信念，即实验的方法不能用于心理现象的研究，此时关于心理现象的一些思想认识被称为哲学心理学或思辨心理学。心理现象还只是在哲学中附带地加以研究。

从 18 世纪初开始，欧洲哲学心理学的研究头绪纷繁，但各种观点互相矛盾、冲突，可见关于人的精神现象的问题是多么困扰人类自身。如果只是做一个轮廓上的描述，我们可以从洛克和笛卡儿开始，哲学家和科学家都表现出一种探索人类心理规律的急切心情，而且在他们的哲学著作中，随时都可以发现有关于感知、情绪、意识等方面的论述。后来的哲学家在对洛克、笛卡儿的唯心主义的批判性继承中，逐步建立起一种有利于心理学诞生的科学氛围，提出人是一种动物，人是一架机器，人的心理依赖于人的生理活动，人脑是意识的器官，感觉是一切意识的开端等。我们姑且不说这些观点是否正确，但它确实为将自然科学的手段和方法运用于心理现象的研究做了准备。哲学中的唯心主义、机械主义、经验主义和联想主义对实验心理学的诞生都起到过重要作用。没有这些思想和资料的积累，人们就不能摆脱宗教神学，就不能摆脱上帝，也就不能把人看成一架机器，一些自然科学的研究成果就

不可能成为科学心理学的研究基础。如果人体不能分解、心理不能分解，那么人体就是一个谜、人的心理更是一个谜，人的行为只有上帝可以解释，心理学就没有了，心理学家就没有了。所以，哲学心理学是实验心理学诞生的必要的思想准备。科学家的成果启发着哲学家，哲学家的思想武装了生理学家，生理学家从感官生理自然接触到了感知问题，由此开始对心灵进行系统的实验探索，这就是实验心理学诞生的一般逻辑，所以第一代实验心理学家大都是学医出身的生理学家，他们同时又谙熟 18 世纪的欧洲哲学。

从 18 世纪中叶到 19 世纪中叶，是实验心理学的酝酿期。此阶段，德国由于社会生产力和自然科学的迅速发展，在与心理学有密切关系的生理学方面一跃而居世界之先。生理学家缪勒（Johnnes Peter Müller，1801—1858）及其弟子赫尔姆霍茨（Hermann von Helmholtz，1821—1894）共同建立了"感官生理学"。解剖学家韦伯（Ernst Heinrich Weber，1795—1878）根据多年的研究成果，获得了一些关于人的感觉的规律性认识，即后人所称的"韦伯定律"（Weber's Law）——$K = \triangle I/I_0$，这是最早的关于心物关系的数学函数。与此同时，德国莱比锡大学的物理学教授费希纳（Gustav Theodor Fechner，1801—1887）放弃物理学，开始寻求精神与物质统一的规律。

费希纳出生于德国乡村的一个牧师家庭，16 岁进入莱比锡大学学医，1822 年大学毕业时兴趣又转向物理学，1834 年被聘为莱比锡大学物理学教授。他很快成为一名才华出众的年轻物理学家，同时对心理现象有研究兴趣，对视觉后像进行观察并因此患上眼疾，1839 年辞去物理学讲席，卧病达 11 年之久。他受尽病痛折磨的同时，也得以有时间思考灵魂问题，他开始用一种富于诗意的神秘眼光考察世界。他认为凡物有组织就有生命，有生命就有灵魂，精神与物质统一于这灵魂之中。费希纳后来将主要精力集中于用科学方法证明他的这种泛灵论哲学，于 1860 年发表了著名的《心理物理学纲要》，此书的发表引起广泛重视，也招致诸多批判，于是他又用生命的最后 11 年研究心理物理学（Psychophysics），竭力为之辩护。事实上，费希纳的《心理物理学纲要》在心理学史上具有开创性的和深远的意义，以致后来有许多心理学家认为实验心理学诞生于 1860 年。

费希纳的心理物理学是关于外部刺激量与内部心理量之间的函数关系或依存关系的严密科学，是将物理学的测量技术与内省报告技术结合而建立的一门相对独立科学。费希纳坚信心理量是可以测量的，再加上他坚实的物理学和数学基础，对感觉阈限进行了湛深的实验研究和精密的数学论证，由韦伯定律推导出一个感觉强度与刺激强度的所谓心物关系的对数定律：$S = KlogR$，依照这一定律，心理量的算术级数与刺激的几何级数成正比。费希纳还制订了系统精巧的心理物理法，这就是沿用至今的最小变化法、恒定刺激法和平均差误法。这是心理实验方法的第一次概括和总结，费希纳为此付出了艰苦的工作，比如，他使用恒定刺激法测量重量的差别阈限，于 1855—1859 年共进行了 67000 次比较。费希纳的心理物理法与以前的心理实验相比具有两个特点：第一，使用了专门为研究心理物理学而制订的实验方法；第二，为了尽可能得到准确可靠的结果，可以多次重复同一实验，并对结果进行数学处理。这样的两个特点，在心理实验的发展中，标志着心理实验的方法向前迈出了重要一步，心理物理学方法的制订意味着心理实验"心理学化"的开始，意味着从比较草率的不精确的实验逐渐向着萌芽的实验心理学的过渡（杨治良，1988）。

在这一阶段，除费希纳的系统实验研究外，还有其他学者进行的心理实验研究，但都比较简单和分散。总的来看，此阶段的心理实验具有以下特点：第一，运用的方法类似于某些物理学和生理学的方法，研究的问题多局限在某些简单的心理现象的量的方面，如视敏度、正后像的延续时间、差别阈限的测定、反应时间的测定等；第二，实验的技术简单，有控制的重复实验及对实验结果进行数学处理总体上还比较欠缺（费希纳的研究除外）；第三，被试的自我观察和陈述都还带有比较初级的性质，例如，听见或听不见某一个声音刺激、观察到或观察不到两个刺激的强度差别等（杨治良，1988）。

这个时候，一门采用科学方法系统探索人的灵魂世界的科学呼之欲出。

二、建立期：19 世纪 60 年代至 20 世纪 20 年代

实验心理学的建立开始于 19 世纪 60 年代，并和费希纳、冯特的名字联系在一起。费希纳的《心理物理学纲要》发表后，冯特要开创一个新科学领域的决心更坚定了。他总结和继承了前人的研究，于 1862 年出版了《感官知觉理论贡献》论文集，在该书的导言中，冯特首次使用了"实验心理学"的概念。1879 年，冯特在德国莱比锡大学创建心理实验室，标志着科学心理学的诞生。冯特实验室最早开展的研究是关于简单反应时间的，即马克斯·弗里德里奇为其博士学位论文所做的"知觉的长度"的测试（墨顿·亨特，著，李斯，译，1999）。

威尔汉姆·冯特（Wilhelm Wundt，1832—1920）于 1832 年出生于德国一个牧师家庭，十几年后成长为热情好学的青年并进入大学学医，以后连续受到多位著名生理学家的培养。1874 年，冯特开始研究心理学体系，1875 年到莱比锡大学任哲学教授，于 1879 年建立了世界上第一个比较正规的心理实验室。该实验室一经建立，就吸引了很多其他国家的青年学生，其中的许多人

后来成为著名的心理学家。可以认为，在冯特的周围逐渐形成了第一个心理学家的共同体。此后，他名声日噪，1889 年被任命为莱比锡大学的校长。冯特工作勤奋，著作等身，为心理学的奠基倾注毕生精力，直至 1920 年去世。

冯特知识渊博，一生著述很多，其历史功绩主要在于心理学的开创性工作，他顺应了时代对心理学的要求，建立了世界上第一个正式的心理实验室和较完整的实验心理学体系，强调实验方法是心理学的主要方法，并在他建立的实验室里对反应时间、感知觉、注意、情绪和联想等心理过程进行了大量的研究。为发表研究成果，创办了《哲学研究》，使心理学终于从哲学的附庸地位中解放出来，成为一门独立的科学。与此同时，他还培养了世界上第一代、第二代心理学家。

冯特的心理实验方法就是系统的自我观察法(self-observation method)，或称为内省法(introspective method)，一切实验手段只是观察的辅助手段。心理学的研究对象是纯粹的"直接经验"，即通过自我观察而直接感觉到的"经验"。"经验"是由许多心理元素构成的。他希望通过"内省"把"经验"分解为简单的心理元素，如感觉和感情。冯特认为，实验心理学的主要任务是在严格控制的自我观察的帮助下精确地分析个体经验，心理功能只能分解成简单的感觉元素后才能用实验方法去研究，高级心理过程是不能用实验方法直接研究的。

冯特的学生铁钦纳(Edward Bradford Titchener，1867—1927)发展了"内省实验法"，创立了构造主义心理学派(Structuralism Psychology)。铁钦纳于 1867 年出生于英国，入牛津大学学习哲学和生理学，后慕名到莱比锡追随冯特，成为冯特最得力的学生。1892 年到美国康奈尔大学任教，传播冯特的心理学。当时，铁钦纳坚决反对美国的机能主义和行为主义，不主张心理学研究的生活功能，不同意采用动物、儿童、病人等作为心理学的研究对象，不主张使用心理测验，不承认潜意识观念，只强调采用内省法研究经验。认为经验构成意识，意识包括三种元素性状态：一为感觉，属于知觉之元素；二为想象，属于观念之元素；三为情感，属于情绪之元素。心理学研究的目的就是了解这些元素如何构成了人的经验。显然，构造主义心理学与当时美国的心理学潮流及社会现实相脱节，受到同时代的其他心理学流派的攻击。尽管如此，这一学派由于冯特的绝对权威和铁钦纳的雄辩口才，依然作为美国当时心理学的主流而存在，该学派在对感觉等的研究中取得重要成果的同时，也成为心理学发展的一种束缚力量，直到 1927 年铁钦纳去世后，这一学派退出了心理学的历史舞台。

应该说，19 世纪与 20 世纪交替之际是实验心理学建立和初步发展的时期。冯特的心理实验室成为当时世界心理学的中心，为以后的心理科学培养了第一代和第二代心理学家。但冯特的心理学也有许多缺点，他本人是唯心主义者，但有时又是唯物主义者，因此列宁(1985)评价他是"抱着混乱的唯心主义观点"，"像只老麻雀"般经常在唯心主义和唯物主义之间跳来跳去。冯特的实验心理学不可避免地产生许多矛盾，存在唯心主义形而上学的片面性，其后期成为心理学进一步发展的束缚力量。不过冯特作为新心理学的缔造者，他的历史功绩永远不会被磨灭。美国心理学史专家霍尔于1921年在哥伦比亚大学讲演时说："冯特到任何时候都将作为伟大的里程碑而永垂不朽！"(黄珉珉，1990)。鲍黑则非常中肯地评价说："冯特对心理学的长远重要性在于对社会习俗的影响，因为正是他开创了一个为社会所承认的独立学科，也为从事这一学科的人们创造了一种社会角色。"(高申春，2002)

但有一点需要指出，一门科学的建立绝非个人所能左右的，它有人类知识发展的内在机制的支配。在冯特时代，实验的心理学也在孔维特小楼之外酝酿发展着，典型的当数艾宾浩斯(Hermann Ebbinghaus，1850—1909)的记忆实验。不过，艾宾浩斯是在受了费希纳《心理物理学纲要》的启发之后开始记忆实验研究的。看来，这个时候，建立实验的心理学已是必然的科学运动了。那么，在冯特的实验室之外出现了哪些心理实验研究呢？归纳起来，主要有因素型实验、测验式实验、动物心理实验、儿童心理实验等(杨治良，1998)。

(一)因素型实验

也称函数型实验，它是从艾宾浩斯研究记忆开始的。这种实验的任务不是精确地分析认识过程，而是试图寻找现象间的因果关系或函数关系。在这种实验中，起决定作用的不是被试的自我观察，而是被试在控制条件的实验当中完成某项作业的情况，如研究记忆、技能等的实验。

(二)测验式实验

为了获取个体心理特征的材料而对之进行的测验，就是测验式实验，它包括直接测验和间接测验两类。直接测验就是对个体的个别简单心理机能的测量，如感官的感受性、记忆能力、反应速度等；间接测验就是对个体某些高级心理机能或能力的测验，如智力发展水平测验，这是通过测量一系列个别能力(感觉能力、记忆能力、问题解决能力等)，然后以各种能力测验的综合结果评估其智力的发展水平的测验。

(三)动物心理实验

在19世纪末期，实验室中的动物心理实验逐渐发展起来。与正常成人心理实验相比，动物心理实验的最大不同是不能给予被试指导语，也不能询问其内心体验。为了驱使动物去进行一定的活动，就要利用它们的自然欲望，例如，饥饿的动物获得食物的欲望，关在笼子里的动物获得自由的欲望等。因为不能询问它们在实验中的体验，许多现代心理学家在动物实验中特别注意观察和记录动物的行为及内部器官、系统的生理变化。

(四)儿童心理实验

儿童心理实验出现在动物心理实验之后。用来进行实验的儿童越小，与成人心理实验的差别就越大。对于很小的儿童来说，实验中不能有效地使用指导语，不能询问其内心体验，不能引起其复杂的活动。儿童心理实验的特殊困难在于儿童心理的快速发展。由于儿童心理的持续快速发展，在持续时间较长的实验中，研究者就很难确定实验的最终结果是由实验条件制约而得，还是由于其身心成熟程度而导致。儿童心理实验的关键是儿童对实验者的信任和对实验的兴趣，这往往需要赋予实验游戏的性质。

三、分化期：20世纪上半叶

20世纪上半叶，是心理学继构造主义之后的第一个多学派林立的时代，主要包括：机能主义心理学、行为主义心理学、完形主义心理学、精神分析心理学等。其中以实验为主要研究方法的心理学流派是：行为主义和完形主义。

(一)行为主义心理学

行为主义心理学(behavioristic psychology)是现代西方心理学最有影响的流派之一。铁钦纳在美国传播的构造主义心理学与美国人的哲学格格不入，受到机能主义哲学的批判，而华生(John Broadus Watson，1878—1958)在对机能主义的极端化改造中干脆放弃了意识，只关注刺激(stimulus，简称S)与反应(response，简称R)的关系，建立了行为主义心理学派。华生成长于美国机能主义的策源地芝加哥大学，1903年在芝加哥大学获得哲学博士学位，后留校任讲师至1908年，期间他经常与机能主义代表人物杜威(John Dewey，1859—1952)、安吉尔(James Rowland Angell，1869—1949)来往。1908年，他到了霍普金斯大学，1913年发表了《行为主义者眼界中的心理学》，这被看作行为主义者的宣言性著作。随后他在1914年出版的《行为：比较心理学导论》(Watson，J. B.，1914)中称："行为主义是唯一彻底而合乎逻辑的机能主义。"1919年，他通过《行为主义的心理学》对行为主义的观点作了全面阐述，并于1924年出版了一本通俗的《行为主义》，对他的学说进行宣传，行为主义很快就成了美国心理学的主流。

美国是实用主义哲学盛行的国家，他们把达尔文关于动物的"适者生存"

论应用于解释人的行为。在政治、经济方面，他们强调心理的功能是适应竞争激烈的社会环境，这便是机能主义心理学，再往前一步就是华生的行为主义心理学。华生否认心理意识的作用，认为如把意识作为心理学的研究对象，心理学就永远不能跻身于科学之林，所以有必要放弃心理或意识，去研究有机体应对环境的全部活动——行为（车文博，1998）。华生的观点迎合了美国当时的社会哲学，为积累资本，他们强调效率和秩序。当时，美国资本主义已经进入垄断阶段，它把充分利用人的全部潜力来增进生产效率，最大限度地提高利润，最稳定地维持社会秩序，作为研究人的总目的。在行为主义者看来，生产效率是直接通过身体动作的效率来实现的，要提高生产效率就要提高动作效率，而维持社会秩序则在于人们的行为符合规范。心理学应该探索行为的规律，以使人的行为更有效率、更符合秩序。可见，行为主义是完全的机械唯物主义和实用主义，它的代表方程式是：$R = f(S)$，其中，S 代表刺激，R 代表反应。它的研究方法就是在心理学实验室里严格控制刺激条件，观察记录人或动物的行为反应，而完全放弃了冯特的内省法。行为主义强调对人或动物的行为进行实在的观察，所以实际上为心理学积累了大量实证研究资料，并对当时的企业管理及其他经济活动产生了非常重要的影响。

　　华生的行为主义心理学避而不谈人的意识，实在是偏得太远，所以在 20 世纪 30 年代初，托尔曼等人对其进行改造，创立了新行为主义心理学派，在 S—R 之间加上了机体变量 O(organism variable)或叫中介变量，使之成为 S—O—R，实验心理学的方程式就成了：$R = f(S, O)$。这一公式实际上是重新承认了意识的存在和意识的作用，基本上反映出外界刺激与内在心理活动之间相互作用的一般模式，是至今仍有重要意义的实验心理学方程式。

　　尽管行为主义从一开始就忽视心理意识的存在和作用，但在其具体的研究中，他们无法避开内在心理活动的影响，所以客观上揭示出许多有价值的心理活动规律。该学派的大量研究极大地丰富和发展了心理学的理论，它的许多经典实验在后来的实验心理学教科书中占有很大篇幅。特别是随着巴甫洛夫(Иван Петрович Павлов，1849—1936)和斯金纳(Burrhus Frederic Skinner，1904—1990)反射理论的建立，使心理学在管理、教育和社会服务方面具有广泛的应用价值而具有更强的生命力了。

（二）完形主义心理学

　　与行为主义心理学同时代，同样在实验心理学史上占有重要地位的是格式塔心理学派(Gestalt Psychology)。构造主义心理学后期，德国政治、经济、科学中一贯的整体观念，特别是胡塞尔(Edmund Husserl，1859—1938)的现象学哲学推动韦特海默(Max Wertheimer，1880—1943)、考夫卡(Kurt

Koffka，1886—1941)和苛勒(Wolfgang Köhler，1887—1967)等人创立了格式塔心理学，其基本观点是：心理现象都是有组织的、不可分割的整体，是一个完形，所以格式塔心理学也被译为"完形主义心理学"。人和动物都可以通过内部的心理完形发现外部刺激情境中的完形，于是发生知觉，并解决问题。完形心理学反对任何形式的行为分析和心理分析，它的基本概念是"心理场"(psychological field)，研究的主要问题是知觉和问题解决。问题解决方面最著名的是猴子或猩猩解决问题的实验，苛勒由此得出"顿悟学习理论"(insight learning theory)，而在知觉方面的许多研究成果都仍然保留在近期出版的心理学教科书中。格式塔心理学反对把现象分解，强调对现象完形进行整体的观察，而不是构造心理学的元素分解的方法。它同时也反对行为主义对意识的否定，格式塔心理学的许多实验可以归为自然实验法或结构化观察法。

实验心理学在这一阶段是积累实证资料的过程，同时它的方法也在不断地复杂化，精密仪器的制造使实验条件控制严密，对被试反应的记录也达到相当的精确度，对数据作系统分析的方法使实验心理学趋于成熟。

四、繁荣期：20世纪50年代至今

"心理学流派的时代在1940年左右开始衰落了，并且这种严格划分心理学领域的做法也不再有可取之处。"(B. H. 坎特威茨，等，著，郭秀艳，等，译，2001)事实上，实验的心理学已经逐渐走出学派的疆域，渗透到心理学研究的几乎所有方面，也渗透到人类生活的各个领域，其研究对象包括了心理学所有可能的研究对象。心理实验研究技术的发展更是让其越来越走到科学世界的前沿了。认知领域的多学科整合终于可以让人们对心理学研究有更多期待——揭开"智能"堡垒之盖。这一时代，是从认知心理学(cognitive psychology)开始的。

(一)认知革命的发生

认知心理学是以信息加工(information processing)为核心观点的心理学，兴起于20世纪50年代，其成熟的标志是美国心理学家奈瑟(Ulric Neisser)于1967年出版的教科书《认知心理学》，到了70年代就成为美国心理学的一个主要方向，也迅速成为国际心理学的潮流和前沿。认知心理学反对局限于研究孤立的、外部的、可观察的行为，而致力于了解人脑内部发生的信息加工过程，史称认知革命(cognitive revolution)——产生于多学科交叉背景下，人工智能和计算机科学的发展使研究人类思维进程变得可行，是人类认知科学研究主题的回归。作为这一认知革命的代表性作品，除奈瑟的著作外，还有米勒(George Amitage Miller)于1956年发表的心理学综述文章《神奇数字7，加或减 2》，唐纳德·布罗德本特(Donald Broadbent)于 1958 年出版的《知觉与通讯》，诺姆·乔姆斯基(Noam Chomsky)于 1959 年发表的《评斯金纳著〈语言行为〉》，纽厄尔(Newell)和西蒙(Simon)于 1972 年出版的《人类问题解决》等。

脑内的认知活动就是传统心理学中称为认识过程的活动，就是全部信息加工活动。它的基本模型如图 1-1 所示。

信号输入 ⟶ 信息加工 ⟶ 行为输出

图 1-1 信息加工心理学的基本模型

实验中控制信号输入，观察记录被试的行为输出，然后据此推断内部信息加工过程，这就是认知心理学的思路。认知心理学采用的方法是既重视实验室法，也重视主观经验，更多地采用反应时(reaction time，简称 RT)的测定法来建立内部信息加工模型，把实验心理学推进到一个很高的水平，使我们逐渐洞悉了人脑这一"黑箱"内的活动过程。这一发展也是实验心理学不断吸取现代科技成果的结果。

认知心理学广泛采用计算机技术，使刺激呈现、变量控制、反应记录和数据处理都达到非常精确的地步，而且通过模型建立、假设检验等方式，逐渐揭示出人脑内部的信息加工过程，其研究结果具有很强的理论价值和应用价值。人工智能、教学心理是认知心理学中两个重要的应用研究领域，前者可使心理学的研究成果为高技术产业服务、为金融服务、为大众日常生活服务，后者为心理学在教学中的应用提供丰富的理论基础和方法。如 20 世纪 70 年代开始的元认知(metacognition)的研究就是直接与青少年的智能训练及提高学习效率有关的。

(二)回到人脑的神经网络

正当认知心理学家热衷于计算机类比与模拟，在揭示人脑信息加工机制方面的成果快速积累的时候，一种新的认知研究范式，即联结主义逐渐形成，导致了认知科学研究的一次重大转向。这次转向是以鲁梅尔哈特(Rumelhart)和麦克利兰(McClelland)在 1986 年出版的著作《并行分布加工：认知的微观结构之探索》(Rumelhart, D. E. , & McClelland, J. L. , 1986)为标志的。该著作被认为是认知心理学领域一部里程碑式的作品，它集中了许多联结主义心理学家的研究成果，系统介绍了以并行的、多层次的、网络化的神经计算为基础的联结主义认知理论，开始扭转把人脑比作电脑的研究范式，使认知科学研究的取向迅速转向对人脑神经网络本身的探索(余嘉元，邓铸，2001)。

今天，心理学家已不满足于对"黑箱"内事件的间接发现，也不满足于"准科学家"地位，着手将众多人文的、自然的科学成果综合，并引入各种大型、精密、高智能化的研究手段，试图直接发现大脑内部的活动。"美国国会曾断言20世纪90年代是大脑时代。认知心理学家已经热切地抓住神经科学以扩大我们对认知功能的理解。"(B. H. 坎特威茨，等，著，郭秀艳，等，译，2001)现在看来，20世纪90年代不过是大脑时代的动员期。进入21世纪后，多范式、多技术的融合正在造就认知科学研究的新时代。迄今，引入认知科学研究的范式和技术主要包括："基于反应时测量技术的研究范式；眼动技术；脑电技术(EEG/ERP)；医学影像技术，包括fMRI、PET、CT等，这些技术对认知过程的脑功能定位具有高空间分辨率；视野计；多导生理指标测量技术；听觉与语言分析技术等。"(张学民，舒华，2004)凭借这些技术在不同层面上收集资料，有助于揭示心理活动的机制，包括心理的脑机制，将心理学的实验研究推进到一个新的科学高度，让我们看到了揭示人的高级智能本质的可能性。但是，我们依然不要忘记，心理现象毕竟不是物理现象，它不是靠力学定律就能解释得了的，其与物理现象最本质的区别在于文化因素。忽略文化因素，实验心理学就走向了极端，反而不能揭示心理活动的规律。现代认知科学不仅走向了认知神经科学的前沿，而且正在实现心理学、生物学、数学、物理学、计算机科学、语言学、文化人类学、哲学的大融合。真正的实验心理学家不会采用完全的自然科学方法和手段，他必须遵循实验心理学自身的研究逻辑。

心理实验在心理学科学化的道路上不断发展，逐渐形成了自己独特的学科体系，既包括一系列具有一般意义的实验范式、设计框架，也包括各种巧妙的和先进的收集资料与分析资料的技术手段，使其可以应用的领域覆盖了几乎所有的心理学分支，研究的被试群也几乎涉及所有人群。当然，实验心理学的发展与演变，有来自于学科内部和外部的不同影响和制约因素，主要包括：第一，在对心理学研究的对象和基本任务的理解上发生着变化，如前述各种心理学派对心理学对象与任务的理解就很不相同，所以他们开展实验研究的方法也不相同；第二，实验研究方法的应用范围逐渐推广，无论是在研究的现象和问题方面，还是在研究对象方面都是如此，这种推广对实验心理学提出了更多要求，也因此刺激了它的发展与变化；第三，在实验研究中力图得到精确可靠和客观的结果，因此实验的设计和控制手段在不断得到改善。显然，随着生命科学的繁荣和现代科技成果的逐渐被采用，21世纪心理学的普及和繁荣是不容置疑的。

第三节　实验心理学的内容与逻辑

一、什么是实验心理学

实验心理学有广义和狭义之分。在谈到心理学发展时，实验心理学作广义理解，是科学心理学的代名词，是当心理学从哲学的附庸地位独立出来，采用实验为其主要研究方法的心理学体系，它代表了心理学发展的主流，因此从构造主义心理学开始，然后是机能主义心理学、行为主义心理学、完形主义心理学，一直到现代认知心理学都属于实验心理学的范畴。这种意义上的实验心理学与精神分析、人本主义心理学具有某种不相容性，也即存在着心理学领域的文化分裂（邓铸，2001）。

在实证主义者看来，科学要尽可能贴近可观察的事实及以之为前提的归纳，具有"描述"（description）和"控制"（control）的功能，这也是实用主义者所希冀的。因此，科学主义的心理学接受自然科学的发展模式及研究方法，寻求和建立心理活动的一般法则。科学心理学的缔造者之一费希纳借数学和物理的方法为其"泛灵论"哲学寻找证据，建立了心理物理学，为科学心理学划定了一个基本范式（paradigm）。冯特分明承继了化学和生理学传统，采用分解、还原的方法建立实验心理学体系。华生等干脆抛开意识，把人看成"动物"或"机器"，刺激与反应的联结一时成为心理学的通用术语。这些研究在追求对心理法则的认识上、对心理和行为的预测及控制上取得了丰硕成果，但同时忽略或放弃了对人的情感、动机的研究，忽略了对整体的、有文化内涵的"人格"的研究，这就必然引起人文主义的批判。

冯特的初衷在于建立完全实验科学性质的心理学体系，但是迄今这一意愿在某种程度上失败了，实验心理学成为心理学科大家族中的一部分，甚至在许多心理学家的眼中，它就是一门工具性的方法类课程。这也难怪，人不是纯粹自然的存在，纯自然科学方法是无法完成探索人的心灵这一最复杂存在的运动机制的；人还是社会性的存在，文化的作用机制在这里无处不有，其中的绝大部分隐藏于我们感官所及范围之外。"感官"①不及的地方，恰恰是实验方法的沼泽地，人文研究的取向理所当然地分享这一神奇的领地。多

---

① 作者注：此处的感官不仅指我们的生理感官，也包括利用各种仪器设备延伸了的"感官"。

方法共存是人类心灵探索历史最主要的特征，也是当代多元文化社会中心理学家必须承认的历史和现实。就心理学家个人来说，他必须培养关于心理学研究方法论的最合理的信念，然后选择和思考适合于自己的研究取向。

广义理解的实验心理学是与人文取向的心理学体系相对的。但是，此书将其作为狭义的实验心理学来把握：实验心理学是研究心理实验的基本理论、基本技术并概括和介绍各心理学分支领域中实验研究范式的学科。具体来说，其内容包括三部分。

1. 心理学实验研究的基本程序与实验设计模型

主要讨论心理学实验研究的一般理论和一般方法，核心是心理实验的设计、实施，以及伴随这一过程出现的一般问题，涉及如何选择研究课题，如何分析和处理研究变量，如何抽取研究样本，如何分析研究资料和呈现研究结果，研究者应遵循的伦理规范，等等。

2. 心理学实验研究的技术

主要介绍在实验心理学一百多年的发展历史中，逐渐成形的研究范式和引入的技术手段，其包含的内容极为丰富，如开始于冯特时代的反应时间测定技术，代表了行为主义经典研究范式的条件反射实验装置和斯金纳箱，以计算机模拟为主要形式的信息加工心理学实验技术，还有现代认知科学实验的尖端技术装置等。本书将会有选择地适当介绍当代实验心理学领域典型的、常用的、前沿的研究范式和技术手段。

3. 心理学分支中的研究方法和典型实验及其成果

这是将实验方法具体化并介绍以往研究中的实验，有利于学习者研究技能的形成，包括感知实验、记忆实验、思维实验、情绪实验等，也可以涉及发展心理学、教育心理学、社会心理学和临床心理学的实验研究。本书对此部分内容的介绍相对简略，主要以研究范式例证的形式呈现典型实验。

二、心理学实验研究的逻辑

观察法、相关法和实验法是实验心理学的三类基础方法，但其核心还是实验法，因为实验才能更有效地探明心理活动的规律，探明了规律，才能深入认识并指导人们的心理生活。实验法与观察法、相关法也存在密切联系，可以相互支持。

(一)观察法与相关法

观察法就是对研究对象进行有目的、有计划、有步骤、较持久的观察，它是出于描述的目的，而且只能达到描述的目的。观察是一种外部知觉活动，它为了保证得到客观真实的资料，要做到对研究对象不施加干预或尽量不带来影响，一般采用的方式包括三种：自然观察、参与式观察、结构性观察。自然观察，是对研究对象进行隐蔽的、远距的观察，保证观察到的活动是自然发生的；参与式观察，就是当隐蔽观察存在困难时，观察者作为活动成员参与到研究对象的活动中去，但要隐蔽自己的身份；结构性观察，也叫作策划性观察，就是创设一定的情境，将研究对象的活动安排在这一情境中。在结构性观察中，有一点非常重要，即被观察的对象并未觉察到活动现场的人为性。

为了保证观察资料的真实可信，观察要系统、全面。观察法便于客观地描述研究对象，但是往往较为耗时，而且因为未对任何因素施加控制，也不能探明现象间的因果关系。

相关法是在观察基础上的一种关系描述，它通过统计方法将变量间的关系量化，测量出变量间关系的密切程度和共变关系的方向。这比观察法进了一步，而且常常加进一些测量方法。但是，相关技术也未对研究对象及其环境施加控制，所以也不能获得变量间的因果关系。但是，相关技术能够帮助研究者发现可能的因果关系，可以为实验研究提供先期信息。

（二）实验法

实验法是近现代科学，特别是近现代自然科学普遍采用的方法。在心理学中，它就是有目的地严格控制或创设一定的条件，引起或改变被试的某种心理现象从而进行研究的方法。与其他的研究方法相比，它有以下三个重要特点：一是研究者处于主动地位，可以主动引起或改变被试的心理活动，不必消极等待某种心理活动的自然发生；二是研究者可以基本控制偶发的额外变量，保证研究课题的顺利进行及其有效性，科学地揭示心理活动的规律；三是可以主动改变各种条件，多次进行重复实验，对实验结果进行核实和验证，保证实验的可信度。

心理实验有两种形式：实验室实验法、自然实验法。实验室实验法是指在特定的实验室里进行的、借助于各种专门的仪器设备研究心理活动的一种方法。研究者进行心理实验时：第一，要选择一定的对象，并通过标准化的指示语向这些研究对象宣布他们参加实验的做法，要求其严格按照要求参加实验；第二，研究者必须严格控制其他因素的干扰，使实验条件保持稳定，然后操纵或改变实验课题所选定的一个或多个实验变量；第三，充分利用现代化仪器设备，记录通过实验所获得的各项数据，主要是研究对象的心理或行为活动测量数据；第四，分析整理实验资料，对获取的数据进行统计处理和分析，找出其中的因果关系，得出结论。

实验室实验法的局限性主要有两点：一是对复杂的心理活动的研究还有

一定困难；二是由于实验大都是在人为的特殊条件下进行的，常会引起研究对象的紧张情绪和期待心理状态，很难彻底控制或消除。这样，实验室中观察到的心理活动在一定程度上失去常态，自然就影响到实验结果的可靠性和实用性。

自然实验法是在个体自然的生活、学习或工作条件下，由研究者主动改变或创设某种情境条件，有意引起研究对象某种心理活动的发生，从而研究心理现象的一种方法。这种方法的优点是：兼具观察法与实验室实验法的某些优点，既主动创设条件，又是在自然情景中进行的，它克服了实验室实验法明显的人为痕迹。

上述两种方法的相同之处在于，都是在控制某些变量的情况下，通过观察研究对象的反应来探求变量间的函数关系，推断人的心理活动规律，这是心理实验法的本质所在。两种实验法的区别是相对的，特别是在现代心理学研究中，常用模拟性实验的方法进行实验室实验，缩小了实验室情境与生活情境的差异，克服其局限性使研究结果更有推广价值。总之，心理实验法与其他心理学研究方法相比是最严密、最有效和最可信的方法，是我们学习和研究心理学问题不可缺少的工具。当然对其局限性我们也要认识清楚，它必须和其他的心理学研究方法相互结合与补充。

(三)心理实验的逻辑

心理实验是一种科学的方法，科学的方法应该能够克服研究者的主观性，保证研究结论的准确可靠，那么心理实验的科学性体现在什么地方呢？为说明这一点，我们先抽取出心理实验的最典型的程序或规则：实验组与控制组对照实验。

前文说过，人的心理现象不是物理现象，它受到许许多多主客观因素的交互作用，而在这些因素中存在许多随机变化因素，这使得心理现象的变化也具有随机性，所以必须将心理事件作为概率事件或随机事件来研究。这就是为什么在许多情况下，我们不使用单个人作为研究对象，而是使用成组个体作为研究对象。我们研究的是心理现象变化的概率性，为得到因果关系，我们常常使用两个组或更多个组。心理实验的程序可以表示成如图1-2所示的通用形式。

研究者从研究对象的总体中随机抽取两个相等的被试样本。实验前，这两个样本的心理活动水平和其他特质具有相等性，然后随机选择其中的一个样本作为实验组被试，比如，选择样本1，那么样本2就作为控制组。在实验过程中，实验组被试接受特定的实验处理，与此同时，控制组被试未接受这种实验处理，随后再对这两个样本中的个体进行心理活动水平的观测并作差

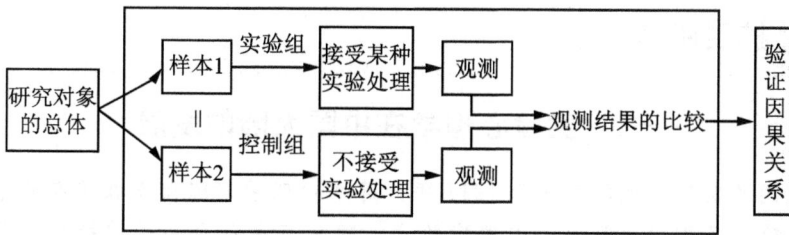

图 1-2 心理实验的通用程序与逻辑

异性比较。因为实验是在隔离的情境中进行的，其他可能存在的环境变化被控制，除接受实验处理的情况不同外，实验组和控制组被试所受到的影响不存在其他方面的差异。如果两个样本的观测结果出现了不同，其原因就具有唯一性，即是否接受了实验处理，由此可以证实因果关系。这就是心理实验的通用程序或逻辑。

实验法的逻辑并不复杂，但对实验条件控制的要求很高，这样才能保证实验研究所得结论的可靠性。实验方法的应用，使心理学的发展大为加快。虽然科学心理学不能就归为实验心理学，实验方法也不是心理学研究的唯一方法。但任何当代的心理学教科书，都以大量的篇幅证明，现代心理学的大量事实来自实验研究。正如我国著名心理学家杨治良先生指出："一位心理学工作者可以对心理学的任一领域任一分支特别感兴趣，可以专门从事儿童心理、教育心理、医学心理，或知觉心理、思维心理，以至社会心理的研究，但是如果他想成为一个真正严格的科学的心理学工作者，他就必定要很好地掌握实验心理学的研究内容和方法，了解应当如何科学地考察心理和行为的规律。"(杨治良，1988)实验心理学是运用实验方法研究心理现象的科学，它概括和总结了心理实验研究的方法和成果，是心理学体系中最基础的组成部分。它代表着心理学发展的主线和发展水平。实验心理学的建立标志着科学心理学的开始，实验心理学发展的三个时期标志着心理学发展的三个阶段。实验心理学既是心理学的基础学科，又是一门心理技术学，它可以在心理学的理论研究和应用研究之间架起一座桥梁。

实验心理学成为心理学专业人才培养的必修课，因为它是心理学家享用广泛领域中心理学研究成果的基本准备。学习实验心理学的目的和意义，就是要得到一些心理学研究方法的训练，掌握心理实验的基本理论、基本技术，特别是掌握心理实验的设计及操作，逐步形成基本的心理实验技能，培养实事求是的科学态度，并进一步加深对心理学基本概念和基本理论的理解。

扩展阅读

一、 实验心理学在中国大陆的发展

中国的实验心理学开始于1917年，著名心理学家陈大齐教授在北京大学哲学系建立了中国的第一个心理实验室。随后有七八个高等学校设立了心理系，开设了实验心理学课程，建立了心理实验室。但新中国成立前真正开展系统实验研究的并不多。特别是在抗日战争期间，心理学的教学和科研基本处于停滞状态。

新中国成立后，实验心理学的发展大致可划分为：1951—1957年，学习传统的实验心理学，研究简单的感知问题，如中国科学院心理研究所研究了一些运动知觉方面的课题。这时受苏联心理学的影响较大，特别是巴甫洛夫学说的影响。1957—1961年，进行了一些劳动心理学的研究，这与1957年开展的全民整风运动中理论联系实际的讨论有关。这些研究如炼钢火焰的视觉判断、飞行人员的飞行选拔、飞行错觉、听力零级曲线等，都有重要的实际意义，但同时也削弱了基础研究，与国际心理学的距离拉大。1962—1966年，我国实验心理学得到较大发展，在如大小距离知觉、深度知觉、空间定位、图形知觉、听知觉、触觉、动觉、感觉相互作用及错觉方面，都有比较系统的高水平的论文发表，研究范围扩大了。从1966年的"陈葛辩论"开始，即1967—1976年，心理学的研究工作受到严重破坏。之后，实验心理学很快得到恢复，1979年正值心理学诞生100周年之际，中国心理学会实验心理学专业委员会成立，中国科学院心理研究所的工作和高等学校的心理系、教育系也都开始了比较系统的心理学教学与研究工作（王甦，等，1997）。

20世纪80年代中期以后，逐渐与国际心理学的研究潮流接轨，并出现几种重要趋向：第一，接受并开展认知心理学的研究成为主流；第二，心理学实验仪器的研制出现规模；第三，各心理学科点开始加大投入，建立心理学实验室，并加紧了硕士生、博士生的培养；第四，国家自然科学基金的资助使心理学研究出现专题化，形成了几个内容不同、风格不同的实验心理学研究群体。这些变化给中国心理学带来巨大发展，许多有价值的研究成果得到国际心理学界同行的赞赏，1992年中国心理学家荆其诚当选国际心理科学联合会副主席。

特别是，2004年8月8—13日，第28届国际心理学大会在北京召开，这是中国心理学走向世界，中国心理学家的工作越来越得到国际心理学界承认的重要标志。此次会议在北京亚运村国际会议中心召开，会议规模空前。会议注册人数达到 5000 多人，其中国外代表 3000 人，国内代表 2000 多人，另外还有许多未注册的研究生到会听取会议发言。此次会议得到国际心理学界的高度重视，诺贝尔奖获得者卡尼曼教授到会并在开幕式上作了学术报告。与此同时，国际心理学联合会召开了工作会议，在此会议上，中国心理学会理事长张侃教授当选国际心理科学联合会执行委员。

当前我国实验心理学研究的课题涉及心理学的各分支领域，在人工智能、记忆、思维、元认知、神经生理、认知神经科学等国际心理学的前沿领域都取得了很多成果。

［资料来源：《中国心理科学》(王甦，等，1997)］

二、　20 世纪影响中国心理学的十件大事

在步入 21 世纪之际，中国心理学会组织全国理事和国内各高校的心理系主任投票，选出了 20 世纪对中国心理学发展有重大影响的十件大事。按照这些事件的时间顺序，或许也能让我们从中体悟到中国实验心理学的发展历程，中国的心理学是如何艰难地走过这整整一个世纪的。

1. 中国第一个心理学实验室在北京大学建立

1908—1911 年，蔡元培在德国莱比锡大学学习了冯特讲授的心理学课程，成为冯特唯一的中国留学生。他回国任北京大学校长时，于 1917 年支持该校哲学门(系)的陈大齐教授(1886—1983)创立了我国第一个心理学实验室。这标志中国科学心理学的诞生。

2. 中国第一个心理系在南京高等师范学校成立

1920 年，专攻心理学的留美学生陈鹤琴(1892—1982)、廖世承(1892—1970)、陆志韦(1894—1970)回国并到南京高等师范学校任教，在教育科中设立了一个心理系，后为东南大学心理系、南京大学心理系。1956 年南京大学心理系并入中国科学院心理学研究所。

3. 中国心理学会成立

1921 年 8 月，中国心理学会的前身中华心理学会成立。当时有北京高等师范学校张耀翔(1893—1964)和南京高等师范学校陆志韦、陈鹤琴、廖世承等赞助，并草定了中华心理学会简章，选举张耀翔为会长。1927 年后因时局动荡，学会停止活动。后陆志韦发起组织中国心理学会，1937 年 1 月 24 日在南京举行中国心理学会成立大会，选举陆志韦为主席，不久因"七七"事变，中国心理学会停止活动。新中国成立后，中国心理学会(重建)于 1955 年 8 月在北京正式成立并举行第一次全国代表大会，选举潘菽(1897—1988)为理事长、丁瓒(1910—1968)为秘书长。

4. 中国第一种心理学学术期刊《心理》发行

《心理》杂志是中华心理学会会刊，由张耀翔主编，1922 年 1 月出版第一期。这也是东方第一种心理学杂志，因政局不稳和经费困难，1927 年停刊。

5. 中央研究院心理研究所成立

中央研究院心理研究所是现今中国科学院心理研究所的前身。1928 年 11 月，在中央研究院院长蔡元培的倡导下，由唐钺（1891—1987）开始筹备，1929 年 5 月在北平正式成立，唐钺为首任所长。该研究所在二十多年的颠沛流离中，先后迁徙上海、南京、湖南南岳及阳朔、桂林、桂林南的雁山村、重庆北碚，1948 年迁回上海。20 年间，奠定了中国神经生理学和生理心理学的研究基础。

6. 中国科学院心理研究所成立

新中国成立后，1949 年 11 月成立中国科学院。心理学家丁瓒作为建院领导人之一，同时积极筹建心理所。1951 年 12 月 7 日中国科学院心理研究所成立，后改为心理室。1956 年南京大学心理系与心理室合并又扩建成所，潘菽任所长。1966 年"文化大革命"开始，研究工作停止。1968 年全所人员下放干校，少数人改行。1970 年心理所撤销。1972 年心理所科研人员回所开展多方面研究。1977 年 6 月研究所正式恢复，潘菽为所长。

7. 全国心理学学科规划座谈会召开

1976 年 10 月粉碎"四人帮"，心理学重获新生。1977 年夏季在中国科学院的推动下，各门学科都在制定新的长远科学规划。由心理所主持于 1977 年 8 月 16—24 日，在北京平谷召开了全国心理学学科规划座谈会，形成《规划》草案，其就心理学的各个方向制订了 3 年计划、8 年规划和 23 年设想。平谷会议开始全面恢复我国心理学工作，是中国心理学发展史上的一个重要转折点。

8. 中国心理学会加入国际心理科学联合会

中国心理学会于 1977 年 11 月开始恢复活动，并与国际心理学界迅速开展学术交流。1979 年 7 月提出加入国际心理科学联合会的申请并获国务院批准，1980 年 7 月，国际心理科学联合会在莱比锡举行第 22 届国际心理学大会，陈立和荆其诚作为中国代表出席代表大会，会上讨论并一致通过接纳中国心理学会加入国际心理科学联合会，成为其第 44 个国家会员。这标志着中国心理学走向世界。

9. 中国心理学会赢得在北京举办第 28 届国际心理学大会的主办权

1995 年 8 月，中国心理学会向当时在广州开执行委员会会议的国际心理科学联合会提出书面申请，希望承办 2004 年的第 28 届国际心理学大会。1996 年 5

月，经各国代表投票，我国成功获得第 28 届国际心理学大会(ICP2004)的主办权，确定 2004 年 8 月 8—13 日第 28 届国际心理学大会在北京召开。

10. 心理学被确定为国家一级学科优先发展

1999 年，国家科技部根据学科地位、国际发展趋势和前沿性、在我国的现状、未来发展规划和相关政策措施等六个方面的综合状况，将心理学确定为 18 个优先发展的基础学科之一。2000 年，心理学被国务院学位委员会确定为国家一级学科。

［资料来源：《二十世纪影响中国心理学发展的十件大事》(陈永明，等，2001)］

练习与思考

1. 如何理解：实验心理学、心理实验、实验室实验法、自然实验法、自我观察法(内省法)、实验组、控制组？
2. 科学实验方法的主要特征有哪些？
3. 详细了解冯特的生平，所处时代的背景，对实验心理学的贡献，以及他的局限性。
4. 简单介绍实验心理学的发展史，从中你受到怎样的启发？
5. 你如何理解实验心理学在心理学专业人才培养的教学体系中所处的位置和作用？
6. 你是如何理解心理学实验研究的逻辑的，能否举例说明这样的研究逻辑？
7. 学习实验心理学的目的和意义是什么？
8. 中国实验心理学的发展经历了怎样的过程？

第二章
课题选择与实验准备

选题是一项基础性工作，也是研究者科学素养与创造力水平的重要衡量尺度。就心理学而言，研究者要关注公众生活和学科前沿，应用多学科的思维方式和技术手段，探索人们心理活动的规律和机制，从发现待解的问题开始。文献检索与分析是一个必须经历的研究环节，而在实验实施前，变量分析、材料编制和被试抽取都是非常重要的。

本章要旨与重点

◆ 心理学实验研究的起点是发现问题，发现问题的关键是要对感兴趣的对象群、主题领域、前人研究进行较为系统地前期研究，从中发现未解问题。此外，要关注社会生活现实的需要、留心基金项目申报的《课题指南》等多个方面。

◆ 文献检索与分析工作，特别是对所选主题领域原始文献的搜索与阅读，可以帮助我们较为准确地把握前人研究的完整信息，并在借鉴基础上完成实验方案的制订。

◆ 心理实验的本质是控制额外变量、操纵自变量、观测和记录因变量，以揭示自变量与因变量之间的因果关系。

◆ 额外变量的控制方法主要包括消除法、恒定法、随机化法、匹配法和抵消平衡法等。有效地控制额外变量可以提高研究的内部效度。

◆ 为保证研究的有效性，研究者还需要密切注意实验过程中主试与被试之间发生的相互作用，包括指示语效应、实验者效应和被试者效应等。

◆ 心理学研究中被试使用的伦理学问题，通常会涉及被试的报酬、权利和尊严等方面的问题，一般是在告知被试相关信息后，如其同意参加实验，可签署《知情同意书》。

心理学的实验研究结构严密、步骤分明，由五个阶段构成：课题选择、实验设计与准备、实验实施、结果分析、撰写研究报告等。研究的起点就是课题选择(subject selection)，课题选择的关键在于发现问题。选定一个合适的课题，对于研究工作能否顺利展开并取得满意的成果具有重要意义。如果主题不明确或选题不当，研究工作就会陷入混乱和盲从，事倍功半，甚至白白耗费时间和精力。课题选择还往往规定着研究中所要使用的被试、实验材料、仪器设备等。

第一节 问题发现与课题选择

要学习"做研究"，最好的办法就是开始"做研究"，正所谓"做中学"。从哪儿做起呢？研究者会有不同的经历、不同的洞察、不同的待解问题，对未来的期望或规划也不一样，所以关注的领域、思考的起点、掌握的资源均不相同。选择什么样的课题，主要是看要通过研究解决什么问题，或者说发现了什么需要解决的问题。

一、如何发现问题

许多研究者都对选题感到头疼，不知该做一个什么样的研究才有意义。我们在第一章中已反复强调，研究要从问题开始。可是如何才能发现问题呢？可以从某个兴趣点出发，进行系统地考察，充分地把握已知的信息，就会发现未解的问题。与其他科学领域一样，心理学的研究也是一项需要花费时间、耗费心神的艰苦工作，选择感兴趣的分支领域有助于你保持积极性、减少倦怠感，而且更有可能找到你愿毕生研究的课题。就心理学而言，不管什么类型的课题，其任务都是为了揭示人或动物心理或行为发生、发展的机制和规律。

(一)从一个感兴趣的对象类别出发

心理学的许多分支是以被试人群界定的，这是因为社会职业的高度分化和学科自身的高度分化。就被试身心特征来说，可研究不同年龄阶段的人、不同性别的人、有不同身体疾病的人、不同心理障碍的人等；就被试的职业特点来说，可以研究教师、警察、军人、运动员、飞行员、医护人员等。还可以研究其他一些特殊人群，如聋哑人群、色盲人群、自闭症儿童、吸毒者、酗酒者等。每一类特殊人群，其心理或行为都具有普遍性和特殊性的两面，对其研究都可以揭示其特殊行为发生和发展的特点与规律性，同时也能加深我们对人类一般心理活动规律的认识。

也可以研究动物。在心理学的建立与发展过程中，动物心理研究起到过相当重要的作用，有许多无法从人类被试开始的研究，都是经过动物研究获得较为系统的认识之后再有限地推广到人类（其中有些研究过于残酷，也常常受到动物保护组织的批评甚至极力反对）。行为主义的条件反射理论更多是以动物实验为基础的，涉及灵长类、猫、狗、鼠、鱼等高级和低级动物。格式塔心理学的重要基础就是由苛勒所完成的黑猩猩行为研究，特别是黑猩猩的问题解决行为研究。

当聚焦于一个对象类别后，就要对其进行先期研究，主要是通过文献检索与分析、间接或直接的观察等方式来完成。这一先期研究可以奠定相应的知识基础，并由此发现未解的问题。

（二）从一个感兴趣的主题领域出发

如果希望把研究置于大的社会背景和知识背景下，可以分析所处社会生活的现实状况，抓住社会的热门话题或亟待研究的主题，比如，工作压力、员工援助、儿童虐待、老龄化、环境、人格、创新、学习、动机等。在一个大的主题下，可以去收集相关的研究文献，构成一个具有整体意义的知识背景，由此开始的研究就会不断地有话题涌现，形成系统化课题群。

有些课题虽然较为特殊或更为学术化，却在特殊行业或特定人群中具有重要意义。如语言发展、青少年早恋、数学焦虑、饮食过量、颜色偏好、界面搜索的眼动特征、情绪的计算机识别等。

研究者从不同的角度罗列可能的研究主题，有助于发现自己的兴趣点。当然，有时，兴趣是突然"冒出来"的，比如，在看期刊论文的时候，看科普读物的时候，看文学作品的时候，听学术报告的时候，与同行或不同行的朋友聊天的时候。要注意捕捉灵感，同时也要对突然"冒出来"的兴趣进行过滤，然后就其中少数可能比较重要的部分作较深入的思考。这里的关键在于你确实想更多地去了解一个"专题"，这才是你的兴趣。在感兴趣的领域进行工作，你才会感到非常有趣和富于激情，要不然，你的研究热情可能会很快消退。

（三）从一项前人的研究或理论出发

在现代心理学的建立与发展过程中，许多研究是在相互继承、否定之否定中完成的。前人的经典实验或理论往往可以作为一个基础和起点，使后来者可以站在"巨人的肩上"。任何学科门类的发展中，都有大量受到前人研究启发而后展开的研究典范。

在记忆领域，艾宾浩斯关于无意义音节学习之遗忘进程的研究，堪称经典，而这一经典研究恰是受了费希纳心理物理学方法的启发。在费希纳的《心理物理学纲要》发表后不久，艾宾浩斯就对其中大量的数量化工作很感兴趣，决定要采用自然科学的方法研究比感知过程更复杂一些的心理现象。他在《论记忆》(1885)一书的序言中写道:"我们试图对心理活动深入一步,把记忆的表现作实验的与数量化的处理"。"如果把某种无意义音节系列学习到能够背诵,搁置下来不管它,只在时间的影响或充满时间间距内的日常生活的影响下,遗忘的进程是怎样的呢?"(Ebbinghaus,H.,1985)艾宾浩斯"将记忆作为一个心理过程,并将其分成学习(识记)(learning)、保持(retention)、联想(association)和复现(reproduction)四个阶段。他认为这样分段便于控制实验条件。"(杨治良,1999)他以自己为被试,以无意义音节(nonsense syllable)为材料,采用"节省法"(saving method)系统探究了时间因素在遗忘进程中的作用,绘制出著名的"遗忘曲线"(forgetting curve)。

艾宾浩斯的研究为后来者提供了质疑和批评的靶子,引发了众多的后续研究。被誉为"英国第一位实验心理学家"的巴特利特(Frederich Charles Bartlett,1886—1969)认为,人的记忆是一个意义记忆过程,而不是无意义的记忆过程,使用无意义音节缺乏现实意义。他认为,人们在记忆过程中会有意无意地将记忆内容纳入已有的知识图式(schema)。从1932年开始,巴特利特集中研究记忆中保持的材料是怎样随时间而变化的,以及材料如何被记忆保持。艾宾浩斯侧重于研究记忆材料的量的变化,巴特利特侧重于研究记忆材料的质的变化。不过,二者的最大差异还是实验材料的不同。巴特利特实验中使用的都是有意义的故事和图画,这更符合人们实际的记忆活动,因此更有可能探寻到人类记忆的规律。巴特利特的研究强调社会文化对人的记忆过程的影响,1932年著《记忆:一个实验的与社会的心理学研究》一书(巴特利特,著,黎炜,译,1998)。

记忆结构的研究也能生动地说明科学研究的承继关系。1890年美国心理学家詹姆斯就提出初级记忆(primary memory)和次级记忆(secondary memory)的概念。1965年,沃和诺尔曼(Waugh & Norman)正式提出两种记忆说,即在人的长时记忆系统之外还存在着短时记忆系统。基于两种记忆说,默多克(Murdock,1962)、格兰泽和库尼茨(Glanzer & Cunitz,1966)等开展了自由回忆实验研究,为两种记忆说提供了直接的实验支持。不过,斯珀林(Sperling,1960)在研究中提出了两种记忆说的否定性证据——设计了精巧的"部分报告法"实验,该实验揭示出视觉系统中存在瞬时记忆,即图像记忆(iconic memory)。参照斯珀林的实验,达尔文(Darwin,1972)等设计了听觉领域的"部分报告法"实验,揭示出听觉系统中的声像记忆(echoic memory)。所有的这些研究孕育出阿特金森和希夫瑞(Atkinson & Shiffrin,1968)的记忆的三级加工模型。

此外，从自己的日常生活、学习、工作和社会交往经验中也会找到有意义的研究课题，"处处留心"对于心理学研究者来说更为重要。前文说过，好奇心是科学发展的内在动力，对于一个研究者来说，应保护"好奇心"，保持"开放"的大脑，随时从经验中提炼重要的研究课题。

二、基于文献分析的课题选择

类似于上述研究间的相互启发不胜枚举。初学研究者应重视从学科发展的文献背景中寻找研究设想或课题，甚至确定较长期的研究方向。在感兴趣的主题领域中，重视理清其研究的发展历程，聚焦典型实验和典型理论，在批判性的接受中引发新的研究设想。为使这一过程更为有效，我们提出以下或可借鉴的策略与方法。

(一)关注学科发展的生长点

密切注视现代心理学发展的趋势，结合国情，不失时机地抓住学科生长点上的新问题，是选择新课题的重要策略与思想方法。前沿性课题对学科发展具有战略意义，也常常存在激烈竞争，同时会有几个、几十个甚至更多的研究者进行竞争性研究。与其他研究者同时挤进一个狭窄的领地里开垦，如果知识储备不足、判断不准、决策不优，都会在竞争中失败。因此，研究这类前沿性问题具有很大风险，要想取得成功，必须有充分的知识储备并接受严格的科学训练。

(二)寻找学科研究中的"空白区"

科学研究中能得到最大收获的领域是长期被人忽视的空白区(无人区)，那里因长期无人涉足，大多数研究者不敢轻易闯入。然而，无人区里任纵横，存在着大量的机遇。勇敢的闯入者能在这无人开垦的领地中搜索到值得研究的问题。诚然，到科学的"无人区"去寻找问题、发掘新课题，必须对当前的学科知识背景和个人的主观条件做出正确估量。那些超前于学科发展水平且不具备条件的新课题，或者超出个人学术能力的课题，不宜贸然选定。因为这类课题凭借现有的主、客观条件很难在可预见的未来获得有效成果。

(三)重视与邻近学科间的"交叉区"

19世纪70年代，恩格斯就以深邃的目光，洞察了物理学与化学的内在联系，他在《自然辩证法》里曾告诫研究者要注意不同学科间的"边缘区"："在分子科学和原子科学的接触点上，双方都宣称与自己无关，但是恰恰就在这一点上，可望取得最大的成果。"(恩格斯，1971)由于现代心理学是一门边缘学科，它与许多自然学科和社会学科之间存在接合点，因而有着许多充满生机的"边缘区"和"交叉区"。只要研究者密切注视这些"边缘区"和"交叉区"，值得研究的问题就会层出不穷。这一点不难理解，当代认知心理学与神经生理学的有机结合，诞生了当代心理学领域中最具魅力的研究领域：认知神经科学（cognitive neuroscience）。毫无疑问，认知神经科学也成为当代心理学研究中成果最为丰富的领域之一，她成就了一大批中外心理学家。

（四）完善现有理论，解决理论的矛盾

理论的完善是相对的，任何已有理论都可能存在缺陷或需要发展，比如，存在概念及概念关系的模糊；逻辑的混乱、矛盾与不能自洽；无法解释客观事实和新材料，或者与观察到的材料相矛盾。而且，许多理论的形成是基于少数甚至个别的实验证据，存在条件制约性，可能存在解释效度的有限性。此类思考常能引导人们深入研究并获得新发现、发展新理论。我们还经常遇到这样的情况，针对同一个问题，存在多种理论解释，而这些理论存在差异甚至矛盾。寻求对矛盾的解决也能够引发新课题。

（五）从其他学科的视角审视心理学问题

任何科学问题的解决总是相对的和不彻底的，在一定的科学知识背景下被认为已经得到解决的问题，在另一种知识背景下，常常又会重新成为问题，需要从新的角度进行研究和解决。尤其是那些长期悬而未决的难题更应利用现代科学所提供的背景知识，加以重新审视。因为沿着一条思路往前走，固然会有所造诣，也可能会遇到一些无法超越的障碍。这时如能重新打开一条或几条新思路，运用其他学科的理论和方法，审视长期无法解决的心理学问题，也许能在诸多研究路线的交汇点上，寻找到有利于问题解决的新途径与新方向，正所谓"他山之石，可以攻玉"。

三、关注社会生活现实的需要

满足社会生活与生产实践的实际需要，是心理学研究的出发点和归宿，据此可以找到大量的研究课题。例如，第一，在各种生产过程中，怎样运用已有的心理学原理，设计出有利于提高生产效率的工作环境，或者在产品设计、工程设计中认真考虑人的心理因素，使人和机器达到最佳匹配。这类旨在解决实际问题的课题既可以导致基础研究，也可以导致应用研究，有些研究还可以带来经济效益。第二，对工作效率的影响，除硬件外，人的内在愿望和动机也起重要作用。为此，怎样利用激励机制，调动人潜在的工作积极性，以提高工作绩效，实现既定目标，是管理心理学的一个重要研究领域。第三，如何优化人们的心理素质，防止心理异常和不良行为的产生，或者如何矫正和治疗患者的心理疾病，使其恢复心理健康。国内这一方面的研究正得到加强。第四，人际关系极为复杂、多变，只要研究者密切关注人际交往中反映出的种种倾向，就能收集到大量值得研究的问题，而人际交往中的动机、社会意向、价值观念、态度倾向等问题的研究对于维持和协调良好的人际关系是非常重要的。第五，提高教学质量和学习效果的研究。第六，认识人的潜力（工作能力、天资、特殊才能等）和发展机理，在人才选拔、就业指导、工作安排、干部考核、工作评价中都需要对人进行各种类型的心理研究和测评。

心理学要强化社会服务功能，回归社会生活实际。为此，必须洞察社会现实中的矛盾和未来社会发展变化的趋势，这样才能保证研究选题的现实性和未来性。就我国现阶段经济和社会发展状况而言，以下几个方面的应用研究还相当薄弱，但又具有突出的迫切性：环境心理学、老年心理学、创造力心理学、人因工程学、危机干预、城市建设与管理的心理学、家庭婚姻心理学、农村人口心理学等。可以拓展的领域很多，此处不一一列举。单就所列的这八大方向来说，其中的每一方面都包含有大量的崭新课题需要研究。

四、留意基金项目申报的《课题指南》

基金项目申报《课题指南》中的课题具有这样的一些特点：第一，它来自相关领域专家的提议，一般"基金"管理委员会都会定期向有关专家征集选题，然后组织论证、筛选、公布，所以这里的选题在某种程度上代表了学科发展的方向和前沿，具有明显的学术价值；第二，这类课题往往考虑到社会发展对教育、文化建设、经济调控、意识形态、科学技术发展方面的要求，具有明显的应用价值或潜在的应用价值；第三，这类课题中的一部分是开放性的，即它规定了一个大的课题领域和选题范围，研究者可以根据自己的研究条件和知识准备自行开发子课题。这样，在基金资助之下，就会形成一个课题组和一个研究群体；第四，研究者可以定期地申请资助，如能获得批准，则可以得到相应的支撑，保证研究的顺利进行。

国内，就心理学而言，可以申请的研究基金主要包括：国家社会科学研究基金项目、国家自然科学研究基金项目、全国教育科学规划研究基金项目、各省市自然科学研究基金项目、各省市社会科学研究基金项目等。此外，还有不同级别的招标课题。

课题选择是研究的起点和关键，也存在难度。初涉研究的学生在试图找到研究主题时会犯许多错误，比较常见的包括以下几个方面。

(一)选题非兴趣所在

这种错误似乎很容易避免，所以你可能会不以为然。等着瞧吧！当选题思维受阻，可能的期限已到，常常就会发生这种错误。当限制时间让学生选择主题时，他们常会选择一个只在兴趣边缘的课题，因为感兴趣的课题不会正好就"嘭"的一声钻进大脑，它需要你花费大量时间来寻找。选择的主题如果不是你感兴趣的，你会发现这项任务令人痛苦，结果可能会失去动力，你的研究课题毫无疑问也会搁浅。所以，现在就开始寻找研究设想吧！

（二）选题太难或太容易

选择了一个太难的课题，当你开始搜索文献的时候，你可能会发现所有关于这个主题的论文都是以复杂的科学术语写成的，你无法理解。如果出现这种情况，你就要灵活些了。当这个领域中的大部分文献都超出了你的水平，可以考虑改换主题，因为你正从事的这项任务太具有挑战性，也许是力所不及的。当然，选题太容易也不好，因为太容易的选题往往过于浅显，其学术价值与实践价值都比较低。

（三）主题范围太大

在浏览材料时，搜寻一个聚焦点清晰的研究设想。你不能凭借一项研究回答一个领域中的所有问题。选择一个主题，就可以暂时确定背景资料的阅读范围，为找到研究设想做铺垫，并由此导出可能的研究假设。范围太大，往往就不具体，研究设想不明确，也就难以落实。

（四）固守最初的研究设想

如果你对第一个研究设想就非常喜爱，那当然好极了。但你会发现，在阅读资料时，可能会出现不同的或更有趣的研究设想。通常，第二和第三个，有时是第四或第五个研究设想比第一个更精炼、更简捷和更有意义。尽管你不想在研究实施的前一天改变研究范围，但你也不要太快地否决它们，给新的研究设想留点机会。

（五）所选主题的文献不足

当你试图阅读一个主题领域的资料时，却发现可检索到的文献非常之少。这种情况的可能原因有三个。第一，课题本身很有趣，但已有研究尚少，这可能是一个很有创新价值的选题，但从中提出具体的研究问题存在难度。第二，主题本身不能导向科学研究。例如"上帝存在吗？""天使存在吗？""人有来世吗？"问题很迷人，但不适合做科学研究，因为你无法提出关于这些问题可检验或可拒绝的假设。第三，你选择的主题只是"好像"没有相关材料，因为你还没有使用正确的关键词来检索信息，或者是你搜索的文献数据库本身的容量太小。

选择了感兴趣的主题领域或课题后，必须对该领域或课题研究的学术价值、应用价值、是否具备研究的主客观条件等进行初步评估。这种评估能快速地剔除那些研究价值不大，甚至根本没有研究价值的课题，也可以帮助排除那些你的实验条件、知识准备根本不能胜任的课题，提高选题的有效性。例如，你对人们的智力水平感兴趣，想研究不同人群智商的差异性。但是这一课题早就被研究过，对其进行探讨已无新意，学术价值较低；人们对各种职业所需要的能力结构已经有比较多的研究和认识，而且正常人群的智商高低不是其取得学习或工作业绩的最主要的决定因素，所以再进行这样的研究，应用价值相对较低。这一课题就可以放弃。如果你听了某位专家所做的学术报告，对人们在各种运算时的脑内血流变化模式感兴趣，想进一步探讨。然而，你尚未学习过"认知神经科学"的课程，也没有核磁共振成像设备可以利用，很明显，你的知识准备不充分，也没有必要的实验装备可以使用，研究设想只能放弃或暂时搁置。

第二节　文献的检索与分析

科学研究是继承基础上的创新活动，撇开前人积累的文献而盲目单干是不明智的。研究者为了落实所选定的课题，一般都要先进行文献检索（literature search）与分析。文献检索与分析不仅是提出有价值的、前沿课题的重要条件，也是课题具体化的必由之路，是假设形成与实验设计的必要准备。为此，我们在区分两类文献之后，介绍文献检索的目标、过程与技巧。

一、原始文献和二次文献

文献可以划分为两大类：原始文献（primary source）和二次文献（secondary source）。原始文献一般是指发表在学术期刊上的研究报告，报告的作者正是研究的主要完成者。此类文献的内容是作者描述他们自己所进行的研究，包括：为什么要进行这项研究，如何进行研究，发现的结果是什么以及如何解释这些结果。二次文献是作者讨论其他人观察的第二手报告，这类文献一般是通过三种途径来呈现的：第一，作者为了描述和总结过去的研究而撰写的著作或教科书；第二，研究报告的"前言"（introduction）部分，其内容是与研究报告主题有关的以前的研究，它为当前研究提供了背景和基础；第三，期刊上关于前人研究的综述性或评述性文章等。

需要指出的是，原始文献和二次文献的基本差异在于对研究结果的直接报告和二手报告。学生常常分不清这种差异，认为发表在杂志或期刊上的所有文章都是原始文献，其他的所有出版物都是二次文献。这种看法很多时候是不正确的，比如，以下的几种情况。第一，杂志上有的文章并非原始文献。

杂志或学术期刊上也可以发表这样的文章：对其他人的研究工作或某一专题研究状况的回顾，如罗劲（2004）在《心理学报》上发表的《顿悟的大脑机制》；试图解释或建立以前若干研究之间关系的一种理论，如叶浩生（2004）在《心理学报》上发表的《西方心理学中的现代主义、后现代主义及其超越》；对一个科学领域研究的历史总结，如美国心理学会出版的期刊 *Annual Review of Psychology*，其发表的有不少文章就是对一些心理学分支领域的历史总结。这些都不是对研究结果的第一手报告，所以都不属于原始文献。第二，以著作形式出版的一本书或其他类书籍中的部分章节，也可以是原始文献。有时一个研究者或一个研究小组会出版专辑以发表一系列相关的研究，其中的每一章都是由实际进行研究的人撰写的，因此也属于原始文献。第三，杂志上关于研究结果报告的文章，其中的某些部分也可以是二次文献。大多数的研究报告都会有一个"前言"部分，或者叫作"导言""引言""问题提出"等，这是对该领域以前研究的回顾，也可成为将要进行的研究的基础。这种对以前研究的回顾是二次文献，因为作者描述的是他人的研究。请记住，作为原始文献，它必须是作者描述自己的研究和结果。

图 2-1 这个树形结构强调了研究之间的关系，并认为当前的研究（各分支的顶端）总是建立在已有研究基础之上的。

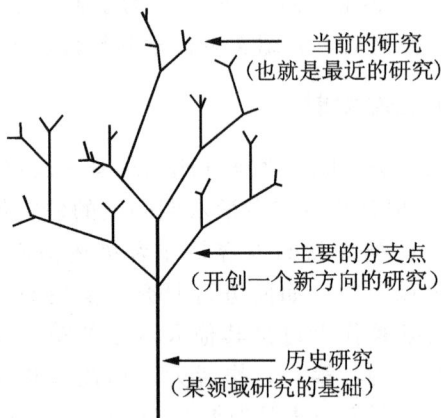

图 2-1 新研究如何从已有的研究中产生

在研究工作前期，原始文献和二次文献都非常重要。二次文献能提供关于过去研究的简明概括。比如，一本教材，它常常能以很少的段落总结 10 年的研究，其中还可以引用若干其他重要的研究。杂志上一篇几页甚至几十页的研究报告，在这里常常被概括成一两句话。因此，二次文献能节省大量的检索与阅读时间。但要特别注意，二次文献是不完整的，并可能存在偏差，或干脆就是不准确的。在一篇二次文献中，作者可能只从原创研究中选择了只言片语，这些被选择出来的部分已经脱离了原有的背景，并可能为了附和与原作者意图完全不同的主题而被改造甚至篡改过。总之，二次文献中的信息不完整，可能有被歪曲的部分。为了获得完整和准确的信息，参考原始文献是非常必要的。当然，阅读原始文献可能是一个冗长乏味的过程，因为原始文献一般都比较长，它是聚焦在一个特定主题上的详细报告。通常，可以先利用二次文献获得对研究主题的总体了解，然后据此选择需要详细阅读的原始文献。二次文献为文献检索提供了便捷的起点，但要最终解决问题还必须依靠原始文献。

二、文献检索的目的

在科学发展中，每一项研究都不是孤立存在的，它是知识总体的组成部分，它以过去的研究为基础，又为未来的研究奠定基础。图 2-1 直观地说明了当前知识是如何生长的。每一条新的信息都是从以前的知识总体中生长出来的。当阅读文献和提出研究设想时，应该想到，你要进行的一项新的研究应该是过去研究的一个逻辑扩展。

文献检索的目标是找到一系列已发表的研究报告，这些报告显示了一个领域中知识的演进过程和现有的知识状态，并能帮助你在这个知识基础上找到一个尚需你去探索的空白。此外，你在完成一项研究后，也要撰写报告，报告的开头也要有一个"前言"以概括过去的研究，并为你的研究提供理由，这需要文献检索与分析的基础。图 2-2 呈现的材料是杂志上一篇论文的开头部分(Schwartz, Dodge & Coie, 1993)，我们以此例说明，可以利用文献回顾来介绍一个专题领域，并为新的研究提供逻辑上的合理性。

本研究对那些经常受同伴欺侮的儿童的行为进行调查。有可靠证据显示，少数孩子总是成为同伴欺侮的目标(Smith, 1991)。研究者指出这些习惯性受到他人欺侮的孩子以后出现适应不良的危险性增大，因此他们已经投入很大努力，试图探明这些同伴欺侮中的各种相关关系（Björkqvist, Ekman, & Lagerspetz, 1982；Lagerspetz, Björkqvist, Berts, & King, 1982；Olweus, 1978）并建立有效的预防措施(Elliot, 1991；Olweus, 1991；Smith & Thompson, 1991)。但由于尚未系统地查明这些习惯性欺侮的行为先兆，我们对那些先前出现的、有潜在可能导致同伴间习惯性欺侮的社会行为知道得很少，对这些行为过程的理解有限，这很不幸。如果对同伴间习惯性欺侮出现前的行为模式有详细了解，我们就可以推动合理干预的发展并大大提高对儿童欺侮问题的发生机制的理解。

图 2-2 Schwartz 等(1993)公开发表的研究报告的第一段

由图 2-2 所示的这一段文献综述，可以很自然地得到以下简单的逻辑推论：

第一，有一小部分儿童总是容易成为被同学伤害或欺负的对象；

第二，尽管其他研究已经探索了被欺侮儿童的特征，但很少有研究考察他们在沦为受害人之前的社会行为(这些儿童做了什么事会使得他们更可能成为被欺侮者？)；

第三，因此，需要考察这些儿童在成为受害人之前的行为，目的在于确定这些儿童之所以成为被欺侮的对象，是不是因为他们自己的某些行为使得他们容易被看成好欺负的对象。

文献检索与分析的作用是明显的、多方面的：它有利于使研究者全面把握某一主题领域当前的知识状况；研究热点与争论；存在的空白区；重要而尚未得到充分研究的问题；得到研究但结论不一致的问题；可以继承或需要改进的研究范型与操作方法等。特别重要的是，当你将一系列过去的研究组织成一个逻辑推论以支持和合理解释你将要展开的研究的时候，阅读者便会跟随你一起走进研究的思维历程。

三、文献检索的过程与技巧

如何使用图书馆或网络数据库检索出与你的研究直接相关的文献呢？虽然不同的研究者会有不同的技巧，但是其中也有规律可循。初学者可按照以下四个步骤完成文献的检索与筛选。根据实际情况，这四个步骤中的某些环节也可省略或跳越。

(一)利用二次文献限定检索范围

文献检索的最好起点是新近发表的二次文献。例如，找到一本与你的研究主题相关联的最新出版的教科书，利用书中各章标题和小标题使你的检索聚焦到更小领域，在此领域内筛选关键词和作者名录，制订下一步重点搜索的信息线索表列。最常用的线索是关键词。关键词是用来确认和描述研究变量及被试特征的词汇，可以有效地反映研究的主题领域，以及文献包含的研究对象。研究者常常提出一系列具体的词汇以描述一个主题领域，利用这些词汇很容易找到相关文献的位置。比如，使用词汇"问题表征"(problem representation)，就可以很容易地搜索到一系列关于"问题解决"(problem solving)的研究文章。另外，可以有效使用的检索线索是作者姓名(author names)。在一个研究领域中，大部分研究工作通常是由少数几个人来完成的，或者有少数几名研究者代表着这个领域的水平及主要范式。如果在前期阅读二次文献中，不断重复地遇到同样的一些名字，这些人很可能就是当前该领域的主导研究者。根据二到三种不同的资源来确定关键词表和作者名录，然后将这些表列结合成关键项目集。例如，为把握国内学者关于时间认知的最新研究，可以搜索的线索有：黄希庭、时间认知、时间知觉、时间记忆、时距加工等。

（二）使用关键项目集检索并筛选文献

登录大容量的学术文献在线数据库，使用关键项目集进行自动搜索，这样可能就会有成百上千条文献被检索出来，每一条文献又都可能与你的研究主题有联系。但是，这其中的大部分不是与你的研究主题有直接关系的，因此在你进行全面文献检索的时候，要考虑的一个问题就是剔除其中无直接关联的材料。在决定一篇文章是不是无关或应放弃时没有绝对的标准，你必须做出自己的选择。不过，下面有一些建议可以帮助你更有效地选择和剔除一些材料。

第一，将论文的标题作为筛选文献的第一个工具。在学术期刊数据库的检索结果中，一般都会按照某种顺序呈现出所搜索到的论文标题。根据标题的相关度，可以排除大约90％的论文。

第二，使用论文摘要作为筛选文献的第二个工具。如果标题听起来是令人感兴趣的，那么你就阅读它的摘要来确定论文本身是不是真的有关。有许多文章从标题看好像是相关的，但当你阅读过它的摘要之后，会将其排除。

第三，如果在查看了标题和摘要后，你还对一篇论文感兴趣，那就要去相应的杂志上或对应的电子期刊数据库中找到这篇论文。需要提醒的是，当你找到杂志查看具体的论文时，浏览一下这本杂志上的其他材料，或许是很有用的。有时整个一本杂志可能都是关于某个特定主题的。在你找到的那篇论文的前后可能还会有许多相关的作品。杂志社还常常会在一本杂志上刊出关于某一主题的系列文章。你找到了想要的文章，首先略读一下，特别是要快速地看一下它的引言部分和讨论部分。

（三）阅读文献并寻找新线索

经过筛选过程，而找到了有直接关系的重要文献后，就要仔细阅读这些论文，或者先复制下来。在阅读原始文献时，需要留意，研究报告会被习惯性地编排成几个标准的部分。我们将会在后续章节中详细讨论如何撰写这些部分，先在这里介绍论文的每一部分内容的作用。

1. 引言

引言（introduction）是对这个研究所要调查的问题、研究设想由何而来（是建立在以前文献基础之上的）以及研究的预期（假设）的陈述。引言可以帮助你确定这篇文章在你的研究设想形成方面是否有用。此外，它呈现出来的文献回顾也会给你提供另外的资源。

2. 方法

方法（method）是研究报告的第二个主要部分。这一部分详细地描述研究是如何做的，它包括哪些人参加了研究和使用了什么材料，接着是确切的研究程序。你可以利用论文的"方法"部分提供的帮助形成自己的研究方法或程序。

3. 结果

结果（results）是研究报告的第三个主要部分。这一部分的内容都是对研究结果的描述，且常常包含一些统计分析的图表。

4. 讨论

讨论（discussion）是研究报告的重要部分。这里是说明作者对结果所指含义的思考。在这里，作者常常还会讨论到其他一些方面的内容，包括其他一些研究的设想或建议，你很可能会从这些建议中得到有关于某一研究主题的设想。

5. 参考文献

论文的最后是论文引用的出版物的完整表列，这个表列是按照第一作者的姓氏编排的，它包括作者、题目、发表日期以及发表这篇文章的杂志或书籍的完整信息。参考文献（reference）部分可以较好地为文献检索提供直接的帮助。

（四）扩展性文献检索

在进行一定量的文献阅读后，对研究的主题范围和主导研究者有了比较清晰的了解，在此基础上可扩展文献检索。尽管这些参考文献列表包括的都是"过去的"研究，但它们之中肯定有一些是与你的研究设想有直接关系的，在这种情形下，你就可以找到这些有关的文章，并把它们加到你收集的文献列表中去。另外，你还可以使用文章标题中的新的关键词进行文献搜索，而且参考文献中的作者姓名也构成了在你所愿意研究的那个主题领域中的一个研究者集合，使用这些作者的名字到在线数据库中查找他们最近发表的研究报告。总之，"旧的"参考文献是新研究的很好的资源。从理论上讲，你应该使用过去的参考文献继续追踪新材料。然而，实际上你必须决定什么时候放弃搜索。有些时候，你会认识到，你没有新的线索，从而应该继续使用已经找到的项目。

在整个过程中，都要记住文献检索有两个基本的目标：一是对你感兴趣的研究领域有一个总的了解；二是找到数量有限的一系列研究成果，从而为你明确研究设想提供基础。当你在感兴趣的研究领域中丰富了知识而心情舒畅，同时还找到了一些与你的研究兴趣特别切合的研究时，你已经成功地完成了一个文献检索过程。

关于要使用多少论文来构成新研究设想的坚实基础的问题，难以给出确定性回答。你可能会找到 2～3 篇相互关联的论文，它们完全集中于同一研究设想，或者你只找到一篇与你的研究兴趣有直接关联的文章。最关键的是，你要为新研究提供一个文献背景和合理性解释。

第三节　变量的分析与处理

课题选定后，要进行实验设计，就是对实验可能涉及的各方面因素进行系统分析、筹划和安排，形成实验方案，以保证实验目的顺利实现。实验设计主要考虑三方面的问题：变量的分析与处理，被试的选择与分配，实验设计模式的选择。此外，还要给出实验操作的详细步骤、所需仪器设备和实验材料等。本章先就实验中的变量进行分析，并介绍被试的选择等问题，下一章再介绍可选用的实验设计模式。

在讨论实验设计之前，这里先交代主试和被试的概念。主试就是主持实验的人，即直接操控和观测实验中的各种变量的人，也叫作实验者（experimenter）。实验者可以是研究者，也可以是研究助手。被试（subject）就是在研究中被观测的人类或非人类实验对象①。实验对象或被观测的对象不等于"研究对象"，而往往只是研究对象中的一部分。通常，潜在的或可能的研究对象的全体叫作总体（population），而从总体中抽取出来实际参加实验的人或动物则叫作样本（sample）。进入样本中的人或动物才叫作被试。

一、心理实验中的变量分类

所谓变量（variable），就是在数量上或性质上可以发生变化的事物的属性。根据其来源，心理实验中的变量可以分为三类：刺激变量（stimulus variable，常以 S 表示），机体变量（organism variable，常以 O 表示）和反应变量（response variable，常以 R 表示）。心理学的实验研究就是要探明这三类变量间的相互关系，特别是因果关系。因此，现代心理学的实验方程式可以写成

①　在国外有些同类教材中，或一些作者的研究报告中，对人类和非人类被试做了区分。人类被试叫作参与者，用 participant 表示；非人类被试叫作被试，用 subject 表示。但在行文中又常常发生混淆，所以国内作者一般不对其做区分，不管是人类参与者还是非人类被试，都称为"被试"。

$R=f(S, O)$，它表示人的心理或行为改变是刺激变量与机体变量共同作用的结果。

在具体研究中，研究者就是要考虑对这三类变量进行控制、操纵或观测，以探究其中是否存在某些因果关系。

(一)刺激变量

顾名思义，刺激变量来自外部的刺激情境，是在心理实验中对被试的心理或行为可能产生影响的各种外在条件或因素。在一项心理实验中，可能的刺激变量很多，如环境光线、声响以及人际交互作用等。但是一项心理实验不可能对所有刺激变量的影响都进行研究，只能根据研究目的有选择地考察一个或几个变量，为此又必须同时对其他的刺激变量进行控制，防止其成为实验中的混淆变量。所以，刺激变量又可被分为两类，一类是研究者拟研究并要借助实验过程探明其对被试的心理或行为能否产生影响的变量，叫作自变量(independent variable)。自变量是主试在实验中要进行操纵的、按照主试的意图有步骤变化的变量。除自变量以外，还有另外一些不是主试拟研究但也可能对被试的心理或行为产生影响的叫额外变量(extraneous variable)，它是主试要控制的，以防止其成为混淆变量，因此也叫作控制变量(controlled variable)。

未被控制的额外变量，有可能成为混淆变量(confounding variable)，因为它可能会与自变量一起发生系统性变化。这种情况下，研究者即使观测到了被试心理或行为的明显改变，也难以确定这种改变是自变量的影响所致，还是额外变量的变化所引起的。

比如，在一项关于灯光刺激颜色对简单反应时间影响的实验研究中，灯光的色调、强度、面积、持续时间，环境噪声，主试特征等都是刺激变量，在这些刺激变量中，只有灯光颜色是自变量，其他刺激变量均为额外变量。主试必须操纵自变量，让其按照研究者的意图有步骤地发生改变。对一组被试施加红光刺激并测定简单反应时间，对另一组相等的被试施加绿光刺激并测定简单反应时间。但是，如果在自变量改变时，某一额外变量未被控制，与自变量一起变化，它就会成为混淆变量。假定，实验中，主试 A 主持了红光刺激条件下简单反应时间的测定后，因事离开了实验室，于是由主试 B 接替 A 的工作，继续主持绿光刺激下简单反应时间的测定。结果两种条件下反应时间出现了显著差异，那么这种差异是由灯光颜色改变引起的，还是由更换主试引起的呢？由于主试特征这一额外变量与灯光刺激颜色这一自变量同时发生了改变，就使得实验中观测到的被试的反应差异难以归因，于是发生了变量混淆。很明显，为避免混淆，保证心理实验能有效地揭示因果关系，必须尽可能地控制自变量以外的其他变量，使其不与自变量一起发生系统性改变。

(二)机体变量

机体变量是指可能对被试的心理或行为产生影响的被试自身的特征或身心状态。如被试年龄、性别、身心健康水平、受教育程度、特殊训练、动机、性格、内驱力强度等，都是常见的对被试的某种反应可能产生影响的变量。在机体变量中，也同样包括研究者拟研究的和不拟研究的，所以机体变量也可被分为两类：自变量和额外变量。但是，当把机体变量作为自变量时，它并不是完全意义上的自变量，因为机体变量是被试固有的或相对稳定的特征，并非由研究者或主试随意操纵。不少教科书把这样的自变量叫作准自变量(quasi-independent variable)。但从另一方面来说，这类变量虽然是研究者不能随意操纵的，但研究者可以按照实验设计的要求主动选择机体变量的水平并将其作为分组变量。许多情况下，不必对准自变量与自变量作严格区分，都笼统地叫作自变量，除非有特别的要求。

机体变量中，除拟被研究的自变量外，也存在一些可能会成为混淆变量的机体变量，即额外变量，这些变量也是实验过程中需要加以控制的。如一项研究欲考察性别与形象思维能力、抽象思维能力发展水平的关系，性别就是准自变量，年龄、受教育年限等就是需要控制的额外变量，否则这些机体变量也会成为研究中的混淆变量。

(三)反应变量

反应变量是指由于自变量的变化而引起的被试反应或内外变化，所以也叫因变量(dependent variable)。反应变量是在实验中需要观测和记录的变量，通常包括被试反应的速度、强度、难度、准确度和频数等，如不同光照条件下的反应时间，这是反应速度；不同刺激情境下，皮电测试仪的读数，这是反应的强度；智力测验中，完成的作业等级，这是反应的难度；走迷宫实验中，完成一次操作走入盲项的次数，这是反应的准确度；不同教育方式下，学生利他行为的次数，这是反应的频数。这些变量，都是易于观测和记录的变量，是实验中常用的因变量。

我们注意到，自变量是研究者操纵或选择的，因变量是研究者要观测并记录的，这样做的目的就是要查明因变量是否随着自变量的变化而变化。如果因变量随着自变量的变化而变化，则二者很可能存在因果关系，否则就不具有因果关系。不过，这样的推断需要一个条件，即对实验中的额外变量进行控制，使之不致沦为混淆变量。根据以上的分析，我们可以把心理学实验中各类变量的关系表示成图 2-3 的形式。

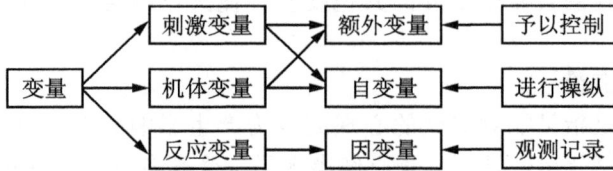

图 2-3 心理实验中变量的分析

二、因变量的选择与观测要求

心理实验，就是在控制条件下，有计划和有步骤地改变自变量，以探测其是否会引起被试某种心理或行为的变化。实验中的一项重要任务就是观测被试的心理或行为改变，这种改变通过什么指标来记录呢？这就是因变量的选择问题。如果因变量选择不当，或观测质量得不到保障，都会导致实验的失败，甚至得到错误结论。实验中因变量的选择和观测必须稳定、有效，具有较强的区分能力，即要具有信度、效度和区分度，这是因变量应具备的三个基本条件。

(一)信度

信度(reliability)也叫作测量的前后一致性或稳定性，对于因变量来说，就是其在相同或相近条件下测量结果的前后一致性。比如，一个被试参加灯光刺激简单反应时间的测试，在条件不变的情况下重复测量很多次，但前后结果相差很大，分布在 50ms～520ms，显然因变量测量的结果不具有前后一致性，这次测量得到的变量值就不能作为因变量，因为这样的测量是不可信的，也就是不具有信度。不具有信度的因变量无法用于自变量效应的检测，因此也不能用于对自变量与因变量间因果关系的推断。相反，如果测试的结果在某一个值附近稳定地波动，则测量是可信的，具有测量的信度。

测量信度的高低与测量中各种随机因素的影响有关，一般来自于三个方面。第一，是测评工具或仪器，如果其性能稳定性比较差、与被试的交互性差，或者中途随意地更换设备，都会导致测量结果的不稳定。比如，在心理学实验室中，使用一台计算机完成对被试反应时间的测试，但是由于计算机较为陈旧、内存较低、键盘老化，计算机对被试的操作响应不稳定，甚至中途死机，就会导致数据不稳定，测量的信度降低。第二，是环境中偶发因素的影响，如不良照明、嘈杂噪声、主试操作不熟练、无关人员干扰等。第三，是来自被试自身的不稳定因素的影响，如被试在实验进程中身心状态发生了改变、注意力不集中、操作不熟练、参与动机不稳定等。

那么如何判断一项因变量测量的信度高低呢？简单地说，就是看测量条件不变时多次重复测量的结果的变异性大小(统计学上用方差来反映,方差越小信度越高)。比如,在条件不变的情况下多次重复测量被试的打字速度,结果如每分钟打字 20 个、85 个、205 个、50 个……信度就很低;结果如每分钟打字 180 个、210 个、227 个、198 个……测量信度就较高。重复测量特定声音刺激下的简单反应时间,得到的结果如 150ms、180ms、89ms、320ms、35ms……测量的信度也很低,数据不可用。心理量表测量中的折半信度、重测信度、内部一致性等也都是在考察测量的变异性大小。变异性较小则信度就较高。具有较高的信度,是因变量测量最基本的要求。但是,信度高不代表测量就一定可靠,它还必须具有较高的效度。

(二)效度

效度(validity),就是测量的有效性,即因变量能不能确实测量到它想要测量的被试心理或行为的变化。例如,随着作业难度的增加,测得被试在相同时间里识记的项目数减少了,这种结果能够有效地反映作业难度对识记的影响,就是有效的。如果在测量中,较难的识记材料识记的项目数更多,这种测量就不能正确地反映作业难度对识记的影响,其中的原因可能是那些较难的实验材料是被试曾经学过的,或被试在学习这一材料中投入的心理资源更多。再假如,有人用磅秤测量人的身高,虽然结果稳定,有较高的信度,但没有效度。

当测量信度较低时,自然就没有了高效度。但是当信度较高时,又如何判断这项因变量测量的效度高低呢?有时,这种评估很容易,因为它是"显而易见"的,就如上述用磅秤测量身高的例子,其效度显然是不高的。有时,这种评估就较为困难,因为它不能仅从数据变化来判断。除了可以使用同类测量进行佐证之外,还可以聘请专家来评估,即所谓"专家效度"(expert validity)。为什么专家有资格对测量效度做出评判呢?因为专家理解你所要测量的心理现象或心理品质的本质,以及这些心理现象和心理品质与外部反应之间的关系。比如,一项智力测验是不是真的能测量人的智力水平,这需要真正理解智力本质的专家才能评估。

效度的高低,也受到多方面因素的影响。首先,是构想的有效性,也叫作构想效度或构念效度,这与因变量选择的适当性有关,也就是说,选择的因变量是不是反映被试某种特定心理或行为的有效指标。比如,在研究汉字识别影响因素的实验中,选择反应时间和报告正确率,就能够有效地反映被试汉字加工的速度和准确性,构念效度是高的;选择汉字出现时的血压变化,构念效度就是低的。研究刺激情境对人的情绪影响的实验中,选择血压、脉搏等生理指标也是具有较高构念效度的;选择被试参与实验的意愿强度,构念效度就是低的。其次，是测量信度高低对效度的直接影响。前文已经指出，信度如果较低，因变量的效度不可能高，这主要来自于因变量测量过程中各种随机因素的影响导致数据不稳定，稳定性差的数据也就是有效性差的数据。最后，是测量中的系统误差，也会导致效度降低。在心理学实验室里，有的反应时间测评装置，测出来的声音刺激简单反应时间的平均值会达到300多毫秒，明显存在设备本身带来的系统测量误差，测量效度不高。

需要特别注意的是，当测量的因变量不具有高效度时，研究可能得到错误的甚至荒谬的结论。这种错误或荒谬即使在专家评审时没有被剔除，也最终会在实践中暴露出来。

（三）区分度

随着自变量的变化，因变量也随之变化，即因变量对自变量的变化比较敏感，我们说这种因变量具有区分度（discrimination）。比如，在记忆能力的测试中，如果测验材料过于容易或给予被试的学习时间太多，所有被试都取得很高分数，显示不出被试间本来有的记忆能力差异，这些分数就不具有区分度；或者，在实验操纵中，记忆任务较小或给予被试学习的时间太多，不同处理条件下被试的学习成绩都很高，也不能区分出不同处理条件对记忆和学习的影响，这种现象叫作天花板效应（celling effect）。相反，如果记忆任务太难或被试的学习时间太短，被试的分数都很低，这些分数也不能反映被试间记忆能力的差异，或不能显示各种处理条件对记忆和学习的影响，这样的因变量也不具有区分度，这种现象叫作地板效应（floor effect）。

因变量必须同时具备以上三个基本条件，才是心理实验中较好的测量指标。一般来说，信度和区分度是效度的必要条件，但不是充分条件。当信度和区分度较高时，因变量才可能具有高效度；具有较高效度的因变量则肯定具有较高的信度和一定的区分度。就严格的心理实验来讲，因变量的信度和效度分析是必要的，除非它是"显而易见"的。

三、额外变量的控制

心理实验中，如果额外变量与自变量一起系统变化就会成为混淆变量，造成因变量的变化出现归因困难，也就是说，由于实验内部结构的问题，造成自变量与因变量因果关系难以确定，研究的有效性降低，这时可称实验研究的内部效度（internal validity）降低。如果有效地控制额外变量，消除混淆变量，实验可靠地验证了自变量与因变量是否存在因果关系，这时研究的内部效度就比较高。所以，在实验的设计和实施过程中，研究者都要特别重视对额外变量的控制。

为了达到有效控制，先要分析一项研究中可能存在哪些额外变量，这往往需要研究有关的文献资料，掌握一些基础理论知识，根据经验进行估计，进行一些预备实验，并在预备或正规实验中处处留心。但是，有一个问题还需要注意，如果过于严格地控制额外变量，势必会增加实验情境的人为性，实验得到的结论可能因此"失真"，失去了在现实生活情境中的推广价值，研究的外部效度下降。所谓外部效度（external validity），就是研究结果或结论的概括性或可推广性。如果实验研究的结论能够确实反映被试在现实生活情境中的心理活动特点与规律，推广到非实验情境下依然成立，这一实验研究就是具有较高外部效度的；如果研究结论只在实验情境中成立，无法推广到非实验情境的现实生活中，研究的外部效度就低。许多时候，研究的内部效度和外部效度是相互矛盾的，要解决这一矛盾，需要考虑采用更为复杂的实验设计。

下面介绍几种常用的额外变量控制方法。

(一)消除法

对于有些可能影响被试心理或行为的因素，可采取消除法，使用技术手段避免该因素在实验过程中出现。最常见的是对环境光线或环境噪声影响的处理，方法是将实验安排在暗室或隔音室中进行。消除法的优点在于将某些额外变量的影响完全隔离，缺点是会造成研究情境与现实情境的较大差异，引起研究外部效度的下降。

(二)恒定法

有些额外变量无法消除或没有消除它的条件，则可以使其保持恒定，即在整个实验进程中使其保持在某一恒定水平，以保证其对所有被试的影响基本一致。比如，实验中如果没有暗室可用，环境光线对实验可能产生影响，也可以采用恒定法，安排所有被试在同一个实验室中完成实验任务，而且使实验室中的照明条件保持恒定；又如，如果一个实验无法一次完成，那么在安排时间上也要尽量保持一致，如所有被试都安排在每天下午的 3:00～5:00 参加实验。

(三)随机化法

就是按照随机化的方法抽取被试、分派被试或编排实验程序，这是常用的平衡被试特征、时间顺序、空间位置等因素的方法。如在 50 人中抽取 10 人参加实验，这 50 人中的每一个人被抽取的概率都是 1/5；如有 100 名被试，随机分成两组，每个人都有 1/2 的概率被分到第一组或第二组。具体方法可以是抽签法、随机数表法、随机排队法等。现在有许多心理实验，可以借助于 E-Prime 软件计算机化，即在计算机屏幕上呈现刺激和任务，被试通过键盘等完成反应，计算机可以自动完成对刺激与任务呈现的随机化。采用随机化方法可以对许多偶然因素的影响进行控制和平衡，特别是能有效地平衡被试组间机体变量的差异性。

（四）匹配法

在分组实验，如实验组—控制组对照实验中，为消除被试组差异对实验结果的影响，要尽可能做到等组实验，即两组或多组被试在有关因素上的平均水平保持一致，这时可采用匹配法。这种方法首先就是要对所有被试的有关因素进行初测，根据初测的结果来对被试进行匹配性分组。匹配中不仅要使各组被试在该因素得分的平均数几乎相等，而且要保证其标准差也几乎相等。如为了研究问题的不同呈现方式是否会引起问题表征难度的变化，要安排两组被试分别在两种呈现方式下解决结构相同的问题。考虑到被试的智力差异可能会造成变量混淆，需要对两组被试进行智力匹配以保证两组被试在智力水平上相当。于是分组前先对抽取来的 20 名被试进行智商测试。假设的测试结果为：

108　127　98　　85　　120　115　105　　96　100　　90
95　115　114　120　109　　95　125　123　108　119

如何进行匹配呢？首先将这 20 人的智商分数按大小排序，然后两两配对，再将每一个配对的两人分别分到两个组：85、*90*、95、95、96、*98*、*100*、105、108、*108*、*109* 、114、115、*115*、*119*、120、120、*123*、*125* 、127。分组时要注意不能将每一配对中分数高的或分数低的都分到一个组。本例具体的分组结果是：

A 组：85、95、96、105、108、114、115、120、120、127　平均数和标准差：108.50±13.26

B 组：90、95、98、100、108、109、115、119、123、125　平均数和标准差：108.20±12.21

由于两个被试组在智力水平上取得了较好匹配（平均值与标准差都很接近），智力因素就不会成为实验中的混淆因子，有利于提高研究的内部效度。

（五）抵消平衡法

这种方法常用于克服实验中的空间位置效应和时间效应。在心理学实验中，空间位置效应往往是指刺激呈现的位置或被试操作键的位置引起的因变量的变化；时间效应也叫作顺序效应（order effect），一般包括练习效应（practice effect）和疲劳效应（fatigue effect）两种。比如，一个被试在一项研究中要做 A 和 B 两种实验，最后要对这两种实验的结果进行比较，其实验的顺序可以为：ABBAAB-BA 或 BAABBAAB 或 ABBABAAB。当然，这种安排有一个前提，即顺序效应呈线性变化。如果是非线性的，则要采用更复杂的抵消方法，此处不作介绍。这种方法既可用于同一被试参加不同实验的实验顺序安排，也可以用于不同被试（A组、B组）参加同一实验时实验顺序的安排。

需要进一步说明的是，通常所称的自变量包括三种情况：第一，自变量属于刺激变量，如灯光刺激的强度、声音刺激的频率、实验环境中的气温等；第二，自变量属于以刺激变量引起的机体变量，如以不同的奖励方式引起被试不同的动机强度、不同的环境刺激引起被试不同的情绪状态等；第三，自变量是被试固有的机体特征，如被试的性别、年龄、身高等。前两类自变量是可以操纵的，研究者可以根据研究需要有步骤地改变它，以探测其与被试心理和行为改变的因果关系。第三类自变量不是研究者可以操纵的，所以叫作准自变量。研究者可以利用准自变量对被试进行分组，以探测其与因变量的共变关系，如果二者真的存在共变关系的话，这种关系也未必就是因果关系，可能只是一种相关关系，除非研究者还有其他方面的论据。比如，测量发现，身高在1.2米左右的被试组与身高在1.5米左右的被试组存在显著的智力差异，这里存在的就只是一种相关关系，在此给予特别的说明，是为了提醒读者在阅读研究报告时需注意这一点，在研究中要做出因果关系结论时更要注意这一点，尽量避免错误地将相关关系看作因果关系。

第四节　实验中的主试与被试

与其他门类的科学实验相比，心理实验比较特殊，主持实验的人叫主试，接受实验处理和被观测的人叫被试（少数以其他动物为研究对象的实验被试是动物）。也就是说，心理学的实验是主试与被试（人或动物）之间相互作用的过程，其中存在微妙的心理效应。

一、主试与被试的相互作用

心理实验中主试与被试的相互作用包括三个方面：指示语效应、实验者效应和被试的能动效应（黄希庭，等，1987）。

（一）指示语效应

这是主试、被试之间围绕实验目的所发生的相互作用，是通过向被试交代任务而实现的主试对被试的直接干预。主试向被试交代任务时所讲的话叫指示语（instruction），指示语对被试心理或行为发生的影响叫作指示语效应（instruction effect）。指示语在告知被试如何参加实验和完成实验操作的同时，也在将被试的心理活动引向有利于实验目的实现的方向，因此，它成为实验研究能否成功的关键因素之一。那么，如何制订指示语才能使实验紧紧围绕实验目的而进行呢？一般要注意以下几点。

1. 指示语要清楚、全面，避免使用专业术语

指示语要完备地、清晰地告知被试参加实验的任务、如何操作，要对被试行为做出明确规定。要避免使用专业术语，研究者在制订实验方案时往往会在这一点上出问题。有些词汇在主试看来非常简明、浅显，但对于未学习过心理学的人来说是深奥难懂的。为了避免出现被试不能理解指示语的情况，研究者除了要充分了解被试的知识水平外，还可在正式实验前，进行预备实验以检验实验程序及指示语是否适当。

2. 指示语要简明扼要，不能使用模棱两可、一语双关的词汇

指示语不必对实验理由、目的、原理作过多解释，因为这种解释会加长指示语，造成识记困难，同时也增加了被试理解的负担，反倒会造成被试的迷惑。也不能使用语义含糊、容易发生歧义的词汇，否则会造成不同被试的不同理解，导致其以不同方式或心理定向参加实验。

3. 指示语必须标准化

主试或研究者在接触被试前要研究、讨论、确定指示语，然后将其写成书面材料或进行录音，以便在向被试呈现时不出现差异性。这里的标准化包括指示语呈现的语气、声音高低，甚至发音者也应是同一人。当然，也不是所有的实验对指示语的标准化都有很高的要求，这要由具体实验的任务、要求和性质而定。

（二）实验者效应

主试在实验中，不知不觉的期待、动机、疲劳、厌倦等心理活动，对被试会起到一种颇为微妙的作用，这叫作实验者效应（experimenter effect），如罗森塔尔效应（Rosenthal effect）[①]。许多实验过程是主试和被试共同操作完成的，如果主试操作不熟练，也会对被试的心理活动或操作产生不利影响。心理实验中的主试要训练有素，持中立立场，善于把握实验进程，才能克服实验中的不良效应。

在罗森塔尔的一个研究中，他让选修心理实验课的学生用老鼠

---

① 罗森塔尔（Robert Rosenthal，1933—   ）德裔美籍教育心理学家，以研究教师期望效应（"皮格马利翁效应"）而闻名。通过实验研究，证明教师对学生的不同期望能轻易地引起"自我实现预言效应"。1979 年，获美国心理学会杰出专业贡献奖。

做实验，学生(实验者)得到用来做实验练习的老鼠，有些笼子上贴有"跑迷津伶俐"的标签，有些笼子贴有"跑迷津呆笨"的标签(其实，这些老鼠是随机被分配的)。于是，学生(实验者)根据笼子上的标签就误认为他们得到的老鼠是伶俐的或呆笨的。他们得出的实验结果是：标记为伶俐的老鼠比那些标记为呆笨的老鼠学习得快。实验者的期望莫名其妙地影响了老鼠的行为，动物的行为居然符合于错误的标签。(黄希庭，等，1987)

(三)被试的能动效应

人类被试具有主观能动性，并以此对主试及实验结果产生影响，它主要表现在三个方面。

1. 不是被动地参加实验，有时会企图在实验中满足自己的目的

有的被试会自己假定一个实验目的，然后在实验中进行验证；有的被试专门采取与主试对抗的态度参加实验；有的被试则故意迎合主试。这些态度都背离了实验的目的，不利于研究得到可靠的结果。

2. 实验中的霍桑效应和安慰剂效应

所谓霍桑效应(Hawthorne effect)，是指美国心理学家梅奥于1924—1932年在霍桑电力工厂开展实验研究时发现的一种现象，"即使在照明条件变坏和福利措施取消的情况下，实验组的生产量仍然上升，其原因就在于，这些工人由于受到研究组和厂方的重视，使他们感到自己受到公司的重视，参与了公司重大问题的解决，从而产生了胜任感、成就感、自豪感。这些都激发了工人内在的积极性，从而提高了工作效率。"(林崇德，杨治良，黄希庭，2003)在心理实验中，被试由于参加了实验，感到新奇、受重视，也会产生类似于霍桑效应的心理活动，进而影响实验目的的实现。

安慰剂效应(placebo effect)是一种因为误认为服用了有效药物而产生的良性心理疗效。在心理实验中，被试也会对实验中可能的影响进行猜测，由此产生某些积极的心理效应。但这些效应本身不是实验处理引起的，所以反而会造成对处理效应的掩盖或夸大。总之，霍桑效应和安慰剂效应都不利于实验目的的实现，是研究者应注意避免的混淆因子。

3. 被试影响主试，再转而影响被试自身

在实验中，被试的良好表现或较差表现、被试的迎合或逆反等会对主试产生影响，引起主试的满意、欣慰、赞赏、不满、焦躁，甚至厌恶等心理或生理反应，这些反应又会反过来对被试产生影响，成为混淆因子。

心理实验中的关键因素是人，其对实验的影响，有的可以预见，有的无法预见；有的可以在实验中观察得到，有的则需要等实验结束后向被试询问。总之，心理实验中要时时想到被试不是被动的机器，要从多方面考虑控制条件，以及如何取得和分析与实验结果有关的材料。所以，正式实验结束后，要把实验的原始结果收集、整理，保持完整，还要对被试做必要的访谈，以了解在实验设计中没有考虑到的一些意外因素和被试在实验中的体验，这些访谈对实验结果的理解和解释有帮助。

二、被试样本的抽取

每一项实验研究都是一个独立事件，它需要一个或多个具体的被试组。但大部分研究要试图解答的都是关于较大群体的一般问题，而不是关于较小群体的、少数特定人的问题。因此，研究者一般都期望将他们的研究结论推广到被试之外的范围。那么，这其中就存在一对矛盾：一方面要选取较少被试参加实验，另一方面又期望将从这少量被试得到的研究结论推广到一个大的群体。这一矛盾如何解决呢？关键是要使选取来的少量被试能够具有代表性。

在介绍被试选取方法之前，需先澄清几个概念：目标总体（target population）、可得总体（accessible population）、代表性样本（representative sample）、有偏样本（biased sample）等。任何确定了的课题，在进入设计阶段时，都要首先根据研究目的确定研究对象，研究对象的全体构成了研究的目标总体，目标总体的所有个体应该具有某种共同特征。比如，研究某种药物或治疗程序对抑郁症患者是否有效，那么目标总体就是全体抑郁症患者；研究贫困地区学龄儿童的自我意识发展，则其目标总体就是所有贫困地区的学龄儿童。不过，实际研究中很少能从真正的目标总体中选取被试。例如，要研究药物对抑郁症患者的疗效，其目标总体应该是世界上所有抑郁症患者。可是你有可能到世界各地去选择被试吗？或者范围再缩小些，把全国的抑郁症患者作为目标总体，那么你可能到全国各地去选择被试吗？不可能。最有可能的做法是，去访问本地区的一些心理咨询与治疗机构，也包括一些精神治疗机构、综合医院精神科门诊，从这里所能找到的抑郁症患者就是你可能用为被试的研究对象，叫作可得总体。大部分研究者都是从可得总体中选取样本的，因此不仅需要在将研究结果推广到可得总体时谨慎从事，而且在将结果推广到研究的目标总体时更要格外小心。我们在此后讨论中，所谈的"总体"主要是指"可得总体"。

为使研究结果能被推广到总体，选取的样本就要具有代表性，即形成代表性样本。所谓代表性样本，就是在与研究有关的特征方面，样本与总体一致(误差在允许范围内)。相反,如果样本特征与总体特征相差甚远,超出了误差许可的范围,这样的样本就叫作有偏样本。在被试选择中,尽量得到代表性样本,避免有偏样本的出现。

需要指出的是,不管采取何种方法,从一个总体中抽取样本,误差总是存在的,所以样本特征与总体特征必然存在差异。而且这种差异符合统计学规律,即如果进行许多次抽样,抽样的误差分布往往符合某种统计学分布规律。因此,所谓代表性样本,是指在统计学意义上该样本能代表总体。那么如何进行被试选取才能保证得到代表性样本呢?心理学研究中,样本选取的方法包括概率抽样(probability sampling)和非概率抽样(nonprobability sampling)两大类。其中概率抽样主要包括简单随机抽样、分层随机抽样、按比例分层随机抽样、整群抽样;非概率抽样主要是便利抽样。

(一)简单随机抽样

简单随机抽样(simple random sampling)的基本要求就是总体中的每一个体具有相等且独立的被抽中概率,概率相等意味着任何个体都不比其他个体更有可能被选中,相互独立则意味着某一个体的被选择不会影响研究者对另一个体的选择。简单随机抽样的过程一般包括三步。

第一步:确定一个总体,即你预备要从中选取样本的总体。该总体应该是一个可得总体。

第二步:列出总体中的所有成员,形成一个个体表列。通常,对表列中的个体编号。

第三步:根据研究需要,使用随机过程从表列中选择出一定数量的个体。这里所讲的随机过程可以是"抽签法""随机数表法"等。

抽签法,是先将总体中的个体编号,并逐一把个体的号码写在一个纸条上,再将纸条叠成方块或搓成团,混在一起并摇匀,随机捡出若干个,被随机捡出的编号就是被选取的被试的编号。

"随机数表"就是由0~9的数字随机排列构成的数码表,它以5个数字为一组。一般的统计学教材或实验心理学教材都会将"随机数表"作为附录。随机数表法的操作程序是:先将被试编号,然后随机地从"随机数表"中划出一个数表片段,从该片段的开始部分依次向后或向下搜索,当遇到一组数字的后边几位正好与某一个体的编号相同,就将该个体作为被试选出,依此方法继续进行,直到选够所需要的被试数为止。

简单随机抽样从理论或逻辑上排除了选择偏好,一般可以得到代表性样本。但是,需要注意的是,简单随机抽样是通过把每一次的选择都置于随机性的规则之下来消除偏好的,它可以在较长的抽样过程中得到很好的代表性样本，就如投掷几千次硬币，最后的结果会是正面朝上和反面朝上的次数各占50％。但如果抽样过程较短，就有可能得到有严重偏向的样本。就像投掷一种质地均匀的硬币10次，会出现10次都是正面朝上的结果；从100名女生和100名男生组成的总体中随机抽选10人，甚至会出现抽取的10人全为男生或全为女生的情况。要避免这种非代表性样本，研究者常常采用分层随机抽样和按比例分层随机抽样方法。

（二）分层和按比例分层随机抽样

一个总体通常可以区分出各种不同的子群（subgroup）。如一所大学里的学生可以分为不同年级的子群、不同专业的子群、不同性别的子群等。要保证在一个样本中，各子群都能得到代表，可以使用分层随机抽样（stratified random sampling）。首先要确认样本中应包括哪些具体的子群或层，然后使用简单随机抽样从每个预先确认的子群中选择子群随机样本，最后把这些子群样本合并成一个大的样本。比如，研究者计划从某学院的研究生中抽取50人的样本，要求对男生和女生都具有代表性。那么可以首先从男生中随机抽取一个25人的样本，再从女生中随机抽取一个25人的样本，最后将这两个子群样本合并起来就构成了想要的分层随机样本。

当研究者想对总体中的各个部分进行描述，或对各个部分进行比较时，分层随机抽样方法就显得特别有用了。采用这种方法，样本中的每一子群必须包含足够的个体，以便它能代表总体中与其对应的部分。

当研究焦点集中到总体中的各具体子群时，最好采用分层随机抽样方法来选择被试。也就是说，当研究要考察各具体子群并对他们进行比较时，这种方法是比较适当的。但如果研究的目标是考察整个总体，这种抽样技术可能会带来问题。最典型的情形是，总体中每个子群的实际人数不相等，但样本中各子群的代表人数都相等。比方说，在一个总体中某一子群的人数只占总体的3％，但它在样本中占到了25％的分量，这样的样本显然是不能代表总体特征的。克服这一问题的方法是采用按比例分层随机抽样，具体做法是：首先区分出总体中的各个子群或成分，并确定总体中相应子群所占的比例；然后根据计划的样本容量和各子群在总体中的比例数确定每一子群应抽取的被试数；最后从每一子群中随机抽取相应的被试数，合并在一起就可以得到一个其比例关系与总体中的比例关系完全匹配的样本。这种抽样就叫作按比例分层随机抽样（porportionate stratified random sampling）。

（三）整群抽样

一般情况下，研究者都是通过从总体中选择个体而得到样本，但有时个体是以现成整群形式存在的，研究者就可以随机地选择整群。比如，研究者想从某个城市的学校系统中抽取由 300 名三年级学生组成的大样本，他不是一次选择一个学生，而是随机地选择了 10 个班（每个班大约有 30 名学生），最后也可得到 300 人的样本，这一程序就叫整群抽样（cluster sampling）。只要在感兴趣的总体中存在界定清楚的整群，就可以使用这一程序。这种技术有两个明显优点：第一，它相对快捷，容易得到大样本；第二，对被试的处理和测量常以整群方式进行，可以大大加快研究进程。在整群抽样中，研究者不是选择单个被试，不是对单个被试施加处理，也不是每次只测量到一个分数，而常常是针对整群施加处理，从一次实验中就能很便利地取得 30 个被试的数据。

（四）便利抽样

便利抽样（convenience sampling）是一种非概率性抽样方法，这是心理学研究中实际上最常用的抽样方法。在便利抽样中，研究者只使用那些容易得到的个体作被试，被选的人只是那些找得到的、乐于参加研究的。所以，我们看到，在心理学研究中，使用心理系的大学生作被试是最常见的，因为这些学生通常就是研究者的学生。

便利抽样被看作一种比较弱的抽样方法，因为研究者不试图去了解总体，在选择被试时也不使用随机方法，对样本的代表性很少控制，所以得到有偏样本的可能性很大。例如，人们积极参加的电台听众热线电话调查，或杂志社使用通信方式进行的调查，结果的可靠性都是特别值得怀疑的。这些情况下，调查样本应该是存在偏差的。一般，只有那些倾向于收听这个电台节目或倾向于阅读这个杂志又对调查的主题感兴趣的人，才愿意去花费时间接受调查，他们不可能是一般人群的代表。

尽管存在明显缺点，但是便利抽样可能还是被使用最多的方法。与那些需要详细了解总体中所有成员情况、又需要采用费时费力的随机过程来选择被试的方法相比，便利抽样更容易、更廉价、更快捷。便利抽样虽然不能保证总能得到有代表性的无偏样本，但也不能就草率地将其看作一种毫无补救希望的抽样方法，大部分研究者都知道，可以使用两种策略来纠正便利抽样中的主要偏差：研究者尽可能地确保他们的样本具有相当的代表性而无大的偏差；详细地说明样本是如何得到的、参加研究的被试是哪些人。

研究者还常常关心一个问题：如何确定样本容量的大小。样本容量大小没有绝对的标准，也不存在严格的计算方法，但依据研究本身的特点和目的而言，确定样本容量实际上是要在可行性与准确性之间进行权衡。实验研究一般都是通过对样本的观测与比较来完成的，但又期望结论能反映总体的特征与规律。这就要求，以样本的统计量估计总体参数时，不要出现太大的偏差，即要求标准误 SE 较小。而标准误 SE 与样本的标准差 SD 及容量 n 存在以下关系式：

$$SE = \frac{S}{\sqrt{n}}$$ （公式 2-1）

由公式 2-1 可知，在确定样本容量的时候，需要考虑所测量变量在个案间的异质性或同质性。当异质性高同质性低时，样本标准差会比较大，为了降低估计参数时的偏差即标准误，就需要较大的样本容量；反之，样本容量可以低一些。一般来说，样本容量越大，结果准确性越好，但实施的难度也越大；样本容量越小，研究实施的难度越小，但结果的准确性会因此降低。如何取舍，除考虑准确性外，还要看研究的内容与研究的类型，依此去估计观测对象的同质性。以下三个方面的考虑对于确定样本容量是有帮助的。

（1）研究的内容

研究中所要测量的心理现象或心理品质越是受到生物性的制约，个体间的差异就越小，需要的研究样本就可以较小，如关于感知机制的研究、事件相关电位（ERP）变化模式的研究等；研究中所要测量的心理现象或心理品质越是受到社会文化的制约，个体间的差异就越大，需要的研究样本就越大。

（2）研究对象总体中个体间的同质性

总体中个体间的同质性越高，个体差异越小，根据抽样规律，抽样误差也越小，需要的样本容量就可以较小；反之，需要的样本容量就较大。

（3）研究的类型

利用心理实验室严格控制实验条件，对被试的心理活动或心理特征进行观测，测量过程中产生的误差较小，研究样本可以较小；利用自陈量表对被试的心理特征进行测量，被试反应容易受到多种因素的影响，产生的测量误差会比较大，研究样本就需要较大。

三、被试使用中的伦理问题

在讨论到被试时，还必须考虑另外一个问题：心理学研究中被试使用的伦理学问题。为了遵循研究者的伦理规则，在选取和使用被试时必须注意以下几点，即被试的报酬、权利和尊严。

（1）知情同意

研究中必须保证被试的安全性，尽可能使之免遭心理或生理的伤害。如果研究无法避免这样的伤害，那也必须是轻微的、事后可补救的，而且在使用这些导致轻微伤害的研究方法之前，需要向拟作为被试的人做出说明，征得同意后才可实施。严格而言，需要被试签署"知会同意表"，即被试在了解了实验过程的足够信息后，依然同意充当被试，则签署同意表。实验结束后，要向被试做出说明和进行必要的安抚，以消除实验的消极影响。

知情同意(informed consent)，顾名思义就是告诉人们实验的具体内容，让他们可以在知情的情况下决定是否参加实验(哈里斯，吴艳红，2009)。《APA论文写作与发表规范》(APA，2001)规定，心理学家应该"在研究中使用被试易于理解的语言"。第一，告知被试研究的性质；第二，告知他们可以自由参加实验、拒绝参加实验或中途退出；第三，解释拒绝参加或退出实验的后果；第四，告知被试可能会影响到他们参与意向的重要因素(如风险、感觉不适、不利影响)；第五，向可能的被试解释他们对实验其他方面的询问。

(2)避免欺骗手段或强制手段

让一些人参加实验，尤其是那些对被试有潜在伤害性的实验，应尽可能避免依靠欺骗或强制手段。媒体曾报道，某国外医疗机构打着援助我国某一经济落后农村的旗号，在我国偏远农村进行某项药物实验，实验中隐瞒了该药物的潜在危害。这种做法是非常不人道的。在心理学实验中应避免类似情况的发生。

(3)实验报告真实

由于实验中，选取被试存在实际上的困难，不能保证得到无偏样本，但在研究报告的撰写中，对此加以"掩饰"，有意错误地表述样本的抽取过程。这一做法会干扰读者对研究结果优劣的评判，也是不允许的。

扩展阅读

一、 心理学研究的文献资源

常用的资料文献主要有专著、专业期刊、学位论文、学术会议论文集、索引、电子出版物、电子学术期刊和网络文献数据库等。

1. 专著

专著通常汇集了某一学科领域或具体问题的研究成果，因此，通过查阅某一领域或具体研究问题方面的专著，可以使我们对该领域或者研究问题有较为系统和全面的了解及掌握，便于选择新的研究课题和开展深入的研究。

2. 专业期刊

这是研究者查阅的主要文献资源。在心理学研究领域，国外核心期刊主要是收录在SCI(Science Citation Index)和SSCI(Social Science Citation Index)上的杂志，国内的心理学核心期刊主要是收录在CSCI和CSSCI上的杂志(例如，《心理学报》《心理科学》《心理科学进展》《心理学探新》《心理发展与教育》

等）。通过查阅核心专业期刊可以获得某一学科不同专业领域和研究方向的历史和现状，以及研究者普遍关注的热点问题。

3. 学位论文

包括硕士学位论文和博士学位论文，这类论文主要集中在高等院校和科研机构，并收录在院校或研究机构的图书馆中。近年来，学位论文也纳入国家图书馆收藏的文献之列，在国家图书馆设有博士学位论文查阅专库。读者可以查阅、复制。学位论文的研究内容具有前沿性，对问题的研究和阐述较为详细，且相当部分的学位论文没有发表或部分没有发表，所以，学位论文具有较高的参考价值。

4. 学术会议论文集

一些重要的国际性、全国性学术会议都会出版论文集。这样的论文集往往是选择一次会议中提交的具有代表性的论文，可以反映一个国家或国际范围内心理学的最新发展状况。特别是一些专业性很强的学术会议，其论文集基本上反映了该领域国内外的最新进展。这些论文集一般也可以从国家图书馆中查到。

5. 索引

索引是传统的文献查询途径。现在有了计算机技术的支持，可以将索引制作成光盘或在线数据库，使得查询非常便利和快捷。目前，在心理学领域内，信息量最大的索引或光盘数据库当数美国心理学会发表的《心理学文摘》（*Psychological Abstract*）光盘数据库。可到国家图书馆电子阅览室查询或某些大学图书馆查询。

6. 电子出版物、电子学术期刊和网络文献数据库

随着各高校办学条件的改善，各高校图书馆引入了越来越多的电子出版物、电子期刊和网络文献数据库。与心理学关系密切的如：中国学术期刊全文数据库、Elsevier、PreQuest、EBSCO、PsycARTICLES、PsycINFO、Psychology and Behavioral Science Collection 等。

［资料来源：《实验心理学纲要》（张学民，舒华，2004）］

二、 心理学重要期刊简介

(一)国内心理学期刊简介

1.《心理学报》

《心理学报》是中国心理学会和中国科学院心理研究所主办的全国性学术刊物，主要发表我国心理学家最新、最高水平的心理学科技论文。作为反映我国心理学研究水平的最主要窗口，《心理学报》不仅在中国心理学界享有很

高的声誉，在国际上也有一定影响。该刊的文章摘要被美国心理学会主办的 *Psychological Abstract* 和心理科学数据库（PsycINFO Database）所收录。

2.《心理科学》

《心理科学》是心理学专业学术性刊物，为我国核心期刊。反映心理学各个研究领域的最新研究成果，包括发展心理学、教育心理学、普通心理学、应用心理学等方面内容。论文被多家权威机构收录，并收入于美国心理学会主办的《心理学文摘》（*Psychological Abstracts*）和心理科学光盘（PsycINFO Database）。

3.《心理科学进展》

《心理科学进展》是中国科学院心理研究所主办的综合类学术期刊，主要刊登能够反映国内外心理学各领域研究的新进展、新动向、新成果的文献综述和评论。

4.《应用心理学》

特点：学术性、实用性、综合性。发表应用心理学领域的文章，把握当代应用心理学领域的理论和实践前沿、研究水平和发展方向。

5.《中国心理卫生杂志》

《中国心理卫生杂志》为 R74、B84 双核心期刊，办刊方向是心理卫生领域的科学研究与人文探讨。

6.《心理发展与教育》

《心理发展与教育》是心理学学术刊物，是全国中文核心期刊和心理科学核心期刊之一。重点发表儿童青少年心理学与教育心理学的基础研究成果，重视发表与当前我国教育、社会和经济发展等现实问题联系密切的教育心理学、儿童青少年心理学应用研究成果。

7.《心理学探新》

《心理学探新》为国内外公开发行的学术性季刊。主要刊登实验实证研究、临床与社会调查、历史与文化分析、理论与应用创新的论文、报告、总结等。

8.《心理与行为研究》

该期刊主要发表认知心理、发展与教育心理、生理与医学心理、心理测量与研究方法、管理心理等研究的论文。

9.《华人心理学报》

《华人心理学报》（*Journal of Psychology in Chinese Society*）是香港心理学会主办的综合学术期刊。

10.《中华心理学刊》

《中华心理学刊》（*Chinese Journal of Psychology*）是由台湾心理学会主办

的综合学术期刊。

(二)国外心理学重要学术期刊

1. *Psychological Bulletin*

《心理学通报》通过全面而深入的评述反映心理学的进展。

2. *Journal of Experimental Psychology：General*

《实验心理学杂志：总论》刊载实验心理学领域具有普遍意义的研究报告和进展评述，内容包括知觉、记忆、认识、言语、学习、决策、社会对行为影响和神经科学等论题。

3. *Journal of Experimental Psychology：Applied*

《实验心理学杂志：应用》发表实证研究文章，沟通心理学理论与应用，注重使用认知过程模型解决实际问题。

4. *Psychological Abstracts*

《心理学文摘》从1000多种英文期刊和部分图书中摘录心理学及其相关学科的最新文献，年文摘量40000多件。每期均有作者和主题索引。(WG)

5. *Psychological Review*

《心理学评论》述评心理学各领域最重要的新理论。

6. *American Journal of Psychology*

《美国心理学杂志》刊载实验心理学方面的原始研究报告和书评。

7. *Annual Review of Psychology*

《心理学年鉴》综论心理学领域的研究进展与成果。

8. *Journal of Community Psychology*

《社区心理学杂志》刊载该领域的理论研究及其应用方面的论文、报告和评论。

9. *Psychology & Marketing*

《心理学和营销学》研究影响营销决策的社会、经济和文化最新动向，剖析消费者心理。本刊的读者对象是市场研究人员、广告客户与广告商、心理学家、社会学家等。

10. *American Psychologist*

《美国心理学家》是美国心理学会会志。除发表心理学各领域的最新研究成果外，还报道该学会的业务和会员动态消息。

11. *Journal of Applied Psychology*

《应用心理学杂志》论述心理学在大学、公司、政府机构，以及司法、卫生、教育、运输、防务、消费等不同环境和背景中的应用。

12. *Journal of Psychology：Interdisciplinary & Applied*

《心理学杂志：交叉学科与应用》刊载心理学领域的理论和应用研究论文。

侧重将分散的资料与理论研究相结合，探索新的思路。

13. *Journal of Social Psychology*

《社会心理学杂志》刊载社会心理学的实验和经验研究以及群体、文化影响、语言、种族和民族交往等问题的研究论文、札记和简报。

14. *Journal of Applied Behavior Analysis*

《应用行为分析杂志》主要发表实验研究报告。

15. *Professional Psychology：Research and Practice*

《职业心理学：研究与实践》论述应用于各种心理学实践的技术进展，以及职业与服务标准、相关立法、心理学医师继续教育和培训等。

16. *Journal of Applied Social Psychology*

《应用社会心理学杂志》刊载实验行为科学研究应用于解决各种社会问题方面的论文。

17. *Applied Psychological Measurement*

《应用心理测评》研究和探讨运用心理测评技术去解决心理学及相关领域中的各种问题。

18. *Journal of Experimental Social Psychology*

《实验社会心理学杂志》以实证和概念为基础研究人类社会行为和相关现象。发表论文和评论。

练习与思考

1. 如何理解：文献检索、原始文献、二次文献、变量、刺激变量、机体变量、反应变量、自变量、因变量、额外变量、混淆变量、信度、效度、区分度、内部效度、外部效度、指示语、指示语效应、实验者效应（罗森塔尔效应）、霍桑效应、知会同意？
2. 如何发现研究问题？如何选择研究课题？
3. 文献检索与分析的目的是什么？
4. 文献检索的一般过程是怎样的？
5. 在选择研究主题时常犯的错误有哪些？
6. 心理实验中因变量的种类和条件有哪些？
7. 心理实验中常用的额外变量的控制方法有哪些？
8. 实验被试的抽样方法主要有哪些？各有什么优缺点？
9. 制订实验指示语需要注意哪些问题？

10. 心理实验中主试与被试的相互作用表现在哪些方面？

11. 列出至少三个你感兴趣的主题领域，说明其中的每一主题是如何产生的？

12. 列出若干你想到的或经过阅读相关文献后提出的研究课题来，并对其中你觉得最有意义的一两个课题进行分析，阐释其意义和研究实施可能需要的条件。

13. 查找一篇研究报告，将其引言部分复印下来，然后用两三句话为"问题提出"写出一个简单的、合乎逻辑的推理过程。

14. 从一篇研究论文的"讨论"部分，找一条关于研究设想的建议，将这一讨论部分复制下来，然后把这条建议勾画出来。

15. 列出你在日常生活中可能观察得到的 5 种行为，针对每一种行为，确定一到两个可能对其产生影响的变量。

第三章
单因素实验设计

如果要探测某些变量是不是个体或群体心理和行为的影响因素，可以操纵改变这个变量，同时观测因变量是否随之改变，这样的实验叫作因素型实验。但要想得到变量间更为详尽的函数关系，就需要自变量在更多水平上作系统改变（3～5 个水平较为合适），这时的实验就叫函数型实验。因素型与函数型实验在本质上是一致的，区分是相对的，但函数型实验更为可靠。

本章要旨与重点

◆ 单因素组间设计，如实验——控制对照组设计、实验——控制对照组前测——后测设计、自变量三水平以上的组间设计。

◆ 单因素组内设计，如自变量二水平和三水平以上的组内设计。

◆ 单因素随机区组设计和匹配组设计等。

◆ 组间设计与组内设计的区别与联系，优点与缺点，数据分析逻辑上的不同等。

　　课题选定后，在变量分析的基础上，明确了实验中要控制的额外变量、操纵的自变量、观测记录的因变量，以及可抽取的被试，研究方案也就会随之明朗。在实验心理学的发展中，逐渐形成了一些模式化的实验编排程序和技巧，形成固定化的实验设计模式（pattern of experiment design）。分析这些设计模式，可以发现其中最具一般性的两种基本类型：组间设计和组内设计。其他更复杂的设计都是在这些类型基础上演变出来的。为了更清楚地表述心理学实验研究的程序，本章只介绍单因素实验设计。

第一节　因素型与函数型实验

一、因素型实验

　　因素型实验（factorial experiment）是在控制条件下，操纵改变某些变量，以观察被试的心理或行为是否随之发生变化，从而探测二者之间的因果关系。艾宾浩斯的记忆研究，就是经典的因素型实验研究，他控制了学习材料、实验情境和被试变量，操纵了从学会材料至保持量检测之间的时间间距，以观察时间因素对记忆保持量的影响，即验证时距是记忆保持量下降的"因"，因此，这是一种因素型实验。其中研究者操纵的变量也叫实验因子或因子（factor），这些因子出现的变量值，叫作因子水平（level）。既然是作为实验因子出现，它就不能在实验进程中恒定地保持在一个水平上，而必须在操纵下发生至少一个改变，所以因子至少有两个水平。

　　比如，心理系的一个班级的同学在实验室里进行了一项研究，想考察灯光刺激的颜色对选择反应速度的影响，操纵的灯光刺激条件有三种：红光、绿光、黄光，测量的指标是从刺激出现到被试做出选择反应之间的时间间距，即选择反应时。实验中，保持了实验环境的恒定、刺激顺序的平衡等。这一研究中，操纵的自变量是刺激灯光的颜色，它有三种变量值，就叫作三个水平。实验的目的就是探测刺激灯光颜色的改变会不会导致人的反应速度的改变，换句话说，就是看灯光刺激颜色是不是反应速度的影响因素之一。这里的"水平"可以是指量的变化，也可以是指性质的改变。本例中，自变量的三个水平是指三个不同颜色的灯光刺激，构成了可比较的实验条件，也叫作实验处理。这一研究可以叫作单因素三水平的因素型实验，简称单因素实验（single-factor experiment）。如果想进一步地考察噪声环境，以及不同的噪声强度会不会影响人的反应速度，可将上述实验扩展：让被试分别在无噪声（接近0分贝)、低强度噪声(30分贝左右)、中等强度噪声(60分贝左右)、高强度噪声(90分贝以上)四种条件下接受不同颜色灯光刺激选择反应时间测试。这一研究中,除灯光颜色因子外,还有一个噪声强度因子,其有四个水平,它是一种量上的改变。两个实验因子的变化,共结合成3×4=12种实验处理,如表3-1所示。这一因素型实验就叫二因素实验设计或双因子实验(double-factor experiment)。更具体地说,可以叫作3×4实验设计。

表3-1 3×4实验的实验处理

噪声强度	接近0分贝			30分贝左右			60分贝左右			90分贝以上		
灯光颜色	红	绿	黄	红	绿	黄	红	绿	黄	红	绿	黄
实验条件	1	2	3	4	5	6	7	8	9	10	11	12

研究者通常用A、B、C等字母代表实验因子,以1、2、3等数字代表因子的不同水平。就表3-1所示的实验来说,如果以A代表噪声强度、B代表刺激灯光的颜色,这个实验设计就可以表达为表3-2所示的形式。

表3-2 3×4实验处理的符号标识

因子A	A_1			A_2			A_3			A_4		
因子B	B_1	B_2	B_3	B_1	B_2	B_3	B_1	B_2	B_3	B_1	B_2	B_3
实验条件	A_1B_1	A_1B_2	A_1B_3	A_2B_1	A_2B_2	A_2B_3	A_3B_1	A_3B_2	A_3B_3	A_4B_1	A_4B_2	A_4B_3

有时,研究者想要探测一系列k个因子是否都是某种心理或行为的影响因子,以及它们之间是否有相互制约性。因为实验因子比较多,如果每个因子的水平数也很多,就会造成实验处理数的急剧增加,比如,4个因子,每个因子都有三个水平,就会结合出81种实验处理,这对于实验的实施来说,简直是难以想象的。为了最大限度地减少实验处理数,研究者只就每个因子取两个水平,这时k个因子就会结合成2^k种实验处理,所以这种设计就称为2^k析因设计,它以最少的实验处理数达到对k个实验因子影响效应的分离和比较。

还需要说明的是,心理学的实验研究中,研究变量有时是被试的机体变量,如性别、年龄层次、教育程度等。这些变量虽然不能被操纵,但是可以被选择,以形成对照,同样可以实现其是否会对被试的心理或行为发生影响的研究,这些被研究的变量应该叫作准实验因子(也有很多教材不再做区分,都叫实验因子)。比如,研究男女大学生对线条简图、真实场景黑白照片、真实场景彩色照片的识别或再认成绩是否存在差异,就构成了一个2×3的实验设计。其中一个因子是性别，两个水平，属于准实验因子；另一个因子是图形材料的"逼真度"，三个水平。

二、函数型实验

函数型实验(functional experiment)也是在控制某些条件下，操纵实验因子，观测被试某些心理或行为的改变，以建立二者的函数关系。因为要建立函数关系，所以研究者对实验因子的操纵要更为系统，也就是要更为精细一些，水平数多一些，其目的在于建立"函数"关系。从这个角度来说，函数型实验与因素型实验存在目的差异，所以说这是两个不同的概念（郭秀艳，2004）。

如前文介绍，因素型实验中的因子水平数一般比较少，许多时候为了减少实验处理数，因子水平控制在两个。这样的研究是否一定能够探测到自变量与因变量的因果关系呢？可以分析，自变量与因变量之间的关系存在如图3-1所示的多种可能（还有更复杂的关系，未全部列出）。

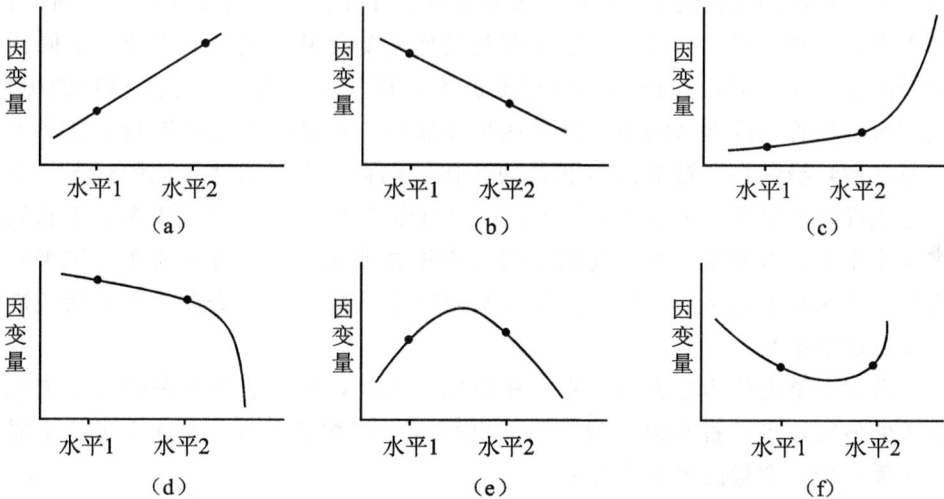

图 3-1 自变量与因变量之间多种可能的关系图

在现实生活中，各种影响变量与人的心理或行为变化的关系是多种多样的，有的较简单，呈线性趋势，如图3-1中的(a)图和(b)图，在这些关系中，因子取两个水平，容易看到两个水平间的因变量值有明显差异，这就比较容易探测到变量间的因果关系；有的较为复杂，呈非线性的变化关系，如图3-1中的(c)～(f)图，在这些关系中，因子取两个水平，未必能看到两个水平间的因变量值有明显差异，也就难以探测到变量间本来存在的因果关系。

图 3-1 中(c)～(f)图所示的几种情况，如果在自变量的两个水平间未探测到因变量值的差异，就有可能得到实际上是错误的结论——自变量与因变量之间不存在因果关系。怎样才能避免这种错误的发生呢？就其中的(e)图来说，如果在自变量原来两个水平之间再增加一个水平，就有可能发现不同水平间因变量的改变，避免错误发生。但就(c)、(d)两个图来说，在原来两个水平间增加一个水平，却还未必能发现因变量的改变，这时就需要在自变量原水平 2 之外的位置再取一个水平。概括这些分析，可以发现，要想较为可靠地探测自变量与因变量之间的因果关系，自变量的水平数应至少达到 3，甚至更多，一般以 3～5 个为宜。

当实验因子水平数较多时，就可以在更大的范围内、更多的取值点上考察因变量的变化，使其本来具有的函数关系显露出来，这时因素型实验就转化为函数型实验。看来，因素型实验和函数型实验的差异是非本质的、相对的，因为这两类实验的实验程序、操作方法、基本逻辑没有多少区别，所以，不少教材未对二者进行区分，这主要是看作者觉得有无区分的必要。不同作者看法会有些不同，选择的详略程度也不一样。为什么说区分是相对的呢？我们看，不管是因素型实验，还是函数型实验，都是研究者在控制一些额外变量之后，操纵自变量或准自变量的变化，观察因变量随之变化的情况。自变量或准自变量的水平最少是两个，多则可以接近 10 个，甚至更多。不管取多少个水平，自变量都不可能按照连续变量去变化，所以得到的实验结果总会是若干水平上的结果。两类实验在实验操作上的区别主要在于自变量或准自变量的水平数。

所以，笔者认为二者的区别是相对的。比如，艾宾浩斯所做的关于遗忘进程的研究，既可看作因素型实验，也可看作函数型实验，他选择了 7 个时间间隔，即自变量的水平数为 7。

郭秀艳(2004)把因素型实验和函数型实验看成两个不同的研究阶段，也具有明显的合理性，既是说明了二者的相对区分，也指出了函数型实验的结果会更翔实和更可靠。研究者可以首先采用一系列的因素型实验，探测人的某些心理或行为的可能影响因素，即先确定有哪些可能的因素会影响到人的某种心理或行为；随后采用函数型实验，自变量取更多的水平，系统地探测因变量是如何随自变量的变化而变化的，由此得到更为可靠的函数关系。

第二节　单因素组间设计

　　组间设计（between-groups design），也叫被试间实验设计（between-subjects design），其基本原理是：将被试随机分配到不同的自变量或自变量的不同水平上，各自独立地在不同的处理条件下接受因变量的测量。就是说，要把被试随机分成几组，每一组只参加一个条件下的观测，组与组之间的反应结果不产生相互影响，因此是独立的，所以这种设计也被称为独立组实验设计（independent-groups design）。在这样的实验研究中，其难度或关键是被试组间差异的克服，也就是要尽量做到参加实验的各组被试之间，和实验相关联的一些特征是基本相等的。这样，就可以观察接受不同实验处理的各组被试在有关因变量上是否有差异，如果存在差异，就可以认为是实验处理的差异造成的。

　　根据具体实验操作的不同，可以相对地区分三种不同的单因素组间设计：实验—控制对照组设计、实验—控制对照组前测—后测设计、自变量三水平以上的组间设计等。我们分别以例子说明这些实验的设计方法、数据模式和分析程序。

一、实验—控制对照组设计

　　当需要考察某一实验干预是否会对目标人群的心理或行为发生影响时，一个简单的实验逻辑就是，当目标人群接受和未接受这一干预的作用，是否会出现不同的反应或内在变化。通常采用的方法是，从目标人群中随机抽取一定的个体作为被试，再把这些被试随机地分为两组，一组称作实验组，实验中会接受实验干预；另一组称作控制组，实验中不接受实验干预，与实验干预"隔离"，然后对这两组被试相关的生理、心理或行为指标进行观测记录并比较。这样的实验设计就叫作实验—控制对照组设计。我们以一项课堂上进行的小实验为例说明这一方法。

研究设计示例 3-1

　　在一次课堂教学中，我给学生准备了一个简单的"趣味小测验"，即要求学生以两条平行的竖线为基础，任意添加线条，使之成为一个有意义的构图。我将测验的指导语印制在 A3 大小的白纸上。不过，学生拿到的测验纸上，所印的指导语有所不同。

指示语1："下面给您一些由两条线组成的素材，请您在两条线的基础上任意添加线条，使之构成一个有意义的图案。您可以画出很多个图案，给您的线条如果不够，您可以自己在这张纸的空白处画上两条线为素材。给您10分钟的时间，画得越多、越好，得分越高。"

指示语2："下面给您一些由两条线组成的素材，请您在两条线的基础上任意添加线条，使之构成一个有意义的图案。您可以画出很多个图案，给您的线条如果不够，您可以自己在这张纸的空白处画上两条线为素材。给您10分钟的时间，画得越多、越好，越新奇、越有创意，得分越高。"

比较一下，你会发现，这两个指导语的唯一区别就是，指导语2中包含"越新奇、越有创意"几个字，而指导语1中没有。除此之外，没有其他任何差异。主试将这两种不同的测验纸随机混在一起，再随机发给全班学生，要求学生不要互相交流，认真默读指导语后各自独立完成10分钟的作图任务。实验结束后，主试查看每一被试作画的个数、作品创意水平的评定等级，然后对两种不同指示语组被试的数据进行比较，这里的指示语1组是控制组，指示语2组是实验组。表3-3的数据就是来自这一实验，即从两个被试组中各随机抽取了10名被试，对各被试的作品涉及的领域数进行评定（这一指标可以反映被试思维的发散性）。

表3-3　单因素对照组实验数据举例

被试	实验组	控制组
1	8	3
2	5	2
3	9	6
4	10	4
5	6	7
6	5	3
7	8	5
8	11	5
9	4	5
10	6	4

注：这里，我们把表中数据近似看作连续变化的。

得到如表 3-3 所示的数据后，采用统计学方法分别计算两组被试成绩的平均数和标准差，并通过统计检验（独立样本平均数差异性的 t 检验）确定两组被试成绩是否存在显著性差异。实际研究中，可借助于 SPSS 数据分析软件完成 t 检验的过程，操作的步骤如下。

第一步　建立 SPSS 数据文件。本例中有两个变量，一个是自变量或分组变量，可用 group 表示，其变量值定义为 1 和 2，分别代表两个被试组；另一个变量是每个被试的观测结果，即完成的作品涉及的领域数。该例中有 2 个变量、20 个独立的被试，数据文件应有 2 列、20 行。

第二步　打开独立样本 t 检验的对话框。建立好数据文件后，按照下列顺序点击菜单即可打开对应的对话框：Analyze→Compare means→Independent-samples T test。

第三步　将自变量和因变量置入相应的位置，表明自变量的两个变量值，点击"OK"输出结果。

第四步　选择和整理输出结果。本例中，输出的结果主要包括描述性统计部分和显著性检验部分，可以整体表示成表 3-4 所示的形式。

表 3-4　实验组与控制组的差异性分析($n_1 = n_2 = 10$)

实验组	控制组	差异量	t	df	p
7.20±2.35	4.70±1.89	2.50	2.624	18	0.017

注：检验结果显示，两个对照组的方差齐性成立($F = 1.172$, $p = 0.293$)。

根据表 3-4 的信息，可以知道，对照的两个样本的平均数、标准差，二者平均数的差异量及其是否达到了显著性水平。本例中，差异程度达到了统计学上的显著性($p = 0.017 < 0.05$)。

二、实验—控制对照组前测—后测设计

在对照组研究中，有时实验组接受的实验干预是在一定时间跨度中完成的，时间进程本身是带来被试心理或行为变化的可能原因之一，所以研究者必须将实验干预带来的变化与时间进程本身带来的变化分离，需要采用的就是实验—控制对照组前测—后测设计。可表示成图 3-2 的模式。

控制组　前测　<u>无实验干预</u>　后测 → 变化量＝后测-前测 ↘
实验组　前测　<u>实验干预</u>　后测 → 变化量＝后测-前测 → 比较两组的变化量

图 3-2　实验—控制对照组前测—后测设计模式

研究设计示例 3-2

研究者(邓铸，1993)想考察大学生课间休息期间，适当的体育活动在消除疲劳和提高思维敏度方面是否有明显效果。研究者在一次课堂教学中做了这样的安排：上午第二节课(9:00～9:50)将要结束时，他让全班同学各自均完成10分钟的"内田-克列别林加算测验"①，然后将全班同学随机分为两组，一组作为实验组，随老师一起到操场跑步；另一组作为控制组，与往常一样课间休息。15分钟后，实验组同学回到教室，所有同学再进行一次"内田-克列别林加算测验"。实验的结果如表3-5所示(表中所列部分实验数据，均为被试每分钟的加算次数。此处只列出从实验组和控制组中各随机抽取了10名被试的测试结果)。

表 3-5 课间体育活动对学生加算速度的影响

被试编号	实验组		控制组	
	前测	后测	前测	后测
1	85	102	80	92
2	76	110	72	90
3	90	110	95	105
4	69	90	80	87
5	70	108	68	80
6	80	95	76	90
7	95	120	92	98
8	88	110	84	100
9	78	109	70	80
10	82	120	75	80

① "内田-克列别林加算测验"(U-K character measurement)是日本学者内田勇三根据精神病学家克列别林(Kraepelin, E)提出来的工作曲线理论编制的性格测验。方法是让被试者在印有15行数字的纸上快速地做加法作业，依据作业完成情况画出工作曲线，评定其性格类型。测验时要求被试把相邻的一位数字连续相加，一分钟移动一行，最后计算平均每分钟加算的次数，以此作为思维敏度的测量指标。

表 3-5 中的结果分析，首先是要将每一被试的后测成绩减去前测成绩，得到测验成绩的变化量，然后以成绩变化量为因变量进行两组之间的独立样本 t 检验，步骤与前一例子相同。该例分析的结果如表 3-6 所示。

表 3-6　实验组与控制组计算成绩提高量的差异性分析($n_1 = n_2 = 10$)

实验组	控制组	差异量	t	df	p
26.10±8.54	11.10±4.27	15.10	5.000	13.23	0.000

注：检验结果显示，两个对照组因变量的方差齐性不成立($F = 8.160$，$p = 0.010$)。

根据表 3-6 给出的信息知道，对照的两个样本的平均数、标准差，二者平均数的差异量，以及差异性是否达到了显著性的水平。本例中，经过 t 检验，在后测成绩提高量的平均数上，实验组与控制组存在极其显著的差异($t = 5.000$，$p = 0.000 < 0.001$)，反映了大学生在课间休息中，开展适当的体育活动，有利于消除大脑疲劳，提高思维敏度。

三、自变量三水平以上的组间设计

当自变量的水平数达到或超过三个时，实验操作的逻辑与上述两个水平下的对照组实验是一样的，只是需要的被试组更多了。自变量有多少个水平，就有多少个实验处理。每一个被试组只在一个实验处理下接受实验任务和被观测。此类设计包括三种情况：第一，在几个独立的被试组中有一个控制组，该组被试不接受实验干预，其他被试组则均为实验组，接受不同水平的实验干预；第二，几个独立的被试组均为实验组，各自接受一个水平的实验干预，该研究中不设控制组；第三，研究变量为准自变量，这种研究考察具有不同特征的独立被试样本间是否存在某种差异。这些研究的实验结果，需要采用完全随机实验设计方差分析程序进行数据分析。

下面以考察中学生学习策略发展的年级差异为例说明这种设计。

研究设计示例 3-3

中学生学习策略水平发展的研究(一个自变量三种以上水平处理)。学习策略的研究是教育心理学范畴内的热门课题，其成果可直接用于学习指导。那么这一课题如何设计呢？其中的自变量、因变量及额外变量有哪些？自变量是"发展"，就是中学生的年级变化，它应该包括 6 个水平，从七年级到高中三年级。因变量是学习策略的测量分数，可用量表测量得到。额外变量则涉及学生抽样中应保持一致的诸多因素，如学校类型、男女比例、教师教学水平等。如果把问题简化，可以这样来进行实验设计：从一所中学的七年级到高中三年级每个年级随机抽取 10 名男生（实际研究中，样本容量要更大一些），这样就有 60 人的研究被试。测量得到学习策略评估分数，如表 3-7 所示。

表 3-7　中学生学习策略水平的年级间比较

被试	grade1	被试	grade2	被试	grade3	被试	grade4	被试	grade5	被试	grade6
1	30	11	45	21	65	31	60	41	70	51	80
2	45	12	55	22	45	32	60	42	79	52	70
3	56	13	65	23	55	33	43	43	55	53	63
4	60	14	35	24	63	34	53	44	78	54	88
5	40	15	42	25	75	35	75	45	46	55	58
6	76	16	56	26	55	36	75	46	50	56	76
7	25	17	60	27	58	37	58	47	70	57	40
8	30	18	70	28	60	38	70	48	80	58	75
9	55	19	45	29	61	39	85	49	65	59	40
10	45	20	35	30	66	40	78	50	70	60	71

在自变量三水平以上的组间实验设计中，要比较各个独立样本平均数之间是否存在差异，不能再直接使用 t 检验，而是要使用完全随机实验设计的方差分析程序。在 SPSS 软件中，有两个对话框可以完成这一设计的方差分析，一个是通过 Compare means 菜单中的 One-way Anova...打开的对话框，另一个是通过 General linear model→Univariate...打开的对话框。这里以第二种对话框为例说明数据分析的步骤。

第一步　建立 SPSS 数据文件。本例中有两个变量，一是自变量或分组变量，是被试所在的年级，可用 grade 表示，其变量值定义为 1～6；二是每个被试的学习策略测评得分，可用"score"表示。该例中有 60 个独立被试，数据文件应有 2 列、60 行。

第二步　打开单变量的完全随机实验设计的方差分析对话框。这里的"单变量"是指要进行差异性比较的因变量只有一个。建立好数据文件后，按照下列顺序点击菜单即可打开对应的对话框：Analyze→General linear model→Univariate...

第三步 将自变量和因变量置入相应的位置。本例中，可将因变量 score 置入"Dependent variables"对应的方框中，将自变量 grade 置入"Fixed factors"对应的方框中。

第四步 单击对话框上的"Options..."按钮，可以勾选"Descriptive statistics"以便获得描述性统计结果、勾选"Homogeneity tests"以便获得方差齐性检验结果、勾选"Estimates of effect size"以便获得自变量的效应量。

第五步 单击对话框上的"Plots..."按钮，可以将自变量作为横坐标，以便获取因变量随自变量变化的曲线图。

第六步 设置完成后，返回主对话框，点击"OK"即可输出所需要的结果。本例结果的输出主要包括：描述性分析结果（各个样本的平均数、标准差），方差分析表，因变量与自变量的关系曲线等，分别如表 3-8、表 3-9 和图 3-3 所示。

表 3-8 所示的是描述性统计分析结果部分。

表 3-8 中学生学习策略水平测试结果

年级	平均分	标准差
1	46.2	15.87
2	50.8	12.22
3	60.3	7.99
4	65.7	12.98
5	66.3	12.18
6	66.1	16.08
总体	59.2	14.94

表 3-9 所示的是统计检验的方差分析表部分。而同时输出的方差齐性检验结果为齐性成立（$F=1.306$，$p=0.275$）。

表 3-9 中学生学习策略水平差异的方差分析表

变异源	平方和	df	MS	F	p	η^2
组间	3810.333	5	762.067	4.395	0.002	0.289
组内	9362.400	54	173.378			
合计	13172.733	59				

图 3-3 所示的是自变量与因变量变化关系部分。

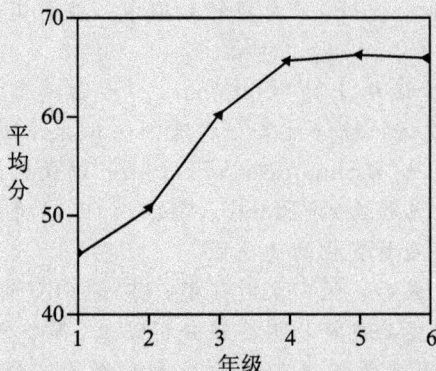

图 3-3　中学生学习策略水平发展曲线

方差分析，实质上就是一个方差分解与比较的过程。就表 3-7 所示的数据来说，其来自于中学生不同年级的六个样本，共计 60 个被试的测试结果，表现出大小的不同，也就是存在数据的变异性。根据统计学方法，计算 60 个数据的离差平方和，将其作为数据的全部变异量。然后将变异量分解为组间变异和组内变异并计算方差，其中组间变异方差反映了年级改变带来的数据变异，组内变异方差则是由多种可能的随机因素(如被试差异、测量时被试的身心状态、环境因素的影响等)带来的数据变异。组间方差与组内方差的比值 F 反映的是：与随机误差相比，自变量的改变是否带来了因变量测量结果的快速改变。本例中，$F=4.395$，$p=0.002$，$\eta^2=0.289$，表明中学生年级的发展变化，较为明显地带来了学习策略测量结果的改变，其变化速度是随机误差导致其变化的 4.395 倍，达到了统计学上的很显著的水平。

第三节　单因素组内设计

组内设计(within-groups design)，也叫被试内实验设计(within-subjects design)，其基本原理是：抽取来的所有被试不再分组，要求其中的每一名被试均要在不同的处理条件下接受因变量的测量。就是说，所有被试作为一个被试组承担全部的实验处理任务，自变量有几个水平，就有多少个实验处理，每一被试就要在这些不同实验处理下被重复测量多少次，因此这种实验设计也叫作重复测量实验设计(repeated-measures design)。又因为，各组数据均来自于同一个被试样本，数据组之间不再是相互独立的，而是存在相互关联性，所以它也属于相关样本的实验设计（related-sample design）。实验中，由于只有一个被试组，所以不会出现被试组间差异的混淆因子。但是，由于被试要重复完成不同实验处理下的实验任务，容易出现时间和空间变化带来的额外变量，需要在实验编排上加以平衡。

根据自变量的水平数，我们区分两种情况加以介绍：单因素二水平的组内设计、单因素三水平以上的组内设计。

一、单因素二水平的组内设计

一个自变量两个水平，就会有两种实验处理条件。采用组内设计时，只需要一组被试，所得实验数据很可能是具有相关性的两个数据样本，因此需要采用相关样本或配对样本的 t 检验，对两个条件下观测结果进行平均数差异检验。如果所得到的数据是离散变量或有其他不符合参数检验条件时，也可采用卡方（χ^2）检验等非参数检验方法。

研究设计示例 3-4

某研究者想通过实验证实缪勒错觉，抽取了 10 名被试。每一被试都先后用长度估计测量器测量长度估计误差量，用缪勒错觉仪测量长度估计误差量。两项测试都重复若干次，对数据整理后计算得到每一被试直接进行长度估计的误差量和用缪勒错觉仪估计长度的误差量的平均值，如表 3-10 所示。在实验安排上，要特别注意两项测试任务的顺序效应，宜采用平衡法避免顺序效应成为混淆因子。具体做法是：每个被试在进行"直接长度估计"（A）测量和"用缪勒错觉仪估计"（B）测量的顺序是：A—B—B—A—A—B—B—A—…或 B—A—A—B—B—A—A—B—…

表 3-10　两种条件下长度估计的误差量（mm）

被试编号	直接进行长度估计	用缪勒错觉仪进行长度估计
1	5	6
2	3	13
3	2	7
4	3	9
5	4	10
6	2	11
7	3	9
8	6	7
9	4	9
10	3	8

采用统计学方法分别计算被试在两种条件下测试数据的平均数和标准差，并通过统计检验（配对样本平均数差异性的 t 检验）确定被试在两种条件下的测试结果是否存在显著性差异。实际研究中，可借助于 SPSS 数据分析软件完成 t 检验的过程，操作的步骤如下。

第一步　建立 SPSS 数据文件。本例中没有分组变量，但有一组被试在两个不同条件下的测试结果，即每一被试有两项测试结果，分别用两个变量表示，如分别用 L_1 和 L_2 表示。该例中有 2 个变量、10 名被试，数据文件应有 2 列、10 行。

第二步　打开配对样本 t 检验的对话框。建立好数据文件后，按照下列顺序点击菜单即可打开对应的对话框：Analyze→Compare means→Paired-Samples T test。

第三步　将配对的两列因变量置入相应的位置，点击"OK"输出结果。

第四步　选择和整理输出结果。本例中，输出的结果主要包括描述性统计部分和显著性检验部分，可以整体表示成表 3-11 所示的形式。

表 3-11　缪勒错觉量与长度估计误差的差异性分析($n=10$)

缪勒错觉仪测量	直接测量	差异量	t	df	p
8.90 ± 2.08	3.50 ± 1.27	5.40	5.939	9	0.000

注：两个数据样本的相关系数为 $r=-0.442$，未达到显著性水平。

表 3-11 显示，同一组被试在两种测量条件下的长度估计误差存在极其显著的差异，证明缪勒错觉已经不同于一般的长度估计误差。

二、单因素三水平以上的组内设计

同样，组内设计也可用于考察超出两种处理条件的反应的差异性，比如，在测量选择反应时间中，测量条件包括"红、绿、黄"三种颜色的灯光刺激。可以选择一组被试参加选择反应时间的测试，测试中不同颜色的灯光刺激以随机顺序呈现，被试在每一种灯光刺激出现时做出与之对应的反应，最后比较各种颜色灯光刺激下选择反应时间有无差异。当数据超过三组时，需要采用方差分析，但这种设计的方差分析与组间设计的方差分析有所不同，必须考虑到数据样本间的相关性，以及被试个体差异带来的变异量的估计。在 SPSS 统计分析软件中，对应的数据分析命令是：Analyze→General Linear Model→Repeated Measure...

研究设计示例 3-5

心理系某班同学 47 人参加灯光刺激的选择反应时测定。自变量为刺激灯光的颜色，包括红、绿、黄三种。三种颜色的灯光刺激随机呈现，要求每一被试均完成三种颜色灯光刺激的选择反应时的测定若干次，整理后得到每一被试三种颜色条件下的平均反应时。此处，我们从该实验结果中随机抽取 10 位同学的数据（如表 3-12 所示）来说明数据分析过程及结果。

表 3-12 不同颜色灯光刺激选择反应时的比较（ms）

被试编号	红光	绿光	黄光
1	410	539	377
2	341	528	413
3	349	361	640
4	317	537	555
5	431	612	446
6	359	591	524
7	445	598	457
8	431	507	479
9	373	388	446
10	433	574	493

这一研究采用的是典型的单因素组内实验设计或单因素重复测量实验设计方法，调用 SPSS 软件对应的方差分析程序分析实验数据。具体步骤如下。

第一步 建立 SPSS 数据文件。本例中没有分组变量，但有一组被试在三个不同条件下的测试结果，即每一个体有三项测试结果，分别用三个变量表示，如 RT_1、RT_2 和 RT_3。该例中有 3 个变量、10 名被试，数据文件应有 3 列、10 行。

第二步 打开重复测量实验设计的方差分析对话框。建立好数据文件后，按照下列顺序点击菜单即可打开对应的对话框：Analyze→General linear model→Repeated Measures...

第三步 定义组内设计的自变量名，并将其填入"Within-Subject Factor Name"对应的方框中，并在相应方框中填入自变量水平数，然后点击"Define"将因变量观测数据列与自变量的不同水平对应起来，返回主对话框。

第四步 单击主对话框上的"Options..."按钮，可以勾选"Descriptive statistics"以便获得描述性统计结果，勾选"Estimates of effect size"以便获得自变量的效应量。

第五步 单击对话框上的"Plots..."按钮，可以将自变量作为横坐标，以便获取因变量随自变量变化而变化的曲线图。

第六步 设置完成后，返回主对话框，点击"OK"即可输出所需要的结果。本例结果的输出主要包括描述性分析结果（各个样本的平均数、标准差）和方差分析表（选择输出结果窗口中以"Tests of Within-Subjects Effects"为标记的方差分析表），分别如表 3-13、表 3-14 所示。

表 3-13 不同颜色灯光刺激选择反应时间测量结果(ms)

	红光	绿光	黄光
平均值	388.90	523.50	483.00
标准差	46.290	85.616	75.410

表 3-14 中的"被试内"，就是指自变量三个水平间的变异效应，其自由度为 $k=3-1=2$。残差项的自由度计算方法如下。

总变异的自由度：$df_t=10k-1=30-1=29$

被试间的自由度：$df_s=10-1=9$

被试内的自由度：$df_w=k-1=3-1=2$

所以，残差项的自由度：$df_e=df_t-df_s-df_w=29-9-2=18$

表 3-14 重复测量实验设计的方差分析表

变异源	平方和	df	MS	F	Sig.	η^2
被试内	95374.067	2	47686.033	8.134	0.003	0.475
残 差	105533.933	18	5862.996			

从分析结果看出，三种颜色的灯光刺激条件下，被试的反应时间不同，其中红光刺激下反应时间最短，黄光次之，绿光条件下反应时间最长。也就是说，红光刺激时被试反应最快。方差分析显示，三种条件下反应时间的差异达到很显著的水平（$F=8.134$，$p<0.01$，$\eta^2=0.475$）。

三、组间设计与组内设计的优缺点

组间设计和组内设计各有特点，各有优缺点，各自适合于不同的研究变量。也可以反过来说，有些变量适合于做组间设计，有些变量适合于做组内设计，有些变量既适合于组间设计又适合于组内设计。有时，如果把两种设计结合起来，则可达到两种设计优缺点的互补。

组间设计的优点在于，不同处理条件下的实验由各不同被试组独立完成，得到的各组数据互不关联，相互独立，实验中也不存在各种处理条件间的相互干扰，同时，每一被试的实验任务相对较少，易于完成。缺点在于，需要被试数较多，实验成本随之提高，而且如果被试分组出现偏差，则会出现各被试组间的差异，降低研究的内部效度。如果能抽取到的被试较少，或者被试间的差异性较大，实验中顺序效应又不太明显时，可以考虑采用组内设计。

组内设计的优点在于，不同处理条件下的实验均由同一组被试完成，被试差异不会成为混淆因子，研究的内部效度较高，而且这种设计较为节省被试，降低实验成本。缺点在于，组内设计中不同处理条件下的实验并不独立，容易出现相互干扰和顺序效应，被试的实验任务往往较大。因此，在被试相对较为缺乏，不同处理间的干扰较小、顺序效应较小时采用组内设计，但要注意顺序效应的抵消和平衡。

需要特别说明的是，有些时候，实验设计的选择并不是随意的，它会受到变量性质和实验任务大小的制约。第一，当研究变量为机体变量时，只能将其作为组间变量。如性别、学生年级、职业、智力等级、认知方式等，均是界定不同被试群的，不可能是重复测量的自变量。第二，由于顺序效应过强，与适应性比较强的感觉通道相联系的刺激变量不适宜于作为组内自变量，如视觉刺激的明度、味觉或嗅觉刺激的强度等。学习效果明显的材料，也不能作为组内实验设计中先后实验的材料。第三，当难以找到充足被试的时候，尽量使用组内设计。第四，当实验被试的任务较小时，尽量使用组内设计，而被试实验任务较大时，使用组间设计或混合设计（混合设计的内容将在第四章中专门介绍）。

总之，实验设计模式的选择，一定要结合实验情境和变量的性质，综合考量后决定。

第四节　单因素随机区组设计

前文已述，组间设计就是将被试随机分成相等的多组，各组被试各自完成一种实验处理，然后比较各组被试因变量观测值的差异。研究者可以使用 t 检验（两个样本）、Z 检验（两个大样本）或方差分析（两个以上的样本）对平均数差异的显著性进行检验。方差分析是最能体现差异检验逻辑的。方差分析是将所有观测值的总体变异分解为自变量的效应和误差效应（组内被试的差异和其他因素导致的变异，可以统称为残差），然后将自变量效应与误差效应方差比较求得 F 比率。F 比率越大，表明自变量的效应越明显。但在计算 F 比率时，误差效应方差是作为分母出现的，也就是说误差项越小，F 比率就会越大，对自变量效应的检验就越敏感。

这样的分析启示我们，方差分析中的残差越大，越是不能显示出自变量的影响效应。如果在实验设计中能减少误差项即残差，方差分析就能更灵敏地将自变量的效应显示出来。由此，我们介绍随机区组实验设计（randomized block experimental design）和匹配组设计（matched-group design），匹配组设计可以看成是区组设计的特例。

一、随机区组实验设计

在行为科学研究中，接受实验处理的单位一般都是一个人、一只老鼠或其他动物。几乎可以肯定地说，对于我们想要测量的任何变量来说，个体之间总会存在差异性，而未经选择的一组被试之间的差异就更大。比如，他们在反应时间、问题解决能力、学习能力、记忆能力等方面都会有所不同。因此，实验中的个体差异必然会带来因变量测量数据的变异，当这些变异无法从残差中分离出来时，方差分析的敏感度就大大降低了，自变量的效应也因此可能会较难显现出来。这里所讨论的随机区组实验设计，则为将个体差异带来的数据变异从残差中分离出来提供了有效方法。研究中，可以利用机体特征将被试划分成若干区组，并将对其因变量的观测值分开记录，这样就可以计算不同区组之间因变量的变异量，从而将由于区组差异带来的数据变异从残差项中分离出来，达到降低残差项的目的。虽然更多时候，研究者是将机体变量作为区组变量，但区组变量也可以是其他刺激变量，如不同测试时间、不同测试地点、不同测试实施者等。

研究设计示例 3-6

　　某研究者想考察不同箭头角度对缪勒-莱伊尔错觉的影响，从大学生中抽取了一些被试参加实验，但这些学生分别来自数学系、化学系、中文系和考古系。考虑到这些学生所接受的不同专业训练可能会造成其缪勒-莱伊尔错觉量有较大的个体差异，于是决定采用单因素随机区组实验设计方法来完成这一研究，将被试接受的不同专业训练作为一个区组变量。现有 36 名被试参加缪勒-莱伊尔错觉实验，自变量为箭头角度，有三个水平，分别为 30°、45° 和 60°。36 名被试中来自数学系、化学系、中文系、考古系的各 9 人，每个专业的学生均被随机均分到自变量的三个水平上，以此实现被试专业训练因素在三种实验条件下的平衡。

　　这一设计不仅考虑了自变量的影响，而且也考虑了被试本身某一特征的影响。将被试间的某种差异因素作为一个区组变量，至少可以部分地把被试间差异引起的因变量的数据变异从残差中分离出来。需要说明的是，区组变量不是研究者拟考察的自变量，而是要进行平衡的额外变量。一般，作为区组变量的额外变量与自变量之间不存在交互作用。如果存在交互作用，它就不适宜作为区组变量，而应作为自变量或控制变量。

　　假设上述实验设计得到的观测数据如表 3-15 所示。

表 3-15　箭头角度与缪勒-莱伊尔错觉量的关系

区组	30°	45°	60°	$\sum$
数学系	6	5	3	
	5	4	4	40
	5	5	3	
考古系	7	6	4	
	7	5	5	47
	6	4	3	
化学系	7	7	4	
	9	6	6	59
	8	7	5	
中文系	8	7	4	
	7	6	5	60
	8	8	7	
$\sum$	83	70	53	206

　　对于这一实验设计模型，其数据如何处理呢？很显然，如果不去关注专业(区组)之间的差异，这一实验就是一个单因素组间实验设计，对其进行单因素方差分析来考察自变量(缪勒-莱伊尔错觉实验中角度的张开度数)的影响效应，这时不同专业的差异带来的数据变异就与其他随机变量带来的变异混在一起，作为残差项。如果把一个专业的学生作为一个区组，就可以计算一个区组变量对测量错觉所带来的变异平方和，将其从残差项平方和中分离出来，使残差项方差降低，自变量的效应也因此就更容易显现出来了。

　　完全随机区组实验设计的数据分析与完全随机实验设计相比，就是要多计算一个变异平方和——区组变量引起因变量变异的平方和。当然，区组变异的自由度也可以计算出来，它等于区组数减1。在将区组变量引起的变异从残差中剔除时，也要将区组变量的自由度从残差项自由度中减除。实际上，这里可以检验区组变量的效应是否显著，方法类似于自变量效应的检验。

　　区组实验设计要求区组变量与自变量不存在交互效应。但是，我们仍然主张对区组变量与自变量的交互效应引起的变异量及自由度进行计算和检验，这样做至少有两点好处：首先，计算出这一交互效应引起的因变量的变异平方和，就可以将其从残差项中减除，起到减少残差项的作用；其次，对这一交互效应是否显著进行检验，本身也是对区组实验设计适宜度的检验。如果检验发现这一交互效应显著，说明采用区组设计是不适当的，需改用其他设计重新研究。本例方差分析中的误差平方和等于总变异平方和减去自变量变异方平和、区组变量变异平方和、自变量与区组变量交互效应变异平方和三部分[1]。由此可见，方差分析时，可暂把区组变量看作自变量。当然，按照随机区组设计的基本要求，在方差分析中，可通过SPSS操作界面限制计算自变量与区组变量的交互效应。方差分析输出结果只包括自变量主效应、区组变量主效应、残差项等。本例中可得到的方差分析结果如表3-16所示。

表3-16　单因素随机区组设计实验的方差分析表

源	平方和	自由度	均方	F	P	η^2
箭头角度	36.722	2	18.861	26.904	0.000	0.650
被试专业(区组)	31.222	3	10.407	15.397	0.000	0.606
残差项	20.278	30	0.676			

---

　　[1]　对于区组变量与自变量的交互效应感兴趣的读者可查阅：Allen L. Edwards. 心理研究中的实验设计(第五版). 毛正中，等，译. 成都：四川教育出版社，1996：381-439.

区组实验设计一般是在被试选取或分组过程中，或有些机体变量不易控制时使用的。而且需要注意的是，在进行区组实验设计的时候，每个区组中的被试数必须是实验处理数的整数倍，这样才能保证将每个区组中的被试随机均分到各个实验处理当中去。

有些时候，每个区组中的每种实验处理水平上只分配一个被试，数据分析的过程也和上述讨论的过程一样。实际上，这时的区组实验设计类似于匹配组设计的模式。

二、匹配组设计

当研究变量只有一个，而研究设计中又考虑到对被试进行匹配分组，这时的实验设计就是单因素匹配组实验设计。我们以示例来说明（金志成，何艳茹，2005）。

研究设计示例 3-7

某车间工人，现在准备放弃原来旧的机器操作方法，改用另一种新的操作方法。这种新的操作法又有两种不同的操作程序，需要试验哪一种操作程序效率更高。

为了解决这一问题，研究者首先从车间的工人中随机选取 16 名作为被试。接着，根据这 16 名工人在旧操作法的操作分数上加以匹配。用以匹配的分数如表 3-17 所示。

表 3-17 工人匹配分数表

工人编号	匹配分数	工人编号	匹配分数
1	8	9	18
2	9	10	19
3	10	11	22
4	10	12	23
5	11	13	24
6	12	14	24
7	13	15	26
8	13	16	28

根据匹配分组的方法，表中第 1、4、6、7、10、12、13、15 号工人组成一个被试组，第 2、3、5、8、9、11、14、16 号工人组成一个被试组。两个组的被试分别接受两种不同的操作程序的训练。训练结束时进行一次标准测试，其结果如表 3-18 所示。

表 3-18　匹配组设计实验的结果

处理 1 工人的操作成绩	处理 2 工人的操作成绩
145	142
140	136
130	129
125	127
115	114
112	108
110	104
130	121

匹配组实验设计的数据处理方法，采用与组内设计相同的方法。当对两个匹配组比较时，采用配对组的平均数差异 t 检验；当有三个以上匹配组比较时，采取重复测量实验设计的方差分析方法进行差异检验。本例中，数据分析的结果如表 3-19 所示，从该表显示的结果看，操作程序 1 的工作效率更高一些。

表 3-19　两种操作程序下工人操作成绩的差异性分析

处理 1	处理 2	差异量	t	df	p
125.88±12.89	122.63±13.37	3.25	2.728	7	0.029

最后，需要对单因素的重复测量实验设计、匹配组设计、完全随机区组设计作一比较。首先，单因素重复测量实验设计与单因素匹配组设计在本质上是一致的，因为匹配组之间可被看作是相互映射或相互替代的，匹配组设计的数据分析方法与重复测量设计的数据分析方法相同。其次，单因素匹配组设计可看作是单因素完全随机区组实验设计的一个特例，即当每一区组的被试数正好等于实验处理数时，每一区组中的被试分到每一实验条件中的只有一名被试，这时的区组设计类似于匹配设计，其在本质上也就同于重复测量实验设计了。最后，单因素重复测量实验设计与单因素区组实验设计是两种不同的实验设计，因为重复测量实验设计中只有一组被试，而区组实验设计中有多组被试，且多数情况下，每一区组被试分配到每一实验条件中的被试也不只有一名，还有，区组变量也不都是被试者变量，它还可以是刺激变量等。

扩展阅读

组间设计的实例学习

当儿童学习字母表时，教师首先向他们呈现字母 A、B、C、D 等，然后教字母的发音，反复进行这一过程直到儿童在印刷字母与发音之间建立联想。在学习理论中存在一个争议，即这种联想是逐渐建立的（系列加工）还是一瞬间形成的。赞成后者的人认为，在进行一些学习实验后，如果在呈现字母后儿童不能说出字母的名字，那么他们还没有形成字母和它的名字之间的联想。赞成前者的人认为形成了联想，只不过这种联想还不够强，以至于儿童不能给出正确的答案。

有人设计了一个巧妙的实验，它可以确定哪一种理论是正确的。被试的任务是学习 8 对无意义音节。主试以卡片的形式向被试呈现无意义音节，每张卡片上只写一对。在呈现完 8 对无意义音节时，主试将一对无意义音节中的一个呈现给被试，要求被试说出第二个。例如，在实验中向被试呈现 POZ—LER，回忆测验时，主试首先向被试呈现 POZ，要求他说出第二个无意义音节。

实验使用两组被试。第一组被试实验时，主试要将被试每次实验没有回答出来的无意义音节对替换掉。例如，主试向被试呈现 8 对无意义音节，然后对他们进行学习测验。主试将被试没有回忆出来的无意义音节对剔除，然后添入一对新的，重新组成 8 对。再向被试呈现 8 对无意义音节（既包括已学习的，又包括新添的），然后对学生进行重测。实验者再次除去没有回忆起的无意义音节对，重新组成 8 对。重复这一过程直到被试一次回忆出 8 对无意义音节。第二个实验组同第一组相似，只是在每次实验中呈现相同的 8 对无意义音节，然后对他们进行测验，再呈现这 8 对无意义音节，再进行测验。直到被试一次回忆出全部无意义音节，才停止重复这一过程。

实验者对两个实验组学会 8 对无意义音节的实验次数进行比较。实验结果显示，两组被试实验次数的均数完全相同。因为第一组被试在一次实验中要学习所有无意义音节对（除了被剔除的无意义音节对），又因为学习 8 对无意义音节所必需的实验次数均数相同，因此可以得出，学习（如联想）是同时发生的。在表述上有些不同的是，实验者认为第二组被试通过重复逐渐建立联想。如果重复在学习中很重要，那么第二组学习 8 对无意义音节要快于第一组。实验结果显示，两组之间没有差异。因此，重复对学习不是很重要。

对于这一实验，你有什么思考吗？

[资料来源：《控制问题：单一实验学习》(Solso，Maclin，著，张奇，译，2004)]

练习与思考

1. 如何理解：因素型实验、函数型实验、实验因子、准实验因子、水平、单因素实验设计、组间设计、实验—控制对照组设计、实验—控制对照组前测—后测设计、组内设计、重复测量实验设计、单因素随机区组实验设计、匹配组设计、独立样本 t 检验、配对样本 t 检验、方差分析、自由度？

2. 因素型实验与函数型实验的区别与联系是什么？

3. 独立样本 t 检验的过程，以及 SPSS 操作程序是怎样的？

4. 配对样本 t 检验的过程，以及 SPSS 操作程序是怎样的？

5. 单因素完全随机实验设计的方差分析过程，以及 SPSS 操作程序是怎样的？

6. 单因素重复测量实验设计的方差分析过程，以及 SPSS 操作程序是怎样的？

7. 分析组间设计与组内设计的优缺点。

8. 尝试设计简单的单因素实验研究方案。

9. 心理学实验研究的内部效度、外部效度及其影响因素有哪些？

第四章
多因素实验设计

多因素实验是为了同时考察两个以上的因素对被试心理或行为是否发生影响，以及这种影响的交互性，它是单因素实验的扩展，但又不是若干单因素实验相加可以替代的。除理解多因素实验设计的基本思想外，还要特别注意其数据分析的逻辑。

本章要旨与重点

◆ 多因素完全随机实验设计，由两个以上的自变量结合形成多种实验条件，每一种条件下有一个独立被试组接受测试。

◆ 多因素重复测量实验设计，实验中只有一组被试，该组被试接受多变量结合而创设的所有条件下的处理和测试。

◆ 混合实验设计，主要是指组间设计与组内设计的结合，它可以有效地达到两种设计优缺点的互补。

◆ 区组设计和拉丁方设计，则是借助于额外变量平衡方法提高研究的内部效度，并实现对繁杂实验过程的有序管理。

◆ 多因素实验的数据处理主要是进行方差分析，在此过程中，要特别注意自变量的主效应和交互效应的关联性。

从方案制订到研究实施，单因素设计都相对较简单，易于理解。初学者可先开展一些单因素实验，以掌握和体验心理学实验研究的基本逻辑。但是，只操纵一个自变量，要求其他条件在实验组与控制组之间、不同的实验组之间均相等或平衡，许多时候存在困难。更为重要的是，现实中人的心理活动是在多变量交互作用下发生发展的，单因素实验研究的最大缺陷就是难以评估变量的这种交互作用。所以，要进行更为深入的研究，还需要考虑多个自变量同时发生变化的实际情况。那么，当有多个自变量同时变化时，实验如何操作？自变量发生的影响如何评估？

第一节　多因素实验设计的概念与交互效应

一、多因素实验设计的概念

顾名思义，多因素实验设计，就是要在一项研究中，同时考察两个以上的因素对被试心理或行为发生的影响，以及这种影响的交互性。最简单的多因素实验设计是只有两个自变量，而每个自变量又只有两个水平，可记为"2×2实验设计"。

例如，袁登华等(2010)开展的一项关于广告干预对消费者危机品牌态度改变影响的研究，他们对实验组被试的实验处理分为四种情况：高渗透—理性广告诉求、高渗透—感性广告诉求、低渗透—理性广告诉求、低渗透—感性广告诉求，因变量为内隐品牌态度、外显品牌态度和品牌信任。这其中的两个自变量分别为广告渗透度(高、低)、诉求方式(理性、感性)，各有两个水平，就是2×2实验设计，也可以叫作二因素二水平实验设计。如果二因素研究中的两个自变量水平分别为2和3，那就叫作2×3实验设计；如果有三个自变量，自变量的水平数分别为3、2、3，那就叫作3×2×3实验设计。很明显，当有多个自变量在主试的操纵下发生改变时，就会创设出多种实验条件，比如，2×2实验设计就有四种实验处理、3×2×3实验设计就会有18种实验处理。也就是说，多因素实验设计的实验处理数等于各自变量的水平数的乘积。随着自变量数或自变量水平数的增多，实验处理数就随之迅速增加，这会给被试抽样和实验控制带来困难。所以，一项实验研究的自变量数不宜过多，一般以两个或三个为宜，最多不要超过四个。如果要研究的变量较多，可分为不同的实验进行考察，即采用系列实验研究的方法，分出实验一、实验二……

　　多因素实验设计的形式很多，有的很复杂。本章只就研究中常用的和具有典型性的设计方法进行介绍，而且重点考虑从以下两个方面进行分类。

　　首先，被试的选择和分组方法。被试选取和分组的方法可以是随机的，即从研究对象的总体中随机抽取一定量的被试，再随机分为若干组；也可以采用匹配法，即先对被试进行某些心理品质的测量，根据测量结果把这种心理品质接近的被试分配到不同的实验处理中，以使各实验组被试在与这种心理品质有关的方面基本满足相等性。当然，还可以使用一个被试组进行实验，那就不需要对被试进行分组。因此，按照这个维度，就可以将实验设计分为：独立组设计（采用随机方法对被试分组）、配对组设计（采用匹配法对被试分组）、单组设计（不对被试分组）。

　　其次，实验处理的分派。这里有四种情况：第一，按照随机方法对被试进行分组，每一被试组只独立地完成一种实验处理，这就构成了独立组实验设计；第二，对被试进行配对分组，每一被试组只完成一种实验处理，这就构成了配对组实验设计；第三，不对被试分组，一个被试组承担所有的实验处理，这就构成了重复测量实验设计；第四，每组被试完成某一个或多个自变量所有水平的实验处理，但只完成另一个或另几个自变量的一个水平的实验处理，这就构成了混合实验设计。也就是说，在一项多因素实验中，有的自变量采用组间设计，有的自变量采用组内设计。

　　此外，还有一些为了平衡额外变量而采取特殊方法的实验设计，如区组设计、拉丁方设计等。按照哪种方法设计实验，需根据课题性质和实验条件确定，特别是变量的性质。本章中，主要介绍多因素完全随机实验设计（multi-factor randomized experimental design）、多因素重复测量实验设计（multi-factor repeated-measure design）、混合实验设计（mixed experimental design）、区组设计和拉丁方设计等，并同时介绍其结果分析的一般过程。

二、自变量的交互效应

　　在介绍具体的实验设计前，这里需要对自变量的主效应和交互效应做一些解释。所谓主效应（main effect），就是在多因素实验研究中，当只关注某一个自变量的改变带来的观测数据变化时，将所有数据只按这一个自变量的不同水平分组，然后比较这些水平之间数据的差异程度，这时评估的就是这一自变量的主效应。交互效应（interaction effect）则反映的是自变量之间在对观测数据发生影响时的相互制约性或依赖性。比如，在学校里抽取一些男生和女生，男生和女生再各自随机分为两个组，分别接受物理科、英语科学业成绩的测试，或许你会发现，学生学业成绩的性别差异在不同学科表现不一样，更可能的情况是：在物理科，男生成绩好于女生；在英语科，男生成绩低于女生，明显表现出学生性别与课程性质两个自变量对学业成绩影响的相互依赖性。换句话说，学生在学业成绩上的性别差异因测试科目的不同而不同，这就叫作学生性别与课程性质对成绩影响的交互性。对此，可以用图 4-1 表示。如果比较高中二年级和高中三年级学生的英语成绩，或许会看到如图 4-2 所示的情形，即学生英语成绩的性别差异在高二和高三两个年级中的表现相似，并未看到其因年级的不同而有所不同，性别变量与年级变量对学生英语科成绩的影响不具有交互性或依赖性，而是相互独立的。用统计学的术语来说，就是性别变量与年级变量对课程成绩影响的交互效应不显著。当然，还有一种可能是，高二年级，男女生英语成绩有差异，到了高三，这种差距缩小，也显示出交互性，如图 4-3 所示。至于变量的主效应和交互效应在数量上的评估，则利用方差分析程序来完成。

图 4-1 性别与课程性质交互作用

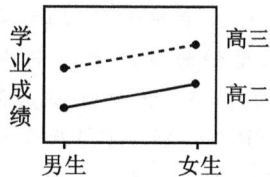

图 4-2 性别与所在年级无交互作用

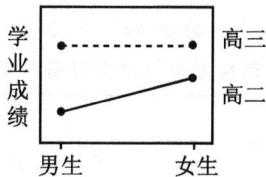

图 4-3 性别与所在年级交互作用

第二节 常用多因素实验设计方法

一、多因素完全随机设计

在多因素实验研究中，操纵多个自变量的变化而创设了多个不同的实验处理，然后要求对被试进行完全随机的分组，再随机地将每一个独立的被试组安排在其中一个实验处理上接受观测，这样就可以得到多个独立的数据样本。在对这些样本进行差异性比较中评估各个自变量的主效应，以及两个以上自变量的交互效应。所以，对于完全随机实验设计来说，有多少种实验处理就要有多少个独立的实验被试组，因为一组被试只参加一种条件下的实验。比如，为了考察灯光刺激的颜色和强度对视觉刺激简单反应时间的影响，可以设置强和弱的红光、绿光刺激，即创设四种刺激条件：强＋红光、弱＋红光、强＋绿光、弱＋绿光。将抽取来的被试按照完全随机方法分成四个人数大致相等的组，每一组的被试只在一种灯光刺激下接受简单反应时间的测试。得到四组反应时间的测试数据，然后通过对这四组数据的比较可以评估灯光颜色、灯光强度、二者交互作用对被试反应速度的影响。

研究设计示例 4-1

　　假设某研究者想考察缪勒-莱伊尔错觉（Müller-Lyer illusion）受箭头方向和箭头角度的影响。研究中的自变量有两个，一个是箭头方向（标记为A），分为向外（A_1）和向内（A_2）两个水平；另一个是箭头角度（标记为B），设置为 15°（B_1）和 45°（B_2）两个水平，因此这是一个 2×2 实验设计，构成了 4 种实验处理，如表4-1所示。研究者从某大学文学院本科二年级学生中随机抽取了 20 名男生，再将这 20 名男生随机分成四组，每组被试 5 人，每一被试组只接受一种实验处理。这就构成了一个二因素完全随机实验设计。假设实验得到了表4-1所示的数据，那么如何分析这些数据呢？

表4-1　箭头方向与角度对错觉量的影响

箭头方向向外（A_1）		箭头方向向内（A_2）	
箭头角 15°（B_1）	箭头角 45°（B_2）	箭头角 15°（B_1）	箭头角 45°（B_2）
6	4	8	7
5	3	7	6
7	5	9	7
6	4	8	6
7	5	9	8
$\sum$ 31	21	41	34

　　这一数据分析的任务就是要考察自变量的变化是否引起了因变量的变化。具体地说，就是箭头方向的改变是否导致了缪勒-莱伊尔错觉量的不同，箭头角度的改变是否导致了缪勒-莱伊尔错觉量的不同，这两个自变量对因变量的影响是相互独立的还是相互依赖的？根据统计学方法，拟采用完

全随机实验设计的方差分析（analysis of variance）来确定是否存在上述效应。这一方差分析的过程如下。

第一步 计算数据总变异量并对之进行分解。显然，表 4-1 中的 20 个数据之间是有大小差异的，即数据存在变异，变异的可能原因大致可以划分为四个方面：第一，自变量 A 的独立作用，叫作 A 的主效应；第二，自变量 B 的独立作用，叫作 B 的主效应；第三，自变量 A 和自变量 B 的交互效应（A×B interaction）；第四，来自被试间差异及其他随机因素的影响，称为误差效应，或残差（residual error）①。

按照统计学方法，一组数据的变异量是用该组数据的离差平方和计算的，所以也叫平方和（sum of square，简称 SS）。计算平方和的通用公式是：

$$SS = \sum (X - \bar{X})^2 = \sum X^2 - \frac{\left(\sum X\right)^2}{N} \qquad \text{（公式 4-1）}$$

就本例来说，当要计算表 4-1 中 20 个数据的总变异量时，就是直接计算表中 20 个数据的离差平方和：

$$SS_T = \sum (X - \bar{X})^2 = \sum X^2 - \frac{\left(\sum X\right)^2}{N}$$

$$= \sum \sum X_{ij}^2 - \frac{\left(\sum \sum X_{ij}\right)^2}{N} = 52.55$$

当要计算自变量 A 单独引起的数据变异量时，其计算逻辑是：当自变量 A 取两个水平 A_1 和 A_2 时，表 4-1 中的数据就被 A_1 和 A_2 分成了两个小组，每个小组 10 个数据。如果我们以每个小组的平均数替代该小组中的每个数，这样构成的 20 个数据之间的变异量就全部是由自变量 A 的变化引起的，其他因素引起的数据变异在平均过程中被平衡了。也就是说，此时计算这被替换后的 20 个数据的离差平方和，就正好是自变量 A 单独作用引起的变异平方和：

$$SS_A = \sum_j \left[\frac{\sum_i X_{ij}}{10} \right]^2 \times 10 - \frac{\left(\sum \sum X_{ij}\right)^2}{N} = 26.45$$

同样道理，计算自变量 B 单独作用引起的变异平方和，即 $SS_B = 14.45$。

如果自变量 A 和自变量 B 同时发生变化，则数据被分成了四个小组。按

① 毫无疑问，残差部分包含了多方面因素的共同作用，但由于这些因素的变化未将数据分组，所以难以单独估算，就笼统地称之为残差。残差越大，说明观测数据的变化是由偶然因素随机变化引起的可能性就越大；反之，数据变化由于操纵变量引起的可能性就越大，这就是方差分析的逻辑。

照上述同样的道理，可以计算 A 和 B 同时变化时引起的四个数据组之间的变异平方和。这一变异平方和包含了自变量 A 和自变量 B 各自单独作用引起的变异平方和，以及二者交互作用引起的变异平方和，所以要计算 A 和 B 交互作用引起的变异平方和时，其计算如下：

$$SS_{AB} = SS_{A+B} - SS_A - SS_B = 0.45$$

其中，SS_{A+B} 表示 A、B 变化分成四组数据的组间变异量。

最后，可以计算残差项的平方和：

$$SS_E = SS_T - SS_A - SS_B - SS_{AB} = 11.2$$

第二步 计算各因素引起变异量对应的自由度（数据发生变异的次数）。因观测得到 20 名被试的数据，所以总变异对应的自由度 $df_T = N - 1 = 20 - 1 = 19$。然后对其分解。

A 的主效应对应的自由度：$df_A = a - 1 = 2 - 1 = 1$（a 是自变量 A 的水平数）

B 的主效应对应的自由度：$df_B = b - 1 = 2 - 1 = 1$（b 是自变量 B 的水平数）

A 和 B 的交互效应对应的自由度：$df_{AB} = (a-1)(b-1) = 1$

残差的自由度等于总自由度减去上述三项自由度：

$$df_E = df_T - df_A - df_B - df_{AB} = 19 - 1 - 1 - 1 = 16$$

第三步 计算各变异源引起数据变异的方差，即均方 MS。因为方差等于变异平方和除以自由度，于是：

$$MS_A = \frac{SS_A}{df_A} = 26.45, \quad MS_B = \frac{SS_B}{df_B} = 14.45, \quad MS_{AB} = \frac{SS_{AB}}{df_{AB}} = 0.45,$$

$$MS_E = \frac{SS_E}{df_E} = \frac{11.2}{16} = 0.7$$

第四步 计算各效应是否显著的检验统计量 F 比率。也就是计算各效应方差与残差方差的比值：

$$F_A = \frac{MS_A}{MS_E} = \frac{26.45}{0.7} = 36.786, \text{分子与分母的自由度为}(1, 16)$$

$$F_B = \frac{MS_B}{MS_E} = \frac{14.45}{0.7} = 20.643, \text{分子与分母的自由度为}(1, 16)$$

$$F_{AB} = \frac{MS_{AB}}{MS_E} = \frac{0.45}{0.7} = 0.643, \text{分子与分母的自由度为}(1, 16)$$

第五步 给出方差分析表和分析结论，如表 4-2 所示。查 F 表确定各效应 F 比率达到统计学上的显著性水平所需的临界值，得到：

$$F(1, 16)\big|_{a=0.05} \approx 4.49, \quad F(1, 16)\big|_{a=0.01} \approx 8.53$$

将上述计算得到的 F 比率与临界值比较，就可以确定各效应的 F 比率是否达到显著性水平。F_A 和 F_B 均大于 $F(1, 16)\big|_{a=0.01}$，但 F_{AB} 小于临界

值 $F(1, 16)|_{\alpha=0.05}$ 和 $F(1, 16)|_{\alpha=0.01}$。将上述分析的结果汇总，得到方差分析表如表4-2所示。

表4-2 箭头方向与箭头角度对错觉量影响的方差分析表

变异来源	变异平方和	自由度	均方	F	p
A 的主效应	26.45	1	26.45	36.786	<0.01
B 的主效应	14.45	1	14.45	20.643	<0.01
AB 的交互效应	0.45	1	0.45	0.643	>0.05
残差	11.20	16	0.70		
合计	52.55	19			

从方差分析表看，自变量 A 和自变量 B 的主效应达到了显著性水平（$p<0.01$），二者的交互效应没有达到显著性水平（$p>0.05$）。因此，得到结论：箭头的方向和箭头张开角度对缪勒-莱伊尔错觉量都有显著影响，但二者对错觉量的影响是相互独立的（提醒：此结论由虚构的表 4-1 中数据得到，非切实的实验研究结论）。

实际研究中，此类数据分析均可以通过统计分析软件完成。多因素完全随机实验设计的方差分析 SPSS 操作程序，详细过程可参考《心理统计学与 SPSS 应用》（邓铸，朱晓红，2009）的第六章，此处只列出简明的操作步骤。

第一步 建立 SPSS 数据文件。本例中有三个变量，两个是自变量，分别为刺激材料的箭头方向和箭头张开角度；另一个为因变量，为线段长度估计误差量。20 个独立的被试。所以本例中的 SPSS 数据文件为 3 列 20 行。

第二步 打开单变量的完全随机实验设计的方差分析对话框。建立好数据文件后，按照下列顺序点击菜单即可打开对应的对话框：Analyze→General Linear Model→Univariate...

第三步 将自变量和因变量置入相应的位置。一个因变量置入"Dependent variables"对应的方框中，两个自变量同时置入"Fixed factors"对应的方框中。

第四步 单击对话框上的"Options..."按钮，可以勾选"Descriptive statistics"以便获得描述性统计结果，勾选"Homogeneity tests"以便获得方差齐性检验结果，勾选"Estimates of effect size"以便获得变量影响的效应量。

第五步 单击对话框上的"Plots..."按钮，可将两个自变量结合做出交互效应图，以便直观地显示这两个自变量是否存在交互效应，以及交互效应的详细具体情况。

第六步　设置完成后，返回主对话框，点击"OK"即可输出所需要的结果。本例结果的输出主要包括描述性分析结果（各个样本的平均数、标准差），方差齐性检验结果，方差分析表，两个自变量的交互效应图等。

这里所举示例虽是最简单的多因素完全随机设计形式，但它足以说明完全随机设计的几乎所有特征，包括如何评估自变量的主效应和交互效应。如果遇到自变量或自变量的水平数更多的实验设计，其实验的原理和数据分析的程序都与这里所展示的过程相同。比如，对于一项 2×3×2×4 完全随机实验设计来说，其自变量是 4 个，实验处理数是 48 个，那么实验就需要 48 个独立的被试样本。在数据分析中，需要分析四个自变量的主效应、两两变量间的交互效应、三个变量间的交互效应、四个变量间的交互效应等，这里需要考察的交互效应就达到 11 项。显然，随着自变量数和自变量水平数的增加，方差分析过程会非常烦琐。不过，这一点不用担心，因为在实际研究中，研究者使用统计软件进行数据分析，一切都变得相当快捷。

还存在另一个问题。随着自变量数和自变量水平数的增加，被试样本数大幅增加。比如，对于具有 48 种实验处理的实验来说，需要 48 组被试，如果再考虑每一种实验处理下要有相当的被试量（比如，每一组被试是 20 人，就需要 960 人），实验的操作过程简直不敢想象。这就是实际研究中，当自变量数达到三个以上时，真正使用多因素完全随机实验设计的研究者很少的原因之一。查阅近几年国内发表的研究报告，就会发现，《心理学报》《心理科学》等刊物上难得找到几篇三因素以上的完全随机实验设计的研究，大部分研究采用多因素重复测量实验设计，或者混合实验设计。

二、多因素重复测量设计

多因素重复测量实验设计，也称为多因素重复实验设计，实际上就是前一章讨论过的组内设计。实验中只有一个被试样本，该样本要接受多个自变量结合而构成的所有实验处理下的测试。比如，有三个自变量，其水平数分别是 p，q，r，则其结合形成的实验处理数等于三者乘积 $p×q×r$，被试样本中的每一个被试也就要在所有实验处理下接受测试。显然，这种实验设计需要的被试数较少，因此带进实验的被试间差异也较少。当实验中的自变量都适合于作被试内变量，且实验任务较简单，每次实验不花费很多时间时，就可以使用多因素重复测量实验设计。这种实验设计在实际研究中使用最多，可以很容易地从权威期刊上找到这种实验设计的例子。

如陈燕丽等（2004）采用 4×4 的重复实验设计对阅读四字成语时最佳的注视位置进行了实验研究：研究者从《成语大辞典》中选择了 32 个 4 类成语，其中 A 型成语是前面两个字一样，后面两个字一样，如"轰轰烈烈"；B 型成语是前面两个字不一样，后面两个字一样，如"目光炯炯"；C 型成语是前面两个字一样，后面两个字不一样，如"津津有味"；D 型成语是第一和第三个字一样，第二和第四个字不一样，如"古色古香"。然后编造了 32 个假成语，共64 个真假成语构成了她的实验材料。

在电脑屏幕上呈现这些真假成语，让被试判断其"是"成语或"否"成语。在每次呈现刺激材料前都要在屏幕上呈现一个注视位置提示标志"＋"300 毫秒。"＋"出现的位置对应于成语的四个字中的某一个字，每次出现的位置是随机的，而且在每个字位置上出现的次数相等。然后在出现真成语或假成语时，要求被试通过按键做出"是"或"否"的回答，记录其反应时间和正确性。实验结束后分析成语类型不同、材料呈现前被试注视点位置不同对其判断速度和正确率有无影响。因为每个被试都完成上述所有 64 个刺激的实验任务，属于典型的 4×4 重复测量实验设计，自变量为两个，分别为成语类型、刺激呈现前被试注视点的位置。

研究中虽然只使用了 33 名大学生，但因为每个被试完成了所有实验处理的实验任务，保证了每种实验操作条件下一组数据的样本容量，提高了研究的可靠性。

研究设计示例 4-2

为了说明重复实验设计数据的分析过程，我们采用一个在教学实验课中获取的数据，如表 4-3 所示，这是一项研究闪烁光点颜色与占空比对闪光融合临界频率 cff 的影响的实验，其中占空比是指闪烁光点闪烁一次中亮与不亮的时间比。实验采用的是 2×2 重复测量实验设计，其中第一个自变量是闪烁光点的颜色，包括红光和绿光，分别记为 A_1 和 A_2；第二个自变量是闪烁光点的占空比，包括 3：1 和 1：3，分别记为 B_1 和 B_2。有心理系的 12 名同学参加了测试，每一同学均要完成四种条件下的测试。如何分析表 4-3 所示的数据呢？

表 4-3　闪烁光点颜色与占空比对闪光融合临界频率 cff 的影响

红色光点（A₁）		绿色光点（A₂）	
占空比 3：1(B₁)	占空比 1：3(B₂)	占空比 3：1(B₁)	占空比 1：3(B₂)
30.3	34.1	22.3	26.7
34.4	32.4	21.3	36.7
28.3	39.9	25.0	28.3
30.8	30.6	30.7	29.4
32.8	36.7	20.1	29.2
26.8	34.9	24.6	35.4
32.9	34.9	19.5	29.0
25.4	42.3	25.6	23.7
31.7	34.4	25.4	26.5
39.1	34.4	22.5	28.7
33.0	38.2	25.7	29.3
32.8	34.9	22.8	29.1

　　这一数据分析的目的是要考察两个自变量及其交互作用对 cff 的影响，拟采用多因素重复测量实验设计的方差分析程序。在重复测量实验设计中，考察不同的主效应或交互效应时对应的误差项不同，需要分别计算，以便在计算各个效应对应的 F 比率时使用对应的误差项方差作为分母。由于计算相对烦琐，此处不再赘述，读者可参考心理统计学的相关书籍。为了使读者能够顺利地完成此类设计的实验数据分析，这里以表 4-3 中的数据为例，说明多因素重复测量实验设计的 SPSS 方差分析操作程序（并以截图给出直观显示）。

　　第一步　建立 SPSS 数据文件。表 4-3 中的数据显示，12 名被试参加实验，即独立个案 n＝12，所以数据文件占 12 行。两个自变量均为组内设计，各有 2 个水平，构成四种实验条件，而每个被试均要完成四个条件下的实验测试，得到并列的四个测试结果。也就是说，数据文件要有四列。本例中为了数据识别方便，分别将四个数据列变量名定义为：a1b1、a1b2、a2b1、a2b2。数据文件视图如图 4-4 所示。

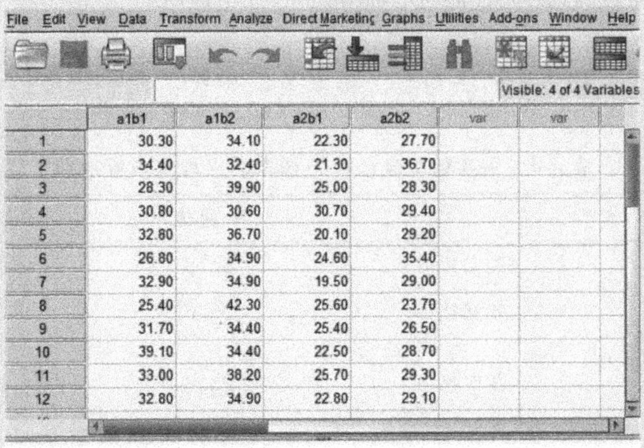

	a1b1	a1b2	a2b1	a2b2	var	var
1	30.30	34.10	22.30	27.70		
2	34.40	32.40	21.30	36.70		
3	28.30	39.90	25.00	28.30		
4	30.80	30.60	30.70	29.40		
5	32.80	36.70	20.10	29.20		
6	26.80	34.90	24.60	35.40		
7	32.90	34.90	19.50	29.00		
8	25.40	42.30	25.60	23.70		
9	31.70	34.40	25.40	26.50		
10	39.10	34.40	22.50	28.70		
11	33.00	38.20	25.70	29.30		
12	32.80	34.90	22.80	29.10		

图 4-4　多因素重复测量方差分析的 SPSS 数据文件

第二步　打开主对话框。单击菜单“Analyze”选择“General Linear Model”中的“Repeated Measures...”打开重复测量实验方差分析主对话框。在“Within-Subject Factor Name:”处填入第一个自变量名“a”，在“Number of Levels:”处填入该自变量的水平数 2，单击“Add”，即可在界面的大方框内置入自变量名及其水平数，显示“a(2)”。同样方法，将第二个变量及其水平数置入方框，如图 4-5 所示。接着单击此界面上的“Define”按钮进入下一个定义界面，将数据文件中的四个数据列与自变量定义的四个实验条件对应起来。如图 4-6 所示。

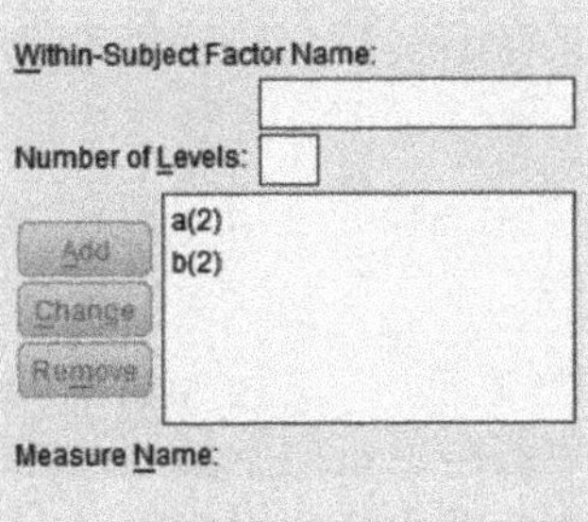

图 4-5　置入自变量及其水平数

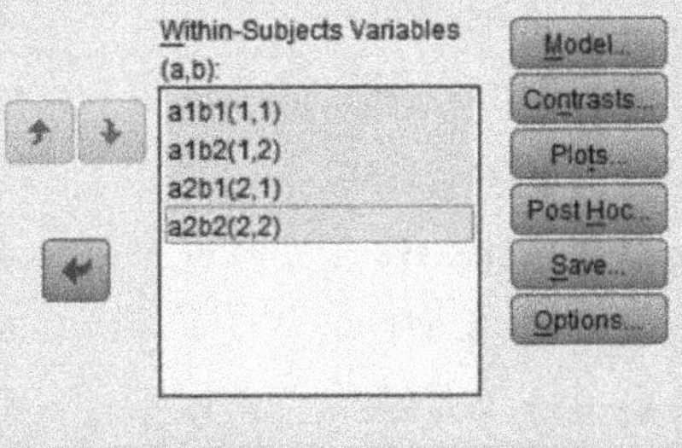

图 4-6　对应四列数据与四种实验处理

第三步　在图 4-6 所示的界面上，单击主对话框上的“Options...”按钮打开一个对话框后勾选“Descriptive Statistics”，可以输出各样本数据的基本描述性统计量，主要包括平均数和方差等；勾选“Estimates of effect size”可以获得变量的效应量估计；单击“Plots...”按钮打开一个对话框后可设置作图要求，本例中可选择制作两个自变量的交互效应图等。其他操作从略，单击“OK”按钮即可输出结果。

输出的结果主要有以下几个部分。

(1)描述性统计分析结果

给出各个数据样本的平均数、标准差，如表4-4所示。

表4-4 各实验处理条件下样本的平均值与标准差

		平均值	标准差
红光	占空比3∶1	31.5	3.6
	占空比3∶1	35.6	3.2
绿光	占空比3∶1	23.8	3.1
	占空比3∶1	29.4	3.5

(2)方差分析表

输出的方差分析结果如表4-5所示，包括两个自变量的主效应即二者的交互效应。由于在这种实验设计中，考察不同的变量效应时，计算变异量及其分解的方法有所不同，所以计算各效应对应的F值时使用的残差项方差也有所不同。详细的变异量与自由度的分解方法可参阅心理统计学教材，此处不再赘述。

表4-5 多因素重复测量设计的方差分析表

变异源	平方和	df	MS	F	p	η^2
A	583.668	1	583.668	51.030	0.000	0.823
Error(A)	125.816	11	11.438			
B	284.116	1	284.116	31.412	0.000	0.741
Error(B)	99.493	11	9.045			
A * B	6.871	1	6.871	0.324	0.581	0.028
Error(A * B)	233.480	11	21.225			

(3)自变量的交互效应图

一般来讲，当两个自变量交互效应不显著时就不需要再给出交互效应图。本例中，虽然两个自变量的交互效应也未达到显著性水平，但为了说明结果输出与结果选择，将输出的交互效应图做适当编辑后列出，如图4-7所示。

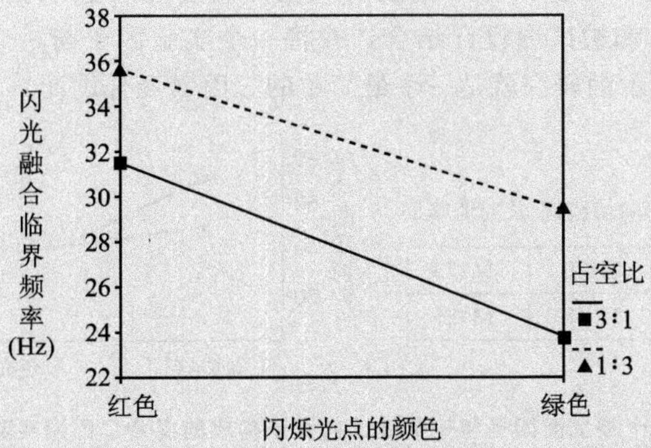

图 4-7　闪烁光点颜色与占空比对 cff 影响的交互效应图

从表 4-5 所示的方差分析结果看出，自变量 A 和自变量 B 的主效应均达到了极其显著的水平（$p < 0.001$），A 和 B 的交互效应未达到显著性水平（$p = 0.581 > 0.05$）。可得到结论：闪烁光点的颜色和占空比分别对被试的闪光融合临界频率 cff 具有极其显著性的影响，且二者的影响是相互独立的（注：此结果仅基于某一次 12 个学生的实验数据，可靠性需再验证）。

很明显，重复实验设计的方差分析中，可以在相当程度上将被试差异带来的数据变异从误差项中分离，使自变量的效应更容易显示出来，再加上该种设计节省被试，成为最常用的实验设计方法就不足为奇了。但是，当实验的顺序效应比较明显，实验任务较大以至于让被试难以负担时，会在实验进程中引出新的混淆变量，造成研究内部效度的降低，则不宜采用重复实验设计了。

三、多因素混合设计

多因素实验研究中，研究者经常会遇到这样的情况：在拟考察的几个自变量中，有的适合于作被试间设计，有的适合于作被试内设计；或者，研究者更喜欢用被试内设计，以便使用较少的被试。但研究中，有些自变量作被试内设计时会导致不同实验条件间较大的顺序效应，这样的自变量宜采用被试间设计。在一项研究中，既包含有被试间设计的自变量，又包含有被试内设计的自变量，就成为最典型的混合实验设计。用矩阵表示的话，则可以用被试间因子构成行，被试内因子构成列，每一行对应的一个或一组被试必须接受所有列的不同实验处理。

混合设计是一种将两种不同的研究策略结合在一起的因素型研究方法，如将被试间设计和被试内设计结合，或将一个实验因子与一个非实验因子结合。如图 4-8 所示的研究就是一个最简单的二因素混合设计。

	正向情绪词	负向情绪词
心情愉快	M=70	M=23
心情沮丧	M=48	M=35

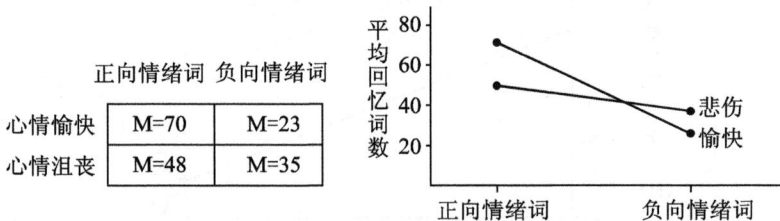

图 4-8　由一个被试间因子和一个被试内因子构成的混合二因素实验的假设结果

　　研究者在一个组引起愉快情绪，在另一个组引起沮丧情绪，从而创设了一个被试间因子(愉快/悲伤)。然后，检测每组被试回忆正向情绪词和负向情绪词的数量，这创设了一个被试内因子(正向/负向)。

在考察情绪与记忆之间关系的研究中，最具代表性的结果表明：人们倾向于回忆那些与他们当前的情绪一致的信息。因此，心情愉快时，人们容易回忆快乐的事情，心情沮丧时人们容易回忆悲伤的事情。在如图 4-8 所示的一项研究中，蒂斯代尔和福格蒂(Teasdale & Fogarty，1979)通过两种方式操纵情绪，其中一组被试读一系列越来越悲伤沉闷的陈述(例如，"回首我的生命历程，我怀疑是否获得过任何真正有价值的东西")；另一组被试读一系列越来越轻松、高兴的陈述(例如，"生活是如此的充实、有趣，活着真是太棒了")。这样，研究者就创设了一个被试间实验因子，包括情绪愉快组和情绪沮丧组，这两个组分别对应于矩阵中的两行。然后向所有被试呈现一个词单，其中包括一些积极的、令人愉快的词汇，也包括一些消极的、令人沮丧的词汇。最后，研究者分别记下每位被试能回忆的正向情绪词数和负向情绪词数。这里，研究者又创设出一个被试内因子，包括正向情绪词和负向情绪词，它对应于矩阵中的两列。

当然，混合实验设计的含义不仅仅是指被试间设计与被试内设计的混合，也包括实验的与准实验的混合、实验的与非实验的混合、准实验的与非实验的混合等。

行为科学研究中，采用由一个实验因子和一个准实验因子构成的因素型实验设计是很常见的。在这样的混合设计中，有一个因子是真正的自变量，它包括一系列可被操纵的实验条件；另一个因子是准自变量，主要有以下两类。

第一，现成的被试特征，如年龄或性别等。研究者想考察实验处理条件对男性和女性是否会产生同样的效应，或者想知道实验处理的效应是否会随着年龄的变化而变化。现成被试特征将被试自然分成两组或多个组，因此它是一个准实验因子。

第二，第二个因子是时间。如研究者关注不同实验处理的效应会持续多长时间。比如，两种不同治疗技术在治疗结束后会立即产生相同的作用，但经过一段时间后，其中一种治疗能继续产生效应，而另一种治疗的效应随着时间推移而逐渐消退。在这类研究中，时间因素是不受研究者控制或操纵的，因此它也是一个准实验因子。

什拉格(1972)曾对人的行为是否会受观众影响的问题进行研究。他安排被试完成一项概念形成的实验任务，其中有一半被试是独自工作的(无观众)，另一半被试则是在有观众的情境中工作的，而且观众都表现出对被试操作成绩的极大兴趣。实验中，有无观众的安排是由研究者掌控的，所以这是一个实验因子。第二个因子是自尊水平，根据研究者事先进行的测量，将被试划分为高自尊组和低自尊组。自尊水平的高低是被试本来已有的机体特征，因此它是一个准实验因子。实验结果如图4-9所示，两个因子间有明显的交互效应。具体地说，观众在场对低自尊的被试有明显作用，但对于高自尊的被试来说几乎没有什么影响(格拉维特，佛泽诺，著，邓铸，等，2005)。

	无观众	有观众
高自尊	M=2.1	M=2.2
低自尊	M=6.1	M=9.5

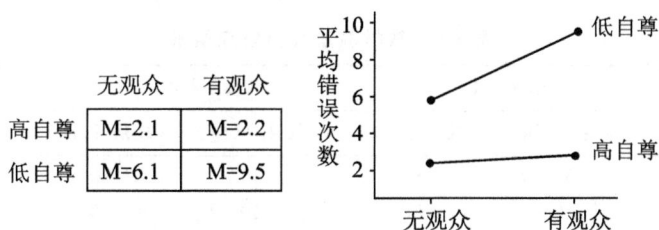

图4-9 由一个实验因子和一个准实验因子结合构成的二因素混合设计的假想结果

为了创设一个实验因子(有无观众)，研究者可以控制被试是或不是在有观念条件下操作任务；为了创设一个准实验因子，研究者观测两个不等的被试组(自尊水平的高低)。实验中的因变量是每个被试操作中的错误次数。

我们在前文已经指出，国内心理学家的研究中，除重复实验设计外，混合实验设计的使用频率也较高，对此，国内有研究者专门对混合实验设计的应用做过统计分析(蔡韦龄，严由伟，2011)。有兴趣的读者可以在《心理学报》《心理科学》等刊物上查阅一些混合设计的研究实例。

四、多因素区组设计和拉丁方设计

前一章介绍过单因素随机区组实验设计。这里，我们在学习了多因素研究设计后，进一步考察多因素随机区组实验设计（randomized block experimental design）和拉丁方实验设计（Latin square experimental design）。

(一)多因素区组实验设计

当研究的自变量不止一个，同时考虑一个区组变量的时候，就需要采用多因素随机区组实验设计。下面以假想的例子来说明。

研究设计示例 4-3

为试验两种新教材与两种教法的有效匹配关系，研究者同时考虑到学生现有成绩水平的影响而将其作为一个区组变量，选择优、中、待优各12个班进行试验。经过一学年的教学过程后进行学生学习成绩的比较，即年终各班平均的考试成绩如表4-6所示。

这一设计不仅考虑了自变量的影响，也考虑了被试本身某些特征的影响，将被试间某种差异因素作为一个区组变量，至少可以部分地把被试间差异引起的因变量的数据变异从残差中分离出来。

表 4-6　教材教法实验研究结果

| 区组 | 教材 1(A_1) | | 教材 2(A_2) | | $\sum$ |
	教法 1(B_1)	教法 2(B_2)	教法 1(B_1)	教法 2(B_2)	
	50	60	50	80	
高(C_1)	40	50	40	70	710
	50	70	60	90	
	40	50	40	70	
中(C_2)	40	50	50	60	580
	30	40	50	60	
	20	50	30	50	
低(C_3)	30	40	40	40	450
	30	40	30	50	
$\sum$	330	450	390	570	1740

对于这一实验设计模型，其数据如何处理呢？很显然，如果不去关注学生班级层次（区组）之间的差异，这一实验就是一个二因素完全随机实验设计，对其进行多因素方差分析来考察自变量（教法、教材）的影响效应，这时班级层次差异带来的数据变异就与其他随机变量带来的变异混在一起作为残差项了。如果把学生班级层次作为一个区组，就可以计算这个区组变量给测量结果带来的变异平方和，然后将其从残差项平方和中分离出来，使残差项方差降低，自变量的效应也就因此更容易显示出来了。

完全随机区组实验设计的数据分析与完全随机实验设计的数据分析相比，就是要多计算一个变异平方和——区组变量引起因变量变异的平方和。当然，区组变异的自由度也可以计算出来，它等于区组数减1。在将区组变量引起的变异从残差中剔除时，也要将区组变量的自由度从残差项自由度中减除。实际上，这里可以检验区组变量的效应是否显著，方法类似于自变量效应的检验。

现在，我们以表4-6中的数据为例，说明多因素随机区组实验设计的数据分析过程。

第一步 计算数据总变异量并对之进行分解。表4-7中数据变化的原因大致可以划分为五个方面：①自变量A的主效应；②自变量B的主效应；③A和B的交互效应；④区组变量C的主效应；⑤其他随机变量的影响（其中也包括一定量的区组变量与自变量的交互效应，此处不再对其进行计算），即残差。

根据前述的方差分析中变异量的计算方法，我们得到：$SS_T = 7900$

$$SS_A = \left[\frac{(330+450)^2}{18} + \frac{(390+570)^2}{18}\right] - 84100 = 900$$

$$SS_B = \left[\frac{(330+390)^2}{18} + \frac{(450+570)^2}{18}\right] - 84100 = 2500$$

$$SS_{AB} = \left[\frac{330^2}{9} + \frac{450^2}{9} + \frac{390^2}{9} + \frac{570^2}{9}\right] - SS_A - SS_B - 84100 = 100$$

$$SS_C = \left[\frac{710^2}{12} + \frac{580^2}{12} + \frac{450^2}{12}\right] - 84100 = 2816.67（区组变量引起的变异平方和）$$

$$SS_E = SS_T - SS_A - SS_B - SS_{AB} - SS_C = 7900 - 900 - 2500 - 100 - 2816.67 = 1583.33$$

第二步 计算各种效应引起数据变异的自由度（数据发生变异的次数）。总的数据变异对应的自由度：$df_T = 36 - 1 = 35$。然后将自由度分解。

A 的主效应对应的自由度：$df_A = a - 1 = 1$(a 是自变量 A 的水平数)

B 的主效应对应的自由度：$df_B = b - 1 = 1$(b 是自变量 B 的水平数)

A 和 B 交互效应对应的自由度：$df_{AB} = (a-1)(b-1) = 1$

区组变量 C 的主效应对应的自由度：$df_C = c - 1 = 2$(c 是区组数)

残差对应的自由度等于总的自由度减去上述四项：$df_E = 35 - 5 = 30$

第三步　计算各变异源引起数据变异的方差，即均方 MS。

$$MS_A = \frac{SS_A}{df_A} = 900$$

$$MS_B = \frac{SS_B}{df_B} = 2500$$

$$MS_{AB} = \frac{SS_{AB}}{df_{AB}} = 100$$

$$MS_C = \frac{SS_C}{df_C} = \frac{2816.67}{2} = 1408.34$$

$$MS_E = \frac{SS_E}{df_E} = \frac{1583.33}{30} = 52.78$$

第四步　计算各效应是否显著的检验统计量 F 比率

$$F_A = \frac{MS_A}{MS_E} = \frac{900}{52.78} = 17.052，分子与分母的自由度为(1，30)$$

$$F_B = \frac{MS_B}{MS_E} = \frac{2500}{52.78} = 46.366，分子与分母的自由度为(1，30)$$

$$F_{AB} = \frac{MS_{AB}}{MS_E} = \frac{100}{52.78} = 1.895，分子与分母的自由度为(1，30)$$

$$F_C = \frac{MS_C}{MS_E} = \frac{1408.34}{52.78} = 26.683，分子与分母的自由度为(2，30)。$$

第五步　给出方差分析表和分析结论(如表 4-7 所示)。查 F 表确定各效应 F 比率达到统计学上的显著性水平所需的临界值，得到：

$$F(1，30)|_{a=0.05} = 4.17，F(1，30)|_{a=0.01} = 7.56$$

$$F(2，30)|_{a=0.05} = 3.32，F(2，30)|_{a=0.01} = 5.39$$

将上述 F 比率与临界值比较，就可以确定各效应的 F 比率是否达到显著性水平。比较可知：F_A 和 F_B 均大于 $F(1，30)|_{a=0.01}$，但 F_{AB} 小于临界值 $F(1，30)|_{a=0.05}$ 和 $F(1，30)|_{a=0.01}$；F_C 大于 $F(2，30)|_{a=0.01}$。将上述分析的结果汇总，如表 4-7 所示。

表 4-7　教材教法实验研究结果的方差分析表

变异来源	平方和	自由度	均方	F	p
A 的主效应	900	1	900	17.053	<0.01
B 的主效应	2500	1	2500	47.368	<0.01
AB 的交互效应	100	1	100	1.895	>0.05
区组变量主效应	2816.67	2	1408.34	26.684	<0.01
误差	1583.33	30	52.78		
合计	7900	35			

分析的结果显示，两个自变量的主效应都达到了显著性水平（$p <$ 0.01），但二者的交互效应未达到显著性水平（$p > 0.05$）。区组变量的主效应也达到了非常显著性的水平，表明该实验设计采用随机区组实验设计是非常必要的，它将学生现有学习成绩的差异影响的大部分从残差项中分离出来，自变量的效应更容易显示出来。

使用 SPSS 软件进行此例方差分析时，其过程与完全随机实验设计的数据分析过程几乎一致。主要的区别有两点：第一，建立数据文件时，要将例子中学生现有学习成绩等级作为一个独立的分组变量；第二，在方差分析的主界面上点击"Model..."打开一个方差分解模型的设置界面，勾选"Custom"，设定方差分解模型，要求输出：自变量 A 和自变量 B 的主效应以及二者的交互效应，区组变量 C 的主效应，如图 4-10 所示。

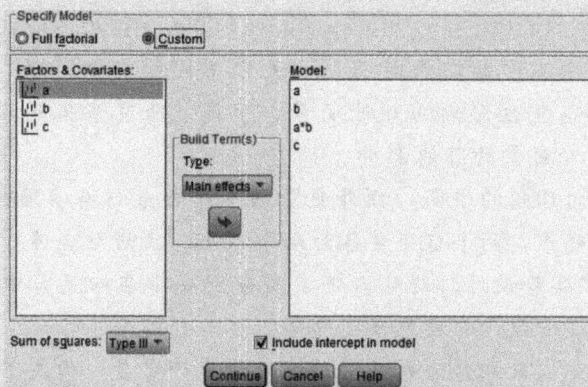

图 4-10　多因素随机区组设计方差分解模型设置

(二)拉丁方实验设计

区组实验设计是在考察自变量影响效应的实验中，顾及一个额外变量的影响，于是将这个额外变量作为区组变量，对其在各种实验处理条件下产生的影响进行平衡，同时将该区组变量引起的变异部分地从残差中分离出来。如果将区组实验设计进一步扩展，即考虑两个额外变量的影响，而欲对这两个额外变量的影响进行平衡并将其引起的变异尽可能地从残差项中分离，就需要采用拉丁方实验设计。拉丁方设计(Latin square design)可看作对区组实验设计的扩展。下面以示例说明。

研究设计示例 4-4

某研究者想考察视频材料的愉悦度、真实感两个自变量对大学生情绪激活的影响。第一个自变量为材料的愉悦度，分为积极的和消极的两个水平，分别记为 A_1 和 A_2；第二个自变量为材料的真实感，也分为两个水平，即采用的材料分别为接近现实生活情境的影视作品、虚拟的动画作品，分别记为 B_1 和 B_2。实验仪器为一台 16 通道的生物反馈记录仪。限于实验室条件，一次只能有一名被试参加实验。

为了落实实验计划，研究者根据自己其他工作的安排和大学生被试可用的课余时间，选择每周的周日、二、四、五的下午为实验实施时间，每个下午从 13:00 开始，到 17:00 结束，每小时安排一名被试，即分别为 13:00~14:00、14:00~15:00、15:00~16:00、16:00~17:00 四个时段。很明显，一周中不同的四天时间、一天中不同的四个时段，可能会构成对被试身心状态发生影响的额外变量。于是，研究者采用拉丁方设计来平衡这两个额外变量的可能影响。

要达到较为理想的平衡，额外变量的水平数最好与实验处理的数量相等。在这一研究中，两个自变量各为两个水平，正好结合为 4 个实验处理，采用的是 2×2 实验设计。研究者将实验分别安排在四天当中的四个时段，也就正好与拉丁方设计的理想情况吻合。

研究者首先以日期作为列变量，时段作为行变量，构成了一个 4×4 的方格，这个方格叫作拉丁方格，如表 4-8 所示。

表 4-8　4×4 的拉丁方格

时段 ＼ 日期	星期日	星期二	星期四	星期五
13:00~				
14:00~				
15:00~				
16:00~				

　　然后，将四种实验处理安排在这个拉丁方格中，安排时只要满足一个原则就可以了，即每一种实验处理在拉丁方格的每一行、每一列出现且只出现一次。就本例来说，实验处理的一种可能的安排如表 4-9 所示。

表 4-9　实验处理安排的拉丁方格之一

时段 ＼ 日期	星期日	星期二	星期四	星期五
13:00~	A_1B_1	A_1B_2	A_2B_1	A_2B_2
14:00~	A_1B_2	A_2B_1	A_2B_2	A_1B_1
15:00~	A_2B_1	A_2B_2	A_1B_1	A_1B_2
16:00~	A_2B_2	A_1B_1	A_1B_2	A_2B_1

　　表 4-9 所示的拉丁方格实验安排中，任何两列互换，或者任何两行互换，即可构成一个新的拉丁方格安排，其对额外变量平衡的效果是一样的。

　　从上述例子可以看出，拉丁方是一个含 P 行 P 列，把 P 个实验处理分配给 P×P 方格的管理方案，它便于在复杂研究程序中有条理地管理各个实验单元，并平衡两种额外变量的影响。在工农业生产试验和心理与教育研究中，拉丁方都得到普遍应用。在这种实验设计中，首先根据自变量处理的水平数确定两个额外变量的水平数，然后利用两个额外变量的各个水平结合在一起构造一个方格，最后再将不同处理平衡地安排在这个方格中，就构成了一个研究方案，其结果要保证每一种实验处理在拉丁方格的每一行和每一列都出现且只出现一次。这种设计中，自变量的水平数或水平结合数、额外变量的水平数最好是相等的。

　　拉丁方设计常被用于平衡实验安排的时空顺序，但也可用于对机体变量进行平衡。比如，研究者想对某品牌手机的六种按键设计进行可用性比较研究，这六种设计是基于按键大小（小、中、大，分别记为 A_1、A_2、A_3）和按键形状（凸形、平形，分别记为 B_1、B_2）的 2×3 实验设计。研究中，考虑到两种可能的机体影响因素：使用者的年龄档、平时使用按键方式工作的频率（计算机键盘操作、手机按键操作）。为管理好被试选择及实验任务的分派，可使用拉丁方设计。根据实验处理的数量，将消费者的年龄档划分为六个层次，同时对被试在平时的工作和日常生活中键盘操作频率进行调查并分成六级（分级越高代表使用越多）。利用这两个额外变量构造出一个 6×6 的拉丁方格，接着把六种实验处理安排到这个拉丁方格中，如表 4-10 所示。同样的，该拉丁方格实验安排中，任何两列互换，或者任何两行互换，即可构成一个新的拉丁方格安排，其对额外变量平衡的效果是一样的。

表 4-10　实验处理安排的拉丁方格之一

使用频率 年龄档（岁）	一级	二级	三级	四级	五级	六级
$15\sim19$	A_1B_1	A_1B_2	A_2B_1	A_2B_2	A_3B_1	A_3B_2
$20\sim24$	A_1B_2	A_2B_1	A_2B_2	A_3B_1	A_3B_2	A_1B_1
$25\sim29$	A_2B_1	A_2B_2	A_3B_1	A_3B_2	A_1B_1	A_1B_2
$30\sim34$	A_2B_2	A_3B_1	A_3B_2	A_1B_1	A_1B_2	A_2B_1
$35\sim39$	A_3B_1	A_3B_2	A_1B_1	A_1B_2	A_2B_1	A_2B_2
40 以上	A_3B_2	A_1B_1	A_1B_2	A_2B_1	A_2B_2	A_3B_1

拉丁方实验设计，在本质上并不复杂，是在因素型实验设计的基础上，为了平衡两个额外变量而借用拉丁方格。只是，其在形式上，看起来比较复杂。也正是因为实验安排中要求平衡两个额外变量，容易发生混乱和错误，所以才采用这种方法以实现实验的有序管理。

进行拉丁方实验设计中，其选取用来构成拉丁方格的额外变量不能与研究的自变量之间存在交互效应，两个额外变量之间也不能存在交互效应。其数据的方差分析方法与随机区组实验设计相似，可以对数据的变异及其自由度进行分解，计算过程是：首先计算总变异，然后计算自变量及其交互效应引起的变异、两个额外变量主效应引起的变异，再计算误差项变异，即可得到各种变异方差及其与误差方差的比率 F。

拉丁方实验设计既有优点也有缺点。其优点是，在许多研究情境中，这种设计比完全随机和随机区组设计更加有效，它可以使研究者平衡并分离出两个额外变量的影响，因而减小实验误差，可获得对实验处理效应的更精确的评估。另外，通过对方格单元内误差与残差的 F 检验，可以检验额外变量与自变量是否有交互作用，评估采用拉丁方设计是否合适。拉丁方设计的缺点是，它的关于自变量与额外变量不存在交互作用的假设在很多情况下都难以保证，尤其当实验中含有多个自变量的时候。因此，拉丁方实验设计在多因素实验中不常用。另外，拉丁方实验设计要求每个额外变量的水平数与实验处理数相等，这也在一定程度上限制了拉丁方实验设计的使用（舒华，1994）。

扩展阅读

主效应与交互效应的关联性

在析因实验（多因素实验）中，数据收集、数据分析的主要目标是考察自变量的主效应和交互效应是否显著。一个自变量的主效应显著，意味着该自变量的各个水平在其他自变量的所有水平上的平均数存在差异；否则，就不存在显著性差异。比如，在自变量 A 和自变量 B 构成的 2×2 析因设计中，如果 A 的主效应显著，那就意味着 A_1 在 B_1 和 B_2 水平下的平均数与 A_2 在 B_1 和 B_2 水平下的平均数存在显著性差异。变量间的交互效应则是指一个因子的效应依赖于另一个因子的不同水平。

在析因设计中，方差分析直接给出自变量的主效应和交互效应是否显著的结果，多数研究者也依此判定自变量的作用是否明显、这些自变量的作用是否相互依赖。事实上，自变量的主效应与交互效应的评估并非这么简单，它们存在关联性，需要具体情况具体分析。我们就以两个自变量的主效应和交互效应来分析。当交互效应不显著的时候，两个自变量相互独立，我们可以直接从其主效应是否显著来评估自变量对因变量的作用大小；当两个自变量间的交互效应显著时，就不能简单地从主效应是否显著直接得出结论了。我们现在以交互效应显著为前提，来区分自变量 A 的主效应是否显著的三种情况。

第一，交互效应显著，A 的主效应也显著，而且主效应方向与简单效应方向一致，如图 4-11 中的（b）图就属于这类情况。这种情况下，在自变量 B 的两个水平上，自变量 A 从 A_1 到 A_2 的变化引起的因变量的变化趋势一致，只是变化幅度不一致。这里的交互效应掩盖了自变量 A 在自变量 B 不同水平上的效应量的差异。很明显，在 B_1 水平上，A 的效应量大于其在 B_2 水平上的效应量。

第二，交互效应显著，A 的主效应也显著，这时 A 的效应方向可能会被交互效应歪曲。比如，图 4-11 中的（a）图、（d）图都属于这类情况。在（a）图中，A 的变化在 B_1 的水平上引起了因变量的显著变化，而在 B_2 水平上却未引起因变量的变化，这就是说 A 的变化不是在任何情况下都会引起因变量的变化的，它依赖于自变量 B 的水平；在（d）图中，虽然 A 的变化在 B 的两个水平上都引起了因变量的明显变化，但是变化的方向正好相反，从其主效应看，A 的水平提高可以促进因变量分数的提高，但实际情况是，当 A 在 B_1 水平上提高时，反而会导致因变量分数的下降。所以在这种情况下，显著的交互效应掩盖或歪曲了自变量 A 的作用机制：它在 B 的不同水平上效应量是不同的。

第三，交互效应显著，A 的主效应却不显著，实际上是交互效应掩盖了 A 的效应，如图 4-11 中的（c）、（e）、（f）图都属于这种情况。我们从这些图示中可以明显看到 A 的效应，但方差分析结果会显示 A 的主效应不显著，这是因为 A 在 B 的两个水平上的效应方向相反，计算 A 的主效应时 A_1 和 A_2 的差异量被掩盖在了平均过程中。

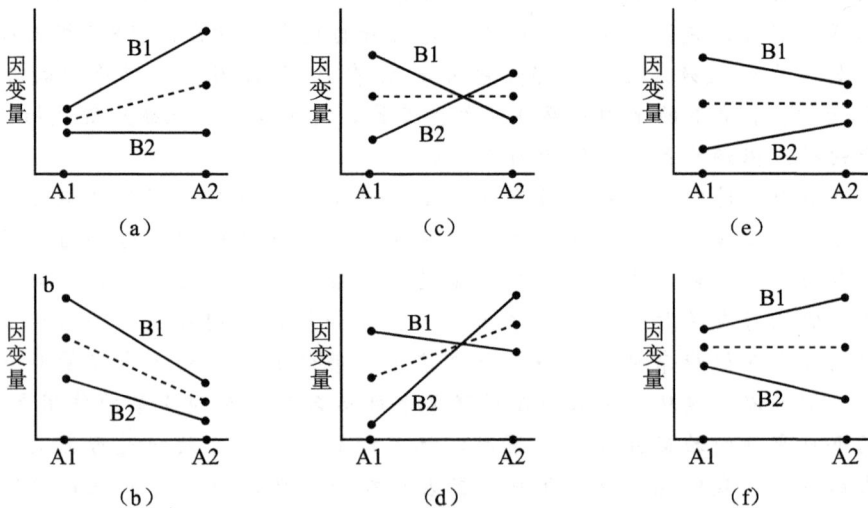

图 4-11 交互效应显著的几种情况

那么，如何依据自变量主效应和其与其他自变量的交互效应来进行结果分析呢？这一点很简单：当方差分析结果显示 A 的主效应及 A 与其他自变量的交互效应都不显著时，则说明 A 的效应真的不明显；当方差分析的结果显示 A 的主效应不显著，但 A 与其他自变量的交互效应显著时，则说明 A 其实是对因变量有明显作用的，即 A 的效应其实是存在的，只不过其效应的大小和方向依赖于其他自变量的不同水平。

上述分析提醒我们，在说明方差分析结果时你要特别注意，如果因子间的交互效应达到了显著性水平，那么自变量的效应有可能会被歪曲或掩盖，也就是说，不能简单地依据其主效应是否显著来判断它是否对因变量有影响，而是要进行简单效应检验，分别考察其在其他自变量不同水平上的变化情况。否则，可能会得到错误结论。应该记住，一个因子的主效应是对其在另外一个因子所有不同水平下观测分数的平均而得到的，而这种平均的结果可能很难准确地反映每种具体实验处理的效应。

总之，交互效应可能会掩盖或歪曲两个因子中任何一个因子的主效应。因此，只要是交互效应达到了统计学上的显著性水平，在就主效应问题做出结论前都要仔细考察具体的数据变化。

［资料来源：《行为科学研究方法》(邓铸，等，译，2005)］

练习与思考

1. 如何理解：析因设计、主效应、交互效应、多因素完全随机实验设计、多因素重复测量实验设计、混合实验设计、区组实验设计、拉丁方设计？
2. 多因素完全随机实验设计的数据分析程序是怎样的？如何凭借SPSS软件完成这一分析？
3. 多因素重复测量实验设计的数据分析程序是怎样的？如何凭借SPSS软件完成这一分析？
4. 混合实验设计的数据分析程序是怎样的？如何凭借 SPSS 软件完成这一分析？
5. 随机区组实验设计的数据分析程序是怎样的？如何凭借 SPSS 软件完成这一分析？
6. 举例说明拉丁方设计方法的应用。
7. 查阅国内权威心理学期刊近 3 年发表的论文，研读一篇采用多因素实验设计的实验报告。
8. 如何理解自变量的主效应与交互效应的关联性？

9. 参照教学示例或心理学期刊上的研究实例，编制一项多因素实验研究方案，要求写明：

(1)研究目标和研究目的；

(2)研究的对象，样本的抽取与分组方法；

(3)实验的仪器与材料；

(4)自变量及其水平、因变量及其测量方法、额外变量及其控制或平衡方法；

(5)采用何种实验设计，实验实施的主要步骤；

(6)数据分析的方法以及可能的结果。

第五章
准实验与单被试研究设计

心理学研究中越来越强调人的心理的文化属性，重视研究方法的多元化，即主张采用多种方法和手段将对人的研究回归到较为真实的生活情境中，这是心理学研究中的生态化运动。在心理学的生态性研究范畴中，最典型的研究设计是准实验设计和单被试研究设计。

本章要旨与重点

◆ 准实验设计主要包括单组准实验设计和多组准实验设计两大类。

◆ 单组准实验设计主要包括"时间序列设计""相等时间取样设计"。

◆ 多组准实验设计主要包括"不等组前测—后测设计""不等组前测—后测时间序列设计",主要是介绍了这几种研究设计的基本模式、资料分析方法、优缺点等。

◆ 单被试实验中,只有一个被试或个案,结果的分析不能采用平均数计算和统计检验技术,一般使用视图技术,比较不同条件下的观察单元的变化或差异。

◆ 常用单被试设计模式包括:ABAB 轮回设计、多处理多水平单元转换设计、成分分析设计、多基线设计等。

　　由于人文学科过分追随自然科学的研究取向，采用还原手法，在某种程度上忽视了人的整体性，忽视了社会文化及生活境遇对人的精神的影响。人文主义和后现代哲学思潮对此进行了严厉批评，导致人文科学中两种文化的尖锐对立，即科学主义与人文主义的对立（Kimble，1967）。这种对立也明显存在于心理学的阵营中，并逐渐演变出一种折中的趋势。近年来，包括心理学在内的人文学科发生着一场生态化运动。心理学中的生态化运动顺应了心理学回归生活的潮流，生态取向也会逐渐成为国内外心理学研究中的重要方法论。本章首先介绍具有生态取向的准实验设计，随后介绍单被试研究设计。

第一节　准实验设计

　　准实验设计（quasi-experiment design）是相对于标准实验设计而言的，它借用实验设计的某些方法来计划搜集资料、获得结果，一般是使用现成群体作为处理组，不对被试进行随机分组。因为不像真实验那样严格控制条件，准实验的现实感更强，所得结果更容易与现实情况联系起来，研究的外部效度较高。但正是由于未对被试进行分组，不能保证样本对总体的代表性，以及不同处理组间的相等性，许多额外变量的影响也难以得到有效控制，研究的内部效度降低。在考虑采用准实验设计时，要尽可能保证实验组间的对等性，同时在逻辑上对可能有的代表性和可推广性加以论证，弥补其不足之处。

　　常用的准实验设计的模式有：单组时间序列设计、单组相等时间取样设计、不等组前测—后测设计、不等组时间序列设计等。

一、单组时间序列设计

　　时间序列设计（time-series design）是一种准实验设计，指在引入实验处理前后都对被试或被试组进行一系列周期性观测，然后比较实验处理前序列与实验处理后序列观测值的变化趋势是否存在差异。如果研究中只有一个被试组，就叫作单组时间序列设计（single-group time-series design），其实施程序如图 5-1 所示。

$$O_1 \quad O_2 \quad O_3 \quad O_4 \quad X \quad O_5 \quad O_6 \quad O_7 \quad O_8$$

图 5-1　单组时间序列设计的基本模式

　　图 5-1 所示的模式中，O_1，O_2，…，O_8 表示一系列观测或观测结果，X 表示在观测的时间序列中引入的实验处理。该设计是仅有一个实验组的单组准实验设计，它在实验处理前后各完成一个观测序列。下面以假设的例子来说明这

一研究的过程。一位小学语文教师想检验某种新的识字教学法是否能更有效地提高教学效果。于是他连续地运用传统教学法进行了四周的识字教学并对每一周的教学效果进行检测。其操作程序是：第一周教给学生 50 个生字；第二周教给学生 50 个生字，同时检测上一周的学习效果；第三周教给学生 50 个生字，同时检测第二周的学习效果……依此类推。第五到第八周都采用新的识字教学法。如果以百分制记录检测的结果，则八周识字教学的效果记录如表 5-1 所示。

表 5-1　识字教学法试验结果

教学方法	传统教法				新的教法			
周次	1	2	3	4	5	6	7	8
检测分数	30	28	35	45	67	70	85	86

将表 5-1 所示的数据表示成曲线的形式，这样就能非常直观地看出引入新教法后的效果，如图 5-2。图中垂直虚线是引入新教法的时间，即此前四周使用传统教法，此后四周使用新的教法；两条斜着的虚线分别代表引入处理前后两个观测序列的回归线。

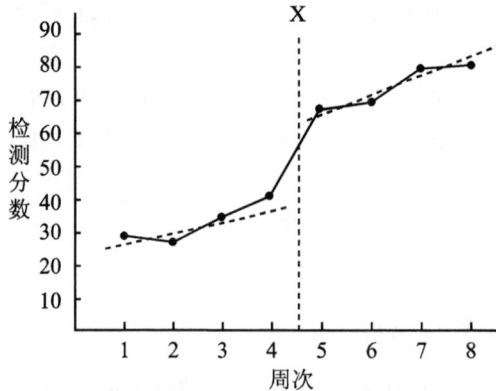

图 5-2　单组时间序列设计研究结果图示

从曲线在引入新教法前后的变化就可以直观地看到新教法的作用。

要比较时间序列设计中引入处理前后观测值变化趋势，一般从三个方面进行。

第一，观测序列回归线斜率的比较。这一比较能够显示在引入实验处理前后的两个阶段中，被试心理或行为水平随时间变化的速度是否一致。如图 5-2 中，两条回归线的斜率基本一致，表明新旧教学方法对每周进步幅度的影响比较接近。

第二，观测序列回归线截距的比较。这种比较与斜率比较结合后，能够反映引入处理前后观测值总体水平的差异。如图 5-2 中，在斜率接近的情况下，两条回归线的截距差异非常明显，引入处理后的回归线截距更大，说明新教法对学生学习成绩的促进效应明显。

第三，引入处理前后的两个观测系列的总体比较，考察这两个阶段观测值的变化是否存在连续性。如果前后变化存在连续关系，就说明实验干预的引入未能改变观测数据在时间进程中的变化趋势，回归线的比较就没有意义，未显示出实验干预的效应。

通过上述三方面的考察和比较，一般就能够检验出单组时间序列设计中是否存在实验的处理效应。当然，这一研究中存在着一些混淆变量，难以得到确定的因果关系，对此我们暂不讨论。一般来说，单组时间序列设计中的处理效应可以从回归线变化明显看出，而回归线变化的情况可概括为图 5-3 所示的几种情况（朱滢，2000）。在这些曲线中，我们能看到处理效应的不同表现：(a)引入处理前后的观测值具有连续变化关系，其变化趋势没有任何改变，实验处理没有发生明显作用；(b)引入处理前后，观测值有一定的变化，但是变化幅度不是很大，因此处理效应不是很显著；(c)实验处理导致观测值的突然变化，而且变化幅度很大，但是随后观测值又很快回复到处理前的水平，显示出明显的处理效应，但是被试会很快适应这种实验处理，处理效应也就随之消失；(d)实验处理存在效应，但是效应的显现有些滞后，即观测值的改变不是在施加实验处理后立即出现的；(e)实验处理改变了观测值的变化模式，处理前观测值不断上升，而且上升的速度越来越快，处理后遏制了这种变化趋势，观测值处在一个相对稳定的水平上；(f)处理效应非常明显，处理前后观测值发生了即刻的明显改变。

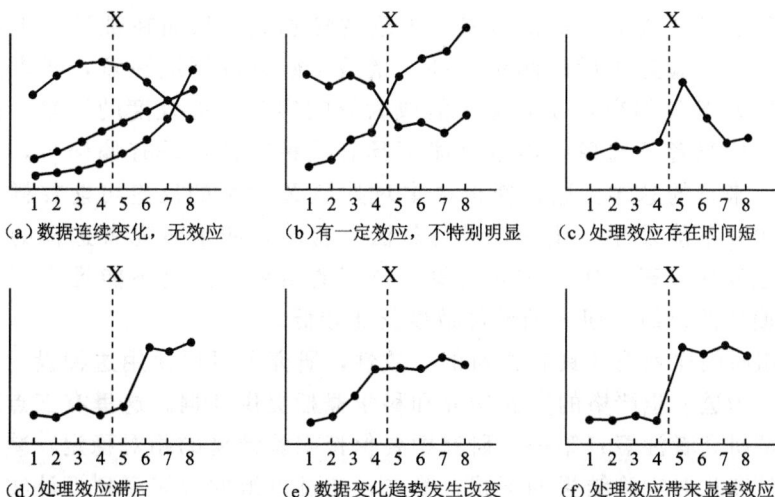

图 5-3　单组时间序列设计回归线变化的几种情况

在许多应用研究中，单组时间序列设计可为研究者提供方便。首先，单组时间序列设计可以较好地控制"成熟"因素对研究内部效度的影响。在 $O_1 \sim O_8$ 的系列测量过程中，相邻两次测量的时间间隔基本相同，可以认为在每个时间间隔内"成熟"的发展基本相同，"成熟"仅发生在实验处理前后的可能性很小，即"成熟"仅发生在 $O_4 \sim O_5$ 之间而不发生在其他时间间隔内应是一个小概率事件。其次，单组时间序列设计可以有效地控制测验因素的干扰。由于每名被试都要接受一系列的多次测验，这就意味着是在被试适应了测验情境且测试结果趋于稳定时才施加实验处理的，这样做可以有效地减少测量偏差。此外，这种设计不必担心个别或少数被试中途退出实验。如果某一被试中途退出，那么他退出前的测试数据作废，这样做并不影响其他被试的实验结果。总而言之，在研究过程中，由于单组时间序列设计可以进行多次测量，研究者可以通过观察引入实验处理 X 前后测试结果的变化趋势，判断测试成绩变化与发展的趋势，进而判断实验处理 X 在时间进程中引起的某种效应。

当然，作为准实验设计，单组时间序列设计也存在不少缺点。首先，由于无控制组，因而它不能有效地识别和控制伴随实验处理发生的偶发事件的影响，不能排除那些与实验处理同时出现的附加变量的影响。因此在实验时，研究者要注意控制那些与实验处理 X 相似的无关变量，否则就会造成严重的变量混淆，无法提供充分的证据来说明实验处理的影响。其次，测验与实验处理 X 可能会发生交互作用并成为影响实验外部效度的因素，因为这种交互效应可能会歪曲或掩盖实验处理的效应大小。再次，多次实施前测往往会降低或增加被试对实验处理的敏感性，从而在被试身上产生作用而影响其实验处理后的测量成绩。最后，研究者还应注意，样本选择偏差与实验处理 X 的交互效应也可能成为影响实验外部效度的因素。由于某种原因，研究者所选择的样本可能都具有某种特征，是有偏样本，不能代表样本所来自的总体。这就使得样本对处理 X 发生的反应可能在样本来自的总体中并不能发生。比如，进行教法实验时，如果研究者选择的是学习能力普遍较强的班级作为实验对象，得到的结果可能就不能推广到学习能力普遍偏低的班级，研究的外部效度就比较低。

单组时间序列设计具有相对的有效性，研究者可以使用这种设计积累研究资料，为进一步严格的实验研究和科学概括提供证据。这里有三点需要说明或提请研究者注意：第一，研究中要保持实验情境的相对稳定，减少不必要的条件变化对实验结果的干扰；第二，通过单组的时间序列设计实验不能得到最后的、确定性的结论，如果想得到肯定的因果关系结论，应选用有控制组参加的实验设计，或将时间序列设计运用到不同地区的不同被试组，扩大研究规模和研究范围，保证结论的概括性或普遍性；第三，由于研究中对实验条件控制不是很严格，因此研究者应充分考虑那些突发的或随机事件，详细记录研究中伴随的各种事件，这有利于对结果做出更符合实际的科学评估和解释。

二、单组相等时间取样设计

在实验研究中，常使用实验组和控制组的对照研究。但是当只有一个被试组时，就无法设置控制组，这时除时间序列设计外，还常常用到单组的相等时间取样设计(equivalent time-sampling design)，即对单一被试组进行无实验处理条件下的观察和有实验处理条件下的观察，而两种观察条件安排的时间取样具有一致性，其一般模式如图 5-4 所示。

$$\text{或} \quad \begin{array}{cccc} XO_1 & O_2 & XO_3 & O_4 \\ O_1 & XO_2 & O_3 & XO_4 \end{array}$$

图 5-4　相等时间取样设计的两种模式

在图 5-4 所示的设计中，一个被试组接受时间间距相等的四次测量，其中，第一、三次是在接受实验处理后进行测量，第二、四次是在未接受处理的常规条件下进行测量，两种条件下进行测量的时间取样一致(分别为从第一次到第三次、第二次到第四次)。或者，安排的顺序相反，第一、三次接受常规条件下的测量，第二、四次接受处理后的测量。

比如，一位教师想研究学习反馈在学生写作学习中有无明显的作用。研究模式是：每周要求学生完成一篇作文，实验周期共四个月，其中，第一个月有学习反馈，第二个月没有学习反馈，第三个月有学习反馈，第四个月没有学习反馈。有学习反馈用 XO 表示，就是学生每周完成作文后，教师都要对其作文做详细批阅和给出恰当评语；没有学习反馈用 O 表示，就是学生每周完成的作文交来后，教师只是批上"阅"字和日期，不做任何修改和评价。在实验中，教师认真地对学生作文进行成绩评定但不公布，这样就形成了如表 5-2 所示的实验模式。

表 5-2　写作学习中反馈效应的准实验研究模式

第一次循环	第二次循环
(有反馈的学习成绩)XO_1	(有反馈的学习成绩)XO_3
(无反馈的学习成绩)O_2	(无反馈的学习成绩)O_4

相等时间取样的测量结果可以采用类似于方差分析的方法进行处理，只不过在对分析结果的使用上要非常谨慎才行，因为这里存在一些混淆因子，变量的效应具有某种程度的不确定性。具体地说，可对结果作三方面的检验：第一，处理条件与无处理条件间的比较，以考察存在处理效应的可能性；第二，分别在有处理条件下和无处理条件下考察时间因素的简单效应，这主要是分析研究中的时间效应或顺序效应；第三，分析实验处理与处理顺序的交互效应，以考察在时间序列中不同处理的不同效应。

这种研究设计虽然与二因素二水平的重复实验设计非常相似，但二者存在重要区别，这里的时间变量并不是两个水平，而是一个时间序列中的四个时间点或时间取样。这一设计可以较好地克服"历史"因素给实验结果带来的影响，因为实验处理间断地出现，在时间取样上与无实验处理一样，而这一额外变量的影响与实验处理的变化正好保持步调一致的可能性很小。不过，毕竟这是一种准实验设计，对实验条件控制不严密，所以产生误差的因素还是很多，主要有以下四种。

第一，采用单组设计，实验处理后再重复进行做过的测验可能会增加或降低实验处理的敏感性。因为测验本身会激发被试某种心理效应，使实验结果可能不易推广到实验条件以外的情境，影响了实验的外部效度。

第二，实验安排中，实验处理的间断出现会使被试产生新异感，并暴露实验目的，由此产生实验的霍桑效应，因此实验的结果也会降低外部效度。

第三，选择偏差与实验处理的交互作用可能会降低实验的外部效度。就是说，实验采用单组被试，在选择被试时有可能选择了更适宜于接受实验处理的或更不适宜于接受实验处理的被试，这就出现了被试取样与实验处理之间的交互作用。

第四，实验的重复进行也会产生一系列的顺序效应。

采用单组准实验设计时要分析上述可能的变异因素，尽可能地进行控制，以得到有外部效度的实验结果。或者说，在不适宜采用实验设计时才使用准实验设计。

三、不等组前测—后测设计

不等组前测—后测设计涉及一个实验组和一个控制组，并且每组都有前测和后测，其特点是研究者不能按随机化原则和等组法选择被试，有时也不能随意地安排哪个为实验组、哪个为控制组。它的基本模式如图 5-5 所示。

$$O_1 \quad\quad X \quad\quad O_2$$
$$------------$$
$$O_3 \quad\quad\quad\quad O_4$$

图 5-5 不相等实验组控制组前测—后测设计模式

在这个模式中，O_1、O_3 表示前测，X 表示实验处理，O_2、O_4 表示后测，虚线表示两个组可能不同质，即不相等。在该设计中，研究者使用前测的目的是，借助于前测结果取得两个组基本相等或存在某种差异的指标，以提供两个组在控制机体变量和因变量方面最初的相等或不相等的资料，作为两个组间进行比较的基础。

例如，研究者想研究不同的教材处理方法对学生学习成绩的影响。实验前，所选择的教学班是两个现成班级，不可能因为实验而将两个班拆散后再随机分组，所以研究者只能随机将其中一个班作为实验组，另一个班作为控制组。依照准实验设计的模式，前测成绩是两个班（实验组和控制组）的小学升入初中的考试成绩和他们第一学期的期末考试成绩，这两个成绩作为两个班开始比较的基础。

实验组实行的处理是对教材逻辑顺序的调整和增加教学过程的启发性，控制组使用传统的教学内容编排及教法。后测成绩来源于对两班学生实施的同一测验的测验分数。这就构成了不等组前测—后测设计（nonequivalent group pretest-posttest design）的准实验研究。

在这样的设计中，主要是比较两个组各自的后测与前测的变化程度。变化量的差异检验方法可以是：t 检验或中位数检验等。下面举例说明这种研究的程序和结果分析方法。

研究设计示例 5-1

假设某医疗研究机构研制了一种治疗儿童多动症的药物，为了试验此种药物是否真的有效，研究人员筛选了 20 名多动症儿童参加试验。为了试验的实施，他们编制了甲、乙两套学习材料，这两套材料经检验在难度等方面相当，以分别用于前测和后测。为了更可靠地进行比较，他们选取了年龄相近的某个年级一个班的学生（30 人）作为对照组。实验分三个阶段进行：第一阶段是实验组和控制组均使用甲套材料进行前测，即均在同样长的时间里学习材料甲，然后检测学习成绩；第二阶段，多动症儿童接受药物治疗，而控制组不接受；第三阶段是两个组儿童各自都学习材料乙并进行学习效果的测试，这是后测。试验的结果如表 5-3 所示。如何对表 5-3 中的数据进行定量分析呢？这里介绍中位数检验方法。

表 5-3　不相等实验组控制组前测—后测设计研究数据

实验组前测	实验组后测	控制组前测	控制组后测
20	36	40	45
25	30	55	50
40	38	35	40
20	50	60	65
30	40	65	65
40	55	50	60
30	45	35	40
20	30	40	50
50	60	55	60
30	45	50	65
30	40	40	55
25	45	35	40
30	50	30	40
40	45	40	55
50	70	50	55
30	50	60	65
40	55	60	70
30	35	50	60
20	45	55	65
50	60	65	60
		40	55
		45	50
		40	50
		30	45
		40	45
		50	65
		60	65
		65	70
		50	70
		40	55

中位数检验是通过来自两个独立总体的两个样本中位数的比较，来判断两个总体取值的平均状况是否存在显著差异。它的基本思想是，假设两个

总体 X 和 Y 具有相同的分布律,那么它们的取值将具有相同的平均状况,于是可以认为,来自 X 的随机样本 X_1,X_2,X_3,…和来自 Y 的随机样本 Y_1,Y_2,Y_3,…的中位数也应该大致相同。如果两个样本的中位数差异较大,则应否定两总体 X 和 Y 取值的平均状况相同的假设,或者说 X 和 Y 不具有相同的分布律。

中位数检验的方法是:首先将两组数据合并成一个容量为 $N = n_1 + n_2$ 的样本,再找出合并样本的中位数 m。然后统计出 X 样本中大于 m 的数据个数 a,小于或等于 m 的数据个数 b;Y 样本中大于 m 的数据个数 c,小于或等于 m 的数据个数 d。有了这样的一个计数结果,就可以进行 χ^2 检验。

现以上述数据为例说明这一检验过程:

第一步 计算实验组 X 的后测与前测的差异量、控制组 Y 的后测与前测的差异量。

X——16 5 —2 30 13 15 15 12 10 15 10 20 20 5 20 20 15 5 25 14;

Y——15 —5 5 5 0 10 5 10 5 15 5 10 15 5 14 10 10 —5 15 5 10 5 15 5 20 15。

第二步 计算样本 X 和样本 Y 的数据合并后数据的中位数 m。

按从小到大的顺序排列合并样本的数据———5 —5 —2 0 5 5 5 5 5 5 5 5 5 5 5 5 5 5 10 10 10 10 10 10 11 12 13 14 14 15 15 15 15 15 15 15 15 15 15 16 20 20 20 20 20 20 25 30;计算得到合并样本的中位数是 10.5。

第三步 统计出 X 样本和 Y 样本中大于 m 和小于 m 的个数(如表 5-4 所示)。

表 5-4 两组成绩中位数的卡方检验用表

组别	>m 的个数	≤m 的个数	合计
实验组	a=14	b=6	20
控制组	c=10	d=20	30
合计	24	26	50

于是得到卡方值 $\chi^2 = \dfrac{N(ad-bc)^2}{(a+b)(c+d)(a+c)(b+d)} = 6.464$

因 $df = 1$,查卡方表得到 0.05 显著性水平的卡方临界值是 3.84,所以本研究中样本 X 和样本 Y 在前测和后测的成绩变化具有显著性差异,表明引入的实验处理对实验组产生了明显影响。从具体数据可以看出，实验组的后测成绩更明显地高于前测成绩，因此可以说，多动症儿童在服用药物之后，其学习成绩提高的幅度比控制组儿童成绩提高的幅度要大。这一准实验的结果在一定程度上验证了该药物在治疗儿童多动症方面可能是有效的。

在这一准实验研究中，对实验组进行前测和后测的同时，设置了一个控制组，可以通过对控制组前测—后测成绩的比较来观察历史的、成熟的和测验的等因素的影响。当比较实验组前测、后测之间的差异与控制组前测、后测之间的差异时，前者高于后者，这时就能排除历史、成熟和测验等因素的影响，将其解释为实验处理的作用。另外，该设计基本控制了选择因素的干扰，由于两组都有前测，研究者可以通过前测了解被试在实验前的学习成绩和背景状况，从而使被试选择因素得到控制。该设计模式也存在缺点：首先，研究者在选择被试时如果忽视了年龄这一因素，不同年龄的被试分别作为实验组和控制组(如 15 岁的被试为实验组，16 岁的被试为控制组)，会出现选择和成熟的交互作用，从而降低实验的内部效度；其次，由于该设计模式有前测，被试经过前测后可能对实验变量非常敏感或警觉，造成测验的反作用；最后，研究者在选择被试时，如果出现某种偏差，选择了都具有某种特性的被试作为实验组，也可能会造成选择偏差与处理 X 的交互作用，影响实验结果的外部效度。

四、不等组时间序列设计

单组时间序列设计中，一系列的前测有可能使测量产生某种系列效应的积累而在量变基础上发生质变，则导致错误结论，因此可同时设置一控制组，也进行一系列前测和后测，但不对其施加实验处理，即构成了不等组时间序列设计(nonequivalent group time-series design)。设计模式为：

实验组：一系列前测——➤实验处理——➤一系列后测

控制组：一系列前测————————————➤一系列后测

设计模式中虚线以上是一单组时间序列设计，所以该设计具有时间序列设计的特点。同样，该设计还可以看作不等组前测—后测设计的扩展，即在实验处理前后各增加了三组前测和后测，所以该设计也具有不等组前测—后测设计的特点。在两种设计组合的基础上，影响研究内部效度的因素得到进一步控制，即控制了历史、成熟、测验、选择、选择和成熟的交互作用等因素对实验结果的影响。但测验的反作用效果，以及选择偏差与实验处理 X 的交互作用可能还会成为影响研究结果外部效度的因素。

如果将该设计应用于教学研究，由于实验处理前后各有一系列测量，研究者借助于这些前测、后测结果可以对一组被试较稳定的变化有所了解，也能对两组被试处理前后较稳定的系列变化进行比较。当把这种研究纳入教学过程时，学生一般不太了解研究者所要进行的研究，达到对某些影响外部效度的因素的控制。例如，在教学中发现，七年级学生对"零"的概念，以及零不能做除数的理解相当模糊，有的学生完全靠死记硬背来处理这类问题。这时可以采用该类准实验了解学生对有关问题的理解程度以及理解过程的变化趋势。在一所学校选择两个数学成绩较接近的班级，分别作为实验组和控制组。研究者编制 4 份试卷，其中以零的概念、有关的运算等问题为主，每隔 1 周时间对两班学生同时进行测试。接着，对实验组进行 2 节课的辅导、练习训练，研究者再编制 4 份与前测等价的试卷，每隔 1 周时间对两班学生同时进行测验，分别计算两班学生各次测验的平均分数。这样，实验组与控制组各有 8 个平均分。下面将用统计方法描述学生对"零"的理解程度的变化趋势，以及实验组学生成绩与控制组学生成绩的比较。可以采用两种统计方法进行检验。

方法一较为简单，类似于不等组前测—后测设计。首先，计算加入实验处理 X 前，实验组、控制组各自的 4 次前测的平均数；接着，计算加入实验处理 X 后，实验组和控制组各自的 4 次后测的平均数。这样，就可以采用不等组前测—后测设计的统计分析方法，即将实验组的前测、后测的增益与控制组的前测、后测的增益进行差异的独立 t 检验、独立 Z 检验或中位数检验。

方法二较复杂，类似于单组时间序列设计。对实验组的 4 个前测成绩、4 个后测成绩以及控制组的 8 个成绩按单组时间序列设计的方法，求出各自的回归直线方程，这样就出现了三条回归直线方程，实验组前测成绩的回归直线方程记为 L_1、实验组后测成绩的回归直线方程记为 L_2、控制组的回归直线方程记为 L_3，按前面给出的方法检验直线 L_1 与 L_3 是否有显著差异，以确定两组在选择上是否存在偏差；检验直线 L_1 与 L_2 或者直线 L_2 与 L_3 是否存在显著差异，以确定接受实验处理所产生的效果。在实际问题中，还要看研究问题的具体情况进行显著性检验。

多组准实验设计较好地控制了额外变量，又常使用现成群体作为被试组，研究情境比较接近被试真实的生活、学习和工作环境，具有研究的可行性，也具有较高的外部效度。所以，这种设计是实际使用较多的准实验研究设计。

第二节 单被试研究设计

单被试设计(single-subject design)也叫个案设计(single-case design),是指在整个研究中只使用一个被试或个案,这种研究设计在临床心理学、发展与教育心理学中具有特殊价值,可以帮助临床医生或教师在不中断医患关系或教育过程的情况下进行研究。和其他实验设计一样,单被试设计的目标也是验证变量间的因果关系,它将个案研究与时间序列设计结合起来。一方面,它像个案研究那样集中考察单一个案,对其行为和经验进行详细描述;另一方面,它又像时间序列研究,在一个时间周期中完成一个观测序列,并常常将处理前的观测序列与处理期间或处理后观测的序列进行对照。

一、结果处理与基本术语

单被试研究不能提供一系列被试组的分数,因此无法计算平均数、方差和进行传统的显著性检验。单被试实验结果的呈现与解释常常依靠图示,比如,图5-6所显示的资料是来自于一项考察班级不团结行为矫治效果的研究,这是其中一个学生的行为表现。在行为矫治程序实施前,对该学生5天中的不团结行为进行观测和记录。图中横坐标数据代表一系列的观察日,纵坐标代表观察到的行为水平(不团结行为的数量),一个点代表对该学生一天中的情况所做的观察和记录。从第6天开始施加行为矫治程序,同时连续记录其5天中的行为,图中垂直虚线表示矫治程序开始的时间,该线左边的点表示处理前的情况,右边的点表示处理后的情况。还应注意,用直线将各个数据点连接起来有助于对比处理前后行为模式的改变。

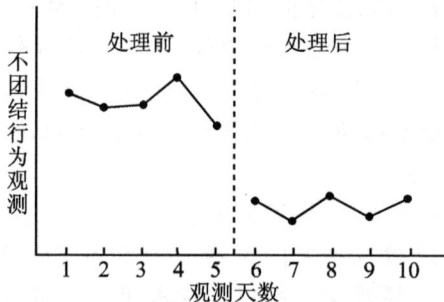

图 5-6 来自单被试研究的数据

图 5-6 显示出行为矫治程序实施后个体行为的改变。不过，这一结果并不能完全有把握地证明行为矫治程序真的发挥了作用，因为至少可以提出两点质疑。

第一，实验中存在许多未被控制的可能额外变量，如天气、家庭环境、同伴关系等。个体行为的改变也有可能是实验处理之外的因子引起的。研究者不能测量或控制所有潜在的混淆变量，难以确定处理是否一定有效。为了确认因果关系，单被试设计要令人信服地证实实验处理而不是相伴发生的额外变量引起了被试行为的变化，还需要后文所说的轮回设计。

第二，图 5-6 中，处理前后的行为差异也有可能是随机误差造成的。尽管结果显示，处理前的观测分数较高，而处理后的观测分数较低，可这种模式变化也许只是随机性变异的一种表现。

在传统的组设计中（如组间设计或组内设计），研究者可以准确测量随机误差的预期范围，然后确认数据组间的差异是否超过随机误差。但在单被试研究中，不存在组分数，研究者无法计算随机误差的范围，更多地依靠图示使他人相信处理的作用是显著的。因此，该实验的基本要求是数据必须明确、没有疑义。通过直观图示，研究者可以发现处理效应。

（一）单元

在讨论具体的单被试设计前，介绍并定义一个基本概念——单元（phase），它是构建单被试设计的基本成分。在同一种条件下所做的一系列观察构成一个单元。如图 5-6 包含两个单元：处理前，连续 5 次观察构成一个处理前的单元；处理后，连续 5 次观察构成一个处理后的单元。在单被试研究中，研究者尚未施加实验处理时的观察叫作基线观察（baseline observation），一系列的基线观察构成一个基线单元（baseline phase）。同样，研究者在施加处理过程中所做的观察叫作处理观察（treatment observation），一系列的处理观察构成一个处理单元（treatment phase）。研究者用不同的字母表示不同的单元，用连续的字母表示连续的单元，以此表达设计模式。通常，字母 A 代表基线单元，字母 B 代表处理单元，这样，图 5-6 所示的研究可表达为 AB 设计，它包括一个基线单元 A 和一个处理单元 B。

当一项研究包含两个或更多不同的处理时，第一种处理单元用 B 表示，其他处理单元则以 C、D 等表示。如果一种处理有多个水平，基本处理用 B 表示，再有的其他水平分别称为 B_1、B_2 等。比如，ABB_1AC 设计，表明研究者首先做一系列的基线观察，然后实施处理 B 并进行观察，接着实施处理 B 的另一种水平——B_1（或许是因为处理 B 无效，研究者于是改变了处理的水平），然后撤销所有处理，回归基线，最后又换用另一个不同的处理 C。

（二）水平、趋势和稳定性

单被试研究中单元的作用在于建立被试在特定条件下的行为图景，这里的特定条件规定了一个单元。研究者可以通过实施或撤销处理来改变单元，以此显示被试行为在单元间的改变。不过，要验证被试行为模式的改变，必须首先建立单元内被试清晰的行为模式。

在一个观察单元内，如果被试的行为水平相对比较稳定，呈现为在一个稳定水平上下小幅波动，就可以用"水平"（level）来表述被试在这一单元内的行为模式，如图 5-7 中的（a）图所示。尽管，数值间也存在细微变异，但大体成直线。"稳定水平"使一个单元内的数据在图中形成一条水平线。我们也可以用"趋势"（trend）表示单元内的行为模式。"趋势"指单元内的一系列观察在数值上持续一致地增加或减少。如图 5-7 中的（b）图所示，这里构造的数据表明，存在一种持续一致或稳定的行为趋势。图中，线图向右倾斜上升，表示随时间推移，行为表现的值持续增加。

单被试实验不能用统计分析总结或解释结果，主要依靠视觉观察。它的基本要求是用明确的水平或趋势构建清晰的单元模式，所以，数据的稳定性至关重要。当数据以较小的偏差形成一条直线时，我们认为数据点是稳定的，模式也很容易把握。事实上，不必用一条完美的直线来表示持续一致的稳定水平，允许数据有一些变异，但波动范围一定要相对较小。相反，如果数据是"不稳定"的，结果不会出现明确、清晰的模式。如图 5-7 中的（c）图所示，这里构造的数据很不稳定，意味着单被试实验的失败。

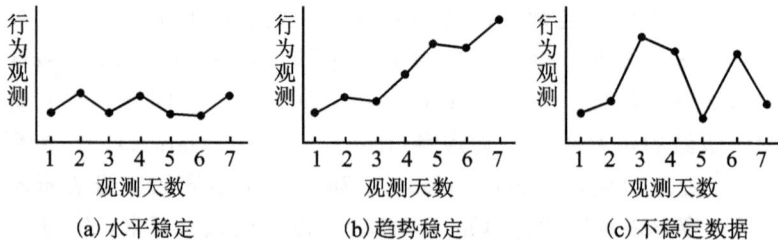

图 5-7　单被试研究中一个观测单元内结果的三种模式

通常，在一段持续时间内，行为水平保持相当一致，这意味着一系列观察显示出其前后一致的行为模式（行为上的一致性水平或一致性趋势）。然而，当数据不稳定时，必须使用一些技巧来揭示其中的行为模式。

第一，学会耐心等待。就是说，要持续观察，直到数据稳定，以形成清楚、明确的行为模式。有时，由于观察或处理的新异性，被试会产生不可预测的行为变化，开始几天的数据可能很不稳定。持续几天后，新颖性消退，被试会重新表现出前后一致的行为。

第二，求两个或更多个观察数据的平均成绩。如图 5-8 中(a)图，显示了 10 天观察周期中的一系列观察，由于各天观察值之间差异很大，造成了一系列相对不稳定的数据。如图 5-8 中的(b)图，是为了减少数据之间的变异，求相邻两天观察值的平均成绩，这样得到的数据就更为稳定了，构建的行为模式也更容易理解。

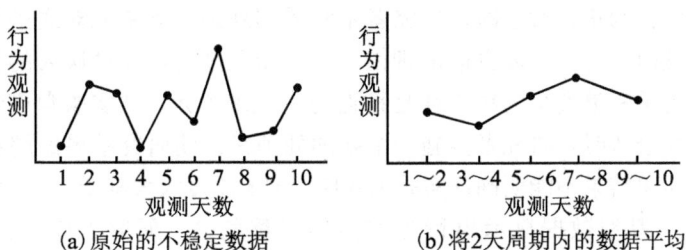

图 5-8　通过将前后相邻数据平均会使数据变得稳定

第三，在不一致的行为中寻找模式。比如，研究者考察班级中的不团结行为，结果发现，其中有几天被试的不团结行为分数比较高，在另几天中不团结的行为水平比较低，数据很不稳定。实施更严格的实验后发现，高分倾向出现在星期一、星期三、星期五，低分倾向出现在星期二、星期四。为什么会这样呢？分析发现，学生在星期二和星期四上了体育课。或许，体育课使学生消耗掉过剩的精力，行为变得比较温和。为了消除体育课的影响，研究者可以将观察时间提前到体育课前进行。通常，额外变量也会导致数据不稳定，这时也需要我们鉴别和控制这些变量，从而使数据更为稳定。

为了建立单元内的行为模式和保证数据的稳定性，一个单元最少也得包含三次观察。图 5-7 中，如果仅仅看前两天的数据，三个图是完全相同的。在更多次观察中，可以显示，图(a)中，前两天数据之间的差异很小，并成为持续一致水平的一部分；图(b)中的差异是持续一致趋势的开始；而图(c)中，前两天数据之间的差异成为不稳定数据的一部分。所以，如果只使用两次观察就不能提供足够信息去确定一个行为变化模式，必须进行更多观察才能确定行为模式的水平、趋势和稳定性。一个单元中的观察次数最小值为 3，但要构建一个清晰的模式往往需要进行 5～6 次观察，而且，当数据变异很大时，还要追加观察次数。

（三）单元转换

研究者收集到在一个单元内构建清晰、稳定的行为模式所需要的数据后，就可以转换到下一个行为观察单元。单元转换在本质上是对自变量的操纵，它通过施加、撤除或改变处理来完成。在新的单元内，研究者可以获得一系列观察数据。

单元转换的目的，是为了验证增加或撤销一个处理，是否使被试的行为产生了改变。具体来说，就是单元转换前后被试的行为模式是否有显著性差异。

是否开始一个新的单元，主要取决于先前单元是否有清晰、明确的模式。当然，其他因素也能影响何时和是否转换单元。首先，如果基线单元的数据趋势已经表明病人的行为正在改善时，研究者不宜采用新的处理单元对之进行干预，这有临床上的理由，也有实验方面的理由。从临床角度看，如果病人的行为已经得到改善，最简单和最安全的决定就是推迟另一处理单元。从实验角度看，当被试的行为有改善趋势时，研究者实施一个新的处理只会使研究结果的解释变得模糊不清。由于实验结果不能明确证实处理效应，实验效度大大降低。

其次，当基线数据显示出行为方面的严重危险，研究者就不能再为了获得清晰行为模式而等待 5 次或 6 次观察结束，应立即施加处理（哪怕才完成一次或两次基线观察），这是研究者或治疗者应有的道德责任。当行为被控制后，研究者可以考虑，通过回归基线单元（无处理）或开始新的处理单元的方法，继续进行实验。

最后，如果在处理单元内的数据显示单元转换太早，比如，如果处理使行为发生了迅速、严重的退化，研究者或诊断者应立即停止、改变或调整该处理，而不必等待出现一个清晰、明确的模式。

概括地说，要根据被试的反应来决定是否变换观察单元。如果根据被试的反应，研究者能构建出清晰、明确的模式，转换就是恰当的；如果出现严重的问题，转换就是必需的。在上述两种情境中，根据被试反应，我们控制实验一步步的发展，而不必遵循预定的计划。这种实验策略非常灵活且适应性很强，很适合临床研究。

（四）视图检查技术

通常，单被试研究是为了证实操纵一个变量（处理）是否引起了第二个变量（被试行为）的改变。具体而言，当实验转换到另一种处理单元时，基线单元已建立的行为模式是否会转变为另一种不同的行为模式。由于对实验结果的解释完全依赖于对图形的视觉考察，基线到处理的模式变化是否容易看到，尤为重要。当模式变化迅速，结果最可信。然而，多大程度的模式变化能足够证明处理产生了效应呢？目前，我们还没有绝对客观的标准。单被试实验中，数据的视觉考察是非常主观的任务，不同的观察者经常用不同的方法解释数据（De Prospero & Cohen，1979）。因此，我们需要制定一个标准，帮助观察者确定单元转换是否产生了真正的模式变化。卡兹丁（Kazdin，1998）发现，可以根据下列三种特征，确定两个单元是否有显著变化。

第一，平均水平的变化。尽管不能计算单被试实验数据的平均数和方差，但是在一个单元内，行为平均水平的变化有助于研究者简单、易懂地描述被试的行为。如图5-9是构造的一个单被试实验数据，用虚线表示每个单元的平均值。数据显示，一个单元和另一个单元的平均值有较大差异，这表明两个单元间确实存在差异。

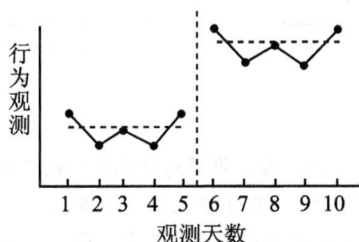

图5-9 从一观测单元到下一观测单元平均水平的变化

每个观测单元中的水平虚线对应于平均水平，两个平均值间有显著性差异。同样，基线单元的最后一个点与处理单元的第一个点有很大差异，表明处理对被观测者的行为产生了巨大影响。

第二，趋势改变。如图5-10所示，前、后单元的趋势有显著差异，表明两个单元有明显不同。在图5-10的(a)图中，行为模式从水平稳定转变为上升趋势；(b)图中的数据看上去更令人信服，这里变化的趋势改变了方向，从上升转变为下降。

(a) 从低到高的趋向   (b) 从高到低的趋向

图5-10 从一观测单元到下一观测单元时数据变化趋势的不同

第三，趋势变化的延迟。要证明两个单元之间有无差异，最令人信服的证据是数据在模式上呈现出较大的即刻改变。如5-11中(a)图，施加处理时，被试行为立即发生改变，这证明处理影响了行为。然而在(b)图中，行为没有马上改变，虽然最终发生了变化，但这是在处理开始一段时间后才有的，因此不能确定是处理影响了行为。

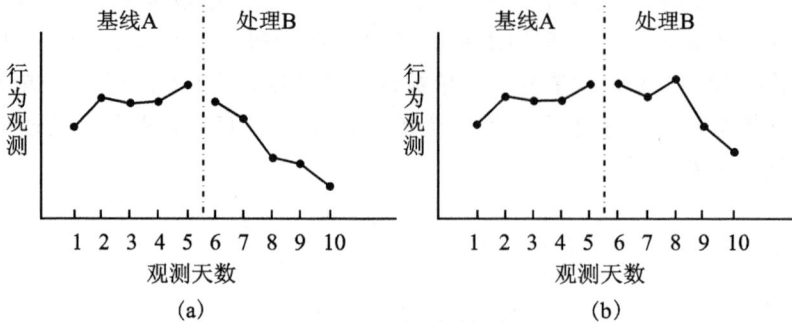

图 5-11　变化延迟对结果解释的影响

(a)实施处理时，行为变化趋势迅速改变。该模式能明确证明处理效应。

(b)实施处理后，行为在基线水平保持若干天后，最终出现下降趋势。

该模式不能明确证明行为趋势改变是处理所致。

二、单被试设计的常用模式

(一)ABAB 轮回设计

ABAB 轮回设计包含四个单元：首先是基线单元 A，其次是处理单元 B，再次是回归基线单元 A，最后是重复处理单元 B。ABAB 设计是通过实施和撤销处理验证处理导致行为改变。

如图 5-12 所示，研究者构造了两组数据，描述了 ABAB 设计的理想结果。仔细观察该图，我们可以推断出处理和行为间的因果关系：无论图(a)还是图(b)，第一次单元转换(基线到处理)时，被试的行为模式都有了明显变化。就其本身而言，第一次单元变化仅仅证明，伴随处理出现，行为有了变化。由于额外变量也会导致行为发生变化，我们还不能肯定两者间的因果关系。第二次单元转换(处理到基线)时，被试的行为重新回到基线单元，与最初的观察结果相同。在实验中，我们把这种情况称为"逆转"或"回归基线"。实施处理时，行为发生变化，撤销处理后，行为又恢复到基线水平。通过这种方法，研究者可以构建处理和行为间的因果关系。尽管第二次单元转换时，额外变量仍可能影响行为，但我们更相信，是处理而不是额外变量导致了行为改变。第三次单元转换(基线回到处理)时，被试的行为重新回到第一处理单元的水平，与最初的观察结果相同。实验中，通过重复进行 A、B 单元，研究者确认处理与行为之间存在因果关系。在第一阶段，额外变量可能会导致行为的变化。当第二次实施处理时，行为重复最初的结果，说明随机误差或额外变量导致行为发生变化的可能性很小。总之，通过重复，ABAB 设计增加了处理导致行为变化的确定性。

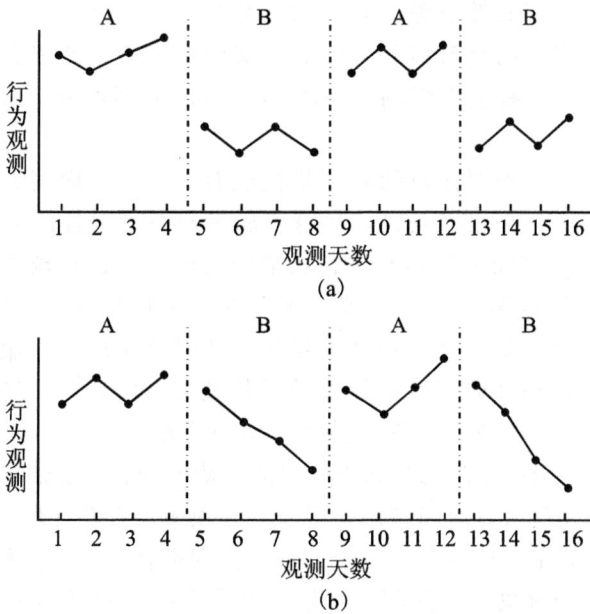

图 5-12 ABAB 反转设计的理想结果两例

(a)实施处理时，行为水平有明显变化；当撤除处理时，行为水平回到基线；再实施同样处理时，又表现出先前的效应。

(b)实施处理效应的模式与(a)相似，只不过这里表现出来的效应主要是行为变化趋势的改变而非水平改变。

ABAB 设计不仅能证明处理是有效的，也可以证明处理是无效的。有研究者曾运用 ABAB 设计来评价针刺疗法对口吃的作用（Craig & Kearns，1995）。如图 5-13，在两个处理单元中，口吃频率都保持在基线水平，从而有力地证明针刺对口吃无效。

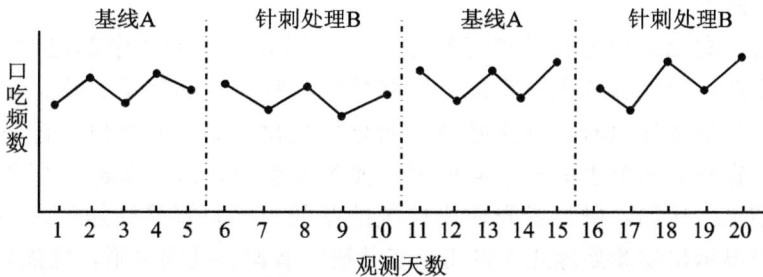

图 5-13 与 Craig 和 Kearns(1995)观测结果相似的假设数据

图中来自 ABAB 的研究结果未能清楚地显示出实验处理的效应，在整个研究过程中，口吃频数保持在基线水平，表明针刺对治疗口吃没有效果。

ABAB 设计可以有效地验证处理和行为变化的因果关系，其可靠性在很大程度上依赖于设计的反转（回归基线）。实验中，撤销处理会带来一些实践和伦理问题，在一定程度上限制了 ABAB 设计的应用范围，而且削弱了实验成功的概率。

撤销处理后，首先要注意的问题是被试有何反应。撤销处理后，被试行为可能没有什么变化，也就是说，尽管实验者打算通过撤除处理的方法回归基线，但被试行为可能未回到基线。从临床角度看，这种现象不是坏事，而是一个好结果。通过实施处理，问题行为得到控制或矫正；当撤销处理时，矫正效果得以保持，最终治愈患者。可是，从研究角度看，撤销处理后，如果被试没有反应，那么研究者会怀疑处理的效应。因此，ABAB 设计不适合用来评估那些能产生持久或长时间持续作用的处理。

ABAB 设计的第二个问题是撤销处理的道德问题。可逆性是 ABAB 设计的基本假设，为了使病人行为回到最初状态，必须撤销有效处理。这种做法不利于取得好的临床效果。在这个问题上，可以征询患者、治疗者和家庭成员的意见。虽然不能完全解决这个问题，但是可以将它的影响最小化，或使之合理。第一，每个被试都要确信撤销处理是暂时的，处理会再次出现；第二，撤销处理是实际生活的需要。最终，患者一定要重新回归正常的生活。从这个意义上说，回归基线有助于评估处理的持久性或有效性。

（二）多处理多水平单元转换设计

ABAB 设计是使用较为普遍的一种单被试设计，在此基础上增加新的处理、调整基线和处理单元顺序，可以构造出许许多多的单被试实验。有时，研究者还可以在实验进程中因被试的反应而调整处理安排，这种情况多会发生在临床心理学或发展心理学研究中。比如，研究者本来计划按照 ABAB 设计进行实验，可被试在第一个处理单元内没有什么改变，那么就必须施加其他新的处理 C。

尽管，有无数种潜在的单元顺序，但并不是每一种顺序都能实际使用。真实的实验必须能够合理、明确地解释处理与行为间的因果关系。在单被试实验中，当施加处理时，行为必须有明显的变化，而且能出现不止一次的重复变化。在具有两个或更多不同处理单元的实验中，这两条标准会产生一些有趣的结果。比如，研究者先使用传统的基线单元，接着施加处理 B，但被试的反应显示出实验处理几乎没用，于是研究者调整处理水平，施加处理 B_1。如果被试变化还不明显，研究者就要实施新处理 C，这时数据显示出被试行为的明显改变，证明处理 C 是有效的。因此，这个单元的顺序是 ABB_1C。图 5-14 的(a)图介绍了实验的结果。尽管这些数据看上去能显示出处理 C 对行为

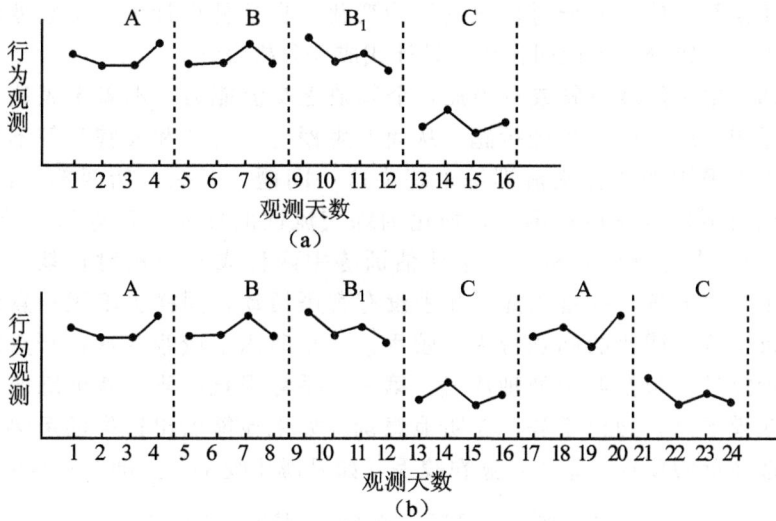

图 5-14 更复杂的单元变化设计的假设性结果

(a)第一个处理 B 和调整后的处理 B_1 未产生明显效应，但处理 C 引起了行为水平的明显改变。

(b)通过回归基线单元和重复 C 处理将研究扩展。

的效应，但这个结论也还是可以质疑的，比如，可以怀疑：第一，伴随处理 C 出现的额外变量引起了被试行为的变化；第二，先前处理 B 或 B_1 的延迟作用可能引起被试行为变化；第三，处理 C 可能不是行为变化的直接原因，只是在处理 B 和 B_1 作用基础上才有效。

为了使实验更加合理，结果的解释更为明确，研究者必须考虑上述情况。针对 ABB_1C 设计出现的问题，采用第二次回归基线的方法，使被试行为回归基线，接着重复实施实验处理 C，单元顺序变成了 ABB_1CAC。如果行为重复最初 A 和 C 单元的模式，如图 5-14 的(b)图，就可以确定处理 C 引起了被试的行为变化。然而，如果重复实施处理 C 后，被试的行为模式与最初处理 C 不同，就可以确定处理 C 没有引起被试的行为变化。另外，研究者要考虑先前处理是否会产生潜在的延迟作用，研究者可以采用实施处理 B、C 后，回归基线的方法。实际中，为了得到明确的因果关系，一个单被试设计可能需要 10～12 个单元。

(三)成分分析设计

当一种实验处理由若干不同的、界定明确的成分构成时，可以使用单元转换设计，来评估其中的各个成分对总的处理效应的贡献。一般的方法就是使用一系列的观察单元，在每一个单元加载或撤除一个处理成分。此外，将基线单元和完整处理单元散布在单元序列中，这样，研究者就可以观察到在加载或撤销某一单元成分时被试的行为变化。在这种设计中，实验处理被分解成若干独立成分，因此叫作析取设计或成分分析设计。

比如，由于发展障碍或自闭症，个体缺乏交流能力，不善于表达自身的需要和愿望，经常体会到挫折感，从而产生侵犯、自虐和发脾气等不恰当的行为。可以采用功能性交流训练来解决这一问题。训练包括两部分：第一，干预或惩罚不适当反应；第二，强化训练交流性的反应。瓦克尔等（Wacker et al，1990）使用成分分析方法来评估训练中两种成分的相对贡献。被试博比，一个7岁男孩，有自闭症，几乎没有言语活动，同样也不用示意动作或手势进行交流。博比的问题行为是咬手，一小时内会咬很多次，严重时会咬出血。治疗过程包括两个处理成分。第一，手势强化，研究者训练博比用一根手指触摸下巴，做出手势，表明他想玩。如果他能做出这样的手势，就可以自由选择玩的项目。第二，惩罚咬手，如果博比咬手，立即终止玩的活动。

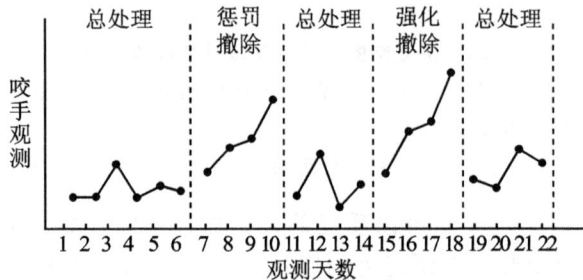

图 5-15   类似于 Wacker 等(1990)研究结果的成分分析设计的假设性结果

总处理包括惩罚成分和强化成分，当两者的一个处理撤除时，咬手行为为增加。

图 5-15 显示了咬手频数的变化。在第一单元，同时实施两种处理成分，咬手次数接近零；第二单元只进行手势强化，撤销惩罚，结果咬手次数明显增加；第三单元中，对咬手行为进行惩罚，撤销强化成分（忽视手势），咬手次数再次增加；最后再同时施加处理中的两种成分，问题行为减少并接近于零。从这些数据变化可以得到的结论是：两种处理成分都很重要，撤销其中任何一个，被试的行为都会退化。

（四）多基线设计

轮回设计要求被试行为在撤销实验处理后能立即回归基线水平。但撤销处理不仅牵涉伦理问题，且只适合于处理效应短暂的情况。为克服上述问题，可采用多基线设计，它不要求回归基线，因此非常适合于处理效应持续时间长，甚至永不消退的情况。

多基线设计只需要一个单元转换——从基线到处理，然后对第二个被试

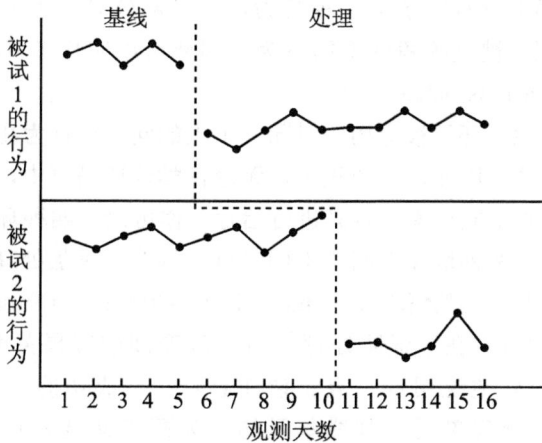

图 5-16　显示多基线设计的假设数据

　　两个被试的基线单元是同时开始的，但其中一个被试的基线单元在另一个被
试处理单元已经开始后仍持续一段时间。

或第二种行为重复这一单元转换过程，以此提高处理效应的可信度。
图 5-16 中假设的数据可以说明多基线设计的一般方法。它包括两个被试，但
都表现出相同的问题行为。图的上半部分是第一个被试的数据，下半部分是
第二个被试的数据。请留意，研究从两个被试同时开始，即同时开始对两个
被试的基线观察。在建立起两个被试的基线模式后，处理单元首先被施加于
一个被试，与此同时，另一个被试继续接受基线观察。随后将处理单元施加
于第二个被试，但处理单元启动的时间不同于第一个被试，所以两个被试的
基线周期和处理周期都不相同。图 5-16 所示的结果来自使用两个被试的多基
线设计，该设计也叫作多基线交叉被试设计（multiple-baseline across sub-
jects）。

　　不过，正如上文提到的，也可以使用多基线设计方法对单个被试的两种
或两种以上行为进行研究。这不同的行为是相互独立的，研究者将一种实验
处理施加于其中一种行为的同时也可以对其他行为实施处理。比如，一个学
生有破坏行为（大声讲话、干扰其他学生）和攻击行为（作弄或挑衅其他同学）。
我们针对每一种具体的问题行为，运用不同的行为矫正技术分别对之进行处
理。或者，在临床治疗中，一个患者患有几种不同的恐惧症，我们可以针对
每一种恐惧症采取一种不同的心理脱敏技术对之进行治疗。这里要强调的是，
要将不同的处理施加于不同的行为。当两种行为都建立起清晰、明确的基线模
式后，第一种行为接受处理，而第二种行为继续进行基线观察。这种实验设计
和图 5-16 所示的研究模式大致相同，所不同的是，对同一被试的不同行为进行

研究时，图的上半部分对应于第一种行为，下半部分对应于第二种行为。这种研究设计，使用同一被试的两种不同行为，因此可以叫作多基线交叉行为设计（multiple-baseline across behaviors）。

最后，多基线设计还可被应用于对同一个人的同一种行为在两种不同情境中接受处理的效应评估。比如，一个孩子，无论在学校还是家中，都表现出破坏行为，这时可以在两种不同环境中对其进行治疗。你可以在两种环境中分别同时进行基线观察，然后在两种情境中两个不同时刻分别开始施加处理。这时，我们把多基线设计称为多基线交叉情境设计（multiple-baseline across situation）。

多基线设计的目的在于证明处理与行为改变间的因果关系。图 5-16 所示的假设性数据能很好地说明这一点。请注意，一项成功的多基线实验应符合下列标准：第一，处理单元与基线单元的行为模式有显著差异，这对验证处理和行为间的因果关系十分重要，也就是说，实施处理时，行为发生了变化；第二，从基线到处理转换的时间虽然不同，但两个被试的行为改变在本质上相同。这对验证处理和行为间的因果关系非常必要。即使人们可以认为，第一个被试的行为变化只不过是额外变量引起的，但这种行为变化在第二个被试那里的不同时刻重复出现的事实，大大削弱了"随机因素"原因论。通过这种方法，就可以在相当把握度上认为，被试行为的变化是由处理引起的。由于在这种设计中至少使用了两种不同的基线周期，结果显示，研究者只要一开始实施处理，就可以引起被试行为改变。

路德维格等（Ludwig & Geller，1991）设计了一个多基线设计，考察在送比萨馅饼的过程中，一种安全驾驶训练课程对驾驶员使用安全带是否有影响。被试是来自三家比萨馅饼店的员工。在最初的基线单元，研究者观察了所有三家馅饼店的驾驶员使用安全带的情况。几个星期后，研究者在第一家馅饼店开始安全驾驶培训；又过了几天后，开始在第二家馅饼店开始培训；第三个馅饼店的驾驶员作为控制组，未参加培训。如图 5-17 所示的假设性结果表明，实施处理后，第一、第二个店的驾驶员使用安全带的比例发生了迅速、巨大的变化。

由于行为变化（最初的处理）发生在不同的时间，我们应完全相信，是安全驾驶训练课程使驾驶员的行为发生了改变。控制组的情况同样也能证明，实验中没有其他的额外变量（比如，警察要求使用安全带等）导致驾驶员的行为改变。

多基线设计的主要优点是它不需要回归基线单元，因此很适合于评估效应持久的实验处理。不过，当使用这种设计来考察单一被试的两种或两种以上行为，但这些行为又不独立时，就会存在相似的问题：施加于一种行为的

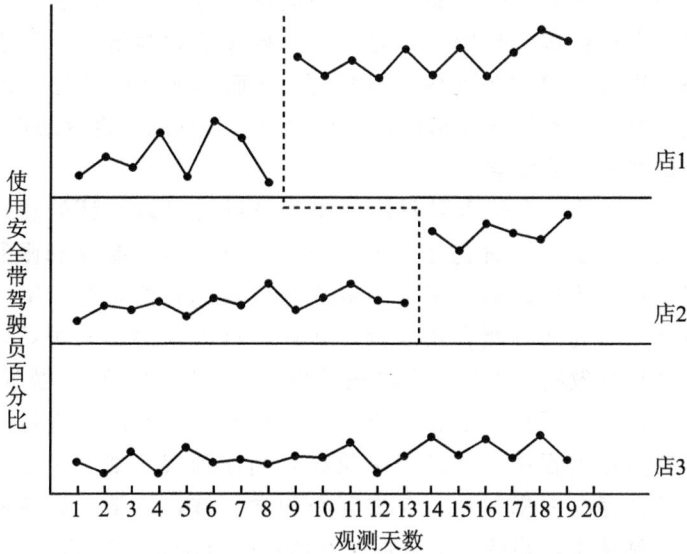

图 5-17　类似于 Ludwig 和 Geller(1991)所得研究结果的多基线设计的假设性结果

　　该研究评估了安全带训练程序在三个比萨馅饼店的有效性。其中有两个商店于不同时间开始训练，而第三个店则被控制未接受训练。

处理，就有泛化到另一种行为而对其发生影响的危险。再者，这一问题还暴露出实验目的和治疗目的之间的矛盾。从临床的角度看，处理的价值在于能产生普遍的作用，它有助于改善众多不同的问题行为。但从实验的角度看，一个处理应最好是只影响某一特定行为。如果某种处理对两个行为都产生影响，那么处理的可信度就会降低。也就是说，处理和伴随处理的额外变量都有可能使行为发生变化。

　　另外，被试之间或行为之间的差异性，会降低实验结果的清晰性。比如，处理相同，第一个被试的反应比另一个被试更强烈，行为水平有迅速、巨大的改变，而第二个被试只有很小的或渐进的变化，并形成一种趋势。由于被试间的行为模式不同，所以，我们怀疑处理是否产生了持续一致的作用。如果实验要考察被试的不同行为，也可能出现同样的问题。即使行为相似，它们对同一处理也许会产生不同的反应，形成不同的模式。

三、单被试设计的优缺点

　　单被试设计与传统的组设计主要有三个方面的不同。第一，单被试设计只需要一个被试或非常小的被试组，这是两者最明显的不同。第二，单被试设计比传统的组设计更灵活，实验中，研究者可以调整或完全改变设计，而不会严重影响设计的完整性。面对不同的被试集合，也不需要处理条件的标准化。第三，在单被试设计中，研究者需要持续地观察被试，并进行相应的评估。传统的组设计只需要观察一到两次，然而单被试设计需要观察 10～20 次。基于上述差异，和组设计相比，单被试设计既有优点也有缺点。

（一）单被试设计的优点

单被试设计的第一个优点是只需要单个被试就可以验证处理和行为间的因果关系，这有利于实验研究和临床实践的融合。由于要求和限制太多，组设计不适用于临床治疗。临床医生不得不选择其他方法，如个案研究或准实验研究，但这些研究又不能有效地验证处理和行为间的因果关系，也不能科学地证明处理是有效的。如果采用单被试设计，研究者就可以摆脱此类困境。实验中，临床医生只要有单个患者或一小组患者，就能同时进行实验研究和实际治疗。在治疗过程中，通过记录观察和制作图表，临床医生就能验证处理和结果间是否存在因果关系。在临床心理学领域，科学论证会使结果更具有说服力。也就是说，临床医生必须能确认治疗方法是有效的。

单被试设计的第二个优点是具有可塑性。尽管，研究者应根据预定的计划进行实验，但实验发展取决于被试的反应。比如，当处理不能引起被试的反应，研究者就可以自由地变换处理，或实施一个新处理，而不会因此破坏实验。这再次证明单被试设计非常适合于临床实验研究。临床实践中，治疗者监视病人的反应，根据反应做出诊断决策。对于大多数单被试设计而言，可塑性是有意义的。也就是说，研究者是否开始一种新的治疗、一个新的单元取决于被试对当前治疗或单元的反应。除此之外，单被试设计允许临床医生或研究者用独特的处理满足特殊病人的需要。由于这些设计仅包含一个被试，对有不同需要、问题和反应的被试，研究者无须将处理标准化。

总之，单被试设计的优点是将实验研究和临床实践结合起来，将个案研究和真实验研究的优点结合起来。由于能详细地描述实验要求和对单个被试实施处理，它有利于临床医生或研究者验证处理和反应的因果关系。

（二）单被试设计的缺点

如前所述，单被试设计的优点之一是运用一个被试就可以验证可能存在的因果关系。从另一个角度看，这恰恰也是它的缺点，即这种因果关系只能被一个被试证明。研究者的问题在于，是否可以将因果关系推广到其他个体，即提高设计的外部效度。不过，外部效度有限性的问题不是那么严重，因为事实上，一项单被试的研究很少孤立存在，通常，实验前，研究者或临床医生会在许多个案中观察处理的效应。而且，处理和结果的因果关系也在其他一些非实验研究中被检验，如个案研究或准实验研究，这些来自于其他方面的研究可以为处理效应的推广提供支持(外部效度),同时,单被试研究可以验证处理效应的因果特性(内部效度)。

单被试设计的第二个缺点缘于多重、持续的观察。如果观察不是唐突的,没有经常中断被试的活动或使被试分心,那么我们就不必担心。但是,如果被试知道研究者所做的持续观察,那么这种"知道"可能导致反作用,从而影响被试的反应,并使研究敏度下降。在这种情况下,被试的行为不仅可能受处理条件的影响,而且也有可能受测量程序的影响。按照实验方法的术语来说,持续的观察会导致研究内部效度的降低。

另外,单被试设计主要采用直观图示的方法,以此验证处理是否产生了效应。如果图示不够清晰,不同的人可能会对之有不同解释。比如,一个研究者认为处理作用明显,而其他研究者也许持相反看法。从积极的方面看,单被试设计中,研究者依靠图示报告结果,那么他就只能报告那些处理效应显著的结果,就是说处理效应必须足够大,才会认为被试产生了显而易见的行为改变。研究者通常会区分实践显著和统计显著。实践显著意味着处理效应是可靠的、足够大的,以至于它具有实际的应用价值;相反,统计显著只是意味着观察到的效应,无论是大还是小,它都非常不可能是由随机误差引起的。按照这类术语来表述,单被试研究的结果倾向于具有实践显著,一般不对其统计显著进行评估。

依靠图示验证处理效应是否显著,这会制约单被试设计的应用。具体地说,处理效应必须很大并且能迅速出现,才可能产生可靠图示。如果处理效应很小或出现较慢,得到的结果图示可能就很模糊,因此也不太可能出现在发表的研究报告中,因此从单被试设计很难探测到这种处理效应。从研究的角度看,这种取向很不幸,因为有许多真正存在的处理效应被忽略了;但从临床角度看,单被试设计的这一特点只能意味着那些作用很小的处理必须剔除,只能报告那些真正有效的处理。

扩展阅读

一、　国内关于生态心理学的研究

国内最早关注生态心理学(ecological psychology)的是朱智贤教授,他把生态心理学作为发展心理学的一种新取向,对它的产生、在发展心理学中的基本观点、方法和意义作了简要介绍。随后,林崇德、申继亮等人在介绍发展心理学研究现状时继承了朱老的观点。20世纪90年代开始,陆续有国内学者对生态心理学进行介绍和评述，其中张利燕的《心理学研究的生态学倾向》(1990)一文对其发生的必然性、演变历程以及它在心理学发展中的意义作了较系统的介绍，不过她在介绍生态学取向的历史渊源时只提到勒温理论。还有一些著作和文章多是就某一领域内的生态研究取向进行介绍的，其中主要有以下几类。

著作类：主要包括申荷永的《社会心理学》，将生态心理学作为社会心理学的内容之一进行介绍；张文新的《儿童社会性发展》，介绍了生态心理学所用到的一些"非实验性数据因果关系推断的方法"。

文章类：主要包括郑雪的《认知操作和认知方式与生态文化因素的关系》(1995)和《生态文化与感知觉》(1995)；邓铸的《认知研究生态学趋向及两种文化的缓和》(2000)和《文化分裂及对当代认知研究范型的反思》(2001)；贺革的《试论心理学研究方法的新进展》(2000)；左斌的《西方社区心理学的发展及述评》(2001)；管键的《生态系统心理治疗的理论述评》(2002)；肖二平的《生态心理健康》(2002)等。

另有一些文章是对与这种取向有关但已成为一门新学科的介绍：付荣的《行为、心理、精神生态学发展研究》(2000)；刘婷的《生态心理学研究述评》(2002)。总体来说，这些研究还比较分散，算不上是对生态心理学的系统考察。

对生态心理学的专门性和系统性研究首先是吉林大学的博士生秦晓利，她完成的博士学位论文是《面向生活世界的心理学探索——生态心理学的理论与实践》。秦晓利(2003)认为生态心理学是面向生活的心理学，是采用生态学方法论原则的心理学，并将它定义为运用心理学的视角与方法研究人与其环境关系的一门科学。她对生态心理学作了两种区分：一种是依据它们使用的方法来定义的，借用生态学的理论与方法，是理论型的生态心理学，并且把它称为生态学的生态心理学，包括巴克和吉布生等人的理论；一种是依据问题来定义的，主要是针对生态危机而言的，是应用型的生态心理学，称之为生态危机的生态心理学，包括罗扎卡以及温特等人的思想和研究。她提出的生态心理学定义也正是对这两种理解的整合。她的博士学位论文主要以两种生态心理学为线索，对生态心理学的界定、背景、元理论和两种生态学取向的研究与实践进行了阐述，其理论贡献和特色在于：对两种生态心理学作了区分；对生态心理学的发生及演进背景做了较全面的分析；试图在元理论层面上对生态心理学进行整合，即在生态世界观、人性观和以心灵为研究对象以及它的方法论基础上对之进行整合；对两种生态心理学的理论和实践进行了较详细的论述；对生态心理学的贡献和局限给予了恰当的评论。

[资料来源：《生态心理学的理论审视》(易芳，2004)]

二、 研究的内部效度和外部效度

上一章专门讨论过因变量的效度，它是指一因变量在反映它所要反映的某种事物属性方面的可靠性，简单地说，就是它是否真的测量到了它想要测量的指标。那么，对于一项研究来说，它的效度又是指什么呢？类似的，它是指一项研究是否查明了它想要查明的变量关系。这有两种表述的视域：实验情境内、实验情境外，于是就有了研究的内部效度(internal validity)和外部效度(external validity)之分。

(一)研究的内部效度

一项研究的内部效度是与该研究所得结果的解释唯一性有关的，也就是说，如果一项研究得到的结果有且只有一种解释，那么该研究的内部效度就高；如果一项研究得到的结果有且不止一种解释时，那么该研究的内部效度就低。因此，研究过程中所有导致对结果有其他解释的因素都被称为是"对内部效度的损害"。比方说，变量 X 的变化总是一贯地、明显地伴有变量 Y 的变化。如果研究能肯定地回答，变量 X 的变化是引起变量 Y 变化的直接原因，那么这个研究就具有内部效度。相反，任何其他可能引起变量 Y 变化的因素(除变量 X)都是对其内部效度的损害。

例如，要研究室温与问题解决能力之间的关系。研究中，改变室内温度，并测量每一温度条件下被试解决问题的得分，假定结果显示：当温度上升时，被试解决问题的成绩有明显下降。研究者想用温度和解决问题能力间的因果关系来解释和说明这一结果：温度升高引起解决问题能力的下降。那么，就内部效度而言，就是要看实际研究过程中除温度外，是否还有其他可能的因素引起被试问题解决能力的下降。

假设研究是这样进行的：首先将一组被试安排在室温为 20 摄氏度的房间中，然后将温度升至 30 摄氏度，再升至 35 摄氏度，每一温度下都给出问题让被试解决，并测量他们的成绩。结果显示：温度上升时成绩就下降。尽管成绩的下降可能是温度上升引起的，但也有可能是被试的疲劳引起的：他们在第一组问题中(20 摄氏度)时表现不错，但到第二组(30 摄氏度)有所下降，等到呈现第三组问题(35 摄氏度)时，被试已筋疲力尽了。这里观测到的成绩下降也可以用疲劳解释。这样，观测到的结果就可以有两种解释，解决问题能力的下降可能是由温度引起的，也有可能是由疲劳引起的。尽管这一实验的结果很明朗，但结果的解释出现了不确定性，内部效度受到了损害。

现在假设研究者改用另一种方法：在每种温度下使用一个独立的被试组，以期排除疲劳因素的影响。首先将第一组 20 人安排在 20 摄氏度条件下参加实验，接着是第二组 20 人安排在 30 摄氏度条件下参加实验，最后的一组 20 人安排在 35 摄氏度条件下参加实验。结果还是显示，当温度上升时问题解决的成绩下降。然而，成绩的下降仍然可能由温度以外的其他因素引起，如被试的组间差异也能导致这一实验结果。也许前 20 个被试精力较为充沛，积极性较高，他们较早地被分配到实验中去，可能会感到兴奋，并想有好的表现；相反，最后参加实验的 20 个人很可能对研究不太感兴趣，也就没有想着要表现好，此时，观测成绩上的差异，可能是由于各组间被试的积极性差异造成的。同样，这时对结果的解释也有两种甚至两种以上的可能。尽管研究者可以宣称，问题解决的能力与温度有关，但这种解释的内部效度存在疑点，即内部效度不高。

综上所述，可以看到，任何伴随自变量变化或实验处理而出现的额外变量都可能会导致研究内部效度的下降，这通常包括被试差异、实验者差异、环境差异、测量的顺序效应等。要提高研究的内部效度，就是要加强对实验中额外变量的控制，防止除自变量以外的其他任何因素成为混淆因子。

(二)研究的外部效度

外部效度是指在脱离研究的种种约束后，研究结果还能成立的程度。这种结果可以推广到其他人群、其他背景、其他测量吗？每一项研究都是在特定的时间和地点进行的，有特定的被试、指导语、测量技术和实验程序，尽管研究本身具有特异性，但研究者通常期望他们的结果不是特异的，而是可以推广到研究情境之外的。

例如，斯特拉克、马丁和斯特普在 1988 年主持的一项研究表明，在牙齿间放一支笔(迫使其微笑)的人和在嘴唇间放一支笔(迫使其皱眉)的人相比，前者比后者更有可能认为卡通片有趣。尽管这项研究是在 1988 年用伊利诺伊州大学的学生做的，但研究者通常理所当然地认为这一结果可以推广到实验范围之外。就是说，如果其他人在不同的时间和地点来接受测试，应该也会得到同样的结果。

对于有些研究，如前面的微笑—皱眉实验，其结果的外部效度并不存在多大争议，但也确实有很多研究存在这方面的问题，使人们对其结果的推广效果产生怀疑，常见的情况是将研究结果从严格控制的实验室推广到不加控制的现实世界。将研究结果推广到特定研究之外的效度问题，就是外部效度问题。研究中任何制约结果通用性的特征都是对外部效度的损害。研究的目的是得到能反映两变量间存在的真实关系的结果，如果研究结果能同样地适用于特定实验范围之外的其他时间、情境和人群，则认为此研究具有外部效度；相反，如果结果只在研究限定的约束条件内有效，则此研究缺乏外部效度。

因此，任何造成研究条件更具有特异性的因素都会带来对研究外部效度的损害，这一般包括被试者特征、主试者特征、研究的操作程序和测量方法等因素，这些因素的特异性越强，越有可能导致研究情境与人们日常生活情境的差异性，使研究情境中观测到的被试行为区别于人们日常生活情境中的行为，也就制约了研究结论的可推广性。

（三）内部和外部效度间的平衡

任何一项研究的目的都在于使内部效度和外部效度达到最高，也就是说，每个研究者都想确保研究结果的可靠性，并且确保在研究所使用的特定的被试、情境以及方法之外，这种可靠性仍然存在。然而，要设计和进行这样一个完美的研究几乎是不可能的，有些方法可以减少或排除对一种效度的影响，但同时增加了对另一种效度的影响。因此，为了尽量提高效度，并为研究课题提供最好的答案，研究的设计和执行通常是一种充满了选择和折中的平衡行为。

为了获得较高的内部效度，研究者必须排除或减少混淆变量，严格控制实验，以防止额外变量影响实验结果。不过，对研究的控制会使研究情境带有较强的人为性，以至得到的结果在这种实验环境之外可能不能成立。因此，提高内部效度会导致外部效度降低。相反，为了获得较高的外部效度，研究者通常会设计与现实世界非常相似的研究环境，这种研究的风险在于，与实验室中非常标准化的实验环境相比，现实世界往往有太多混乱的、不受控制的变量，努力提高外部效度会使额外变量进入研究，从而导致内部效度的下降。

从整体看，内部效度和外部效度存在着一种制约关系，如果一种效度较高，那么另一种效度势必会相对较低。在规划研究或评价别人的研究时，必须考虑这种基本关系。究竟哪一种效度相对比较重要，要注意控制哪一种影响效度的因素，往往要看研究的目的。

很明显，不同方法的效度的高低也都是相对而言的。第一，实验室研究法内部效度较高，外部效度较低；自然实验法内部效度较低，外部效度较高。第二，实验法内部效度较高，外部效度较低；准实验法内部效度较低，外部效度较高，但有时其内部效度和外部效度都不高。第三，单因素实验内部效度较高，外部效度较低；多因素实验内部效度较高，外部效度也较高。

因此，采用多因素的实验研究，并使研究情境尽量接近人的真实生活情境，可以较好地兼顾研究的内部效度和外部效度，这大概也是适应心理学研究生态化运动的一个折中！

［资料来源：《行为科学研究方法》（格拉维特，佛泽诺，著，邓铸，等，译，2005）］

练习与思考

1. 如何理解：生态学方法论、准实验设计、时间序列设计、相等时间取样设计、不等组前测—后测设计、单被试设计、单元、基线单元、处理单元、ABAB 轮回设计、多处理多水平单被试设计、成分分析设计、多基线设计？

2. 如何理解心理学研究中的生态学方法论和生态学取向？

3. 说明时间序列设计研究的一般过程。

4. 不等组前测—后测设计研究结果如何处理？

5. 如何评价准实验设计的内部效度和外部效度？

6. 准实验设计的优缺点有哪些？

7. 举例说明各种不同的单被试设计模式。

8. 单被试设计的优缺点有哪些？

第六章
研究报告的撰写

　　研究报告是描述研究过程与成果的书面文件，可刊载于学术期刊，或在学术会议上交流，以获得同行的认同与评判。一篇完整的研究报告包括题目、作者姓名与所在机构、摘要与关键词、问题提出、研究方法、结果与分析、讨论、结论、参考文献、附录等。每一部分的写作都要符合规范，使之更有利于信息的传递与交流。心理学类出版物一般都要求按照APA格式撰写研究报告。

本章要旨与重点

◆ "摘要"要求简洁、清晰、完整地概括四方面的信息：研究目标或目的、研究方法或手段、研究结果、研究结论。强调的写作风格是：第三人称、过去时态、被动语态。

◆ "引言"要给出研究背景与理由，需要对前人的相关研究进行概述并提出当前研究的目标与假设。文献综述除为当前研究提供知识背景外，重点表明开展当前研究的合理逻辑。

◆ "研究方法"要给出有关研究设计、被试、仪器与材料、实验程序等方面的详细信息，便于他人了解并能复制研究。

◆ "结果与分析"是以统计图表并配合文字，说明研究中的发现。其表述的内容均是来自于当前研究中被试样本的观测资料，只做客观陈述，不做主观推断。

◆ "讨论"是对研究中的发现进行进一步的解释和说明，重点说明研究中观测到的现象或数据所能说明的意义，是否验证了假设，与前人相关研究的结论是否一致等，也便于读者更好地理解研究发现及其价值。

◆ "结论"不同于"结果"，它是基于当前研究的结果所做的推断和理论概括，往往是对变量关系的概括化表述，或基于变量关系的理论抽象，是超越了对样本本身描述的。

实验完成后，研究者会选用恰当的统计学方法对数据进行汇总和分析，有时还会引入质性分析技术，提炼实验结果并得出结论。接着要做的，就是实事求是并符合规范地撰写研究报告，以争取将实验发现发表在学术刊物上，或在专业学术会议上进行展示，与有共同兴趣的同行分享成果，体现研究的理论意义和社会价值，并得到公正客观的评价与监督。在专业刊物或学术会议上发表后，研究报告就成了后续研究的文献之一。

第一节 研究报告撰写概述

一、撰写研究报告的目的

研究报告是描述实验研究过程及其成果的书面文件，它所要清晰表达的内容主要包括研究目标、引发研究的相关文献背景、实验研究方法、研究结果与分析，以及对研究结果的讨论和解释等。一篇研究报告，至少应该为后续研究者提供下列四个方面信息。

第一，研究所要解决的问题。第一章中，我们已经强调，科学研究的重要特征之一就是以探索未知为目的。研究报告也必须以非常明确的表达方式说明要解决的问题，即研究的目标是什么，希望通过实验的或其他方法收集资料要验证什么假设，以及实现这一研究目标后可以为学科领域或特定实践领域解决什么矛盾或疑难等。

第二，研究的实施过程。在研究报告中，应当清楚地说明你已经做了什么，你是如何根据实验目标安排实验操作并最终完成实验过程的。这一过程的描述应翔实，使读者对于你的实验能有一个清楚的了解和把握。只有充分地了解研究的背景和过程，读者或审阅者才能对研究的可靠性进行评估，从而确定对研究结果和结论的接受程度。一般来说，在没有提供详尽研究过程的情况下，科学研究的成果都无法被科学界认可。

第三，实验研究的结果和解释。研究报告应当说明，实验完成后采用了何种定性与定量的资料分析方法，以及在分析中发现了什么，得到了什么结果和结论。研究者还要对研究结果进行客观评估和解释，并预测实验结果的推广度。毕竟，研究者就实验课题做过系统的文献分析，有了一定的知识储备，再加上对实验过程和结果的直接感知、反复思考，可以对实验结果的发生机制、内在意义、可推广范围做出深入分析和恰当解释，以帮助读者或审阅者更好地理解实验的结果及其价值。

第四，研究在该领域的意义和发展前景。一项高质量的实验研究往往不是孤立的，它是在已有知识体系和研究基础上的进一步拓展与深入。因此，研究报告应当体现当前研究和过去研究的关系，并把它作为现在和未来的联结点之一，延续探索。这样的分析和讨论，有助于读者或审阅者把该研究置于一个领域背景中去评判，并有可能引发新的思考与研究设想。

通过撰写研究报告，展示研究的意义与价值，累积科学的点滴进步，使科学的成果得以传承共享，使科学的研究方法薪火相传，并不断鼓励后来者创新进取，继往开来。

二、研究报告的写作风格

研究报告不同于其他文体，它不是为了给读者带来消遣和娱乐，也不能有意让读者感到深奥和充满悬念。相反，它是关于实验研究的简单而直接的描述和解释，文风要朴实、易读易懂。另外，需要强调的是，心理学的研究报告，要尽可能符合国际心理学界的通用格式，以便于研究成果的广泛交流和得到国内外同行的认同。国内中文心理学期刊普遍采纳了美国心理学会（APA）《出版手册》中提供的写作规则和建议[①]。研究报告写作风格的要点主要包括以下几个方面。

（一）非个人化

研究报告出自研究者之手，其中的表述自然而然地被看作研究者的发现或观点，所以文风上已无须个人化，应保持客观而不带个人色彩，尽量少用第一人称代词，如"我""我的"或"我们"等。忌用像"我认为……""我相信……""这对我很重要"之类的语句，可以使用"这些儿童接受了测试"等包含被动语义的表述，而不使用"我测试了这些儿童"。还可以将被试作为句子主语，如"这些儿童完成了问卷"。简言之，撰写研究报告是在客观陈述一项研究，而不是在写个人心得。

大多数学术刊物都会定期发布征稿启事，其中多半会要求投稿者在行文中隐去个人的身份信息（如名字），个人身份信息只能出现在单独的标题页。这样，把标题页挑出后，文稿就成了"作者不详"。编辑将去掉标题页的文稿寄给审稿人以便进行匿名评审，使其不受作者名望大小的影响，保证审稿人对研究报告的评价是基于研究质量本身而进行的。

---

① American Psychological Association. (2013). Publication manual of the American Psychological Association(Sixth edition). Washington, DC：APA Books, 2013. 或登录www.apastyle.org 查阅《出版手册》的详细信息。

(二)过去时态

在撰写研究报告时，研究实际上已经完成，所以实验的过程和其中的发现均已经是过去时或完成时。描述或讨论过去的事件宜使用过去时态（如"他们证明……"）或现在完成时态（"它已经被证明……"）。

从时间维度上分析，研究报告的陈述主要包括三方面内容：第一，是对文献或过去事件的引用，这些材料均来自于正要介绍的这个研究之前，宜使用过去时态；第二，是对刚刚完成的一项研究的过程与结果的描述，这是发生在撰写报告之前的，也宜使用过去时态；第三，是作者在介绍完研究程序和结果后做出的推断、展开的讨论、得到的结论，这些就不属于过去事件了，则应使用现在时态（如"数据显示……"）。

(三)无偏见的语言

科学成果是全人类的财富，它可以被各种文化背景下的、有各种特征的人们所了解和共享，所以研究报告中的语言应该是价值中立和无偏见的，能为各种不同的人群所接受，避免暗示和包含对某些群体的不适当评价。因此，在对被试的特征进行描述或讨论时，要避免隐含涉及以下方面的偏见：性别偏向、人种或种族差异、身体缺陷或年龄等。为避免使用有偏见的语言，美国心理学会的《出版手册》提出三条规则。第一，要使用精确的有专业水准的语言。举例来说，用专业术语代替一般术语来描述人种，如亚洲人或西班牙裔居民，韩国人或多米尼加人。第二，分类命名要谨慎，要以被试最接受的方式命名。例如，对"亚洲人"（Asina）、"黑人"（Black）、"非裔美国人"（African American）的表述不可采用含有贬意的"东方人"（Oriental）、"黑人"（Negro）、"美国黑人"（Afro-American）。第三，尊重参与研究的其他人或被试。举例来说，不要使用"被试被要求在研究中……"这种被动格式，而可以写"这些学生完成了调查"或"被试完成了……"等类的主动形式。

行文中，对于特殊人群的表述更要谨慎。比如，"残障人士"不如说成"某方面有残疾者"，"精神分裂症的"不如说成"被诊断为精神分裂症的"，"衰老的人"不如说成"上年纪的人"或"年长者"。还要尽量避免使用"正常"一词，因为这似乎暗示了其他人是"不正常者"。

(四)引用的方式

在文稿多处，研究者会引用其他已发表的研究成果。这些成果包括：为当前研究假设提供背景的资料，支持研究者的主张或坚持的"事实"资料，以及那些为研究奠定了知识基础的他人成果。把他人的观点或文字直接当成自己的就是抄袭，这是严重违背学术界伦理规范的。因此，每当提到一项前人研究时，一定要提供这一资料的来源，即"引用"（citation）。依照惯例，在引用时要提供所引文献的作者和发表年代。虽然达到这一目标的具体方法有很多，但通用的格式有以下两种。

第一种格式是，在文中陈述一个事实或表述一个观点，然后在同一句中用括号标出引用文献的来源。如："有研究证实，5 岁孩子的短时记忆非常有限(Jones，1998)……"；"先前的研究显示，人们对听觉刺激的反应快于对视觉刺激的反应(Smith & Jones，1999)……"。要注意，文献作者的姓及发表时间都要放在句子主体以外的括号里。如果有两位以上的作者，则要在最后一位作者的姓之前使用符号"&"(＝and，即"和"的意思)。

第二种格式是，把引用资料的著作者作为句子的主语，这时只需在括号中注明所引文献的出版日期。例如，"在一项有关的研究中，琼斯(1998)发现……"；"在一项有关的研究中，黄希庭和毕重增(2010)发现……"。这里要注意，引用文献的作者的姓已经作为句子主体成分出现，因此括号内只需标明文献发表的时间就可以了。如果有两位以上的作者，就要在最后一位作者的姓之前使用"和"("and")。

不管使用哪一种方式，都还要在论文的最后给出文献列表，为读者提供所引用文献的足够信息，方便读者进一步参考和查阅。而且，我们习惯于对引用的实证材料与理论或诠释性材料作适当区分。比如，你要引用一项实证研究结果，可以使用这样的句式，"琼斯(1998)发现……"；如果引用的是一种理论或推测，你就可以使用这样的句式："琼斯(1998)认为……"

在文献引用上也要注意量的控制，特别是在实证研究报告中，一般只选择那些对当前研究的讨论真正有用和有贡献的。如果作者能用自己的语言概括一个论点，就最好不要广泛地借用他人作品中的原句子。恰当的直接引用能够给当前研究以有力的支持，但必须保证所引用材料在语义上的完整性，切忌为了支撑自己的观点而对前人文献采用"断章取义"的引用手法。

(五)数字的写法

规范的研究报告，对于数字的书写也有具体要求。一般而言，大于等于10 的，或者虽然小于 10 但是在和一个更大的数字作比较时，要使用阿拉伯数字而不是中文数字。例如，"有 15 名被试接受高音刺激"，而不说"有十五名被试接受高音刺激"；"从 30 名被试中选择 3 名"，而不说"从 30 名被试中选择三名"。如果一个数是在测量单位之前，也要使用阿拉伯数字而不是中文数字。例如，"5mg"，不能写成"五 mg"。另外，像百分数、时间、日期、年龄、样本大小等情况的表达，以及论文摘要部分的数值都应写成数字而不是中文数字形式。

通常，10 以下的数用中文数字表示，特别是它们不能代表精确测量值时，因此可以这样描写："只有一位被试退出实验""进入实验暗室之前，要询问他们三次""被试共完成八份问卷"。处于句首和开头的数，以及常见的分数也多用文字表示，如"百分之九十八的被试彻夜难眠""足有四分之三的被试发誓不再光顾我们的实验室"。

三、研究报告撰写的伦理要求

一项研究总是建立在已有研究基础之上的，难免会引用或借鉴其他同行的成果。撰写研究报告，目的在于将科学研究的成果公开共享并获得监督和评论，在此过程中必须遵守学术界的道德规范。具体而言，务必要注意两个伦理问题。

(一)诚实问题

科学研究具有可重复和可验证的特征，实事求是地报告研究过程与结果，是其中最基本的要求。不管是在研究的进行阶段，还是在结果的发表阶段，都应当遵循客观性原则。心理学家或研究者都不能以任何理由去捏造数据和篡改实验结果。如果在已经发表的数据中发现了明显错误，也应及时采取校对、撤回、勘误或其他公开的合适方式纠正错误，保证结果报告的诚实性。当然，要严格区分误差与欺骗的不同本质。误差是心理学研究中无法避免的结果偏差，几乎在研究的每一环节，都会有许多可预料和不可预料的因素给结果带来误差，包括系统误差和随机误差两类。比如，收集资料、测量计分、数据录入、文字排版等都会存在许多导致错误的机会。这些都是非动机性的偏差，不属于道德问题。当然，研究者有责任采取一些手段来有效降低这些错误发生的可能性，如精心设计研究方案、严格控制观测过程、反复检查核对数据、增加重复测量次数等。而欺骗则是为了迎合研究者的预期设想而捏造或修改数据，"验证"研究假设，这是背离揭示真理的科学目标的，是科学研究之大忌。因此，无论研究者耗费了多少时间和精力来实施研究，即使最终没有实现假设验证的目的，也不能抛开诚实而洞开伪造数据之门。此外，研究者不能为了数据的"漂亮"或"整齐"而有意忽略无效数据。比如，在研究中做了三个实验，只有两个实验比较理想，只报告两个实验的结果而对另一个实验避而不谈，这也是一种不诚实的表现。正确的做法是，既然按照本来的设计方案做了三个实验，就要如实地报告三个实验的完整结果。应该想到，未能验证假设的实验结果也是科学研究的结果，对后来者也具有借鉴或启发意义，甚至成为后来者在探索这一实验问题时的重要线索。

(二)原创问题

研究者应当在研究设想与技术手段方面进行创新，在前人研究的基础上不断改进方案，获得更多更有价值的信息，体现在研究报告中即为原创作品。与此相反，把别人的思想和语言作为自己的作品发表，就是抄袭行为，是不道德的。抄袭行为可以在不同水平上发生，最极端的是将一篇完整的论文直接复制，作为自己的作品发表，这是一种有意识的欺诈。也有很多情况下，抄袭可能是无意间发生的。例如，在撰写论文时，研究者可能受到其他作品的主题或部分语句的启发和影响，对之进行了扩展，随后研究者本人也很难再把自己的语句和思想与别人的区分开，别人的思想或语言就可能出现在论文中，抄袭就在无意间发生了。要防止这些无意的抄袭，有些方法是值得借鉴的：第一，采用完整的注释，包括对原始资料的引用、著作者的姓名、发表年代、论文标题等；第二，在研究报告或论文中，清楚表明任何不属于自己的思想、语句或信息的来源；第三，通过在引用的开始和结束处加引号来区分别人与自己的语句，并给出引用来源；第四，从原著中获得的整段语句或精彩表述，都要以直接引用的形式给予原著者应有的声誉；第五，在论文最后提供一个完整的参考文献列表；第六，如果拿不准某一信息是否有必要作引用说明，还是以引用为佳，应谨慎对待这些事情。无论是直接引用还是重新阐述他人的思想或观点，都认真标明出处或说明来源，这不仅是对他人劳动的尊重和肯定，也是学术研究健康发展的必要手段，还能避免抄袭的嫌疑。

"在研究中引用他人的资料时，还注意以下几点：

(1)直接引用少于 40 个字用引号；

(2)多于 40 个字应另起一段；

(3)引用要忠实原文，即使原文是错误的；

(4)省略部分用省略号；

(5)额外的解释放在括号内；

(6)不要忽略引用中的引用，但在参考文献中不必列出。"（中国心理学会，2001）

第二节　研究报告各部分的写法

研究报告是结构化很强的文件，它由若干部分组成，每一部分的内容都有特殊的、明确的规定。研究者需要根据每一部分的要求按部就班地介绍研究的过程和结果。为了帮助研究者更好地完成研究报告的撰写，中国心理学会(2001)专门组织编写了《心理学论文写作规范》。我们结合相关学术期刊的投稿要求，按照顺序介绍研究报告每一部分的具体内容和写作要求。

一、标题、作者和机构

标题(title)是对文章内容的精炼表述，它应明确地显示拟考察的理论、研究变量及变量关系，尽可能完整准确地概括研究的内容，又要避免冗赘。还要特别记住，论文标题中使用的语词将成为他人查阅和检索文献的关键线索，而且人们往往根据对论文标题的第一印象来决定是否还要继续阅读文章的其余部分。中文研究报告的题目长度应尽量控制在 20 个汉字以内。

就心理学研究报告来说，好的标题通常会尽可能地反映下列信息：研究变量及其因果关系或相关关系、研究领域及核心主题、研究方法及核心实验技术、研究被试的主要特征。在尽可能包含较大信息量的同时，减少字数，讲究文法，符合专业的表达习惯，不过于口语化。请看下列几个论文标题：

《不同反应方式对双作业操作信息干扰的影响》(葛列众，朱祖祥，1992)

《奖惩频率对 3～5 岁幼儿完成博弈任务的影响》(李小晶，李红，张婷，等，2010)

《语音回路与阅读理解关系的眼动研究》(丁锦红，王丽燕，2006)

《场依存性认知方式对问题表征及表征转换的影响》(邓铸，曾晓尤，2008)

标题之下是论文贡献者的姓名及其所在的机构，或研究实施的机构。论文贡献者"不仅包括执笔人，还包括那些对研究做过实质性科学贡献的人，他们可能参与提出问题假设、构思实验设计、统计分析、结果解释以及主要部分的写作。"(中国心理学会，2001)有多名贡献者时应按贡献大小排名，排在第一位的应是对研究做出主要贡献或关键贡献的人，通常是那些研究的提出者、设计者或业务指导者。贡献者的排名并非小事，处理不当，会引发许多纠纷，严重时会导致研究团队的解散。这里强调三点。第一，从实际出发，客观公正地体现合作者对研究贡献的大小，而不以其他标准(如职位高低、年龄长幼、花费时间长短、是否执笔等)决定排名；第二，署名范围应包括主要的完成人，而不是所有参与相关工作的人。那些担负一般性的服务或辅助性工作的人不宜全部列入，但应在致谢栏里注明。如果研究的实施需要借助于大型仪器或复杂技术，则实验的主要操作人员应在署名范围，并将设备所属实验室作为合作机构一并列入；第三，为了尽可能地避免不必要的误解和纠纷，可在研究实施之初就明确分工、确定成果的署名顺序。一个研究团队，在尊重事实的基础上，还应互相谦让，不斤斤计较，维持研究团队的共同利益，推动研究工作的良性发展。

在论文中所有署名的作者应对文章的准确性负责，所以，在论文投递前，每个作者都应认真审阅。一旦论文被接受，有的期刊还要求每位作者签名确认。

在标明研究者的机构时，需要加括号，还应附带写明该机构所在的城市和邮编，如"（南京师范大学心理学院，中国南京 210097）"。

二、摘要和关键词

作者研究机构之后、正文之前，是研究报告的摘要（abstract）和关键词（key words）部分。

摘要是用精炼的语句表述研究的目标、方法和手段、主要结果或发现、主要结论，它通常是在论文其他部分完成后才写的，是写作中应特别重视的部分。除标题外，后续研究者搜索和阅读文献时特别关注摘要部分，它可以帮助读者在较短时间内快捷地把握一篇研究报告的主要内容，读者也会根据摘要的内容来决定是否进一步查找和阅读全文。国内大多数心理学期刊要求作者同时提交中英文两种版本的摘要。

一篇实证研究报告的摘要不是论文写作的引导段落、补充说明或评价，而是具有相对独立性的，其长度一般应控制在 200～300 个汉字或 500 个英语单词以内，中文期刊《心理学报》等少数刊物提倡作者提供较长的摘要，但字数也不要超过 500 字。完整的论文摘要一般要包括四方面内容：第一，研究问题、目标或目的，通常用一句话概述，不宜做过多的分解，此处不需要对研究价值和意义作任何讨论和说明。第二，研究被试与方法，要明确说明被试的数量与相关特征、主要设备与材料、实验设计类型，以及其他的特殊处理等。有时为了更明确地突出研究设计的特点，还可以说明被试的抽样与分组情况。此部分不能过于详细，要注意控制字数。第三，主要结果，是对实验中观测到的现象的描述，这种描述要客观且简洁。有的研究得到的结果会比较多，也要注意选择那些最能回应研究的核心目标与假设的部分，不宜全部列入。第四，研究结论，是基于研究结果而进行的概括和推断，有的研究者也会在结论之后，适当指出研究的价值和意义。有时，研究目标只在于现象描述本身，其结果也就算是结论了。比如一项研究欲考察空间推理能力的性别差异，观测到的差异表现既是结果也是结论。摘要的四个方面的内容，不一定按照固定顺序来写，也未必面面俱到，需视具体情况而定。初学者感到最难把握的是"结果"与"结论"的区分，对此，我们再作一强调，"结果"是关于观测到的现象的描述，限于对当前研究中的样本的客观描述；"结论"是对观测到的现象的推断或理论概括，具有一定的抽象和概括性，一般是超越了当前研究的样本本身。

对于上述内容的把握，初学者还是感到存在难度，可参照以下程式来完成摘要写作：

①对研究问题的一句话概述；②对研究被试的简单说明；③对研究设计类型、方法和实施步骤的简单描述；④主要结果的报告；⑤结论或意义的陈述；

行文方式上要尽量使用第三人称，可采用"对……进行了研究""报告了……的现状""进行了……的调查"等记述方式，不用"本文""作者"等作为主语（APA，1995）。另外，需要特别提醒的是，不少初写论文者常常会把摘要写成了"引言"或"开场白"，这一点要避免。

摘要之后，给出 3～5 个关键词。关键词是对描述研究范围或领域、研究核心内容、采用的方法等起重要作用的词汇，或者其在文中出现的频率较高。关键词在文献搜索中的作用很大，因此撰写研究报告时，要重视关键词的选用。

三、引言

摘要和关键词之后就是研究报告的正文。正文一般由五个部分组成：引言、研究方法、结果与分析、讨论、结论（与建议）。

"引言"（introduction），也有的用"序言""前言""问题提出""研究目的"等。"引言"主要是为开展研究提供一个基本的原理或合适的理由，说明为什么要做这一研究，研究的背景是什么，前人做过与此有关的什么研究等。具体来说，"引言"的写作可从以下方面展开。

（一）给出研究的理论基础

几乎所有的研究都是建立在前人研究结果或者理论基础之上的。研究者需要向读者介绍该领域中相关问题的一些观点，哪些是已经发现的，哪些是正被发现的，哪些是需要再澄清的。向读者说明，关于这一特定心理学领域的知识还存在的缺口，当前进行的研究的价值就在于能填补这一缺口。进行一项研究的理由可能有：检验理论、验证结果、补充发现、解决新问题。

检验一种理论。如果一种理论是成立的，借此预测特定条件下可能出现的结果。就是说，理论中可能存在反例。因此，有时候一项实验研究是用来验证一个理论设想的，检验其在现实中是否有效。例如，塔迪夫（Tardive）提出一个理论，认为"精神分裂症源于高血压"。照此说法，降血压应该是治疗精神分裂症的有效方法。对此进行验证，就需要随机选取两组被诊断患有精神分裂症的被试，一组作降低血压处理，另一组则不作处理，然后测试并比较他们精神分裂的症状程度。

检验一个已有结果。有时，一个实验是为了验证先前的研究结论，可以使用和原来研究者相同的方法。更常见的是，对原有的实验方法进行些许改变，增加一些实验的新成分，这有助于发现原有研究所得结果的其他原因。科学家是，而且应该是地地道道的怀疑论者，他们喜欢在自己的实验室里亲自证实已有的心理规律，而不是道听途说。

补充前人研究的发现。当研究者要证实某个结果时，他们多半会增加一些新的处理，而不是对前人研究的简单复制，从而增进我们对所研究现象的了解。研究者常常会去检验某种现象是否具有普遍性，他需要查明，这种现象在怎样的条件下会发生，怎样的条件下不会发生，就会从中得到许多新的课题和新的认识。假如能够证实，降血压有助于精神分裂症状的减缓，由此就会有很多问题生发出来：它对男性和女性患者产生的效果一样吗？它对早期精神分裂症的治疗效果和晚期的是否一样？血压需要降低多少？降血压本身重要，还是此过程中伴随的其他因素重要，如降血压时的心理压力？等等。

解决前人研究中出现的新问题。假设有人发现运动可以调节情绪，而另一些人却得到相反的结果。是什么导致了这些结果的分歧呢？可能是他们都没有考虑巧克力对情绪的影响：在一些研究中，锻炼者在运动前吃了巧克力，而另一些人的研究中则没有这样做。这就需要一项新的研究，在系统地控制前人研究中存在的不同因素后，结果会怎样呢？

(二)描述前人的研究

引言部分的另一个任务就是向读者介绍该领域的相关研究和理论背景的信息。在描述前人研究时，必须将讨论的材料限制在与研究直接相关的范围内。例如，研究课题是"老年人的短时记忆问题"，那么相关的材料就是关于"老年人"的"短时记忆"，而不是关于记忆领域的所有资料，也不是关于老年人的一般资料。尽量使背景资料的选择范围聚焦于研究主题，避免宽泛。

对前人研究叙述的详略程度要控制在合适的水平。对于引用的大部分研究，只需简要地概括其研究过程和结果。通常，读者不需要知道原来的研究选取了多少被试，使用了怎样的统计方法，实验中的每个细节等。如果他们想得到全面的信息，会自己去搜索原文。这里，举两个例子来说明引用的详略程度："皮克等人(Pike，1997)的研究发现，即使提供等量的感觉信息，对运动中的面部识别要比从某些侧面、静止条件下的识别更准确。这表明运动可以为面部识别提供更重要的信息，可能是三维效果使然。""伦辛克等人(Rensink，1997)关于'变化盲视'的研究表明，观察者总是不能注意到连续情景中的明显变化。"这里，不需要告诉读者得到这些结果的细节，除非这些细节对讨论很重要。

在有些情况下，如果认为前人的实验程序存在严重缺陷，有加以讨论的必要，这时才考虑对其研究过程进行更详细的介绍。例如，"鲁巴博（Rhubarb，2000）的结论是建立在 5 名被试的实验基础上，随后的研究（Custard，2001）使用了更多的被试，却没有得到相同的结论。"在这里，被试的数量也许是一个重要问题，就有必要提及。如果这项研究中使用了足够多的被试，而且也没有因此出现不同的结论，那就没有必要谈及被试人数问题。

如果前人的某一研究也是当前所作研究的核心内容（比如，当前实验就是为了直接验证前人的研究，或者借鉴了前人研究中复杂的实验程序），那就需要对其进行介绍——即使如此，也应该注意到读者需要知道哪些信息，才能理解当前所要做的研究，或者使他们对该领域的争论焦点有所了解。简单地说，对前人研究的介绍要尽可能地简约。

文献回顾的目的在于说明当前研究问题提出的专业背景、理由和论据，一般的逻辑路线是：在相关领域中，前人做了哪些主要的研究，这些研究给予我们什么样的认识，这些研究还有哪些空白区、存在哪些疑惑或相互矛盾的地方，这里的某一空白区需要填补或矛盾需要解决，为此需要进行什么样的研究？……实际上，就是将读者的思路带入研究主题。文献回顾的常用方式有两种，一种是首先对有关的已有研究进行内容整理、概括和分解，然后按照这些研究内容的内在逻辑关系进行介绍和评述；二是按照研究的历史进程，通过文献回顾而勾画出该专题领域的发展图景，这样就可以很自然地把当前研究纳入已有研究的体系中了。文献回顾的两个大忌是：不加选择地论及该领域的全部或大部分研究，不加整合地罗列文献。

（三）概括所做研究的框架

向读者清楚地介绍完讨论的问题及理由后，就应该简单介绍一下研究计划，给出一个当前研究的清晰轮廓，而研究的细节留待"研究方法"部分具体描述。比如，假设我们要解决的是前述的运动对情绪影响的研究中所存在的矛盾。我们需要有四组被试：吃巧克力的运动者、吃巧克力的不运动者、不吃巧克力的运动者、不吃巧克力的不运动者。一周后，我们将测量四种处理条件下每个被试的情绪状态。如果我们的假设是情绪受巧克力和运动的共同影响，那么我们将预测到吃巧克力的运动者是情绪最高涨的，然后是吃巧克力的不运动者和不吃巧克力的运动者。不吃巧克力又不运动的人应该是情绪最低落的。

简单描述研究框架后，可基于某个理论而提出期望的实验结果。例如，我们已经讨论了运动和吃巧克力对大脑内啡肽水平的影响，那么这将是我们预测结果的理由。

不过，这里所做的预期有点"不诚实"，因为研究者一般都是在有了实验结果以后才开始撰写研究报告的，所以也等于是在分析了实验结果之后才进行的"预期"。这是"事后诸葛亮"，你经常可以发现"引言"部分中的"预期"和实际得到的数据惊人地吻合——因为作者在写引言的时候已经知道了结果了。

（四）预测实验结果

低年级或刚进入大学的学生经常做的一件事是，在引言部分结束时对实验的（或备选的）零假设做出相当正式而刻板的陈述。比如，给出这样的表述："我们的实验假设是四组之间存在着显著的统计学差异，而零假设是四组之间没有明显的差异。"

专业心理学家不会这样写，他们会用清晰但非正式的语言对结果进行预测，像这样："如果吃巧克力和运动对情绪均具有影响，那么四组被试的情绪将表现出以下的不同：吃巧克力的运动者将得到最高的情绪得分，不吃巧克力并且不运动的人给出最低的情绪得分，其他两组被试的情绪得分处于两个极端组之间。"这里不需要对零假设进行陈述——因为那等于是说不同实验处理之间没有统计学的差异，所以这种表述完全是多余的。

在"引言"结束时，最好能制造一个扣人心弦的悬念，让读者迫不及待地继续读下去，并急于想知道实验获得的结果。接下来，就需要确切地告诉读者研究怎样展开——轮到撰写"研究方法"部分了。

关于"引言"部分的篇幅和详略程度，要视具体情况而定。有的研究会比较深入，前人的积累也相当丰富，文献回顾会涉及许多专业术语和理论模型。这种情况下，文献回顾的篇幅可能就要多一些，以便为读者提供一个清晰的知识背景，准确把握核心概念的内涵，理解研究主题的意义及研究范式。研究中如果需要使用特殊的实验技术或实验范型，也要在这一部分中进行介绍。有的研究，文献积累较少，或不需要复杂的知识背景作铺垫，则可以简略一些。有些期刊对整个论文的篇幅有严格限制，这一部分就要简略些。

四、方法

方法（method）部分是就研究设计及实施过程进行相对详细的介绍，以使其他研究人员从中获得的信息足以能够复制这一研究，如果他想要这样做的话。方法部分一般包括四方面内容："被试"方面给出参与实验的被试的必要信息，"仪器与材料"方面详细介绍实验中所用到的器材（如问卷和材料等），"实验设计"方面给出实验整体结构的概述，"实验过程"方面告诉读者研究是怎样落实的。

(一)被试

详细介绍每种实验处理下的被试数量以及他们的人口学信息,例如,年龄和性别。简单介绍一下你是怎样获得被试的,例如,他们是志愿者,还是有报酬地参与实验;他们对实验的目的是否知情等。心理学实验中的被试通常都不知道研究的真实目的,有时用"单盲"或"双盲"来表达,这在心理学的许多研究中是可以被谅解的。但是,不管怎样,都要避免对被试造成伤害。

有些时候,你可能会用到特殊的被试群体,例如,色盲患者、学习障碍人群、多动症儿童或者人群恐惧症患者。如果这样,应该提供更进一步的相关细节。例如,就人群恐惧症患者而言,要界定将他们称为"恐惧症"的具体标准,如在某一恐惧症鉴定测验上的分数达到多少。

究竟要给出被试的哪些特征信息,需视情况而定,即要正确识别哪些信息与实验有关,哪些信息与实验无关。既要保证信息的充分性,也要做到无多余信息。

(二)仪器与材料

这一部分相对较简单明了。需要提供实验中用到的器材的足够细节,以便他人可以重复这一实验。当然,也不能像购物清单一样列举器材,要用完整的句子表示。不要写成"摄像机、磁带录音机、问卷",而要写成"所用器材包括摄像机、磁带录音机和问卷"。

就一些广泛应用的问卷和纸笔测验(例如,EPQ 艾森克人格问卷、威特金镶嵌图形测验等)而言,需要给出它的名称、相关出处、引用的理由,并简要说明其有效性的证据。

普通的项目如椅子、桌子、记录纸等不需要介绍得太详细,越是特殊的器材,越要给予详细说明。对于定制的设备,还要求有图形或图片。如果器材只需简单提及,有时干脆忽略或与方法中的其他部分混在一起。对于使用调查问卷的研究,这一部分就叫作"材料"。在研究中用到的每份调查问卷都要有相应的介绍,并且要对它的作用进行说明(例如,用……来测量……)。对于那些新编制的调查问卷,还必须将其放在附录里(如果涉及保密问题,则可以适当列举一些项目,不用完整列出)。

(三)实验设计

这一部分给出了研究正式设计的概况。涉及实验中的"自变量"是什么?共有多少种实验处理?它是一个重复测量实验设计,还是一个完全随机实验设计,或者是更复杂的混合实验设计?哪些量是被测量的——换句话说,因变量是什么?

举例来说。假如你对生产线工人甄别次品的影响因素感兴趣。你设计了一个实验来检查年龄和一天中的时间段对工人甄别次品绩效的影响。抽取年轻组、中间年龄组和最大年龄组工人。每一个年龄组工人再随机分成人数相等的早班组和晚班组。测量每个工人在四小时的轮班中检查出次品的数量（巧妙地安排实验，使每个工人的轮班段内出现的次品数量相等，但不要让工人知道）。就这个实验来说，研究报告的"实验设计"部分就可以这样来写：

研究采用 3×2 完全随机实验设计。自变量有两个，一个是工人年龄段，三个水平：年轻组（21 岁～30 岁）、中间年龄组（31 岁～40 岁）、最大年龄组（41 岁～50 岁）；一个是工人轮班时段，两个水平：早班和晚班，也为组间自变量。因变量是记录每位工人轮班时间段内检出次品的数量。

（四）实验过程

这一部分给出实施实验的实际细节，要对研究中变量的操控程序、设备调试与实验启动、因变量的测量与记录过程进行描述，包括被试实验顺序的编排、给予被试的指示语、呈现刺激材料、被试如何完成操作和接受测试等。

假如，你想开展一项研究检验脑血流量对记忆的影响。自愿参加实验的被试要接受两次记忆测试，一次是在把脚吊起后头朝下接受测试，另一次是在直立时接受测试。是对所有的被试都以相同的顺序呈现刺激，还是刺激随机呈现？在这一实验过程的描述中，这些细节都是有必要交代清楚的：一次只测量一个被试还是一组被试？他们被吊着悬垂了多长时间？他们站立了多长时间？这两次测试之间的间隔有多长时间？记忆测试时间有多长，在时间方面和项目的数量上如何安排？给予被试的指导语是什么？被试是如何学习这些项目并接受学习效果测试的？等等。

需要强调的是，方法部分的陈述要保证客观性。除必要的设备、材料的说明外，一般不要做过多的附加解释。如果想对实验操作进行解释和分析，可在后续的"讨论"部分进行。

五、结果与分析

"结果与分析"（results and analysis）部分要呈现的是研究所得出的结果，也就是要告诉读者，研究中发现了什么，但这里不要急于探讨结果的理论意义。结果的呈现顺序通常是：简单地说明要对实验数据或其他资料做什么样的技术分析，概要性描述主要的结果包括哪几个方面，再分别叙述每一方面的研究结果。

在"结果与分析"部分，要特别注意两点：一是客观说明得到的结果，这里的"分析"不是"讨论"之意，而是"统计分析"和"分解呈现"之意，在此部分

"切忌夹叙夹议"①，防止将研究者的个人观点和基于结果的推断与研究中得到的客观结果混淆在一起，造成对研究结果的"污染"；二是结果的呈现不能随意罗列，要结合前文提出的研究目标和研究假设的顺序与层次，进行结构上的组织和编排，多数情况下，可以用几个小标题把不同方面的结果分开呈现。

为更好地呈现实验中的发现，这里还需要说明三个问题：数据的预处理、描述性统计结果的呈现、推断性统计结果的呈现。

（一）数据的预处理

在获得描述性统计量和推断性统计量的整个过程前，需要对数据进行某种预处理。以反应时实验数据为例，偶尔会有被试产生一个异常的长反应时（与他所得出的其他反应时相比）。这种现象的出现往往是由于一些非常偶然的因素影响了被试，比如，被试的分心，或者一时竟忘记了该按哪个键。这些长反应时数据可能会歪曲研究结论，或是这些数据增添了整个数据样本的"噪声"，致使任何隐含在数据中的效应都难以被发现。因此，剔除这些不正常的数据是必要的，也是正确的。当然，研究者不能仅仅因为不喜欢这个数据或是因为数据不符合你的预期就删除它。剔除数据要遵循科学的规则。通常的做法是，在本来应该具有同质性保证的数据样本中，出现偏离样本平均值两个标准差以上的特异数据，这些数据就可以剔除。也有的研究者，对删除特异数据持非常谨慎的态度，只删除那些偏离样本平均值三个标准差以上的数据。这要视具体情况而定。

在剔除特异性数据时，要注意两个问题。第一，如果数据样本本身就没有在抽样中保证同质性，上述数据剔除规则要慎用。例如，从体育系、物理系、音乐系随机抽取若干名学生参加反应时测定，所得数据样本就没有保证同质性。如果一个被试在两种以上的不同条件下测试得到若干反应时数据，这个数据样本也不具有同质性。这两种情况下，都不能使用上述数据剔除规则。第二，对于要参与比较的不同数据样本，需要采用相同的数据剔除规则。例如，要比较声、光刺激条件下简单反应时间，实验得到两个数据样本，如果采用剔除偏离平均值两个标准差的规则，剔除了声刺激反应时数据样本中的特异数据，那么就也要采用同样的方法剔除光刺激反应时样本中的特异数据。

---

① 师从黄希庭教授期间的 1996 年年初，得意地将一篇自以为还不错的研究报告交到先生手中，几天后先生召见，指导我对报告进行修改。先生对报告做了详细审阅与批注，迄今印象最深的就是在"结果与分析"部分的页边上的几个大字："切忌夹叙夹议"。后来，就也学着先生的口气告诉我的学生：切忌夹叙夹议。

另外，由于各种未预料到的原因，某些被试不能很好地完成实验任务，以致不能提供有意义的数据，那么这些被试的实验数据必须剔除。例如，抽取大学生对名人面孔进行识别以研究面孔识别的影响因素，可是有些被试对实验中提供的大部分名人都不认识（可能他们根本没有时间看电视和电影），这些被试的实验数据就不能使用，只能剔除。

类似于上述的数据预处理方法也要清楚地加以描述说明，因为这些处理对后来重复实验者来说是很有必要了解的。

（二）描述性统计结果

描述性统计结果给读者提供一组数据特征的概况，主要包括：集中量数（平均数、中位数、众数等），差异量数（标准差、全距、标准误等）和频数分布数据。如果实验结果中只有一两个平均数要呈现，那在文章中就可以很容易表示出来。如果平均数超过两个，那么用图表的方式呈现会比较清晰。究竟是用表格还是图呢？这并没有严格的规定。有时平均数和标准差用表格的方式呈现为宜，有时用图形的形式呈现会更加清晰。如果只有少量的平均数，一般用图形比较清楚。倘若有大量的平均数，或者你还想呈现一些另外的信息，如标准差、全距、每种实验条件下的被试人数等，采用表格可能更好。不管采用哪种形式来显示结果，都要避免信息的重复表达。

（三）推断性统计结果

推断性统计量是数据的统计检验结果，目的是揭示实验研究中小组之间或实验条件之间在统计学上是否存在显著性差异。例如，要测量人们在正立和倒立两种条件下的记忆力分数，就可以用 t 检验来验证两种条件下的记忆差异。

一般而言，推断性检验的结果证明实验是否存在一种"效应"，以及决定了能否把这种"效应"看作确定性的"事实"而不是偶然现象。有时候，学生（也包括一些研究者）浏览了一下收集的描述性数据，就觉得几个条件间平均数有了一定的差异量。可是当对数据进行推断性检验时，却得到了无差异的结论。如果他们认为检验是烦琐的、不合时宜的，可能就会完全无视检验的结果，继续高谈组间产生的"差异"，他们就很容易从数据的表面现象得到错误结论。忽视检验结果就是否定了检验的重要性。行为科学的研究中，随机因素的影响是无处不在的。如果统计检验结果显示出"差异"不显著，那就不得不接受这个事实，也不需要因为结果不显著而羞愧。

和描述性统计结果类似，如何呈现推断性统计结果很大程度上取决于数据量的多和少。写作中，可以根据实际需要，采用表格的、图形的或纯粹文字的形式呈现。美国心理协会（APA）提议可遵循以下的规则：如果有小于或等于 3 个的数据，就用一句话来概括；如果有 4～20 个数据，就用表格形式呈现；如果数据多于 20 个，就可以考虑用图形的形式来取代表格。如果选用表格形式呈现统计检验结果，那必须确保读者能看懂检验的是什么（例如，要比较的是哪些实验条件）。所以，即使使用了图或表，文字的配合说明往往也是不可缺少的。

呈现统计检验结果最简洁的方式是，首先陈述结果以及相关的描述性统计量，紧接着在括号里附上能提供支持的相应的推断性统计量。例如，"服用安非他命小组的平均反应时（977ms）明显少于未服用组的平均反应时（1004ms）（$t=2.66$，$df=30$，$p<0.01$，$r=0.44$，单侧检验）。"

统计检验中的伴随概率有几种不同的报告方法。有时报告的是精确的概率值，例如"$p=0.024$"或"$p=0.036$"。有时报告的是一个最接近的临界概率值，把几个实得概率都归属这个临界值，因而，"$p=0.024$"或"$p=0.036$"都可以写为"$p<0.05$"。

还有三点需要说明。首先，给出推断性检验结果时，无须说明这一结果计算的烦琐过程，对统计量的概念也无须再做解释和说明。其次，当数字小于 1 时，应在小数点前加个 0（例如，描写"平均误差率为 0.73。"）。但是当数字不可能大于 1 时也可以省略小数点前边的 0，如相关系数（区间只能是 -1 到 $+1$）和概率（不可能大于 1），这样的例子就不必在小数点前加 0。所以你应该这样写"皮尔逊相关系数为 -0.55"。再次，要有选择性地呈现结果。尽管你可以计算出一组分数的平均数、中位数和众数，但这并不代表你必须把这些都呈现给读者。选择最合适的那个量数及与之有关的其他量数，使结果呈现简洁明了。

结果呈现时经常使用统计符号，这也需要符合规范，不能随意乱用。可参照表 6-1 选用。

表 6-1 一些常用的统计符号和简称

符号	含义	符号	含义
$ANCOVA$	协方差分析	$ANOVA$	方差分析
df	自由度	F	F 值（方差分析检验统计量）
M	平均数	$MANOVA$	多元方差分析
Mdn	中位数	MS	均方
S^2	方差	SD	样本标准差
N	样本总数	p	概率
n	分样本的个数	r	皮尔逊积差相关系数

续表

符号	含义	符号	含义
SS	（离差）平方和	ρ	斯皮尔曼相关系数（"rho"）
R	多元相关	γ^2	决定系数（皮尔逊相关的平方）
σ	（"Sigma"）总体标准差	η^2	伊塔方，反映自变量的效应量
U	曼恩-惠特尼检验统计量	α	Alpha，第一种错误概率
β	Beta，第二种误差概率	χ^2	卡方检验统计量

六、讨论

讨论（discussion）部分是要对研究发现的意义进行解释和评价。"讨论"应从假设的重述开始（回想一下最初在"引言"部分结束前提出的研究假设），接着简要重述主要的研究结果，指出它们是否支持了研究假设。然后，将结果与其他研究者的结果联系起来，说明其在多大程度上符合该领域现有知识结构。通常，还要辨析研究的所有缺陷，特别是影响结果普遍性的因素。具体而言，可参照以下几个方面来撰写"讨论"。

（一）概述研究结果

在"讨论"的开始部分，可以先简要总结一下研究的主要结果。因为，如果读者的注意广度欠佳，把"结果"中所陈述的内容全都忘记了，或是对"结果"十分迷惑，那么他们在继续阅读"讨论"时，需对主要研究结果有一个简要的概观。这里，不需要再使用任何统计数据或图表，也不宜过分详尽。如果读者需要更多信息，他们会重新阅读"结果"部分。

（二）联系前人研究

解释当前的研究结果与前人研究的关系。运用现有的心理学理论可以如何解释当前研究的结果？新的研究结果是否对当前的理论提出了质疑，或是和这些理论一致？是否只支持一种理论？是否和此领域的前人研究相一致，是反驳还是验证？对于大多数研究报告来说，此部分是讨论中所用篇幅最长的。

"讨论"是整个研究报告里最有趣的部分。有时候你的结果和前人研究非常一致；有时候不符合以往的研究结果，这时就需要对此做出一个合理的解释。这是一个展示你想象的机会（但不要太多），你可以展示一下你对前人研究和自己研究的深入理解，使你的研究和前人的研究发生联系，差不多成为一致的整体。多数情况下，对前人研究叙述的详细程度要和前言中的相当。但有时需要对一个研究作更详细的介绍。例如，假设你的研究结果和前人的某一研究不一致，这种情况下，你可能会说差异来自于实验程序的不同。显然，就需要详细说明前人的实验程序了。

（三）当前研究的局限性

在得出结论前，研究者应该对自己研究的局限性有充分的认识。这些局限性可能是研究方法方面的，比如，设备的精度有限，额外变量的控制存在缺陷，实验的环境条件不能完全达到要求，等等。也可能是样本代表性方面的，比如，只有女性被试，结果不能推广到男性人群；被试的分组不能完全做到等组，等等。

不要因为研究存在局限而过分自责，没有哪项研究可以做到完美无缺。在分析研究的局限性时，不要流于表面地列出一般性的问题，如有些学生会不假思索地这样写道："增加被试效果会更好"，或者"实验应该再做一次，选取普通人群中更具有代表性的样本，而不是大学生"。从某种意义上说，增加被试当然有好处，对于任何研究大概都如此，所以不必赘述。或许你想说的是，事后觉得没有使用足够的被试来发掘实验处理的效果。如果应该用更多的被试，那么一个明显的问题是：为什么在开始的时候不增加被试呢？在研究实施前就必须考虑到应该使用多少被试。

第二种陈述说大学生不能代表一般人群，这不一定正确，要看观测现象的本质。如果研究的现象受教育程度、智商、守旧性、年龄等因素影响，使用学生样本就会产生偏差。例如，总体看来，学生对于种族关系的看法和一般人不同。但是，如果实验研究的现象不受学生特质的影响，比如，测量初级视知觉和记忆广度，那么学生样本就具有代表性。

实质上，"讨论"部分可以显示自我批判能力，它也是对自己的研究进行评判。你可以先预想读者的批评，然后提前做出解释。"进攻是最好的防御手段。"在研究中亦然。如果往期刊投稿，当审阅人看到你的研究时，他们会指出研究中存在的各种问题，并由此评判你的论文是不是值得发表。因此，研究者可以借助于"讨论"部分的写作让审阅人消除疑问，有力地告诉审阅人，"是的，我已经清楚地意识到研究中存在这些问题，而且实验组的数据也很不理想，但是，我仍然能够说明，我的研究依然有效，结果也仍然值得发表。"审阅者看到这里时，即使认为研究是存在缺陷的，但还是会给出"同意录用"或"修改后录用"之类的意见。

（四）对进一步研究的建议

在"讨论"部分要结束时，可进行研究展望，就未得到解决的问题提出几点建议。当然，提出的建议也要有充分的理论根据。不要写"在进一步的研究中，要注意性别差异"或者"用博茨瓦纳被试来重复此实验是很有价值的"。要简要地说明这样做的价值，以及可能的不同结果。

初学者在撰写"讨论"部分时最容易犯的错误主要有：第一，分不清主次，理不清结构，把实验中所有可以算作结果的内容变相地再罗列一遍，并在其中夹杂一些个人看法，带给读者更多困惑；第二，撇开研究的目标与假设，不着要领、离题太远，试图说明自己在该领域的知识是"渊博的"；第三，对研究结果作过度地引申和扩展，有时会不顾及当前研究中的各种约束，试图揭示当前研究的"普遍"意义；第四，不理会前人的研究成果，似乎前人的研究都已经过时了，只需在"引言"部分将其作为背景就可以了。这种错误的最明显表现就是，"讨论"部分不再有任何"参考文献"了。这些错误很容易发生，需要在不断的写作中，随着专业水准的提高和经验的积累逐渐得到改进。

七、结论(与建议)

研究报告正文的最后部分是"结论"（conclusion），有时叫作"结论与建议"。这一部分就是将当前研究确实得到的、可以肯定的部分概括性地呈现出来，它是前述"结果与分析""讨论"后的一个自然总结。这里也需要注意两点：一是不能将前人已有的认识和他人研究的结果作为"结论"，二是不能将研究者的假想、未能肯定的推测、未来研究设想等作为"结论"。结论要简短、肯定。切记，不要把"结论"写成了"结果"的压缩版，它是基于结果的概括和抽象，并超越了样本描述。

在一些应用性研究的报告中，研究者往往根据所得结论针对某一实践领域提出建议。一般情况下，这些建议比较简明、确定，不要做过多的阐释，以防止有"喧宾夺主"之嫌。

八、参考文献和附录

"参考文献"（reference）和"附录"（appendix）已不属于研究报告的正文部分，但同样是重要的。

(一)参考文献

参考文献至少有四方面的作用：第一，为自己的研究及讨论提供支持，并证明研究者本人对该领域的了解程度；第二，向被引用文献的原作者表示谢意，并给予应有的声誉；第三，承认引用，避免"抄袭""剽窃"之嫌；第四，为文稿评审者或阅读者提供进一步查阅相关文献的线索。所以，"参考文献"要为报告中每一引用项提供完整信息，而且要注意，参考文献里列举的项和论文里引用的项必须一一对应，即每个引用项都必须出现在参考文献列表里，而参考文献列表里的每一项又必须是被引用的。一般，参考文献按第一作者姓氏的字母顺序排列。第一作者姓氏字母相同时，独著类的先列出，其他则依照时间先后顺序排列。也有的是按照引用的先后顺序排列。

详细规定还可查阅 *Publication manual of the American Psychological Association*(Sixth edition，2013)。建议使用 EndNote、NoteExpress 等软件来管理参考文献。

这里给出各类文献的格式示例，初学者可参照撰写。

1. 中文文献写作格式

论著与教材类：作者. （出版年）. 著作名. 出版地：出版单位，页码范围.

荆其诚，傅小兰. （2009）. *当代心理学大家*. 北京：北京大学出版社，173-176.

论文集类：作者. （出版年）. 论文题目. 见：论文集编著者. 论文集名. 出版地：出版单位，页码范围.

陈庆荣，邓铸. （2008）. 阅读中的眼动控制理论与 SWIFT 模型. 见：白学军，闫国利 主编. *眼动研究在中国*. 天津：天津教育出版社，42-48.

会议交流类：作者. （会议举办年份）. 论文题目. 会议名称，举办地.

蔡厚德，王伟. （2007）. 词汇加工大脑功能偏侧化与相互作用的 ERP 研究. 全国"普通与实验心理学"2007 学术年会，南京.

学位论文类：作者. （完成年份）. 论文题目. （博士/硕士学位论文），学位论文完成机构.

黄荣. （2011）. 大学生认知开放性量表的编制及其应用. （硕士学位论文），南京师范大学.

期刊论文类：作者. （发表年份）. 论文题目. *期刊名称*，卷号（期号），页码范围.

罗鸣春，黄希庭，严进洪，等. （2010）. 中国少数民族大学生心理健康状况的元分析. *心理科学*，33（4），779-784.

2. 英文文献的写作格式

论著与教材类：作者. （出版年）. 著作名. 出版地：出版单位，页码范围.

Sternberg, R. J. (1985). *Beyond IQ：A Triarchic Theory of Human Intelligence*. New York：Cambridge University Press，56-79.

论文集类：作者. （出版时间）. 论文题目. In：论文集编著者. 论文集名(pp. 页码范围). 出版地：出版单位.

Brown, A. L. (1987). Metacognition, executive control, self-regulation, and other more mysterious mechanisms. In F. E. Weinert & R. H. Kluwe (Eds.),

Metacognition，*Motivation*，*and Understanding*（pp. 65-116）．Hillsdale，NJ：Lawrence Erlbaum Associates.

会议交流类：作者．（会议时间）．论文题目．会议名称，举办地．

Dey，P. P.，Amin，M.，Bright，M.（2008）．Multi-model multi-strategy teaching/learning in science，engineering and technology．*Proceedings of the International Computer Science and Technology Conference*（ICSTC-2008），San Diego．

期刊论文类：作者．（发表时间）．论文题目．*期刊名称，卷号（期号）*：页码范围．

Helic，D.，Maurer，H.，& Scerbakov，N.（2004）．Knowledge transfer processes in a modern WBT system．*Journal of Network and Computer Applications*，27（3），163-190．

不过，就国内学术刊物来说，参考文献的编写方式各有不同。投稿前需要查阅相关刊物最新的版式和最新的"征稿启事"。

（二）附录

"附录"部分是放置其他一些辅助性材料的，它为论文提供多方面的信息支持。一般，下列材料均可放在"附录"中。

（1）统计分析和计算机统计软件包的输出结果

如手工计算的 t 检验，可将 t 值、自由度、概率值等列在正文的"结果"部分，演算过程放在附录中；如果使用电脑计算，t 值等列在"结果"部分，电脑程序的输出结果则放在附录中。

（2）原始数据

有时需要提供原始数据（例如，被试的得分）。这些数据可放在附录中。但是，如果没有专门要求，就不要列出原始数据[①]。

（3）问卷和其他一些纸笔测验

如果是自制的或其他一些不常用的问卷或测验，需要在附录中列出。如果是应用广泛的问卷，就不用列了，提供此测验的来源就足够了。

（4）指示语

有时给被试的指示语很长，很详细。这些指示语要念给被试听，或者把它们放在问卷中或电脑屏幕上。这些指示语就不宜放在正文里，而应放进附录中。

---

① 原始数据的保存是很重要的。论文投递后，在审稿和发表过程中，如果编辑或审稿人员对研究数据的准确性或统计方法提出质疑，作者应随时能够提供原始数据。所以，在文章发表之后，作者还应把原始数据（原始的调查问卷、研究程序等原始资料）保存 5 年以上，以备他人查证或重复分析。

(5)刺激材料

如果要做一项言语记忆实验，要把记忆材料放在附录中。还比如，做一项面孔识别实验，实验中要被试判断面孔是否是名人。附录中就要有一个列表，包括你所用到的名人。如果你的实验要记忆一组抽象几何图形，那么在附录中要列出全部的图片。如果论文包括一个或多个附录，那么你要在论文报告的正文中提及它们。例如，在"结果"部分，你写道："表 1 显示的是各种测试条件下的平均数（原始数据见附录）。"

扩展阅读

一、 研究报告完成后的审核

当研究报告初稿完成后，要留出足够的时间对之进行修改完善。一种有效的做法是，反复阅读自己文稿的每一部分，对文稿的结构完整性，以及语句的精炼性、准确性、流畅性、逻辑性进行检查，也包括符号及标点是否正确。从内容方面来说，可作如下检查。

总体要求：

既要写得清楚简洁，又要用被动语态以正式的格式来论述。

标题和摘要：

1. 标题表达要清楚且信息量大，字数不超过 20 个。

2. 摘要是对研究目的、研究方法、研究结果及结论的简要概述，字数不超过 500 字，一般 200～300 字为宜。

引言：

1. 概述与实验目的相关的前人实验结果和理论。并利用这些信息来说明为什么你的实验值得做。

2. 简要地描述你所要做的实验。

3. 在回顾文献的基础上对你的实验结果进行预测。

研究方法：

1. 要包括实验设计、被试、实验器材、实验程序。

2. 要保证有足够多的相关的重要细节，以便读者通过阅读实验方法部分就能够完整地重复你的实验。

3. 在实验设计部分，要界定自变量和因变量，同时要说明你所采用的是组间设计、组内设计还是混合设计。

4. 务必要提供与被试样本相关的一些背景特征资料，包括参加实验的被试数等。

5. 务必要以恰当的方式来描述实验器材及实验程序部分，而不要只是列出清单。

实验结果：

1. 务必要把你的结果描述清楚，并说明你的论据是否大体上支持你所建立的假设。简单地描述一下结果就行，而不需要解释。

2. 如果你需要呈现一些数据资料，你可以用图表的形式来描述，这样会更清楚明了。

3. 要给你的图表标上数字(例如，表1，图1)以便能在文中引用。图和表要分别标上数字，这样的话，假如你有五个图和三个表格时，就可以表示为图1到图5和表1到表3。即使你只有一个图和一个表，你在文中提到时也要用"图1或表1"这样的表述，而不能用像"这个图表明……"这样的表述。

4. 要确保每个图表都有明确清楚的标签和注释性的标题。

5. 要确保读者在看图表时，即使不对照文章的解释也能看懂图表所表达的意思，反之亦然，即保证读者不看图表，只看文章解释也能明白作者所要表达的意思。

6. 采用推断统计时，要说明你所使用的是什么统计量(如 t 检验、F 检验等)。要给出具体统计量的值、自由度、显著性水平以及你所采用的是单侧检验还是双侧检验。

7. 把原始数据和统计计算列在附录里，不要放在正文里。

8. 记得要把平均数和标准差列出来(或者列出中位数、全距等)。

讨论：

1. 简述你的主要实验结果。

2. 用不同的理论对你的实验结果进行解释。

3. 要简要清楚地指出你最初的假设是否得到实验结果支持。

4. 把你的实验数据和参考文献里提到的其他实验研究结果及理论进行对照和讨论，尤其是前言里提到的那些研究。

5. 指出你的研究里所存在的一些问题，但是不要用很长的篇幅来说一些不重要的、琐碎的批评意见。要为将来进一步的研究提出一些建设性的建议。

参考文献：

在论文的正文部分只需列出作者的姓和发表时间，除非你很清楚这篇直接引文的来源，那你就可以列出你所引用参考文献的具体页码。

在你研究报告最后的参考文献部分，要把你的参考文献以正确的格式列出来。

［资料来源：*How to Design and Report Experiments*. (Field & Hole, 2003)］

二、　编辑的一些典型反应

在你确信稿件已被准确打印，表格和图已被很好呈现，你就可以把你的稿件邮寄给编辑进行评审，然后就开始了漫长的等待。大多数心理学杂志在两个月内给作者返回评审意见，但是有时因为评审者的耽搁或编辑工作的众多，这个过程可能需要花费更多的时间。如果你在三个月后还没有收到回音，问询一下稿件的状态是很合理的。

你最后得到了编辑的回音，结果可能会有多种，每种结果都会引发作者独特的反应。最好的结果当然是编辑说这篇文章很好，可以接受。为了告诉读者这一结果是多么难得，请看以下例子。根据我作为杂志编辑的经验，我大概为接近3000篇稿件做了编辑决定，只有三次我接受了作者第一次提交的原稿，其中两次都来自于同一作者。

当然，最坏的结果就是彻底拒绝。作为作者，你可能会觉得感情受到伤害。这种情感反应是可以想见的。你的第一反应是震惊：我做了这么多工作，这是为什么？然后是愤怒：这些评审和编辑都是傻瓜，或者他们对我或我的研究的问题怀有偏见。这些阶段在不同人身上会持续不同的时间。一个经验丰富的作者会经历时间较短的、不太极端的反应，因为这样的作者对自己发表专业文章的能力有充分的自信，可以理性地对编辑的决定做出评估。在愤怒阶段，不要修改稿件或给编辑写信或打电话，草率的决定可能会使事情变得更糟。

在头两个阶段过去后，一个更为理性的反应开始出现。作者能够阅读评论，并更为客观地评估它们。有时你会逐渐明了，论文投到另一家杂志会更好。但在很多时候，评论可能会很好地指导作者发现适于发表的其他表达方式，或者发现可用其他研究修正缺点。有时，一个作者可能逐渐达到另一个阶段，此时他或她想感谢编辑和评审者拒绝了自己的论文，因为这种拒绝避免了作者因发表带有重大缺陷的文章而在全体同行面前产生的尴尬。

无论结果如何，要记住，许多心理学杂志拒绝85%～90%的稿件，所以不要对一个拒绝做出过分的反应。如果你相信你的文章尽管被拒绝但还有根本的价值，想一些办法来修改它并换投一家新的杂志，这使一个持之以恒的作者通常能够成功地发表文章，虽然不是在第一选择的杂志上。

还有两种编辑决定也经常出现。编辑可能写道："这篇稿件不能按照现在提交的形式被发表，但如果你愿意按评审者的建议作一些修改（见信里附件），我们会考虑修改后的稿件。"这种情况下的关键词是"考虑"。这里，你一定要意识到，编辑并没有做出承诺，如果你修改论文就一定发表，他只是做了重新评审的许诺，这是编辑们经常做的事情。这种决定会令人沮丧，包含某种陷阱。作者可能会花费大量的时间来修改稿件，但在文章重新提交后，编辑只是把稿件送到一个或更多新的评审者那里。然后他们可能会发现一些与前次不同的"缺点"。在这种情况下，修改可能会不断地进行下去。如果情况发生在你的身上，那么给你的论文设置修改的次数可能是比较明智的。

一个较好的结果是：编辑告诉你，如果你愿意做某些评审意见建议的变化，那么文章就可以发表，然后告诉你什么必须要改变、文章的缺点在哪里。这里重要的是，在进行修改前一定要清楚地知道需要改变的地方。如果你不是很清楚文中需要做的改变，尽管向编辑询问。

［资料来源：《心理学研究手册》(Leong & Austin，著，周晓林，等，译，2006)］

✎ 练习与思考

1. 如何理解：美国心理学会《出版手册》，研究报告，抄袭，引用，摘要，关键词，结果，讨论，参考文献？
2. 在心理学领域中，完整的实验研究报告由哪些部分组成？
3. 确定研究报告的"标题"时应注意哪些问题？
4. 研究报告的"摘要"主要反映哪些内容？写作时需要注意哪些问题？
5. 研究报告的"引言"部分应包括哪些内容？
6. 研究报告的"研究方法"主要是由哪些内容组成的？
7. 研究报告的"结果"呈现需要注意哪些问题？
8. 如何撰写研究报告的"讨论"部分？
9. 各类参考文献的撰写格式是怎样的？
10. 哪些材料可以放置在"附录"中？
11. 从《心理学报》《心理学科学》《心理发展与教育》等学术期刊选读一篇研究报告，然后分析其各个部分所包含的内容。并对其写作质量进行评判。
12. 设计并实施一项实验研究，然后撰写出一篇完整的研究报告。

第七章

心理物理学实验范式

心理物理学是实验心理学中的经典内容，又获得了新发展，而且在现代心理学的基础实验研究和应用研究中都有广泛应用。特别是现代信号检测论，在考察被试对目标信号进行检测时，建立了噪声概念，综合考虑对信号的击中和对噪声的虚报，实现了辨别力与判别标准的分离。

本章要旨与重点

◆ 费希纳的心理物理学技术包括三种方法，即最小变化法、恒定刺激法和平均差误法，三种方法各有优缺点，均可用于对绝对感觉阈限和差别感觉阈限的测定，虽然都存在较大的测量误差，但是沿用至今。

◆ 为实现分辨能力与判别标准的分离，克服经典心理物理学的缺陷，现代心理学引入了信号检测技术，以辨别力指数和似然比分别独立地反映被试在信号检测中的辨别能力与判断标准的高低。

◆ 信号检测实验方法主要包括有无法和评价法，二者既有联系又有区别。

◆ 心理量表是阈上心理量与物理量数量关系研究的重要工具，这里主要介绍顺序量表、等距量表、等比量表的制作方法，以及心理量与物理量间的对数定律和幂函数定律。

心理物理学（psychophysics）是研究心理量与物理量之间函数关系的科学，包括经典心理物理学和现代心理物理学。经典心理物理学是费希纳1860年发表的最小变化法、恒定刺激法和平均差误法等方法的总称，是其《心理物理学纲要》中最核心的内容，后经修订而沿用至今，成为测定感觉阈限和制定心理量表的基本范式与技术。现代心理物理学是指信号检测论（signal detection theory），是随信息论、控制论的发展而出现的新的理论和方法，在现代心理学实验研究与决策问题研究等方面有着广泛的应用。

第一节　经典心理物理学方法

一、感觉阈限及其解释

（一）感觉阈限的操作定义

普通心理学中以感觉阈限（sensory threshold）来度量感觉器官的感受性。绝对感觉阈限被定义为"刚刚能引起感觉的最小刺激量"，差别感觉阈限被定义为"刚刚能引起差别感觉的刺激物间的最小差异量"（彭聃龄，2003）。这里的"刚刚"如何测量呢？无法操作。可以把"刚刚"理解为感觉到的一个临界点，当刺激强度大于此点强度时就能被感觉到，小于此点强度时就不能被感觉到。可是，某一强度确定的刺激能否引起接收者的感觉，并不是绝对的，这里存在一个感觉到和感觉不到的概率问题。强度越大被感觉到的可能性越大，反之可能性越小。

就个体接受某种刺激的情况来说，只要相关因素保持稳定，总能找到一刺激强度，在此强度时，感觉到和感觉不到的可能性各占50%。如果以此强度作用于该个体，让其报告有无感觉到，重复进行200次，他报告"有"和"无"的次数大约会各占100次。如果刺激强度增加，则报告感觉到的次数就会大于50%；减小刺激强度，则报告感觉不到的次数就会大于50%。很明显，在这个刺激强度的上下，个体的感觉存在质的差异，这个强度将刺激引起的感觉系列划分成性质不同的两大部分，第一，其刺激多数情况下能被感觉到；第二，其刺激多数情况下不能被感觉到。经过这样的分析，就不难理解绝对感觉阈限和差别感觉阈限的操作性定义了：多次重复实验中，有50%的次数能被感觉到，50%的次数不能被感觉到的刺激强度叫绝对感觉阈限；50%的次数能被感觉到，50%的次数不能被感觉到的刺激变化量叫差别感觉阈限。那么，感觉系统为什么会存在一个阈限，即为什么会存在一个"无感觉"的刺激区域呢？对此，不同的理论假设会做出不同的解释。

（二）感觉阈限的理论解释

具有代表性的阈限理论主要包括：经典阈限理论、神经量子理论和信号检测理论（孟庆茂，常建华，2001）。

1. 经典阈限理论

经典阈限理论是上述感觉阈限操作定义的理论基础。可以认为，外部刺激作用于感受器，引起一系列的神经冲动并将冲动传递到中枢系统，在中枢神经系统引起兴奋，即产生中枢效应。中枢效应的大小受到多方面内外因素的影响，主要包括外部刺激的强度、感受器的感受性、传递通道的效率和中枢系统的激活水平等，这些因素的变化存在随机性，使得一个特定强度的刺激引起的中枢效应也会发生一定的随机变化，其强度变化的形态呈正态分布。被试能否感觉到刺激存在，取决于中枢效应的强度是否达到某一特定强度。当中枢效应的强度大于这一特定强度时，被试就会报告"有"；反之，被试就会报告"无"。因此，在刺激系列中可以找到一个刺激强度，在它引起的中枢效应分布中，大于和小于特定中枢效应强度值的概率各占 50%，这时的刺激强度就是上述定义的感觉阈限。该刺激阈限值不会是零刺激。

经典阈限理论所揭示的阈限本质可以直观地表示成图 7-1 的形式（孟庆茂，2001）。

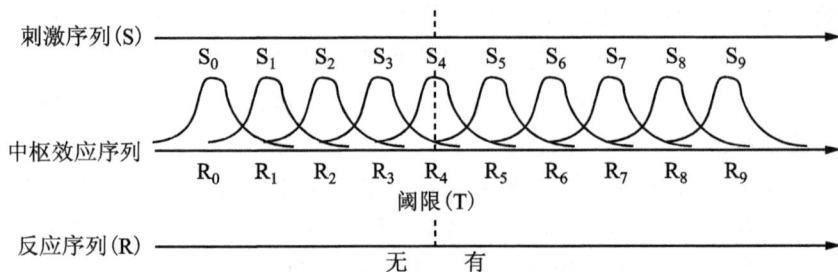

图 7-1 经典阈限理论示意图

图 7-1 中，每一个特定强度的刺激如果不断地重复刺激被试，引起的中枢效应强度也是处于变化中的，其强度变化符合正态分布。假如在 S_4 刺激条件下，其有 50% 的次数能被觉察到，这时我们就说 S_4 是该被试的感觉阈限。R_4 是这一刺激引起中枢效应的平均值，被试以此作为判断有无刺激的感觉标准，凡是中枢效应大于 R_4 的，就报告为有刺激；小于 R_4 的，就报告为无刺激。

2. 神经量子理论

早在 20 世纪 40 年代，斯蒂文斯（1941）根据响度和音高辨别实验的结果，推断基本神经过程是按照"全或无"的方式进行的，即神经活动及其功能是由许多小的单元组成的，每一单元的兴奋都是按照"全或无"的方式。在某种刺激强度作用下，一个神经单元要么达到完全的兴奋，要么完全不兴奋。当刺激强度增加时，如果增加的幅度较小，不足以使得激活的神经单元数增加，这时刺激接收者就不能觉察到刺激强度的变化；如果刺激强度增加的幅度较大，足以激活 1 个以上的神经单元(也有人认为，至少要能激活 2 个神经单元)，这时神经单元的激活数量就增加了，刺激接收者就可以觉察到刺激强度的变化。

如果原有刺激在激活若干神经单元之后还有能量的剩余，刺激强度的增加值与原有剩余值累加在一起可激活一个以上的神经单元，那么这个刺激增量也能够被觉察到。可见，在原有刺激强度不同的情况下，引起差别感觉所需要的刺激增量也不同，所以，原有标准刺激强度不同时，测量到的差别感觉阈限的实验结果会有所波动。

3. 信号检测理论

信号检测理论与经典阈限理论很相似，也是认为人类被试在接受刺激信号的作用时会在中枢系统引起一个中枢效应，而且这一中枢效应的强度不断变化。此外，信号检测总是在噪声背景下完成的，而噪声刺激也同样会引起一个中枢效应，信号刺激和噪声刺激引起的中枢效应都是正态分布。要想感知到信号，信号刺激一般会强于噪声刺激，二者引起的中枢效应分布也会保持一定的距离，而且有一定程度的重叠。人类被试在觉察信号时总是依据统计决策理论进行，先确定一个中枢效应强度标准，然后当信号刺激或噪声刺激引起的中枢效应强度小于这个标准时判断为"无信号"，大于这个标准时就判断为"有信号"。按照信号检测理论，被试的判断标准对应的刺激值就是一个阈限值，这一阈限显然是波动的，而不是一个固定的值，它使得被试能在各种噪音背景下对信号的判断达到一定的正确率。

上述三种理论的解释都有一定的合理性，但还缺乏直接的实验支持，是一个尚在探索中的问题。不管怎样，这些理论有助于我们对感觉阈限的理解。

二、最小变化法

最小变化法(minimal-change method)，也称极限法(limit method)或系列探索法等，是心理物理学中测量阈限的经典方法之一，它的主要特点就是刺激按照"递增"或"递减"的两个方向逐级等距微小变化，以探测被试对刺激有无觉察的转折点，即阈限位置。利用这种方法既可以测定绝对感觉阈限，也可以测定差别感觉阈限。

(一)最小变化法测定绝对感觉阈限

1. 刺激系列的确定

用最小变化法测定绝对感觉阈限的实验自变量是刺激强度,其操纵方法按照递增(可用"↑"标记)和递减(可用"↓"标记)的两种方向变化,刺激系列变化的范围和每次变化的幅度要根据仪器的可能和所测感觉通道的性质而定,一般是确定 15~20 个刺激点形成刺激系列,该系列的最小刺激点应保证远在阈限值之下、最大刺激点应保证远在阈限值之上。比如,根据已有研究了解到,人的听觉阈限在 16Hz 左右,那么测定听觉阈限的刺激系列的范围就可以确定为 6Hz~26Hz,根据刺激点数的要求,每次刺激强度的变化幅度可以控制为 1Hz。

感觉阈限的测定是比较精细的工作,微小的误差都会对测试结果产生明显影响,所以为了结果的可靠性,需要进行更多重复测量,递增和递减系列均需达到 50 次以上。

2. 反应记录

用最小变化法测定绝对感觉阈限的反应变量是被试的感觉,也就是在每次刺激条件下被试有或无感觉的变化。为记录被试的感觉变化,要求被试在每次刺激时报告"有"(感觉到刺激,记为"+")或"无"(感觉不到刺激,记为"—")。在递增系列实验中,从较小的刺激开始逐级增大,记录每次被试的反应或报告,被试的报告从"无"变为"有"时终止该系列;在递减系列实验中,从较大的刺激开始逐级减少,记录被试的反应或报告,被试的报告从"有"变为"无"就终止该系列。在实验和反应记录过程中,还要注意以下几个问题。第一,刺激的改变是等距的。不管是递增还是递减,每次刺激强度的增加量或减少量是固定的。第二,刺激的起点是不确定的。每一次递增系列或递减系列实验的起点应在一定范围内随机变化,不能每次实验都从某一刺激强度开始,这样做是为了避免被试的反应定势(response set)。第三,在被试的反应系列中,可能会出现不能确定的情况,即被试拿不准是"有"刺激还是"无"刺激,被试的感觉实际上已有变化,可以中止该轮实验系列,并将反应记为"?"。第四,在递增和递减两种实验系列的实验编排上,也要注意克服系列效应可能带来的误差,如练习效应和疲劳效应等,可采用"↑↓↓↑……"或"↓↑↑↓……"的方法交替使用递增和递减序列,以克服系列效应的影响。

3. 阈限值的计算

根据感觉阈限的操作定义,阈限值应是被试报告"有"反应和报告"无"反应的次数各为 50% 时的刺激强度。就一轮递减实验系列来说,有一个被试从"有"反应转变为"无"反应的转折点,这一转折点之前的刺激被试感觉到了,只就这一次来说被试"100％"地感觉到了；在转折点之后的刺激被试没有感觉到，只就这一次来说被试"0％"地感觉到了，于是可以认为，介于这两个刺激点之间的中间点就是被试"50％"次感觉得到和"50％"次感觉不到的点，这一点就是该次实验得到的阈限值位置，类似地，也可以确定在递增系列实验中的阈限值位置，由此可以得到许多个"阈限值"。当所有实验系列的"阈限值"都计算出来后，计算它们的平均值就得到实验的最后结果，即感觉阈限。

现在，以音高绝对感觉阈限的测定为例，说明上述关于自变量的确定、反应记录和阈限值的确定等过程。将这些过程全部表示成表 7-1 所示的形式（孟庆茂，2001）。按照表 7-1 中记录的实验结果，先计算每一次实验得到的一个"阈限值"，即表中倒数第二行的数值。最后将全部"阈限值"平均，得到该被试音高绝对感觉阈限为 14.8Hz。

表 7-1 音高绝对阈限的测定

顺序	1	2	3	4	5	6	7	8	9	10	11	12	13	14	15	16	17	18	19	20
系列	↓	↑	↑	↓	↓	↑	↑	↓	↓	↑	↑	↓	↓	↑	↑	↓	↓	↑	↑	↓
24	+								+											
23	+			+				+	+											+
22	+			+	+			+	+				+				+			+
21	+			+	+								+				+			+
20	+			+	+			+				+	+			+	+			+
19	+			+	+			+				+	+			+	+			+
18	+			+	+			+				+	+				+			+
17	+			+	+			+	+				+				+			+
16	+	+	+	+	+		+	+	+			+	+				+	+	+	+
15	−	−	−	+				+	+			−	+	?	+	+	+	−	+	−
14		−	−			+	−	−	?		+		+			+	−	−		
13		−	−					−			+		−							
12		−	−					−			−									
11		−	−					−			−									
10		−	−					−			−									
9		−	−					−			−									
8		−	−					−			−									
											−									
阈限值（T）	15.5	15.5	15.5	14.5	15.5	13.5	15.5	14.5	14.5	16.5	13.5	15.5	13.5	14.5	14.5	13.5	14.5	15.5	14.5	15.5
	M＝14.8 SD＝0.84																			

（刺激——纯音频率（Hz））

使用最小变化法测量绝对感觉阈限，要注意对误差的分析和控制。那么如何分析和控制实验中的误差呢？根据实验的操作过程，实验中的误差主要包括：习惯误差(error of habituation)、期望误差(error of expectancy)和系列误差(serial error)，其中系列误差主要是随着实验进程的增加，被试可能出现的疲劳效应和练习效应。这其中的习惯误差和期望误差可以通过递增和递减的方法加以平衡，但是疲劳效应和练习效应难以得到完全的控制或平衡，只能通过二者相加进行一定程度的抵消，因为疲劳效应和练习效应对测试结果的影响方向相反。另外，实验中采用不确定的刺激起点也是为了克服反应定势可能带来的误差。那么，如何考察实验中各种误差因素控制的效果，即如何通过实验结果分析各种误差效应？对此，可做如下分析。

第一，练习效应和疲劳效应的分析。练习效应(practice effect)，就是随着实验次数的增加，被试对实验任务操作的熟练性逐步提高，反应的准确性越来越好。对于感觉阈限的测定来说，如果存在练习效应，被试对实验任务及任务操作就会越来越熟练，其对微弱刺激的分辨能力越来越强，意味着测得的阈限值越来越小。如果将全部实验序列按时间均分为前后两部分，那么前半部分测得的阈限值就会大于后半部分测得的阈限值。如果不存在练习效应，或练习效应被疲劳效应抵消，则不会出现前半部分阈限值大于后半部分的情况。

疲劳效应(fatigue effect)，就是随实验次数的增加，被试的疲劳程度越来越高，从而导致实验任务的操作绩效越来越差。对于绝对感觉阈限的测定来说，如果存在疲劳效应，那么实验次数的增加会导致被试感觉分辨能力的降低，测得的阈限值会提高，这时将全部实验均分为前后两部分，则前半部分测得的阈限值应低于后半部分测得的阈限值。如果不存在疲劳效应，或疲劳效应被练习效应抵消，则不会出现前半部分测得的阈限值低于后半部分测得的阈限值的情况。

概括来说，研究者在实验测试结束后，可以将全部实验操作序列按时间顺序均分为两部分，对前后两部分测得的阈限值进行比较并进行差异显著性检验，如果是前半部分测得的阈限值显著大于后半部分测得的阈限值，显示存在练习效应；如果是前半部分测得的阈限值显著小于后半部分测得的阈限值，显示存在疲劳效应；如果差异不明显，则不存在练习效应和疲劳效应，或者两种效应基本达到了相互抵消。

第二，期望效应和习惯效应的分析。期望效应(expectancy effect)，是指在实验系列中被试对感觉改变的期待所造成的反应偏差。当采用递增系列实验时，被试期望能早一点"感觉到"，引起提前反应，导致测得的阈限值低于阈限真值；当采用递减序列实验时，被试则会期望能早一点"感觉不到"，也会引起提前反应，导致测得的阈限值高于阈限真值。

这就是说，如果实验中存在期望误差，就会出现递增序列中测得的阈限值偏低、递减序列中测得的阈限值偏高，所以总体上递减序列的阈限值高于递增序列的阈限值。

习惯效应（habituation effect），是指在一个实验系列中，被试连续采用某种相同的反应方式则会导致一种习惯性偏差，即导致被试的反应改变滞后。如果存在这种习惯效应，那么在递增系列实验中，被试连续"感觉不到"的反应会导致"感觉到"的反应滞后，测得的阈限值高于阈限真值；在递减系列实验中，被试连续的"感觉到"的反应会导致"感觉不到"的反应滞后，测得的阈限值低于阈限真值。

这就是说，如果实验中存在习惯效应，就会导致递增系列中测得的阈限值偏高、递减系列中测得的阈限值偏低，所以从总体上递减序列的阈限值低于递增序列的阈限值。

概括来说，研究者在实验测试结束后，将实验结果按递增和递减分为两部分，对两部分测得的阈限值进行差异性分析。如果递增系列的阈限值显著大于递减系列的阈限值，显示存在习惯效应；如果递增系列的阈限值显著小于递减系列的阈限值，显示存在期望效应。

（二）最小变化法测定差别感觉阈限

1. 刺激系列的确定

利用最小变化法测定差别感觉阈限的刺激包括一个刺激强度恒定的标准刺激（standard stimulus，简称 S_t）和一个变化的比较刺激（comparison stimulus，简称 S_v）系列，比较刺激系列的最小刺激点远在标准刺激之下，被试能明显感觉到其弱于标准刺激；比较刺激的最大点远在标准刺激之上，被试能明显感觉到其强于标准刺激。在比较刺激系列中包括等距的 15～20 个刺激点，这里有一个与标准刺激相等的刺激。实验中每次呈现一个标准刺激和比较刺激，两个刺激可同时呈现也可先后呈现，这需要视具体情况而定。要求被试对二者引起的感觉强度进行比较。比较刺激也包括递增和递减的两种系列，刺激起点也要有所变化。

2. 反应记录

在差别阈限的测试中，被试的反应有四类，即感到比较刺激"小于"标准刺激，记为"－"；感到比较刺激"等于"标准刺激，记为"＝"；感到比较刺激"大于"标准刺激，记为"＋"；当被试对比较刺激表示怀疑、拿不准时，可记为"？"。以时间差别阈限的测定为例，对被试反应的记录如表 7-2 所示。

表 7-2　时间差别阈限的测定

顺序	1	2	3	4	5	6	7	8	9	10	11	12	13	14	15	16	17	18	19	20
系列	↑	↓	↓	↑	↑	↓	↓	↑	↑	↓	↓	↑	↑	↓	↓	↑	↑	↓	↓	↑
0.64		+																		
0.60		+								+				+						
0.56		+	+				+			+				+				+		
0.52		+	+			+		+						+	+		+	+		+
0.48	+	+	+	+	+	+	+	+	+	+	+	+	+	+	+	+	+	+		+
0.44	+	+	+	=	+	+	+	=	=	+	+	+	+	+	+	+	+	+	+	=
0.40	=	?	−	+	=	=	−	?	+	=	=	=	=	?	−	−	=	=	−	=
0.36	−	−	−		−	−	−	−	−		−	−	−		−	−	−	−	−	
0.32	−	−	−		−	−	−	−	−		−	−	−			−		−	−	
0.28	−	−			−	−		−	−		−	−	−			−		−		
0.24	−		−			−			−		−	−				−		−		
0.20	−				−	−					−					−				
0.16	−				−											−				
0.12	−																			
上限 T_+	0.42	0.42	0.42	0.46	0.42	0.42	0.42	0.46	0.46	0.42	0.42	0.42	0.42	0.42	0.42	0.42	0.42	0.46	0.42	0.46
下限 T_-	0.38	0.38	0.42	0.38	0.38	0.38	0.34	0.38	0.34	0.38	0.34	0.38	0.38	0.38	0.38	0.38	0.38	0.38	0.38	0.42

（左侧纵向标注：比较刺激系列（秒））

上限平均值 $\overline{T}_+=0.430$　　下限平均值 $\overline{T}_-=0.378$　　不确定区间 $IU=\overline{T}_+-\overline{T}_-=0.052$

差别感觉阈限 $DL=IU/2=0.026$　　　　主观相等点 $PSE=(\overline{T}_++\overline{T}_-)/2=0.404$

常误 $CE=PSE-S_t=0.004$

3. 阈限值的计算

在被试反应系列中，存在着一个不确定区间（interval of uncertainty，简称 IU），就是从被试不能判断比较刺激是不是小于标准刺激的下限到被试不能确定比较刺激是不是大于标准刺激的上限之间的区域，该区域的存在就是由差别阈限导致的。不确定区间的下限和上限也是一个阈限，可定义为：50％判断为"小于"标准刺激、50％判断为"等于或拿不准"的比较刺激强度是不确定性区间的下限（T_-）；50％判断为"大于"标准刺激、50％判断为"等于或拿不准"的比较刺激强度是不确定性区间的上限（T_+）。不确定区间的中点是被试在比较判断中实际的参照点，也叫主观相等点（point of subjective equality，简称 PSE），该点常常与实际刺激的相等点不完全相等，即存在主观相等点偏差，叫作常误（constant error，简称 CE），等于主观相等点强度减

去标准刺激强度 S_t；不确定性区间的 1/2 就是所要测定的差别阈限值（DL）。可得到下列计算公式：

$$IU=(T_+ - T_-) \quad PSE=\frac{(T_+ + T_-)}{2} \quad DL=\frac{(T_+ - T_-)}{2} \quad CE=PSE-S_t$$

现以时间长短估计的差别阈限测定为例说明上述过程，测试中的刺激系列、反应记录和阈限确定如表 7-2 所示。

在使用最小变化法测定差别感觉阈限时，也可能会产生像测定绝对感觉阈限时那样的习惯、期望、疲劳、练习等误差效应，同时还可能出现因比较刺激与标准刺激在呈现时间的先后、空间位置的左右或上下等带来的误差，所以要采取相应的措施，减少误差影响。

采用最小变化法测定差别感觉阈限，除要考虑并设法控制上述误差外，还要考虑被试的主观因素可能带来的影响，比如，个性因素对不确定性区间大小的影响，也即对测得的差别阈限的影响。

有的个体，在判断比较刺激与标准刺激是否有差异时较为谨慎，除非是明显感到有差异，否则他不会做出"大于"或"小于"的反应，测得的不确定性区间相对较大，得到的差别阈限值也会比较大；相反，有的个体比较自信、冒进，就会在似有若无的差别感觉时做出"大于"或"小于"的反应，不确定性区间相对较小，差别阈限值也会比较小。

因此，使用最小变化法测定差别阈限过程中存在一个明显的误差因素，即个性因素。个性与感受性同时对被试的反应发生影响，无法分离，这是最小变化法的一个明显缺陷。

三、恒定刺激法

前述最小变化法的实验程序相当烦琐，而且存在明显的期望效应和习惯效应，在数据的使用上也很不充分。为克服这些问题，可以采用恒定刺激法（constant-stimulus method）进行阈限测定。恒定刺激法也叫次数法（frequency method）、正误法（true-false method）等，它是以相同的次数呈现少数几个恒定的刺激，通过被试对每一个刺激觉察到的次数来确定阈限。其特点是：第一，只使用从能经常感觉到的刺激到经常感觉不到的刺激之间的5～7个恒定刺激点，这几个刺激值在整个实验过程中固定不变；第二，各刺激点是随机呈现的，不像最小变化法那样必须按照某种顺序呈现，这也减少了实验的烦琐性。相对而言，使用恒定刺激法测定感觉阈限更为简单，使用也更加广泛一些。

(一)恒定刺激法测定绝对阈限

1. 刺激系列的确定

恒定刺激法的自变量也是刺激强度,在强度变化系列中选择 5～7 个恒定的刺激。首先要确定刺激的范围,根据经验和预先测试找到从经常感觉不到(感觉到概率小于 5%)至经常感觉得到(感觉到概率大于 95%)的刺激范围。范围确定后,确定 5～7 个等距刺激点。刺激的呈现是随机的,各种强度刺激的呈现次数要保持相等,而且呈现次数要多,一般每种刺激要呈现 50～200 次。

2. 反应记录

每呈现一次刺激都要求被试报告是否感觉到,即报告"有"或"无"。该类实验同样也要重复很多次,得到每一刺激强度对应的被试报告"有"或"无"的次数,并求出各自的百分数,以此计算阈限。例如,使用恒定刺激法来测定手背某一部位皮肤的两点阈。实验选定 5 个刺激点,两点阈规的两脚距离分别为 8 毫米、9 毫米、10 毫米、11 毫米和 12 毫米,每个刺激呈现 200 次,共做实验 1000 次,刺激顺序随机。每次呈现刺激时要求被试根据感觉报告"两点"或"一点"。统计被试报告的次数,如表 7-3 所示(Woodworth & Schlosberg, 1954)。

表 7-3　用恒定刺激法测定两点阈的实验记录

刺激(mm)	8	9	10	11	12
回答"两点"次数	2	10	58	132	186
回答"一点"次数	198	190	142	68	14
回答"两点"百分数	1	5	29	66	93

3. 阈限值的计算

利用表 7-3 所示的实验结果计算被试的绝对感觉阈限,有多种方法可用,其中较为简明和较为常用的是 S-P 作图法或直线内插法、平均 Z 分数法。

S-P 作图法和直线内插法。不难推断,随着刺激强度的增加,被试感觉到刺激的概率也随之提高,因此刺激强度与感觉概率之间存在着一条关系曲线,即 S-P 曲线,这条关系曲线或其近似曲线可以通过若干实验数据得到。这一曲线经过或近似地经过"感觉到"的概率为 50% 的坐标点,该点的横坐标就是感觉到和感觉不到的次数各为 50% 的刺激强度,这就是绝对感觉阈限。根据表 7-3 的数据,得到两点阈实验中报告"两点"的 S-P 曲线,如图 7-2。从图 7-2 中纵坐标为 50% 处作水平线交于 S-P 曲线上,再从交点处向横坐标作垂线交于横坐标轴,该交点对应的横坐标就是所要测试的感觉阈限值。本例中,阈限值在 10.50 稍偏向 11，约为 10.60。

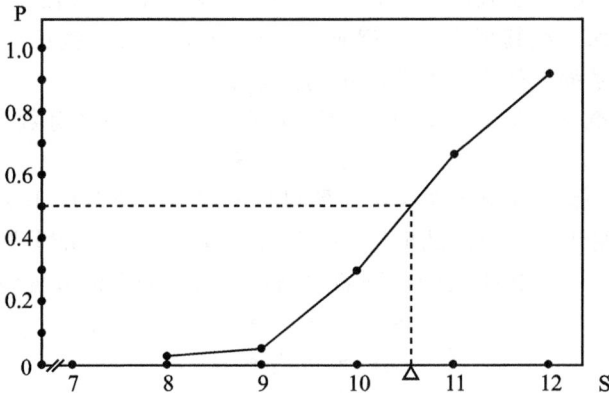

图 7-2 恒定刺激法测定感觉阈限中的 S-P 作图法和直线内插法

作图法是最简单的阈限值确定方法，如果实验次数很多，误差控制比较严密，可以通过 S-P 图得到较为准确的结果。如果在阈限值附近，曲线接近于直线，可以直接利用与阈限值相近的坐标点的坐标计算阈限值，即直线内插法。直线内插法是将刺激强度作为横坐标，以相应反应次数的百分数作为纵坐标，画出曲线。然后再从纵轴 50％处画出与横轴平行的直线，与曲线相交于点 a，从点 a 向横轴画垂线，垂线与横轴相交处就是绝对阈限。根据表 7-3 和图 7-2 所示，与阈限值接近的两个坐标点是：$(S_1, P_1) = (10, 29)$，$(S_2, P_2) = (11, 66)$。

设感觉阈限值为 DL，其对应的纵坐标值为 50％，则根据直线内插法公式得到：

$$\frac{DL - S_1}{S_2 - S_1} = \frac{50 - P_1}{P_2 - P_1}$$

故 $DL = S_1 + \dfrac{(S_2 - S_1)(50 - P_1)}{(P_2 - P_1)} = 10 + \dfrac{(11 - 10)(50 - 29)}{(66 - 29)} = 10.57$

S-P 作图法和直线内插法在原理上是一致的，也都属于较简单的阈限计算方法。但是这两种方法的缺点比较明显，它没有充分地使用实验数据，容易受到取样误差的影响，尤其是当实验次数相对较少时，影响就会更加明显。下面，介绍一种较为复杂的方法，这种方法更充分地使用了实验数据，可以更好地克服取样误差和随机误差。

平均 Z 分数法。按照随机事件的统计规律，随着刺激强度的增加，被试觉察到刺激的概率越来越大，是一个逐渐累加的过程，而这一累加过程应该是按照正态分布的累加曲线变化的，于是在这一实验过程中就存在着相互对应的三个数据：刺激强度、感觉到该刺激的次数百分数、对应于该百分数的 Z 分数。也就是说，在刺激系列的某一变化过程中，被试报告"有"感觉的概率呈现正态累加。在其报告"有"感觉为 50％ 次的位置，就正好是 $Z=0$ 的位置，此时的刺激强度就是我们要测量的阈限值。

根据 Z 分数的计算方法，我们知道刺激强度变化与 Z 分数具有线性关系：

$$S = S_0 + Z \cdot SD$$

公式中：S 是一刺激的强度，S_0 是刺激平均值，即对应于 $Z=0$ 的刺激强度，Z 是刺激变化系列中被试报告"有"感觉概率分布的标准分数，SD 是刺激系列的标准差。于是根据实验得到的数据，可得到如下的方程组：

$$S_1 = S_0 + Z_1 \cdot SD \qquad ①$$
$$S_2 = S_0 + Z_2 \cdot SD \qquad ②$$
$$S_3 = S_0 + Z_3 \cdot SD \qquad ③$$
$$S_4 = S_0 + Z_4 \cdot SD \qquad ④$$
$$S_5 = S_0 + Z_5 \cdot SD \qquad ⑤$$

将上述等式①、②、③相加并除以 3，③、④、⑤相加并除以 3，即得到：

$$(S_1 + S_2 + S_3)/3 = S_0 + [(Z_1 + Z_2 + Z_3)/3] \cdot SD \qquad ⑥$$
$$(S_3 + S_4 + S_5)/3 = S_0 + [(Z_3 + Z_4 + Z_5)/3] \cdot SD \qquad ⑦$$

在公式⑥和⑦中，包含了刺激值平均数和标准分数平均数，这些平均数可以从实验数据计算出来，因此利用这两个等式即可计算出 S_0，该值就是我们要测定的阈限值。具体计算如表 7-4 所示。

表 7-4　用平均 Z 分数法计算两点阈

S	$\overline{S}$	P	Z	$\overline{Z}$
8		0.01	-2.33	
9	$9(\overline{S_1})$	0.05	-1.64	$-1.51(\overline{Z_1})$
10		0.29	-0.55	
11	$11(\overline{S_2})$	0.66	$+0.41$	$0.45(\overline{Z_2})$
12		0.93	$+1.48$	

平均的刺激值 9 对应的平均 Z 分数为 -1.51、平均的刺激值 11 对应的平均 Z 分数为 0.45，代入等式⑥和⑦即可计算得到 $S_0 = 10.54$。这一计算结果与前述的 S-P 作图法和直线内插法所得结果基本一致，应该说这一计算过程更可靠。

(二)恒定刺激法测定差别感觉阈限

1. 刺激系列的确定

利用恒定刺激法测定差别感觉阈限，需要先根据标准刺激强度确定比较刺激的强度范围，然后在该范围内选择 5～7 个等距的恒定刺激点。

2. 反应记录

使用恒定刺激法测定差别感觉阈限的过程有多种形式，分为两类反应和三类反应。而不同的方法在阈限值的确定程序上也不相同。

（1）两类反应的实验

①当比较刺激等于和大于标准刺激时，要求被试只作"相等"和"大于"的报告。如果被试"拿不准"或感觉"小于"，则视为"等于"的报告；

②当比较刺激等于和小于标准刺激时，要求被试只作"相等"和"小于"的报告。如果被试"拿不准"或感觉"大于"，则视为"等于"的报告；

③当比较刺激扩展到从小于标准刺激到大于标准刺激的范围，仍然要求被试只作两类反应，即只能报告"大于"或"小于"。这种使被试难以区分也要在两种反应中选择一种倾向的方法叫"迫选法"（forced-choice method）。

（2）三类反应的实验

迫选法有时会带来被试内在冲突，引发不愉快的情绪。当刺激系列扩展到大于和小于标准刺激的范围时，被试采用三种反应才是符合实际情况的，即"大于""相等"和"小于"，可将其分别记为"＋""＝""－"。

但在三类反应的实验中，被试的态度等个性因素会对实验结果产生明显影响。我们在讨论最小变化法时已讨论过这一问题。

3. 差别感觉阈限的计算

（1）两类反应中差别阈限的计算

下面就两类反应的两种情况分别举例加以说明："大于"和"相等"反应（"小于"和"相等"反应的实验过程及计算与此相似，不再赘述）；"大于"和"小于"反应。

第一，"大于"和"相等"反应。如测定重量差别感觉阈限的实验：标准刺激为 200 克，比较刺激系列是：200 克、202 克、204 克、206 克、208 克、210 克，每个比较刺激与标准刺激比较 100 次，共比较 600 次。实验中被试的反应有"大于"和"相等"两种。记录每次实验中被试的反应，然后统计出各种刺激下被试报告"大于"或"等于"的次数及其百分数，结果如表 7-5 所示。

表 7-5　重量差别感觉阈限的测定（"大于"和"相等"反应）

比较刺激（克）	200	202	204	206	208	210
"大于"反应的百分数	3	29	45	73	88	96

在这种实验范式中，因为只有"相等"和"大于"两类反应，"大于"反应的概率为 50% 的刺激点，实际上就是被试从能够更多感觉到比较刺激与标准刺

激的差别过渡到更多感觉不到比较刺激与标准刺激差别的转折点，这一点的刺激值与标准刺激的差异量就是所要测定的差别阈限。所以，这一结果的计算过程与用恒定刺激法测定绝对感觉阈限的计算方法是相似的。可以利用 S-P 作图法或直线内插法，也可以利用平均 Z 分数法。

第二，"大于"和"小于"反应。当比较刺激系列是从小于标准刺激至大于标准刺激的范围，而要求被试只做"大于"或"小于"的两种"迫选"反应时，如何确定差别阈限呢？

以 200 克的重量为标准刺激，从 185 克～215 克中以 5 克的间距选择 7 个重量作为比较刺激。刺激呈现后要求被试以口头报告的方式做两类反应，即"大于"和"小于"。比较刺激随机呈现，分别与标准刺激比较至少 100 次，进而计算每种刺激在上述两种反应中各自的比例，实验结果如表 7-6 所示。

表 7-6　两类"迫选"实验的结果

比较刺激（克）	185	190	195	200	205	210	215
"大于"的比例	0.07	0.21	0.28	0.55	0.73	0.79	0.90
"小于"的比例	0.93	0.79	0.72	0.45	0.27	0.21	0.10

［资料来源：赫葆源，张厚粲，陈舒永（1983）］

表 7-6 中的数据显示，随着比较刺激强度的增加，被试报告"大于"的次数越来越多，报告"小于"的次数越来越少，可将其变化关系表示成图 7-3 所示的形式。

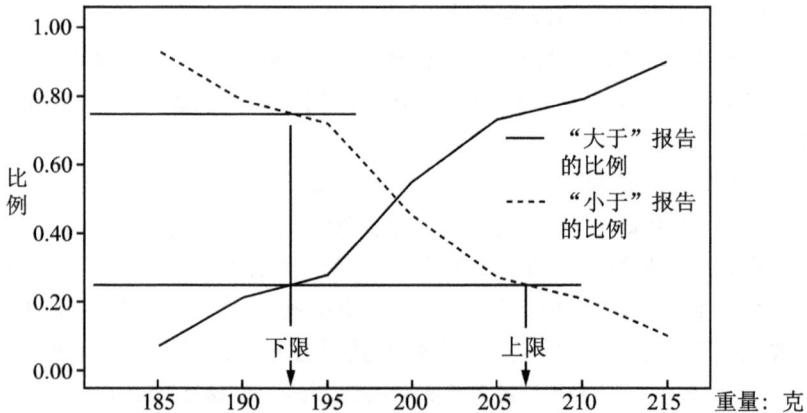

图 7-3　迫选法两类反应的实验结果

图 7-3 中两条曲线恰好在 50％处相交，该交点对应的横坐标约为 199 克。在此点，有一半的次数报告"大于"，一半的次数报告"小于"，这实际上是被试感觉上的与标准刺激的主观相等点。在这种实验中，就不能取与 50％点对

应的比较刺激作为上限和下限。与标准刺激完全能区分的重量在 100％ 的报告"大于"或"小于"处，与标准刺激完全不能区分的重量报告"大于"或"小于"均为 50％ 处。因此，取二者的中间位置，就在报告"大于"或"小于"为 75％ 处，该位置对应的刺激强度即为不确定性区间的上限或下限。从作图看，分别大约在 206.5 和 192.5 处。于是，可得到差别阈限：$DL=(206.5-192.5)/2=7$ 克

这样测得的差别阈限与前面所提到的操作性定义不太符合，因为上限和下限与标准刺激比较时被试报告"大于"或"小于"的百分数是 75％ 或 25％，所以常把这种差别阈限称为 75％ 差别阈限或 25％ 的差别阈限。

（2）三类反应中差别阈限的计算

使用三类反应的实验来测定差别感觉阈限时，就是明确地承认被试在知觉判断中存在一个不确定区间，这个不确定区间的上限，应该是有 50％ 的次数感觉到比较刺激"大于"标准刺激；不确定区间的下限，应该是有 50％ 的次数感觉到比较刺激"小于"标准刺激。测得了不确定性区间的上限和下限后，就可以计算差别阈限和主观相等点了。而不确定性区间上限与下限的确定可以使用前述的直线内插法、平均 Z 分数法或作 S-P 图等。

四、平均差误法

平均差误法（average error method），也称平均误差法、调整法（adjustment method）、均等法，其实验程序是：为被试提供一个标准刺激作为参照点，然后让被试自己调整一比较刺激，直到被试感觉到他自己调整的比较刺激与标准刺激相等，记录被试调整后比较刺激的实际大小与标准刺激的差异，即误差或差误值（error），重复多次后即可得到一个平均的误差或差误，以此方法测量被试的绝对感觉阈限或差别感觉阈限，就叫作平均差误法。下面先举例说明如何使用平均差误法测量被试的差别感觉阈限。

例如，在被试正前方 2m 远处立一个高 1m 的标杆，标杆的高度是固定的。然后交给被试一个装有位置可调的滑块的长杆，长杆带有长度标尺，每一次实验中要求被试调整滑块的位置直到他认为在长杆上标出的一个长度与前方标杆的高度一致时为止。这时我们就可以记录被试实际调出的长度并与前方标杆的长度比较，求出被试每次调整的误差。如果要求被试调整很多次，其中有一半的实验是要求被试从某一段杆长明显短于标杆时开始调整，另一半实验则是要求被试从某一段杆长明显长于标杆开始调整，则可以认为，被试调整误差的绝对值的平均值等于被试的差别感觉阈限（每一次调整结果与主观相等点的差值的绝对值平均数也可以算作差别阈限）、被试所有实验中调整得到的长杆的长度平均则为其主观相等点、所有误差的代数和平均则可以得

到被试实验中的常误。

平均差误法测定差别阈限，有两种计算方法（朱滢，2000）：

①对每次的调整结果（X）与主观相等点（PES，多次调整结果的平均数）之差的绝对值加以平均，这个差别阈限的估计值用符号 AE_M 表示：

$$AE_M = \frac{\sum |X - PES|}{N}$$

②对每次调整结果（X）与标准刺激（S_t）之差的绝对值加以平均作为差别阈限的估计值，用符号 AE_{st} 表示：

$$AE_{st} = \frac{\sum |X - S_t|}{N}$$

在使用平均差误法测定差别阈限的实验中，把标准刺激强度设为"0"时，测得的就是绝对感觉阈限。比如，明度绝对阈限的测定程序为：当一个刺激的明度较大时，被试可以看到这一刺激，然后要求被试逐渐减小刺激的明度直到他看不到这一刺激停止调整；当一个刺激的明度非常小，被试在看不到这一刺激的条件下开始增加刺激的明度直到刚刚看到这一刺激停止，如此反复经多次实验所得到结果的平均就是该被试的绝对感觉阈限。因为，在这一实验程序中，标准刺激强度为"0"，被试每一次调整的误差就是其调整的结果减去"0"，本身就是被试调整的结果，所以将被试多次调整的结果直接平均也就得到了绝对感觉阈限值。

平均差误法的操作比较简单，而且被试参与程度比较高，积极性也比较高。不过，平均差误法依然存在一些误差，如空间误差、时间误差、动作误差等系统误差。

五、三种心理物理学方法的比较

费希纳的三种心理物理学方法成为实验心理学中最经典的内容，在现代实验心理学的基础研究和应用研究中仍有广泛应用。这三种方法各有特点，各有优缺点，对此可从以下几个方面来比较（杨治良，1998）。

1. 从感觉阈限的含义上来比较

最小变化法最符合感觉阈限的操作定义，同时因为被试知道刺激呈现的顺序，能把注意力集中到特别需要注意的地方，从而取得较好的实验结果。但也正是因为被试知道实验的操作秩序，则容易产生期望误差、习惯误差。这种方法适宜于测定可以按小阶梯变化的刺激的感觉阈限，不适宜于测试连续变化的、适应性强的刺激的感觉阈限。

2. 从被试者方面来比较

最小变化法和恒定刺激法都要求较多的实验次数，被试被动参与实验，显得单调，容易造成被试的疲乏和厌烦。但是在平均差误法实验中，被试的主动参与能激发其实验兴趣。从此方面看，平均差误法优于最小变化法和恒定刺激法。

3. 从误差方面来比较

三种方法都会产生较大误差。最小变化法易产生期望误差、习惯误差和系列误差。恒定刺激法用于那些不能随意改变的刺激的感觉阈限较方便，但是在使用三类反应时，不确定性区间受主观因素影响明显。使用二类反应虽然可以避免不确定性区间稳定性方面的问题，但是迫使被试做出某种反应很不自然，容易产生逆反情绪。还有，在恒定刺激实验中，刺激随机呈现，被试具有较多猜测的成分。平均差误法实际上测到的只是一个近似值，结果不能与其他方法的结果相比较。

4. 从效率方面来比较

平均差误法的效率最高。恒定刺激法的每一组数据都可以用上，效率也较高，而最小变化法实验次数多、使用数据不充分，所以效率最低。

以上各方法的优缺点都是相对而言的，使用哪一种方法要根据实验要求、被试情况和刺激性质而定。但要对两个阈限值进行比较时，这两个阈限值必须是用相同方法测试的。

第二节　现代信号检测方法

经典心理物理学借助于感觉阈限来测量感觉器官的感受性，具有一定的科学性。但在实验过程中，被试的判断与其主观标准有关，明显受到其他心理特征的影响。在经典心理物理学方法中，被试感觉器官的感受能力、主观判断标准等交织在一起而无法分离。例如，采用恒定刺激法中的三类反应方法测量差别阈限时，被试的自信程度或者谨慎态度会对测量结果产生影响。那么如何才能克服主观判断标准对感受能力、信号分辨能力测量的影响呢？与传统的心理物理法测量论的感受性相比，采用信号检测论（signal detection theory，简称 SDT）方法，不仅可以测量个体的感受性或辨别能力，而且能够测量出个体的反应倾向或者在做出决策时的判断标准。

一、信号检测论的数学基础

第二次世界大战期间，人的信号接收与分辨能力显示出重要而特殊的意义，成为一些军事科学家特别关注的课题，再加信息论、控制论和雷达技术的影响，信号检测论的形态逐渐形成，它概括了各种概率(probability)判断事件中的特征和规律，提出了人们在概率事件判断中的基本心理机制：存在一个信号识别的主观标准，以此作为信号识别的判据，人们并不企求每一次信号识别的成功，但追求整体利益最优。所以，信号检测论的数学基础是概率判断。实验心理学教材普遍采用骰子游戏来说明这一概率判断的原理。

有三个骰子，其中两个是正常的，六面分别有1，2，3，4，5，6个点子；一个是特殊的，其三个面没有点子，另三个面都有3个点子。现在，随意抛出三个骰子，报出三个骰子朝上一面点数的总和，让你猜测特殊骰子朝上一面的点数是"0"还是"3"。比如，总点数是5，你猜多少？总点数是11，你猜多少？……在这样的猜数游戏中，你能否保证每一次的回答都是正确的呢？不太可能。但是，能否保证在若干次实验后总体上成功的次数多于失败的次数呢？这却是很容易做到的。现在来分析，各种总点数情况下，第三个特殊骰子朝上一面的点数为"0"或为"3"的相对概率如下。

三个骰子的总点数：　　　　　2 3 4 5 6 7 8 9 10 11 12 13 14 15
特殊骰子为"0"的相对概率：1 2 3 4 5 6 5 4 3　 2 1 0 0 0
特殊骰子为"3"的相对概率：0 0 0 1 2 3 4 5 6　 5 4 3 2 1

当三个骰子总点数为2时，只能有一种可能的点数组合方式，即两个正常骰子点数均为"1"，特殊骰子点数为"0"而不可能为"3"；当总点数为6时，存在7种可能的点数组合方式，特殊骰子点数为"0"的有5种可能，为"3"的有2种可能；当总点数为10时，存在9种可能的点数组合方式，特殊骰子点数为"0"的有3种可能，为"3"的有6种可能……总体来看，当三个骰子的总点数小于或等于"8"时，第三个骰子点数为"0"的概率大于为"3"的概率；当三个骰子的总点数大于或等于9时，第三个骰子点数为"3"的概率大于为"0"的概率。所以，如果报出的三个骰子总点数小于或等于8，就猜第三个骰子的点数为"0"；如果报出的三个骰子总点数大于或等于9，就猜第三个骰子的点数为"3"，这样就可以保证成功的概率大于失败的概率。在这一骰子游戏中，猜第三个骰子是"0"或是"3"所依据的就是不同情况下事件发生的概率分布。

在现实生活和心理学实验中，类似于骰子游戏的情况很多，比如，军事上依靠雷达监视领空、领海，当雷达屏幕上出现某一信号时，雷达兵就要做出判断：在雷达监控范围内是否出现敌机，雷达捕捉到的信号是某种干扰信号或环境噪音，还是有敌方的飞机或舰艇侵入？如何判断，一般是根据经验和以往计算得到的概率分布来判断，但这里总会设定一个标准——感觉强度或雷达检测到的信号强度。在心理学实验中，当被试有一个微弱的感觉时是判断为"有"刺激还是"无"刺激呢？这与用雷达监控是相似的。

在上述信号判断实验中，有成功也有失败的可能，而每一次作何判断，除与概率分布有关外，还与判断者的分辨能力、主观标准有关。依靠信号检测理论，可以根据被试判断的结果将其分辨能力与判断标准分离出来，这是它优越于经典心理物理学技术的方面。

二、信号检测论的基本概念

信号检测论的基本假设：信号（signal）和噪音（noise）均是可能被信号检测系统检测到的刺激，而信号和噪音在信号检测系统中引起的效应强度往往不是一个确定值，而是一个具有中心趋势的随机变化值，变化呈正态分布（normal distribution），而信号检测系统对刺激做出响应的性质取决于刺激的效应强度和系统设定的判定标准。很明显，在刺激效应分布确定的情况下，判断标准的设置会影响系统响应的正确率。一般而言，系统设定的标准越高，虚报噪音的概率越小，同时漏报信号的概率也会越大；系统设定的标准越低，击中信号的概率就越大，同时其虚报噪音的概率也越大。看来，要准确地描述信号检测系统的性能，必须同时记录其对信号和噪音的响应情况。

（一）基本概率

在信号检测实验中，经常使用的概率如表7-7所示。这四种概率能有效描述信号检测系统的信号检测能力。在信号检测过程中，刺激条件有两种：一是仅有噪音，没有信号；二是在噪音背景中呈现信号。信号检测系统在这两种情形下，对是否出现信号进行判断，判断为"有信号"，则记为"YES"；判断为"无信号"，则记为"NO"。在实验设计中，一般会先规定信号出现的概率，这个概率被称作先定概率（或先验概率，prior probability）。先定概率是否要在实验前告知被试，要根据研究的具体目的而定。

表 7-7 信号检测过程中的各种概率

	YES	NO
信号＋噪音（SN）	击中次数 f_1 击中概率 $P(y/SN)$	漏报次数 f_2 漏报概率 $P(n/SN)$
噪音（N）	虚报次数 f_3 虚报概率 $P(y/N)$	正确否定次数 f_4 正确否定概率 $P(n/N)$

根据信号检测中信号检测系统的反应记录，可计算其击中概率（probability of hit）、漏报概率（probability of miss）、虚报概率（probability of false alarm）和正确否定概率（probability of correct rejection）。击中概率与漏报概率的和为100%，虚报概率与正确否定概率之和为100%，所以只取其中的击中概率

和虚报概率就可反映被试信号检测的情况。据表 7-7，可以计算击中概率和虚报概率：

$$P(y/SN) = \frac{f_1}{f_1 + f_2}, \quad P(y/N) = \frac{f_3}{f_3 + f_4}$$

信号检测实验中的击中概率和虚报概率，与被试的分辨能力和辨别标准有关。那么能否根据信号检测判断的结果反过来计算或推断被试的辨别能力与判断标准呢？答案是肯定的。

(二)似然比 β 和辨别力指数 d'

如果一被试在噪声背景上检测或识别信号，并进行有无信号的判断，就会出现上述四种反应，即击中、漏报、虚报和正确否定。可以设想：如果被试的辨别能力较强，就能更准确地判断有无信号，击中概率就较大、虚报概率较小；如果被试的辨别能力较弱，则击中概率降低、虚报概率增大。因此，击中概率和虚报概率能反映被试信号辨别能力的高低。

被试对信号和噪声的感觉强度均呈正态分布，图 7-4 显示以下三方面内容。第一，信号和噪声引起的感觉强度的正态分布有一定的重叠，被试判断无法完全避免错误。第二，被试在进行信号识别时总会有一个标准，当感觉强度大于这个标准时就报告有信号，感觉强度没有达到这样的标准就报告无信号。提高判断标准时，击中概率就会减少，虚报概率也会减少；降低判断标准时，击中概率会增加，虚报概率也会增加。所以击中概率和虚报概率是相互制约的，究竟把判断限定在什么标准，取决于信号呈现的先验概率及被试的价值取向、性格特征和外在奖惩条件(利害关系)等。第三，噪声感觉分布与信号感觉分布重叠的越多，距离越小，越难区分；相距越远则越容易辨别。因此，可以两个分布的距离作为信号检测者对信号的辨别力指数。那么，如何计算信号检测者的信号辨别力指数并估计被试判断标准的高低呢？

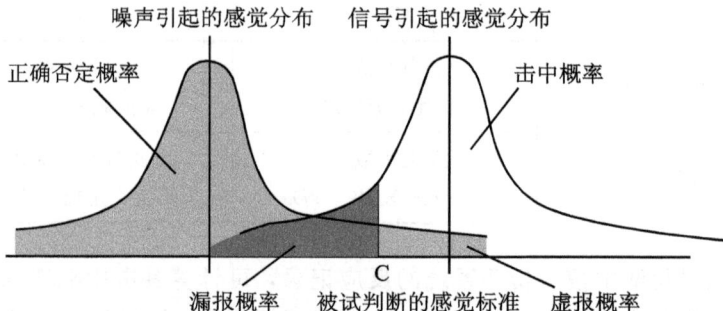

图 7-4　信号检测实验中噪声与信号引起的感觉分布及各概率分布

参照图7-4，如果被试的判断标准为C，意味着不管是信号刺激，还是噪声刺激，只要刺激引起的效应强度达到了C的水平，则判断为有信号，否则就判断为无信号。只要在检测实验中计算出击中概率和虚报概率，就可以根据正态分布中PZY对应表计算出C点到两个分布峰值的距离（以Z分数表示）。在信号引起的效应强度分布中，坐标C到其峰值的距离等于Z_{SN}；在噪声引起的效应强度分布中，坐标C到其峰值的距离等于（Z_N），所以两个分布峰值的距离为：

$$d' = Z_{SN} - Z_N$$

上式计算得到的d'作为信号检测系统对信号分辨能力的测量参数，称为辨别力指数（index of discriminability），表示感知或分辨能力，又称为感觉敏感性。

图7-4中，在判断标准C处，可以作一条垂直于横坐标的线，得到在判断标准处对应的信号引起的效应分布上的纵坐标，它正好是击中概率P(y/SN)对应的纵坐标值，可以记为Y_{SN}；得到对应的噪声引起的效应分布上的纵坐标，它正好是虚报概率P(y/N)对应的纵坐标值，可以记为Y_N。当判断标准C提高时，其在横坐标轴上的位置右移，此时Y_{SN}增大，Y_N减小，二者的比值增大；反之，当判断标准C降低时，其在横坐标轴上的位置左移，此时Y_{SN}减小，Y_N增大，二者的比值减小。看来，Y_{SN}/Y_N比值可以反映信号检测过程中判断标准的高低，信号检测理论将其称为似然比（likelihood ratio），它反映了利益得失、动机、态度等因素对信号检测的影响。记为β：

$$\beta = \frac{Y_{SN}}{Y_N}$$

辨别力指数d'和似然比β是信号检测实验的两个基本参数，也是描述信号检测系统的两个最有效参数。辨别力指数d'能够直接反映信号检测系统对信号和噪声的区分能力，在具体情境中它又有不同的含义，比如，在再认实验中，辨别力指数的大小反映了再认者对学习项目和无关项目的区分能力，进而反映他对学习项目的保持程度，测量人的记忆能力；在感觉器官感受性的测量中，让被试对微弱刺激进行检测，其辨别力指数反映了被试对微弱刺激的辨认能力，也就进一步反映了被试对刺激的感受能力或感受性。似然比β可以反映被试在判断信号时的主观标准，它独立于辨别力指数。信号检测论的最大优点，就是将被试对信号辨别能力的测量与其判断的主观标准分离。

（三）信号接收者操作特征曲线（ROC）

在通常情况下，信号检测系统对信号的分辨能力是一个稳定参数，但其判别标准则会随同某些情境条件的变化而发生变化，击中概率和虚报概率也会随着情境条件、主观判断标准的变化而发生变化。一般引起判断标准发生变化的因素主要有两个方面：一个是信号出现的先定概率，即实验之前被试所了解或估计到的信号出现的相对概率；另一个是正确反应（击中、正确否定）和错误反应（漏报和虚报）所带来的后果（利害关系）。研究者在长期研究中，概括出了一个估计信号检测判断标准的经验公式（杨治良，1998），即：

$$\beta = \frac{P(N)}{P(SN)} \cdot \frac{V_{n \cdot N} + V_{y \cdot N}}{V_{y \cdot SN} + V_{n \cdot SN}}$$

经验公式中：$V_{n \cdot N}$ 为正确否定奖励数，$V_{y \cdot N}$ 为虚报处罚数，$V_{y \cdot SN}$ 为击中奖励数，$V_{n \cdot SN}$ 为漏报处罚数。

从公式可以看出，信号检测者信号判断的标准（β）与信号的先定概率成反比关系，即信号出现的概率越大，判断的标准越低；反之越高。同时也可以看到，信号存在时击中得到的奖励越多、漏报受到的惩罚越大，判断标准越低；反之越高。没有信号时正确否定的奖励和虚报的惩罚数量越大，则判断标准越高；反之越低。

如果改变信号检测条件，包括改变先定概率和奖惩条件，信号检测者判断的标准也会随之改变。一般情况下，信号检测者的信号分辨能力相对稳定，这就意味着条件改变可以导致其判断标准（似然比 β）的改变，但不会导致辨别力指数（d'）的改变，于是实现了判断标准与辨别能力测量的分离，这就是信号检测技术与经典心理物理学技术相比的最大优势。

具体地说，可以假设在各种先定概率或各种奖惩条件下对某一被试进行信号检测能力的测试，可以得到多组信号检测实验的记录，如表 7-8 和表 7-9 所示（朱滢，2000）。

表 7-8 所示的实验结果显示，在先定条件发生变化的情况下，被试的击中概率和虚报概率都发生了改变，计算出来的似然比 β 也发生了变化，但是辨别力指数 d' 保持稳定；表 7-8 所示的实验结果则显示，先定概率保持不变，但奖惩条件发生变化时，被试的击中概率和虚报概率也会发生变化，计算出来的似然比 β 也发生了变化，但辨别力指数 d' 也是保持相对的稳定。

看来，实验条件的改变并没有影响对被试辨别能力的测试。如果以不同信号检测条件下记录的被试的虚报概率为横坐标，以击中概率为纵坐标，则可以得到一条二维曲线，该曲线上的各点反映了被试在不同判断标准时的击中概率和虚报概率，但曲线上各点的辨别力指数是相等的，所以这一曲线被称为信号接收者操作特征曲线（receiver operating characteristic curve，简称ROC 曲线）。根据表 7-8 和表 7-9 中的实验结果可以做出两条 ROC 曲线，如图 7-5 所示。

表 7-8 似然比 β 与先定概率的关系

各次实验	先定概率		YES	NO	计算的结果
A	0.20	SN	0.16	0.84	$\beta=4.481$ $d'=1.0$
		N	0.02	0.98	
B	0.50	SN	0.50	0.50	$\beta=1.649$ $d'=1.0$
		N	0.16	0.84	
C	0.80	SN	0.93	0.07	$\beta=0.369$ $d'=1.0$
		N	0.69	0.31	

表 7-9 似然比 β 与奖惩条件的关系(先定概率 $P_{SN}=0.50$)

各次实验		奖惩条件			YES	NO	计算的结果
		YES	NO				
D	SN	+1	-1	SN	0.31	0.69	$\beta=4.481$ $d'=1.0$
	N	-2	+2	N	0.07	0.93	
E	SN	+1	-1	SN	0.69	0.31	$\beta=1.000$ $d'=1.0$
	N	-1	+1	N	0.31	0.69	
F	SN	+3	-3	SN	0.98	0.02	$\beta=0.223$ $d'=1.0$
	N	-1	+1	N	0.84	0.16	

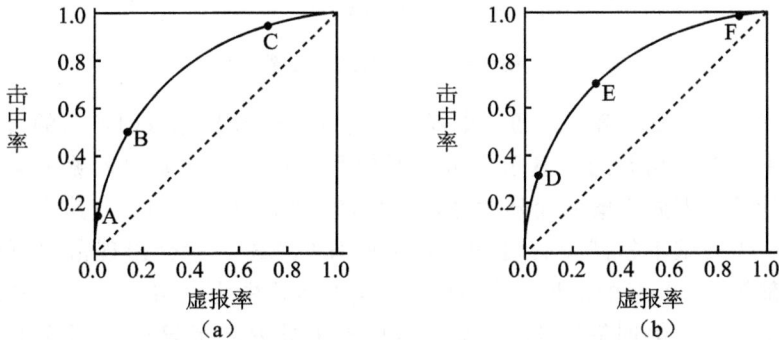

图 7-5 根据表 7-8 和表 7-9 所做的 ROC 曲线

在图 7-5 中的(a)图曲线上，A 点显示的是被试在先定概率最小的情况下的信号检测特征，此时因为信号出现的概率本身很低，所以被试不轻易做出"YES"反应，击中概率和虚报概率都比较低，判断标准比较高；相反，C 点显示的是被试在先定概率最大的情况下的信号检测特征，此时因为信号出现的概率本身很高，所以被试倾向于多作"YES"反应，击中概率和虚报概率都高，判断标准比较低。很明显，被试的判别标准与信号的先定概率成反比。

图 7-5 中的(b)图曲线上，D 点显示的是当虚报的惩罚数相对较大时，被试会提高判断标准而尽量减少虚报，不轻易做出"YES"反应，击中概率和虚报概率都最低；F 点显示的是，当击中的奖励数相对较大时，被试会降低判断标准，尽量增加击中数，倾向于多作"YES"反应，击中概率和虚报概率都最大。

此外，被试信号检测的判断标准也与其自身的性格特征有关。一般而言，做事比较谨慎的被试不会轻易做出"YES"反应，除非感觉强度比较大时，所以这类人的判断标准会比较高；相反，性格较为自信或冒进的人，则更容易作"YES"反应，其判断标准较低。

击中概率、虚报概率、判断标准和辨别力指数的关系可以表示成图 7-6 所示的形式(朱滢，2000)。

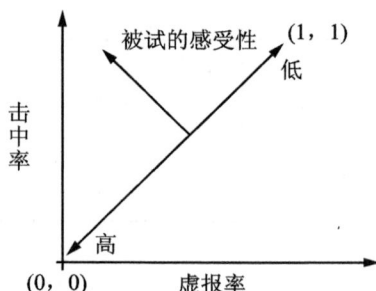

图 7-6　ROC 曲线特征图

从图 7-6 可知，第一，通过坐标系原点(0，0)和坐标点(1，1)的直线，虚报率和击中率是相等的，显示出被试对信号无任何分辨能力，被试采用的回答策略就是根据先定概率而随意地按比例回答"YES"或"NO"，其中有两种极端情形：当被试不管感觉强度如何，都回答"YES"，就会出现击中概率和虚报概率都等于 100％的情形，在 ROC 曲线坐标系中为点(1，1)；当被试不管感觉强度如何，都回答"NO"，就会出现击中概率和虚报概率都等于 0 的情形，在 ROC 曲线坐标中的原点(0，0)，这两种情况下被试对信号没有任何分辨能力。第二，被试反应的击中概率和虚报概率均较小时，其在特征曲线上的坐标点靠近左下角的原点，这时显示其判断标准比较高；被试反应的击中概率和虚报概率均较大时，其在特征曲线上的坐标点靠近右上角的(1，1)点，这时显示其判断标准比较低。第三，如果一个被试的 ROC 曲线越靠近坐标系中的对角线，显示出被试的辨别力指数越低，越接近于无信号分辨能力；ROC 曲线越偏向左上角方向，越远离对角线，显示出被试的辨别力指数越大，信号分辨能力越强。信号检测论的任务在于寻找最佳的 ROC 曲线。ROC 曲线能反映出信号呈现的先定概率对击中率和虚报率的影响，也能反映出信号检测标准变化时击中率和虚报率的变化，以及不同观察者的敏感性指标(d')。

三、信号检测实验

利用信号检测论进行心理学研究的实验方法主要包括有无法和评价法，这两种方法既有联系又有区别，评价法可看作对有无法的扩展。

(一)有无法实验

这是信号检测实验的基本形式，一般的操作程序是：在一定的噪音背景上呈现或不呈现信号刺激，每次实验中都要求被试做出"有"或"无"信号的判断，记录其反应正误，进而确定其击中概率和虚报概率，查 PZY 表并将相应数值带入公式计算被试的辨别力指数 d' 和似然比 β。借此实验结果就可以描述被试对信号刺激的分辨能力或感受能力，以及其判断标准的高低。在心理学及相关的应用领域中，有无法实验可被应用于不同的具体情境，如记忆的再认实验、感官感受性的测定、产品质量检验等。现在举例说明这一实验的操作过程，以及结果的分析方法。

采用再认法对甲乙两人的记忆能力进行测试和比较：甲乙两人同时学习并记忆 50 个单词，所用时间相同。然后将这 50 个单词与另外 50 个未学过的单词混在一起，再一个一个地分别呈现给甲乙两人，要求其回答呈现的词"是"或"不是"前面学习过的，得到如表 7-10 所示的结果。那么按照测试结果，甲乙两人中谁的记忆能力比较强、谁的判断标准比较高？

表 7-10　有无法实验模式及假定的测试结果

被试	被试的反应结果		
	项目	"是"	"不是"
甲	学习过(SN)	45	5
	未学过(N)	15	35
乙	学习过(SN)	30	20
	未学过(N)	10	40

这一实验结果的处理过程包括以下四个主要步骤。

第一步　计算被试的击中概率和虚报概率。

甲的击中概率 $P_甲(Y/SN)=45/50=0.90$，虚报概率 $P_甲(Y/N)=15/50$

＝0.30

乙的击中概率 $P_Z(Y/SN)=30/50=0.60$，**虚报概率** $P_Z(Y/N)=10/50$ ＝0.20

第二步　查 PZY 表得到相应的 Z_{SN}、Z_N、Y_{SN} 和 Y_N。

被试甲：$Z_{SN甲}=1.28$　　$Z_{N甲}=-0.52$　　$Y_{SN甲}=0.176$　　$Y_{N甲}=0.348$

被试乙：$Z_{SN乙}=0.25$　　$Z_{N乙}=-0.84$　　$Y_{SN乙}=0.387$　　$Y_{N乙}=0.280$

第三步　将第二步计算的结果代入公式计算辨别力指数和似然比。

被试甲：$d'_甲=Z_{SN甲}-Z_{N甲}=1.28-(-0.52)=1.80$

　　　　　$\beta_甲=Y_{SN甲}/Y_{N甲}=0.176/0.348=0.506$

被试乙：$d'_乙=Z_{SN乙}-Z_{N乙}=0.25-(-0.84)=1.09$

　　　　　$\beta_乙=Y_{SN乙}/Y_{N乙}=0.387/0.280=1.38$

第四步　根据计算得到的辨别力指数 d'、似然比 β，对相关问题做出具体说明。

根据前述计算的结果，甲对学习项目的辨别力指数大于乙的辨别力指数，说明甲在相同条件下对项目的学习效果好于乙，因此可以认为，甲的记忆力好于乙；乙的似然比 $\beta_乙$ 大于甲的似然比 $\beta_甲$，说明乙的判断标准高于甲，相对而言，乙在做出"是"学过的判断时更谨慎。

（二）评价法实验

有无法实验，要求被试根据自己的感觉判断是否有信号出现。被试在实际操作上是将感觉连续体分为两个部分，即在某一标准之上报告为"有"信号，在某一标准之下报告为"无"信号。然而，实际操作中，被试的判断存在信心水平的不同：感觉强度越大，报告"有"信号的信心水平越高；感觉强度越小，报告"无"信号的信心水平越高。这种信心水平的变化在有无法实验中难以体现。于是，有了评价法实验，评价法实验是对有无法实验的扩展，即在有无法实验的过程中，要求被试在报告有无信号的同时评定判断的把握度，即信心指数，这时的实验方法就叫评价法。如当呈现刺激时，被试报告"有"，给出的信心指数是 80%，那就等于说：被试认为此时有信号的可能性达到80%。也可以要求被试在报告有信号时给出把握等级，比如，"非常有把握"的等级为 5，"很没有把握"的等级为 1，两者之间就有：比较有把握、中等把握、较没有把握。这样，多次实验就可以得到被试在各种判断把握度上的击中概率和虚报概率，从而评估被试在各种不同判断标准上的信号检测特征。

借用朱滢的《实验心理学》(2000)上假想数据来说明评价法实验的原理与过程。假设在一个信号检测实验中，SN 和 N 各呈现 600 次，在总共 1200 次实验中，每一次都要求被试报告其在何种程度上认为有信号或无信号出现，记录其报告结果并将其报告结果汇总，见表 7-11。

根据表 7-11 中的数据，就可以确定如果被试按照不同的标准来判断"有"或"无"信号的话，他就可以得到各自不同的击中概率和虚报概率。比如，如果被试采用的标准为 C_1，那么他只有当能非常肯定地认为没有信号时才会报告"无"，否则就会报告"有"，这时其击中数就是 556，虚报数就是 402，击中率和虚报率都非常高，判断标准很低；如果被试采用的标准为 C_5，那么他只有当能非常肯定地认为有信号时才会报告"有"，否则就会报告"无"，这时其击中数就是 176，虚报数就是 24，击中率和虚报率都很低，判断标准很高；依此类推，就可以得到表 7-12 中所示的被试在各种不同判断标准下的击中概率和虚报概率，进而可以计算各种不同标准下信号检测的似然比 β 和辨别力指数 d'。

表 7-11 一个假想的评价法实验结果

确信水平	1	2	3	4	5	6
有信号时各评价等级数	44	59	66	101	154	176
无信号时各评价等级数	198	162	96	66	54	24
有信号时各评价等级概率	0.01	0.10	0.11	0.17	0.26	0.29
无信号时各评价等级概率	0.33	0.27	0.16	0.11	0.09	0.04
		$\uparrow$	$\uparrow$	$\uparrow$	$\uparrow$	$\uparrow$
		C_1	C_2	C_3	C_4	C_5

注：此假想数据引自朱滢的《实验心理学》，但在数据编排的顺序上进行了调整。表中的确信水平代表的确信程度是："1"认为是信号出现的可能性为 0%（非常肯定地认为没有信号出现）；"2"认为是信号出现的可能性为 20%（肯定地认为没有信号出现）；"3"认为是信号出现的可能性为 40%（认为可能没有信号出现）；"4"认为是信号出现的可能性为 60%（认为可能有信号出现）；"5"认为是信号出现的可能性为 80%（肯定地认为有信号出现）；"6"认为是信号出现的可能性为 100%（非常肯定地认为有信号出现）。

表 7-12 所示的计算结果显示，被试如按照不同的判断标准对信号进行判断，那么他的击中概率和虚报概率都不同，得到的似然比不同，似然比的变化反映了判断标准的变化。不过在各种判断标准上得到的辨别力指数是相对稳定的，即可以在误差范围内认为其未发生变化。这一结果再一次表明了信号检测论可以实现辨别能力与判断标准测量的分离。

表 7-12 被试在各种判断标准下的信号检测特征

判断标准	C_1	C_2	C_3	C_4	C_5
击中概率 $P_{(Y/SN)}$	0.93	0.83	0.72	0.55	0.29
虚报概率 $P_{(Y/N)}$	0.67	0.40	0.24	0.13	0.04

续表

判断标准	C_1	C_2	C_3	C_4	C_5
击中概率对应 Z 分数 Z_{SN}	1.48	0.95	0.58	0.13	−0.55
虚报概率对应 Z 分数 Z_N	0.44	−0.25	−0.71	−1.13	−1.75
击中概率对应纵坐标 Y_{SN}	0.1334	0.2541	0.3372	0.3956	0.3429
虚报概率对应纵坐标 Y_N	0.3621	0.3867	0.3101	0.2107	0.0863
似然比 β	0.37	0.66	1.09	1.87	3.97
辨别力指数 d'	1.04	1.20	1.29	1.26	1.20

与有无法相比，评价法有两个明显的优势，一是信息量大，二是效率高。有无法只要求被试做有无信号的判断，被试就只能以某一标准来判断，但是在实际上不同时刻被试在判断有无时的信心水平是不同的。在评价法实验中，被试不同的信心水平可以得到充分表现，所以评价法实验能够更充分的显示被试信号检测中的心理活动特征。效率方面，一个评价法的实验过程可以相当于几次有无法的实验成效，效率大大地提高了，比如，被试对信号判断的确信等级分为 6 等时，其得到的实验结果相当于 5 个有无法实验得到的结果。

最后，综合第一、二节内容，可以看到，与经典心理物理学技术相比，信号检测论具有独特的价值和优势。将信号检测论引入心理实验，是心理物理学的一个重大突破（孟庆茂，常建华，2001）。第一，在感受性的测量上，把主观态度与辨别力分开，获得成功。第二，在解决辨别力指数问题上，明确地建立起反映噪音变量的虚报概念，这一点对于辨别力的评估不可缺少，而且对于被试主观态度或反应偏好的测量具有重要意义。这里是说，如果不能建立噪音变量的虚报概念，只有击中概率，就不能有效估计被试的似然比和辨别力指数。第三，信号检测论不仅把信号当信息，也把噪音当信息，这相对于传统心理物理学来说是一个发展，因为噪音引起的感觉分布是信号检测的主要困难，只有充分地分析噪音信息才能更好地研究被试的辨别力的性质。

第三节　心理量表与心物关系

前述的两种心理物理学技术可用于对感受性的测量。但研究物理量和心理量的关系，仅仅测量感受性是不够的，还需要把握阈上刺激引起的感觉量。由于心理量与物理量不是简单的线性关系，不能直接使用刺激量作为心理量的测度，需要使用心理量表法来建立阈上刺激与心理量的关系定律。

心理量表(psychological scale)，就是刺激的物理强度与其引起的心理强度的对照表。有了这种对照表，就可以从刺激量了解相应的心理量，也可以从感觉量了解对应的刺激量。就量表而言，最基本的功能在于测量和比较。心理学或行为科学研究中，量表可分为四种水平，即称名量表、顺序量表、等距量表和等比量表，它们在测量结果的性质和精度上均有所不同。下面，我们结合量表制作方法的介绍，讨论两种有代表性的心物关系定律。

一、顺序量表及其制作

在心理学领域，顺序量表就是根据引起心理现象的性质差异或强度大小将刺激排序，构成物理量和心理量的对照表，这种量表既无单位又无零点，量化水平较低。其制作方法有两种：等级排列法(rank-order method)和对偶比较法(method of paired comparison)。

(一)等级排列法

等级排列法就是把许多刺激同时呈现给多名被试，让每一位被试根据自己的某种心理感受将这些刺激排序，然后将所有被试评定的等级进行平均，即得到一个顺序量表。

比如，采用等级排列法对 7 幅绘画作品进行评估，就可以得到人们对这些作品喜好程度的排列顺序。具体方法是：首先选取 n 个被试组成的样本；然后要求每一位被试独立地对 7 幅作品进行排序，如表 7-13 所示；最后计算各作品的平均等级，根据计算结果得到相应人群对这些作品喜好度的顺序量表，如表 7-14 所示。

表 7-13　5 名被试对 7 幅绘画作品的评价等级

喜欢程度 被试号	不同颜色排列顺序(从最喜欢到最不喜欢)						
	7	6	5	4	3	2	1
1	C	E	D	B	A	G	F
2	A	C	E	D	B	G	F
3	C	G	E	A	D	B	F
4	E	C	G	D	A	F	B
5	D	C	E	G	B	A	F

把每个人评定的各作品的等级相加再平均，得到的结果如表 7-14 所示。

表 7-14　被评价各绘画作品的平均等级

作品\被试	A	B	C	D	E	F	G
1	3	4	7	5	6	1	2
2	7	3	6	4	5	1	2
3	4	2	7	3	5	1	6
4	3	1	6	4	7	2	5
5	2	3	6	7	5	1	4
平均值	3.8	2.6	6.4	4.6	5.6	1.2	3.8

根据表 7-14 所示的评定结果，从最喜欢到最不喜欢的绘画作品依次是：C、E、D、A/G、B、F，这就形成了一个作品喜好度顺序量表。

使用等级排列法建立顺序量表存在以下两点问题需要我们注意：第一，由于最终的顺序排列取决于所有被试给出的平均等级，因而要求被试样本能够代表实验试图研究的人群总体；第二，由于每一个被试只进行一次排序，所以等级排列法对被试的利用率不高，且难以排除被试在唯一一次排序中的各种随机误差。

（二）对偶比较法

对偶比较法又叫比较判断法，是把所有刺激两两比较，每一次比较都得到一个优势刺激，然后统计各个刺激在全部比较中获得的优势次数，就可以将它们的顺序排列出来。由于每一个刺激都要分别和其他刺激比较，假如用 n 代表刺激的总数，那么两两比较的次数就是 $n(n-1)/2$。

顺序量表的制作方法可用于对刺激引起的心理效应进行评估，也可用于对个体差异进行行为评定，比如，研究班级中的人际关系、对管理机构中各位管理者的管理能力与绩效进行评估等。我们假想一个公司的人事部要对公司的 6 名中层领导进行管理能力与绩效进行评估，组织了 5 名评估专家，采用的方法是对偶比较法，即每一评估专家都对 6 名被评对象作两两比较。每一次比较中，管理能力和管理绩效强者记为 1 分，弱者记为 0 分。具体操作方法和结果记录方法如表 7-15 所示。表 7-15 中的 A、B、C、D、E、F 分别代表了 6 名被评估者，汇总行的分数是各被评估者所得分数。表 7-15 中列出了 5 位评估专家的评估结果，然后将各评估专家对某一被评对象评估的得分相加，就可以得到最后评估结果。表 7-15 中的评估结果是：被评对象 A、B、C、D、E、F 得到的总分分别是 19、9、14、13、2、18（这一分数也可以用平均分表示，即各自除以评估专家数 5，这不改变等级评定结果），据此得到的最终排名顺序是：A、F、C、D、B、E，由此就可知道：A 的评级最高，E 的评级最低。

表 7-15　采用对偶比较法制作顺序量表的过程

	评估者 1						评估者 2						评估者 3					
	A	B	C	D	E	F	A	B	C	D	E	F	A	B	C	D	E	F
B	A						A						A					
C	C	C					A	C					A	C				
D	A	B	C				A	D	D				D	D	C			
E	A	B	C	D			A	B	E	D			A	B	C	D		
F	F	F	F	D	F		F	F	C	D	F		A	F	F	D	F	
汇总	3	2	4	2	0	4	4	1	2	4	1	3	4	1	3	4	0	3

	评估者 4						评估者 5					
	A	B	C	D	E	F	A	B	C	D	E	F
B	A						A					
C	A	C					C	B				
D	A	B	D				A	B	C			
E	A	B	E	D			A	B	C	D		
F	F	F	C	F	F		A	F	F	F	F	
汇总	4	2	2	2	1	4	4	3	3	1	0	4

顺序量表的制作相对比较简单。当然，这类量表所反映的信息也较少，它作为一种评估量表，只能测量不同事物某种排序和相对等级高低，不能测量事物间的距离或比例关系。在刚才列举的例子中，B 的评价等级分合计为 9，F 的评价等级分为 18，只能说 F 明显强于 B，但不能说 F 比 B 高出 9 个单位，也不能说 F 的能力是 B 的 2 倍。

二、等距量表与对数定律

等距量表是一种没有绝对零点但有相等单位的量表，它可以确定两个刺激引起的心理量的相对大小，但不能确定二者的绝对大小和比例关系。等距量表的制定方法有感觉等距法（equal sense distance method）、差别阈限法（differential threshold method）等。

（一）感觉等距法

感觉等距法就是根据刺激引起的感觉增加强度，找到刺激的增量序列，使得每一次增加的刺激量引起的心理量增长幅度相等。比如，采用二分法是比较直接和简便的，操作方法：选定两个强度不等的标准刺激，其引起的感觉强度有明显差异，然后调整另一个比较刺激，使其引起的感觉强度正好介于两个标准刺激引起的感觉强度的中间，这样就可以把原来的感觉强度差分成相等的两个单位，接着再对两部分分别进一步二分，依此类推，就可以得到一个等距量表，该量表上的感觉量是有相等单位的。假设我们要把一个完全的黑色和完全的白色分成 8 个或 16 个等距，就可以采用二分法。

（二）差别阈限法

差别阈限法是在某种强度上测量其差别阈限，然后以原来的刺激强度加上一个差别阈限的值作为标准刺激再求差别阈限的方法；依此类推，就可以制定一个等距量表，在这个等距量表上，刺激增加一个差别阈限，感觉量就增加一个可觉差，费希纳就是采用差别阈限方法来研究刺激量与心理量的函数关系的，并借此得到了著名的对数定律。

费希纳认为，差别阈限（ΔI）引起感觉量增加一个可觉差（JND），因此 JND 可作为单位来测量感觉量的大小。费希纳使用差别阈限作为刺激测量单位、最小可觉差作为感觉量的测量单位，对阈上刺激进行了大量研究，并采用数学方法对结果进行归纳与推导，得到了刺激量与心理量的对数关系定律：随着刺激强度以几何级数增加时，刺激引起的心理量则以算术级数增加，即刺激引起的心理量与刺激强度的对数成正比，其表达式为：$S = k \cdot \log R$。其中，S 代表心理量，R 代表刺激量，k 为常数。

这一函数关系反映在二维直线坐标系中就是一个抛物形的对数关系曲线，反映在半对数坐标系中则为一条直线，如图 7-7 所示，其中的（a）图是二维直线坐标系中的曲线、（b）图为半对数坐标系中的直线，二者显示的都是对数函数关系。

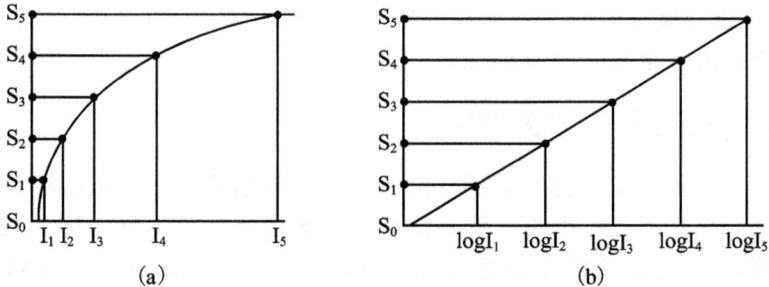

图 7-7　心理量与刺激量的对数关系图示

（a）在二维直线坐标系中，二者的关系曲线为一抛物线对数曲线

（b）在半对数坐标系中，二者的关系曲线为一直线

费希纳继承了韦伯的研究，他的对数定律可由韦伯定律推导而来，所以费希纳定律也称为费希纳-韦伯定律（Fechner-Weber's Law）。该定律有两个假设前提：首先，假定在一种特定的感觉范畴内，差别阈限与标准刺激之比的韦伯分数是一常数；其次，在所有刺激强度水平上，最小可觉差在心理强度上是相等的，即它是一个心理量的度量单位。

费希纳定律后来得到大量研究的证实，被看作一种经典的心理物理学定律。但也有研究认为，费希纳定律只在中等刺激强度范围内才成立，在强刺激条件下不成立。所以，费希纳定律也受到许多批评，特别是斯蒂文斯认为刺激量与心理量之间不是对数关系，而是幂函数关系，这就是有名的斯蒂文斯定律。

等距量表比顺序量表的信息量大一些，它不仅能反映刺激引起的心理量的强弱顺序，而且能够使用相等单位来测量两个刺激引起的心理量的具体大小。

三、等比量表与幂函数定律

等比量表是一种既有绝对零点又有相等单位的量表，它不但可以比较各刺激引起的感觉量的相对大小，而且可以确定它们之间的比例关系。与上述两种量表相比，等比量表是一种更为理想的量表，其制作方法有两种：分段法和数量估计法。

（一）分段法

分段法通过把一个感觉量加倍或减半或取任意比例来建立心理量表。比如，要制订响度等比量表，就要先确定响度零点，然后确定响度单位，具体方法是：先规定 1000Hz、40 分贝纯音的响度为 1Sone，然后让被试调整一个 1000Hz 的纯音的声级，使之听起来是 1Sone 的响度的一半，响度就是 0.5Sone；再调整一个声级，使之听起来是 0.5Sone 响度的一半，响度就是 0.25Sone；听起来是 1Sone 响度的 2 倍，响度就是 2Sone；接着再调整一个响度为 2Sone 的 2 倍，则其响度就为 4Sone，如此不断地进行下去，就可以找到各个强度的响度级，制定出一个响度级的等比量表。

（二）数量估计法

除分段法外，还可以使用数量估计法来制作等比量表。数量估计法的操作比较简单，就是给被试呈现一系列强度不同的刺激，要求被试根据感觉强弱用具体的数字来标记每一刺激。被试可以先选择一个刺激，并根据感觉强度将其标上数字，然后将其他刺激的感觉强度与之比较，并标上数字以反映其强度大小。为了尽可能得到准确结果，允许被试使用小数。

斯蒂文斯(1975)在使用数量估计法制作响度的等比量表中，发现了心物关系幂函数关系定律，即斯蒂文斯定律(Stevens' Law)：斯蒂文斯认为，刺激量与心理量的数量关系并非如费希纳定律所描述的那样是对数函数关系，而应该是幂函数关系，其表达式为：

$$S = b \cdot I^a$$

其中，S 代表心理量，I 代表物理量，a、b 为常数。对该公式两端求对数，即可得到：

$$\log S = b + a \cdot \log I$$

也就是说，当刺激按几何级数增长时感觉量也按几何级数增长，比如，刺激量按照 k 的倍数增加时，心理量就按照 n 的倍数增加：

$$\frac{I_i}{I_0} = k \qquad \frac{S_i}{S_0} = n$$

分别以 $\log I$ 和 $\log S$ 为横坐标和纵坐标作曲线得到的是一条直线，即在双对数坐标系中得到一条直线。而按照费希纳的对数关系定律，则应是在半对数坐标系中得到一条直线。

一定的心理量总是由一定的物理量引起的，但是二者究竟是一种什么样的数量关系，现在并没有确定的结论。一般认为，在心理物理学研究的历史中提出的费希纳定律和斯蒂文斯定律，都在一定范围内和在一定程度上揭示了心理量和物理量的关系。不过，这两个定律虽然都有实验数据的支持，但是它们获取数据的实验方法并不相同，得到的数据性质也不同，所以，它们各自站在自己实验结果的基础上来建立物理量和心理量的关系定律，互相否定是没有道理的。只能说，这一关系还有待进一步的研究。

📚 扩展阅读

费希纳和经典心理物理学

费希纳几乎失明，他在暗室里让自己避光，忍受着疼痛、情感压抑、无法排遣的无聊和严重的消化道疾病的折磨。他从大学退休了，尽管只教了几年书，可还是得到了一笔养老金。在他 3 年病痛生活的最低点，他把自己的房子漆成黑色，白天黑夜待在里面，什么人也不见。各种泻药、冲浪治疗、催眠术、两种休克治疗都起不了什么作用。他还是反复不断地为琐事所烦扰；另外，他还受到两种感觉的折磨，一方面因为他感觉到自己很接近发现这个世界的秘密而喜悦；另一方面又因为得用科学方法来证明这些秘密的正确性而担心。最终，他自己慢慢好起来了，过了一阵子后，他就可以看见东西而且眼睛不疼，还能与人讲话。他在好几个月的时间里第一次到花园去散步时，花儿看上去更明亮，色彩更鲜艳，比以前更美丽，他感觉到自己对这些东西施予了内在的光，他立即就抓住了这一点的意义："我毫不怀疑我已经发现了花朵的灵魂，并以我极奇怪的、受到魔力影响的情绪想到：这是躲藏在这个世界的隔板之后的花园。整个地球和它的球体本身只是这个花园周围的一道篱笆，是为了挡住仍然在外面等待着的人们。"费希纳不久写了一本书，讨论植物的精神生活，在余下的几年里，他寻找办法来宣传自己的泛灵论，即意识与物质在整个世界里是共同存在的。

正是这个神秘的信仰使费希纳进行他那具有历史意义的实验心理学研究的。1850 年 10 月 22 日的早晨，他躺在床上考虑如何向机械论者证明，意识和肉体是一个基本统一体的两个方面，这时，一道灵光一闪：如果他可以显示在刺激的力量与它们产生的感觉强度之间存在数学关系，则他就显示了灵肉的统一。或者在费希纳看来是这样的。这个推理的逻辑也许会逃过非神秘主义者。可是，他倒是提出了一个非常有效和重要的问题，即意识感知外部世界的准确性：刺激的强度与它产生的感觉之间是否存在前后一致的数学关系？从直觉上来说，可能是这样的：光线越强，我们看上去就越觉得亮。可是，如果你让光的亮度翻一倍，感觉的强度是否也强一倍呢？或者某种别的、好像是真实的关系存在着呢？

费希纳接受过物理学和数学的训练，他感觉到，当刺激的强度增大时，它应该要求更大的差别（绝对值上的差别）来产生一定大小的感觉增大。从数学上来说，刺激在长度上的几何增大会导致感觉的算术增大。一项临时的示意：按照传递到耳朵上的能量，一阵雷声的响声比日常谈话的声音要响好多倍；按分贝——分贝是指人耳能够分辨的最小响度差别——来说，它只是响两倍而已。

为了通过实验确立他的直觉，费希纳得解决一个看上去无法解决的问题：他可以很容易地测量刺激强度，可是感觉是个主观的东西，而且无法测量。他推想，尽管他不能直接地观察和测量感觉，但他可以通过灵敏度的指导而间接地做到。他可以确定在感觉者刚刚能够注意到的、任何水平上最小的刺激力量增大。因为"刚刚能够注意到"在任何水平上都意味着同一个东西，这将是一个感觉的测量单位，借此可以与产生这种意识所必需的刺激的增加进行比较。……为了表达刺激强度与感觉强度之间的关系，费希纳从数学上转变了韦伯定律，重新加以调整然后写出来：$S=k\log R$。

这意思是说，分段式的感觉强度增大是刺激强度翻倍的结果（乘以某个比率或者系数)。费希纳拼命要把这份荣誉还给他以前的老师,因此,他把这个公式称作韦伯定律——是他本人给韦伯的公式和他自己的公式命名的——可是,后来的心理学家按照这些公式各自的归属把修改后的公式叫作费希纳定律。

费希纳余下的 9 年花在辛苦的实验工作当中,收集着大量能够确证这个定律的数据。尽管他的性格当中有一些神秘主义者和诗人的气息,可在实验中,他是一位有强制力和严厉的研究者的榜样。他不知疲劳地让受试者们举起重物,注视光源,听各种杂音和音调,观察彩色样本,等等,并宣布它们是不同的或是同样的。在这些年里,他对每种刺激的强度进行了范围广泛的实验,使用到了测量这些判断的三种方法。仅在这些方法中的一种里面,他便列出了 24576 种判断的表格和计算结果。他认为,第一次系统地探索物理和心理学王国之间的数量关系,这是一种新的科学专业,因此命名为"心理物理学"。

在他使用过的三种实验测量方法当中,他从前人那里借来了两种并使之完善,然后自己发明了第三种。直到当时为止,没有人曾使用过这种极仔细、可能准确控制和数量测量方法来探索心理学的反应。他的方法很快就被广泛接受,而且在今天心理学的每一个实验室里还在经常使用着。

1860 年,费希纳出版了两卷本的《心理物理学纲要》,把他的研究成果公之于世。他已经 59 岁了,在这个年纪,科学家一般很少会拿出有创见的东西来。可是,《心理物理学纲要》的确是富于创见的,并立即产生了很大的影响。兴趣是浓厚而且广泛的——不是对他信奉的泛灵论,而是对他的实验和计量方法学。如波林论及费希纳的成败时曾说过的,"他攻击物质主义的铜墙铁壁,但又因测量了感觉而受到赞美"。确切地说,有些心理学家认为,心理物理学的方法学是一个可怕的话题。许多年以后,伟大的威廉·詹姆斯写道:"如果像他这样一位可敬的老人会用他的怪想使这门科学永久地背上负担,而且,在一个充满各种容易产生成果的、引人注目的事物的世界里,如果迫使未来的学者们在这些繁杂的田地里耕耘,不仅要去研究他的作品,而且得研究那些反对他的更枯燥的作品,那可真是一件要命的事。"

后来的心理学家们已经发现有错误,甚至驳倒了他的发现中的每个地方,可是,他的方法不仅仍然有用,而且是感觉测量中最基本的方法。波林总结了费希纳相互矛盾的成就:"没有费希纳……也许仍然会有一种实验心理学……可是,在实验体中,却不可能出现如此广泛的科学范畴,因为,如果测量不能成为科学的工具之一,则我们很难认为某个课题是符合科学的。因为他所做的事情和他做这些事情的时代,费希纳创立了实验计量心理学,并把这门学问从其原来的途径搬回来导入了正轨。人们也许可以称他为实验心理学'之父',或者,人们也许会把这个称号送给冯特。这没有什么关系。费希纳种下了肥沃的思想之种,它生长起来,并带来了丰硕的成果。"

[资料来源:《心理学的故事》(墨顿·亨特,著,李斯,译,1999)]

练习与思考

1. 如何理解:感觉阈限及其操作定义、心理物理学、最小变化法、恒定刺激法、平均差误法、25%的差别阈限(或75%的差别阈限)、信号检测论、似然比、辨别力指数、信号接收者操作特征曲线(ROC曲线)、有无法实验、评价法实验、心理量表、对数定律、幂函数定律?

2. 如何使用最小变化法测定绝对感觉阈限和差别感觉阈限?

3. 如何利用恒定刺激法测定绝对感觉阈限和差别感觉阈限?

4. 如何利用平均差误法测定绝对感觉阈限和差别感觉阈限?

5. 三种经典心理物理学方法各有什么优缺点?

6. 如何根据信号检测实验的数据计算似然比和辨别力指数?

7. 信号检测实验中,被试信号判断的标准如何测量?其影响因素有哪些?

8. 如何进行有无法和评价法的实验,二者有什么区别和联系?

9. 与经典心理物理学相比,使用信号检测论测量感受性的优点是什么?

10. 使用心理物理学技术,设计一项心理学的基础或应用研究。

第八章

反应时间的实验范式

　　反应时间是实验心理学的早期专题之一，在现代心理学的方法学体系中具有特殊意义，以反应时测量为基础的实验范式不断涌现，有效推动了认知心理学、社会心理学、管理心理学和工程心理学的发展。就实验心理学的教学而言，它成为其中的必修内容。

本章要旨与重点

◆ 反应时间就是有机体接受到刺激并做出相应反应之间的时间间距。可以按照刺激与反应的复杂程度，将其划分为简单反应时间和复杂反应时间。

◆ 反应时间的经典研究主要来自于唐德斯的 ABC 反应时测定，即简单反应时（A）、选择反应时（B）和辨别反应时（C），这是减法反应时法的雏形。

◆ 测量反应时的装置主要由刺激键、反应键和计时器组成。目前，更多地借助于计算系统控制反应时的测定和管理实验过程。

◆ 影响反应时测量的因素主要包括：客观方面，如刺激的性质、强度、持续时间、呈现模式等；主观方面，如年龄、性别、高级神经活动类型、动机、身心状态等。

◆ 在认知心理学中，经典的反应时实验范式主要包括减法反应时法、加因素法、开窗实验等，近年涌现出来越来越多的新范式，如序列反应时范式、内隐联想测验范式。

◆ 反应时测量在社会实践中的应用广泛，主要有人才测评与选拔、交通系统设计与管理和工程心理学等领域。

反应时间(reaction time 或 response time，简称 RT)是指个体从接受刺激到做出相应反应的时间间距，也叫反应潜伏期。早期的反应时间研究来自于天文学和生理学。格林尼治天文台的贝塞尔从一系列天文观测数据中发现的人差方程式，刺激了科学家对测时仪器研制的兴趣(张庆云，1993)，推动了该领域的发展。荷兰生理学家唐德斯(Franciscus Cornelis Donders，1818—1889)在 1868 年就较为精确地测量了人们在"辨别"刺激和"选择"反应中消耗的"生理时间"，他的方法简直就是现代信息加工心理学实验技术的雏形。1879 年，冯特建立实验心理学的体系和开展心理学实验研究时，将反应时间作为其最早的研究主题之一。

第一节 反应时间的种类与测量

一、反应时间的种类

早期研究已经表明，当刺激信号和反应任务不同时，反应中的内部过程很不一样，需要的时间长度也有很大差异，表现为不同的反应时间类型，我们将其大致划分为简单反应时间和复杂反应时间(complex reaction time)两大类，如图 8-1 所示。其中，复杂反应时间又包括许多类型，如选择反应时、辨别反应时、被动反应时、综合反应时等。

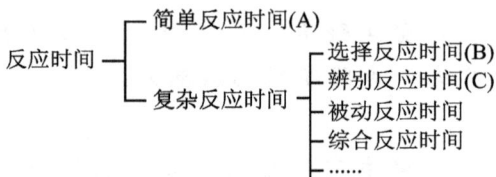

```
                    ┌─ 简单反应时间(A)
反应时间 ─┤                        ┌─ 选择反应时间(B)
                    │                        ├─ 辨别反应时间(C)
                    └─ 复杂反应时间 ─┤─ 被动反应时间
                                             ├─ 综合反应时间
                                             └─ ……
```

图 8-1　反应时间的分类

被动反应时是指当刺激出现的时间和位置事先都不确定时，被试在刺激信号出现后被动地做出反应的潜伏期。比如，在警匪枪战片中，一方在明处，一方在暗处，前者对后者突然袭击的反应就是一种被动反应，其反应时间的长短直接关系到生命的安全和搏击的胜负。体育中的飞靶射击比赛也带有被动反应的性质。

综合反应时是指刺激和任务比较复杂，被试需要多种心理活动参与，调动多个运动系统或动作方式才能做出恰当且完整的反应，这时测得的反应潜伏期就是综合反应时。如图 8-2 所示就是体育运动训练机构使用的一种综合反应时测定系统。

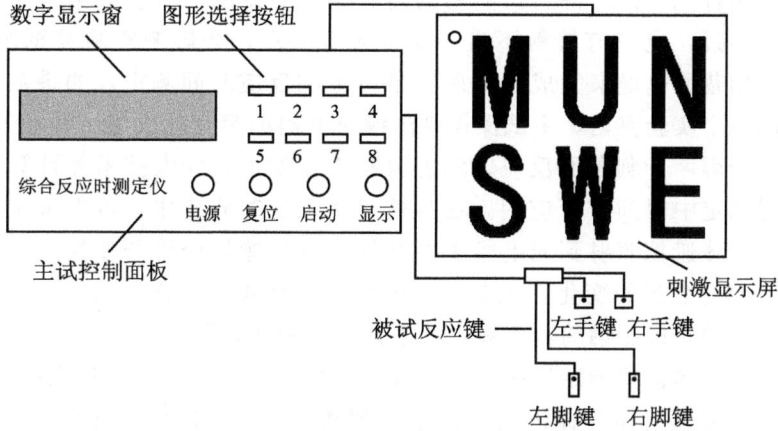

图 8-2　综合反应时间测定装置模式图

它由三个主要的部分组成：主试控制面板、刺激呈现显示屏、被试的反应键。测试的过程是：第一，被试坐在刺激显示屏前，左右手各握一个反应键、左右脚各踏一个反应键；第二，主试向被试说明操作任务后，接通电源，从 1～8 号刺激材料选择按钮中随机选择一个按下去，于是被试面前的显示屏就会显示出 6 个英文字母式样，同时在屏幕的左上角点亮一个红色指示灯；第三，主试发出"预备"口令后，随即按下"启动"按钮，内置的计时器开始计时；第四，被试的任务就是根据红色指示灯的位置尽快地选择按 4 个反应键中的一个，每一次做出正确反应后指示灯才会移动到下一个相应的位置，反应错误，指示灯不移动，但计时器会继续计时，图 8-2 中，刺激是按照 M-U-N-E-W-S 的顺序呈现，灯光在每个字母处会先后出现在四个位置，如在字母"W"处，指示灯出现的位置顺序为"左上—左下—右下—右上"；第五，当被试完成指示灯出现在 S 字母的左下反应后，计时器停止计时，显示器可以读出完成这个系列任务的总时间；第六，记录结果后，主试按"复位"按钮，仪器记录数据清零，再选择另一个刺激系列进行测试。这一装置测试的结果就是一种综合反应时，被试操作中需要手脚的有效配合，其结果可以显示被试的反应速度和动作协调能力。

二、反应时间的测量装置

反应时间的测量装置由三个部分组成：刺激键、反应键和计时器。

(一)刺激键与反应键

刺激键（stimulus key）是向被试提供刺激并启动计时的装置，反应键

(response key)是被试完成反应并终止计时的装置。早期的心理学实验室中，多以电键来替代，如冯特当初使用的测时装置中使用的反应键类似于发报机的按键。不过，电键有接触不良、噪声大等缺点，会影响实验数据的质量。例如，使用普通电键来完成视觉刺激条件下的反应时间测定，如果被试和主试都在同一个实验室内，主试操作刺激键时发出的声音就成为一种额外刺激，被试或许会因声音刺激而反应。随着科技迅速发展，光电技术和计算机技术在反应时测定中得到广泛应用。在某些运动反应时测定中，可以采用光电开关，被试肢体遮挡照射到光电管上的光线，或从遮挡处移开让光线照射到光电管上引起光电流的变化，控制计时电路。如果要测定言语反应时，还可以使用声控开关，即用话筒输入被试的语音以控制计时器。

目前，许多需要测定反应时间的实验，都是采用计算机及其程序来控制，即以显示器或耳机作为提供刺激信息的刺激键，而以计算机键盘、鼠标、反应盒等作为反应键，也可以使用麦克风来完成语音反应以获取语音反应时。

(二)计时装置

与刺激键和反应键相连接的是计时装置。心理实验室中使用较多的是数字计时器，它利用电路中的电流脉冲数来记录时间。刺激出现时，通过刺激键发出的信号激活计时器开始计时；之后，被试操作反应键做出反应，使电路系统终止向计数器发送脉冲信号，计时器就停止计时，这样就可以记录刺激呈现到被试做出反应的时间间距。不过，随着实验精度或实际应用中对时间测量要求的提高，特殊摄影和计算机自动计时逐渐被应用于反应时测量。

特殊摄影就是使用摄像机将被试从接受刺激到做出反应的过程录制下来，必要时还可以改变拍摄的采样率和摄像画面的播放速度，非常准确地计算出某一反应的时间。而且在摄影时，也可以将被试的操作及计时器上的显示数字同时摄入画面，对时间的读取就更加方便了。对于一些特殊计时领域来说，使用摄影手段是非常必要的，比如，在短跑比赛中，就可以使用摄像技术准确地记录运动员从发令枪响到起跑间的反应时间。

(三)反应时间测量中应注意的问题

第一，避免过早及其他错误反应。实验前，或许有些被试对反应时间长短不以为然，但在实验开始后几乎所有的被试都希望自己测得的反应时间越短越好，因此实验中常常控制不住自己，甚至在刺激出现之前就做出了反应，或者在刺激刚刚出现，就完成了反应，这就是所谓的"假反应"或"抢码"。如果实验中刺激呈现的时间间隔固定，这种"抢码"现象更为频繁。为了避免这种现象的发生，通常可采用两种策略：一是插入"侦察刺激"，即在实验中随机地插入几次只给"预备"信号但不呈现刺激的操作，以观察被试是否会在未接收到刺激时做出反应；二是不断地改变刺激间的时间间隔，或者不断地改变在每次给予被试"预备"信号到呈现刺激之间的预备时间（一般在 1.5 秒～2 秒为宜），这可以在一定程度上避免被试形成反应定式。

第二，备选反应与可辨别刺激一一对应。在选择反应时间测定中，备选反应的数量和供被试辨别的刺激数量要相等，二者一一对应。如果选择反应时间的测试装置上可以呈现红光和绿光两种刺激，但只有一个反应键，然后要求被试在实验中必须是看清刺激光的颜色时才能按键。这样的装置就是有缺陷的，因为即使被试能自觉地按照主试的要求参加实验，但实验中总有一种尽快反应的倾向，就很容易使实验变成了简单反应时的测试，或者被试会因为担心过早反应而使反应滞后。这一装置必须再增加一个反应键，然后要求被试看到什么颜色的灯光刺激，就按与之对应的那个键。利用这样的装置进行选择反应时间测定就能有效地控制被试的"抢码"。

第三，计算机的参数配置和设置。近年来，许多认知心理学实验都是使用计算机系统控制刺激呈现和记录反应时间的。在这些实验中，要尽量做到让所有被试使用的计算机参数配置或设置一致，主要涉及 CPU（中央处理器）速度、内存大小、显示器尺寸、显示器的分辨率和刷新速度、键盘响应速度、安装和启动的操作系统等，这些因素都可能会对实验操作与时间记录造成影响。如果使用 E-Prime 软件编写实验程序，最好使用该软件配套的反应盒和语音开关（麦克风）。就是说，在购买 E-Prime 软件时，最好同时购买配套的反应装置。

三、反应时间的影响因素

反应时间与刺激条件、主体因素均存在密切联系。刺激条件主要是指刺激信号本身的特点和呈现刺激的环境因素，如刺激的性质、强度、作用时间、呈现的背景等；主体因素主要包括被试的年龄、性别、知识经验、动机因素、个性特征及身心状态等。

（一）影响反应时间的刺激因素

1. 刺激性质的影响

不同的刺激对应的感觉通道不同，而不同感觉通道对应的反应时间存在很大差异，这被称为反应时间的通道效应。如表 8-1 中的数据，是从许多测试结果概括得到的，反映了与不同感觉通道对应的简单反应时间（朱滢，2000）。不同感觉通道对应的简单反应时间差异很大，原因是多方面的，如刺激的方式与能量性质不同；感觉器官接受刺激的方式、能量转换方式和传递方式的不同；刺激信息对机体的意义不同等。有人以猫为被试进行研究，使用声音直接刺激猫耳，可以在 1 毫秒～2 毫秒引起神经冲动，从发出声音信号到猫竖起耳朵只需要 8 毫秒~9 毫秒的时距；用光刺激猫的眼睛，其引起神经冲动并传递到大脑视觉皮质则需要 20 毫秒~24 毫秒；如果绕过视网膜，用电极直接刺激视神经，则神经冲动可以在 2 毫秒~5 毫秒到达视觉皮质。可见，信息在视网膜上的接收、转换和传递消耗的时间较多，这是视觉反应时长于听觉反应时的重要原因。一般，光线经过眼球折光后直接刺激视网膜，但在视网膜上不能立即引起神经冲动，而是需要完成光化学反应这一中介过程。其他通道间的差异亦各有其不同的原因。

表 8-1　不同刺激通道对应的简单反应时

感觉通道	简单反应时间（ms）
触觉	117~182
听觉	120~182
视觉	150~225
冷觉	150~230
温觉	180~240
嗅觉	210~390
痛觉	400~1000
味觉	308~1082

同一感觉通道中，刺激的性质不同（如味觉刺激中的酸、甜、苦、辣）或刺激位置不同（如视觉刺激作用于视网膜的不同点），反应时间也不同。还有研究表明，刺激的不同组合作用引起的反应时间也有差异，如声音加电击刺激的反应时间比单独使用声音刺激或电击刺激的反应时间都要短，光、声、电击三种刺激同时作用时反应时间更短。

2. 刺激时间和面积的影响

刺激呈现的位置、面积大小及时间长短等都会对被试的反应时间造成影响。比如，当刺激强度不变、刺激呈现时距一定时，增加视觉刺激的面积，由于感觉器官的累积效应，也会增加刺激的心理强度，进而影响到反应时间，表 8-2 所示的实验结果说明了这一点。随着刺激面积的增加，反应时间逐次减少，但是面积累积效应是有限的。当面积增加到一定程度时，反应时间就难以继续缩短。研究也发现，空间累积效应也表现在双眼视觉和双耳听觉上。在一个实验中，对同一个光刺激，双眼观察时的反应时间比单眼观察时的反应时间更短。在听觉方面也有类似现象，有测试发现，同样强度的声音作用于单耳的反应时为 147 毫秒，而作用于双耳的反应时为 133 毫秒。

表 8-2　方形视觉刺激的面积与反应时的关系

方形视觉刺激的边长(mm)	3	6	12	24	48
反应时间(ms)	195	188	184	182	179

　　此外，改变刺激的时间特性也会引起个体反应时间的变化。当刺激强度不变时，增加刺激作用于感官的时间，可造成刺激的累积效应。佛洛伯格（Froeberg，1907）曾做过一个关于光作用于眼睛的时间长短对反应时间影响的研究，结果如表 8-3 所示（转引自：孟庆茂，常建华，1999）。刺激持续的时间越长，反应时间越短，但是这种变化关系也有一定的限度。表中数据显示，当刺激作用时间从 24 毫秒增加到 48 毫秒时，反应时间并没有再随之缩短。

表 8-3　光刺激的久暂与反应时间的关系

光刺激的持续时间(ms)	3	6	12	24	48
反应时间(ms)	191	189	187	184	184

3. 刺激强度的影响

　　刺激强度通常反映的是刺激的能量大小，一般情况下刺激能量越大，反应越快，反应时间越短，反之则反应时间越长。研究表明，刺激强度与反应时间呈现非线性变化关系，如图 8-3 所示。

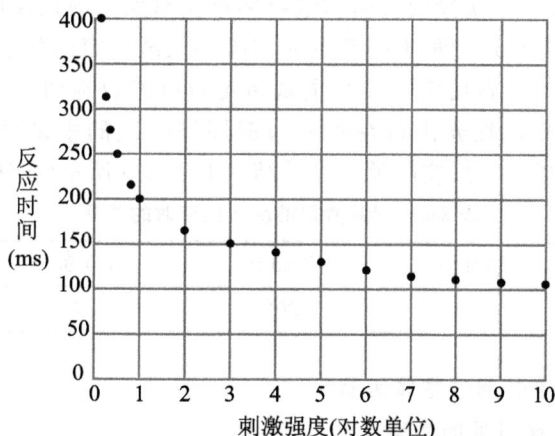

图 8-3　对不同强度的 1000Hz 纯音刺激的反应时间

　　图 8-3 显示，从较弱的 1000Hz 纯音开始，随着刺激强度增加，反应时迅速缩短。但随着刺激强度的继续增加，反应时间缩短的速度越来越慢，逐渐接近一个极限值。在 lgI＝0 时，表示刺激强度接近于阈限值，对应的反应时

间为 402 毫秒；当 lgI＝1 时，刺激强度大约是阈限强度的 10 倍，反应时间缩短到 193 毫秒，约为阈限强度时的一半；当 lgI＝2 时，刺激强度又增加了 10 倍，反应时间缩短到 161 毫秒，与 193 毫秒相比只缩短了 30 毫秒。lgI 取值在 8～10 范围内变化时，反应时间几乎没有什么变化。

4. 刺激复杂度的影响

反应时间不仅受到某些刺激因素的单独作用，而且会受到刺激因素组合的作用，包括刺激材料复杂度的影响，这主要是指对辨别反应时和选择反应时的影响等。显然，对于辨别和选择反应时来说，刺激的数量越多、可分辨性越差、复杂度越高，反应时就越长，默克尔（Merkel，1885）的早期研究说明了这一点（转引自：孟庆茂，常建华，1999）。他要求被试对阿拉伯数字的 1～5 分别用右手的五个手指做反应，对罗马数字的 Ⅰ～Ⅴ 分别用左手的五个手指做反应。整个研究包括很多个实验序列，每一实验序列中使用的刺激选择数目各不相同，分别为 1～10。在一个实验序列开始前都会告知选择刺激的数目，实验结果如表 8-4 所示。

表 8-4　可供选择的刺激数与反应时的关系

刺激数	1	2	3	4	5	6	7	8	9	10
反应时间(ms)	187	316	364	343	487	532	570	603	619	622

赫蒙（Hermon）的实验则说明刺激辨别难度对反应时的影响。方法是：在被试面前一左一右呈现两种不同颜色的刺激，主试指定的颜色出现在哪一边，被试就用哪一边的手做反应。如当主试指定对红光反应时，就让红色与其他各种颜色配对呈现，红光出现在哪一边就用哪一边的手做反应。结果显示，刺激间的差异性越小，反应间就越长，结果如表 8-5 所示（张庆云，1993）。

表 8-5　刺激辨别难度与反应时的关系

要辨别的刺激	白和黑	红和绿	红和黄	红和橙
平均反应时间(ms)	197	203	217	247

（二）影响反应时间的主体因素

1. 年龄与教育训练的影响

人在 25 岁以前，随着年龄的增长，个体反应越来越快，反应时间逐渐缩短，此后一直到 60 岁左右则是反应时间相对稳定的时期。60 岁后，人的反应逐渐迟缓，反应时间会随着年龄增长逐渐延长，这也是机体衰老的自然表现。

在人的发展中，教育训练也会促进反应速度的提高。许多运动项目都具有这种效果，如武术、球类、击剑等。对于特定任务来说，短时间练习也会提高反应速度。当然，教育训练和练习对反应速度的促进总是有限的，当其达到一定水平后就难以继续提高。

2. 动机因素的影响

在反应时实验中，可以采用不同的奖惩措施引起被试的额外动机，以观察被试的反应时间。如利用被试在反应时间实验中，一般都期望自己的反应又快又好的心态，对被试的反应进行赏罚。"赏"是在每次被试做出比较快的反应时都告知被试反应的结果；罚是当被试反应慢于某一设定标准时会受到一次电击，电击的电压很低，不致造成伤害，但也会有些不舒服。这两种条件与不给任何反馈的实验交替进行，借以抵消练习效应，其实验结果如图 8-4 所示。在有"罚"的条件下，被试反应时间在 120 毫秒左右；在有"赏"的条件下，被试反应时间在 140 毫秒左右；在无赏罚条件下，被试的反应时间在 150 毫秒左右。

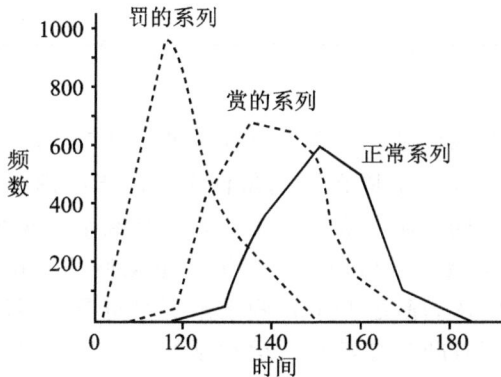

图 8-4　附加动机对反应时间的影响

3. 适应与准备状态的影响

被试的适应水平不同，反应时间也会不同。例如，被试在光适应和暗适应的不同水平上进行实验：让被试在 250 勒克斯(lx)照度条件下对一定距离处的白色圆盘做反应。如果实验前被试所在环境的光照度条件不同，则反应时间也不同，如表 8-6 所示。实验前被试的光照环境光线越强，被试的适应水平越低，其反应时间越长；反之，反应时间越短。这一规律也适合于其他感觉通道，因此可以将反应时间作为个体适应状态的一个测量指标。

表 8-6　反应时间与被试对光适应水平的关系

实验前所在环境的光照度(lx)	200	150	100	50	0
反应时间(ms)	154	146	144	140	131

反应时除与被试的适应状态有关外，也与准备状态有关。在简单反应时

测试中，从预备信号发出到刺激呈现之间的时间间隔叫预备时间。预备时间长短会影响被试的反应时间。预备时间过长，被试在注意力高度集中短暂的时间后，会很快进入心理疲劳或注意力分散状态，反应时会加长；预备时间过短，被试来不及做好反应准备，也会造成反应时加长。许多研究表明，预备时间在 1.5s 左右最有利于被试的反应。有人记录运动员起跑的反应时间，将预备口令到鸣枪声的时间间隔定为 1s、1.5s 和 2s 三种时间，结果如表 8-7 所示，当预备时间为 1.5s 时反应时间最短(张庆云，1993)。

表 8-7　预备时间与被试的反应时间

时间(s)	反应时平均数(ms)	标准差
1.00	198.92	19.75
1.50	170.75	11.35
2.00	201.87	18.21

4. 个体差异

个体差异作为被试变量，也是难以控制的。就反应时间测量来说，不仅个体之间存在差异，同一个体在不同条件下，由于心理和生理状态的变化，反应时间也有很大不同。研究表明，个体存在神经活动类型的差异，一般可分为三种类型：感觉型、运动型和平衡型。感觉型的人在反应时间实验中，会将注意力更多集中在刺激感知上，刺激出现时需要较多时间将注意中心转移到运动系统，反应时间往往较长；运动型的人在反应时间实验中则会把注意力更多集中在运动系统，刺激一旦出现就会更快地发动反应，反应时间较短。但是，由于分配较少的注意力给刺激感知，所以对刺激的判断容易发生错误，出现"抢码"或"抢跑"现象。平衡型的人则比较好地把注意力分配给刺激感知和反应发动，既能较快地发动反应，也较少出现"抢码"。

5. 速度与正确率权衡心向的影响

在信息加工心理学中，常常把反应时间看作信息加工复杂度的指标，根据反应时的变化推断信息加工过程的变化。但反应时间是受多方面主客观因素影响的，除前文讨论的一系列因素外，还明显受到被试心向的影响，即追求速度还是追求正确率。在反应时实验中，被试有时会以牺牲反应速度为代价去换取高的正确率，有时会以牺牲正确率为代价去换取反应速度。在不同的实验要求和条件下，被试会综合考虑多种利弊，建立一个权衡来指导反应，这就是反应速度与正确率权衡现象(speed-accuracy trade-off，简称 SAT)。

一般而言，被试可以在准备充分的情况下反应，也可以在准备不充分的情况下反应。充分准备时，因其能提取全部与刺激有关的信息而做出反应，正确率会很高，速度却慢<u>些</u>。准备不充分时，即在没有足够时间或不允许被试提取全部与刺激有关的信息的条件下，被试还可利用在加工阶段的初期所积累的部分信息去反应，也可以利用某种不同于上述完全加工的信息加工方式（如猜测）去反应，反应加快了，但正确率会下降。有趣的是，对这种不完全的信息加工过程的研究，可以获得对信息初级阶段特性的认知。

在反应时间实验和 SAT 现象的研究过程中，研究者们形成了一种新的反应时实验范式，即速度与正确率权衡范式（SAT 范式）。可以通过控制被试做出反应的时间长短作为实验自变量，测定在各种时间条件下的反应正确率。然后以反应时间为横坐标，以正确率为纵坐标，可得到一条速度与正确率权衡曲线。图 8-5 是一条用信号检测法进行再认实验的 SAT 曲线，它反映了各种反应时间下的反应正确率（d'）。在这条曲线上，可以用三个参数来描述 SAT 现象：I 表示截距，R 表示正确率（d'）随反应时间（RT）变化而变化的速率，A 表示正确率的渐进值，即在无限延长提取时间条件下的最高正确率。

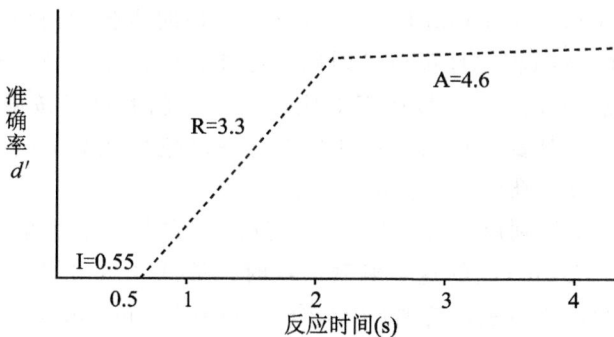

图 8-5　再认提取实验的 SAT 曲线（Wickelgren 等，1977）

在信息加工的早期，反应时和正确率之间的权衡关系是非常显著的。当接近或达到 A 值之后，随着反应时的延长，正确率的变化很小。

第二节　反应时经典实验范式

就反应时实验范式发展来说，从 1850 年赫尔姆霍兹（Hermann von Helmholtz，1821—1894）发表关于神经传导速度的研究至 1969 年，长达一百多年的时间常被称为唐德斯反应时 ABC 时期，其核心是减法反应时法。1969年，斯滕伯格（Saul Sternberg）发表了关于短时记忆信息提取的实验研究，采用了完全不同的加因素方法，提供了新的反应时实验范式。此后，反应时间成为认知心理学研究中最为常用的因变量(孟庆茂，常建华，1999)。

一、减法反应时法

1. 唐德斯的 ABC 反应时

1868 年，荷兰生理学家唐德斯发表的《关于心理过程的速度》，系统介绍了 A、B、C 反应时的概念和测定方法。

A 反应时，即简单反应时：只有一个反应对应于一个特定的刺激，当该刺激呈现时，被试就立即做出规定的反应，这时测得的反应时间就是简单反应时(simple reaction time)。比如，短跑比赛，运动员听到裁判的发令枪声迅即起跑，从发令枪响到运动员的脚离开起跑器之间的时间间距就是一种典型的简单反应时。

B 反应时，即选择反应时：有多个反应各自与一个指定的刺激相对应，当某一刺激呈现时，被试必须做出与之对应的反应，这时测得的反应时间就叫选择反应时(choice reaction time)。在选择反应时中包含简单反应时，以及用于辨别刺激的时间和选择反应的时间。比如，设计红、绿、黄三个颜色的灯光刺激，分别与 1、2、3 号按键对应，三种颜色的灯光按随机顺序呈现，每一次灯光亮时，都要求被试尽快地按下与该颜色灯光对应的那个键，记录下来的时间间距就是典型的选择反应时。

C 反应时，即辨别反应时：只有一个反应，它与多个刺激中的某一指定刺激相对应，只有当对应的这个刺激出现时，被试才做出规定的反应，这时测得的反应时间叫作辨别反应时(identification reaction time)。在辨别反应时中包含简单反应时和用于辨别刺激的时间。如果对上述选择反应时测定的程序进行适当修改，三种颜色的灯光刺激随机呈现，但要求被试，只有当某一颜色的灯光亮时，才能迅即按下与这个灯光对应的那个键，其他两种颜色灯光亮时均不做按键反应。这时测得的反应时间就是典型的辨别反应时。

如果某一被试完成了上述三种反应时的测试，就可以通过反应时相减的方法计算出被试用于"辨别"刺激和用于"选择"反应的时间："辨别"时间＝C 反应时－A 反应时、"选择"时间＝B 反应时－C 反应时。可见，唐德斯的研究，早就提供了现代信息加工心理学广泛采用的减法反应时法的雏形。

减法反应时法(method of minus reaction time)，也称减法法则(minus rule)，由唐德斯的实验发展而来。关于人的信息加工内部机制的许多发现都是通过减法反应时实验获取的，比如，心理表象的旋转、短时记忆编码方式、语义层次网络结构等。减法反应时法的基本原理是：当两个信息加工序列具有包含和被包含关系时，即其中一个信息加工序列除含有另一个信息加工序

列的所有过程外，还存在一个独特的信息加工阶段或过程，这两个加工序列
需要的时间差就是这个独特信息加工阶段或过程所需要的时间（邓铸，2006）。
如辨别反应包含简单反应的全部加工阶段，同时它还有一个刺激分辨的心理
加工阶段是简单反应所没有的，那么通过反应时相减就可以得到刺激分辨的
心理加工时间。

2. 表象的心理旋转实验

所谓心理旋转（mental rotation），是指在空间知觉加工过程中进行的一种
心理上的表象旋转操作，从而获得正确知觉经验的历程。那么，这种心理旋
转是否真的存在呢？20 世纪 70 年代初，库柏和谢波德（Cooper & Shepard，
1973）用减法反应时法为心理旋转提供了有力的支持证据。他们使用左右不对
称的字母或数字（如 R，J，G，2，5，7 等），以及这些字母或数字的镜像作为
实验材料，以六种不同的倾斜角度呈现，如图 8-6 所示。

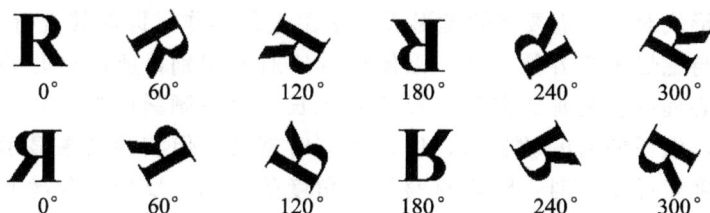

图 8-6 Cooper 和 Shepard（1973）使用的实验材料示例
上行是六种倾斜角度的大写字母 **R**（也称为正 **R**）
下行是六种倾斜角度的字母 **R** 的镜像（也称为反 **R**）

实验中，在电脑显示器的中央位置按随机顺序给被试呈现图 8-6 中的 12
种刺激材料，每次呈现时要求被试判断其是正写的还是反写的，并要求尽快
按键做出回答，电脑自动记录反应时间和结果正误。实验结束后，计算被试
在每一种倾斜角刺激条件下的平均反应时间（将同一种倾斜角的正写和反写刺
激材料条件下的反应时相加平均），得到刺激倾斜角度与被试反应时的关系曲
线，如图 8-7 所示。

图 8-7 显示，当呈现材料的倾斜角度不同时，被试的反应时也不同，而且
正立位置（正 R 和反 R 的倾斜角为 0°）的反应时最短、倒立位置（正 R 和反 R
的倾斜角为 180°）的反应时最长，整个曲线在 180°的左右两边形成对称。这一
结果如何解释呢？库柏等认为，人类记忆系统中储存的表象材料一般都是简
单、完美的，字母 R 的记忆表象应该是正立的。实验中，当刺激材料正立时，
被试获得的知觉印象是正立的，与相应的记忆表象的方位一致，可以快速形
成对比，判断其正写或是反写，反应时间较短；当刺激材料以一定的倾斜角

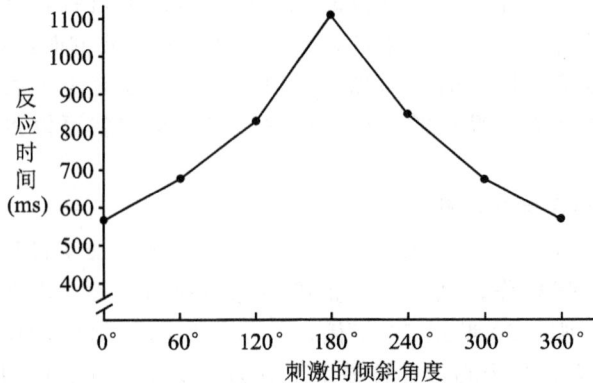

图 8-7　Cooper 和 Shepard 心理旋转实验结果

度呈现时，其获得的知觉印象也是倾斜的，与记忆表象的方位不一致，不能立即与其形成对比，需要将知觉形成的表象进行操作，即对其进行心理旋转，使其方位与记忆表象方位一致，以便进行比对和识别，所以这时的反应多了一个表象心理旋转的加工阶段，反应时较长。材料倾斜度越大，心理旋转的角度越大，消耗的时间就越多，所以反应时越长。但实验结果显示，当刺激倾斜的角度超过 180°时，随着材料倾斜角度的增加，反应时却越来越短。根据心理加工经济性原则，当材料倾斜角度超过 180°时，被试会以顺时针方向进行表象旋转操作，这样旋转的角度较小。具体地说，当刺激倾斜角为 120°时，其按逆时针旋转到正立位置是最近的；当刺激倾斜角为 240°时，其按顺时针旋转到正立位置是最近的，这两种情况下心理旋转的方向相反、旋转的角度应该相等，反应时间也应该是相等的，这种分析得到了实验结果的支持。

　　概括来说，库柏和谢波德的实验证实了心理旋转假说。当以一定倾斜角呈现刺激时，被试获得最初的知觉表象后，对表象进行心理旋转操作，以便与相应记忆表象进行对比，然后才能完成识别和判断。心理旋转过程消耗的时间等于该种条件下的反应时减去正立刺激条件下的反应时。

　　减法反应时实验的基本方法是：安排两种认知作业，其中一个作业包含另一个作业所没有的一个加工阶段，其他方面均相同，这样就可以从两个作业完成所需时间的差判定此加工阶段是否存在，以及它消耗多长的时间。20世纪 80 年代之前，信息加工心理学主要是采用减法反应时实验提供的证据来推断人脑内部的信息加工机制。

　　减法反应时实验的使用，要求实验者对实验任务引起的刺激与反应之间的心理过程有较为明确的假设，并且要求两个相减的任务中共有的心理过程严格匹配，这一般是很难的。此外，减法反应时法还有一个致命缺陷，即它的假设前提是：信息加工是系列化的，也就是由一系列前后相连的多个加工阶段构成。这一观点受到越来越多的研究发现的挑战。

二、加因素法

20 世纪中期，斯滕伯格（1969）在唐德斯减法反应时法的基础上，提出加法法则，被称为加因素法（additive factors methods）。这种方法是对减法反应时法的发展和延伸。加法反应时实验认为，完成一个作业所需要的时间是一系列信息加工阶段分别需要的时间的总和，如果发现可以影响完成作业所需要的时间的一些因素，那么单独地或成对地应用这些因素进行实验，就可以观察到完成作业时间的变化。实验的逻辑假设是：如果两个因素对某一信息加工任务的影响具有交互性（交互效应明显），它们导致信息加工过程时间的变化不具有可加性，那么这两个因素作用于信息加工的同一个阶段；如果两个因素对某一信息加工任务的影响是相互独立的（交互效应不显著），它们导致信息加工时间的变化具有可加性，那么这两个因素作用于信息加工过程中两个相互独立的不同阶段。按照这一逻辑，通过单变量和多变量实验，测量被试完成作业的反应时间的变化，就可以探测到影响某一信息加工任务的独立变量，进而推断这一信息加工阶段。在加因素实验中，重要的不是测量每个阶段的加工时间，而是要探测加工的阶段及顺序。

1969 年，斯滕伯格发表了一个有名的短时记忆信息提取方式的经典实验。他先给被试呈现一个由 1～6 位数字（识记项目）组成的数字串，等待数字串消失后再呈现一个数字（测试项目）并开始计时，要求被试判定此测试数字在刚刚呈现的数字串中是否出现过，通过按键做出"是"或"否"回答，记录这期间的时间即反应时间。按照加因素法实验设计，改变实验过程中的刺激因素，得到一系列不同条件下的反应时间。根据反应时间的变化关系，斯腾伯格探测出被试对识记数字系列的短时记忆信息进行提取的独立影响因素，推断出其中四个独立的加工阶段：刺激编码阶段、顺序编码阶段、二择一的决策阶段和反应组织阶段，对应的影响因素分别为测试项目的质量、识记项目数（记忆集大小）、反应类型（肯定和否定）、反应类型的相对频率。这一研究结论可表示成图 8-8 的形式。

实验中得到的结果主要包括：第一，测试项目的质量较低时（残缺的或模糊的），反应时间较长；第二，记忆集越大，反应时越长，表明顺序比较阶段主要是系列扫描的；第三，"是"反应快于"否"反应，这说明两类反应的难度不同，"否"反应难度较大；第四，反应类型的相对概率影响反应时间，一般某种反应概率增加时，其对应的反应时间会缩短。

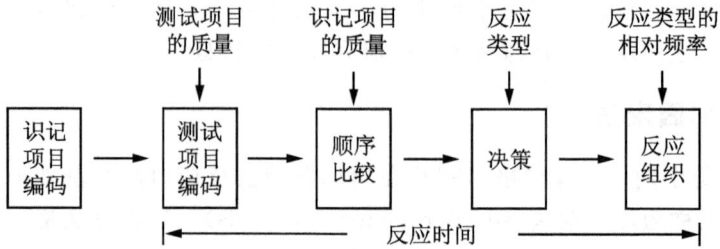

图 8-8　斯滕伯格(1969)加因素实验的结论：短时记忆信息提取的过程及影响因素

　　斯滕伯格的加因素法引起了许多心理学家的兴趣，激发了一系列类似的研究，同时也招致许多质疑和批评。一些心理学家指出了加因素法实验中的三个致命之处：首先，它是以系列加工假设为前提的，这对其应用范围是一个制约，因为认知心理学的研究提供了越来越多的证据证实信息加工过程并非只是系列性的，也存在平行加工(parallel processing)；其次，变量操纵带来的反应时间变化的可加或不可加性，能否作为确认信息加工阶段的依据，还缺乏足够的论证；最后，它还没有解决如何确定加工阶段的顺序问题。这些批评意见是有道理的，值得重视。但不管怎么说，加因素法是对反应时法的一次拓展，也因此促进了认知心理学的发展。

三、开窗实验

　　开窗(open window)实验是认知心理学中较晚出现的一种反应时法，这种方法既和减法反应时有相似之处，也和加法反应时有共同的地方，但又有独特性。减法反应时法和加因素法都需要通过间接的比较才能得到某个特定加工阶段所需要的时间，并且这个加工阶段还要通过严密的推理才能确认。如果能直接测量每个加工阶段的时间，而且也能明显地看出这些加工阶段，就好像打开窗户一样，故称其为开窗实验。开窗实验的典型例证是汉密尔顿(Hamilton，1977)和郝奇(Hockey，1981)开展的字母转换实验。

　　研究者给被试呈现1～4个字母，并在字母后面加上一个数字，如"F＋3""FQ＋2""GNEC＋4"等。当给被试呈现"FQ＋2"时，就是要求被试转换并报告出与F和Q对应的后边第二个字母，即"HS"。实验中要求被试一个字母一个字母地进行出声转换，等全部转换完成后报告结果。以"GNEC＋4"转换任务为例，来说明借助于计算机完成的实验过程和结果(张庆云，1993)。

　　如图8-9所示，被试做好准备后按键(电脑在程序控制下开始计时)，显示器上呈现出第一个字母，被试就开始识别这一字母，并在字母表上寻找该字母的位置，这是对刺激的编码过程；找到其在字母表上的位置后，就立即开始出声转换，转换出相应的字母就是转换结束的时间，然后进入贮存过程；被试觉得记住了转换结果后再次按键看下一个字母，如此循环进行，直到四个字母均转换完成后报告出所有结果。对实验过程进行录音，即可标记出每一次出声转换的开始时间和结束时间。这一实验可以直接记录字母转换经历的加工阶段、每一阶段消耗的时间。具体地说，字母转换任务的信息加工包括三个阶段：从按键呈现字母到开始出声转换是刺激编码阶段，从出声转换开始到转换结束是信息转换阶段，从出声转换结束到再一次按键是转换结果的贮存阶段。

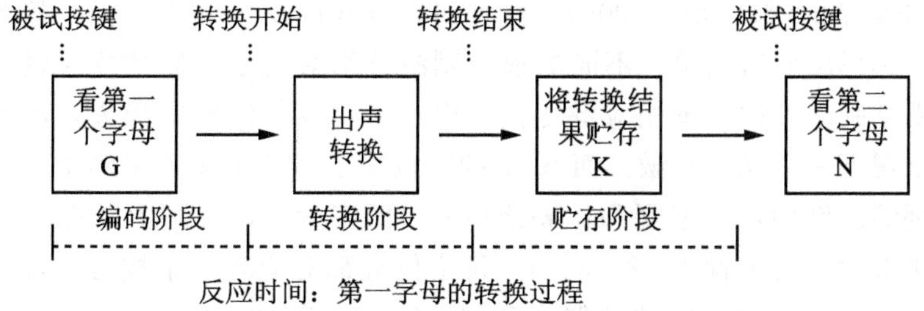

图 8-9　开窗实验的过程和结果（以 GNEC＋4 为例）

当然，每个加工阶段并非如实验过程直接看到的那样界限分明，一个加工阶段的出现有可能是对前一阶段的复查，而贮存阶段也会包含对以前转换结果的提取、复述和归并。所以，只能把开窗实验看作对信息加工过程简化的、直接的测量。

认知心理学研究中的反应时实验法将反应时间置于重要地位，也因此促进了反应时间相关因素的研究和反应时间测量技术的发展。同时必须看到，上述反应时法实验均有值得进一步探讨的问题，比如，反应时实验均把信息加工看成是由多个界限分明、相互独立、顺序排列的加工阶段组成的，这种观点已被证明并非完全正确。

第三节　反应时实验范式新进展

反应时是内部信息加工过程的有效探测变量，曾一度成为认知心理学的方法学基础，逐渐发展出的三种经典范式为心理学研究的很多领域注入了活力。20 世纪 80 年代，内隐学习领域出现序列反应时的研究方法，随后，一种新的反应时实验范式——内隐联想测验在内隐社会认知领域发挥了重要作用。下面介绍序列反应时法和内隐联想测验，算作反应时实验范式新进展的两个例证。

一、序列反应时实验

序列反应时(serial reaction time，简称 SRT)是指 20 世纪 80 年代末到 90 年代初，在内隐学习研究中出现的新的研究范式——序列学习范式，用以研究人们对序列规则的无意识获得现象。序列反应时任务正是序列学习范式中的经典任务之一，它以反应时作为反应指标，以序列规则下的操作成绩和随机序列下的操作成绩之差来表示内隐学习的学习量。

序列反应时实验范式是尼森(Nissen，M. J.)和比勒姆(Bullemer，P.)于 1987 年提出来的(郭秀艳，2004)。这种研究范式以反应时为指标，整个实验过程类似于选择反应时实验：不同的视觉刺激分别对应于不同的反应键，每次呈现一个视觉刺激，被试按相应键尽快予以反应，该刺激随即消失，短暂的时间间隔后出现下一个视觉刺激。而 SRT 的特点在于，整个实验中刺激的呈现序列是有规则的。例如，在尼森和比勒姆(1987)的实验中，屏幕上从左到右的四个位置依次被设定为位置 1、2、3、4，每个位置都对应着一个按键。视觉刺激是一个星状图形，并按固定的位置序列(4－2－3－1－3－2－4－3－2－1)呈现。一般来说，固定序列循环 6～10 次构成一个组段。在实验前，被试只被告知将要进行的是反应时测试，他们不知道在任务中刺激是按某个固定但不明显的模式依次呈现的。主试会在多次重复该固定位置序列的情况下(通常是 8～12 个组段)插入一个随机的位置序列，之后再恢复固定的位置序列。

结果发现，尽管被试没有意识到序列规则的存在，其反应时还是会随着固定序列的重复而逐渐下降，但这并不一定代表被试对序列规则发生了学习，因为反应动作的练习效应也是可能的解释。所以，研究者在实验系列中插入随机刺激序列，以比较被试对固定序列和对随机序列的反应时是否出现差异。如果观测到固定序列刺激呈现时的反应时明显较短，说明序列学习发生了，被试在内隐层面学到了刺激呈现的位置规则。

SRT 符合减数法的基本逻辑：反应时差异反映心理过程的差异。在 SRT 实验中，被试接受的刺激和要进行的选择反应都是相同的。在刺激以固定的序列呈现时，反应时更短，说明被试对固定序列呈现刺激时的选择反应的心理过程易化，而这种易化只能是由刺激呈现的位置规则学习引发的。但是，实验中被试并没有意识到固定序列的规则，因此这种学习就是内隐学习。

在序列反应时实验中，要进行精心设计和实验控制，让被试在一个条件下不发生任何学习，而在另一个条件下只发生内隐学习，不能发生外显学习。反应时测量结束后，被试还要接受刺激呈现的外显测试，通常是生成任务(generate task)，即刺激位置仍按固定序列顺序呈现，但被试要根据屏幕上出现的刺激位置，预测下一个刺激出现的位置。这个任务的指标是准确度，它反映了被试是否存在外显序列学习。如果反应时任务的反应时差异与生成任务的准确度相关很低，说明发生的是内隐学习。

序列反应时任务试图将反应时实验的逻辑应用于无意识心理过程的研究，这是具有积极意义的。然而标准SRT实验的内隐性还是受到了质疑。有研究者认为，SRT中的序列规则对被试太过简单，很容易被意识到。由此，他们尝试着通过对实验材料进行一系列的革新来排除序列反应时任务中的外显成分(Musen & Squire，1993；Willingham，Greenberg & Thomas，1997；Olson & Chun，2001)，以使反应时成为衡量内隐学习这个心理过程的更纯粹的指标。

二、内隐联想测验

内隐联想测验(Implicit Association Test，简称IAT)是由格林沃尔德(Greenwald)在1998年首先提出的。基于反应时范式的内隐联想测验弥补了传统投射测验的不足，实现了对内隐社会认知的量化研究。IAT的基本原理是：内隐联想测验在生理上是以神经网络模型为基础的。该模型认为信息被储存在一系列按照语义关系，分层组织起来的神经联系的节点上，因而可以通过测量两概念在此类神经联系上的距离来测量两者的语义联系。内隐态度测验以态度的自动化加工为基础，包括态度的自动化启动和启动的扩散。

IAT通常是从两个类型来设计实验材料。一种是概念词，一般是群体的集合，如"花"和"虫"；另一种是属性词，一般是褒义词汇与贬义词汇，如"漂亮的"和"丑陋的"。概念词与属性词的关系有两种：一种是相容的，即概念词与属性词的匹配与被试的内隐认知一致，那么被试做出任务判断反应时间就会相对短些；另一种不相容的，即概念词与属性词的匹配与被试的内隐认知不一致，那么被试在做出任务判断时就不是自动化的，会涉及复杂的意识加工，反应时就会相对增加。那么相容条件下和不相容条件下反应时之差就是内隐态度的测量指标。不过，在实验之前，并不知道被试的内隐认知。

内隐联想测验一般在计算机上进行，格林沃尔德(1998)的"花—虫"内隐联想测验分为五部分，每一部分都有一个辨别任务，如表8-8所示(邱晓婷，2013)。

①要求被试对概念词进行归类并反应，即对"花"和"昆虫"名称进行辨别并按键反应，花的图片出现按左键，昆虫的图片出现按右键；

②要求被试对属性词进行归类并反应，即对"褒义词"和"贬义词"名称进行辨别并按键反应，褒义词出现按左键，贬义词出现按右键；

③联合任务一反应，即"花的图像＋褒义词"共同出现，按左键反应，"昆虫的图像＋贬义词"共同出现，按右键反应；

④要求被试对概念词重新反应，即花的图像出现，按右键；昆虫图像出现，按左键；

⑤联合任务二反应，即"花的图像＋贬义词"共同出现，按右键反应，"昆虫的图像＋褒义词"共同出现，按左键反应。

内隐联想测验反应时由计算机自动记录。低于 300ms 的记 300ms，大于 3000ms 的记 3000ms，错误率超过 20％的被试数据删除；然后对所有的原始反应时数据进行对数转换，再分别计算相容组和不相容组的平均反应时，最后用不相容组的平均反应时减去相容组的平均反应时就是内隐的认知。

表 8-8 花—虫联想测验的实验程序

任务次序	左键反应对象	右键反应对象
1	花的图像	昆虫的图像
2	褒义词	贬义词
3	花的图像＋褒义词	昆虫的图像＋贬义词
4	昆虫的图像	花的图像
5	昆虫的图像＋褒义词	花的图像＋贬义词

为何相容和不相容任务的反应时之差可以作为内隐联想测验效应呢？依据唐德斯减数法的原理，反应时的不同阶段对应着不同的加工过程，反应时越长，心理加工越复杂。在社会认知研究中，由于所呈现的刺激多具有复杂的社会意义，其必然引起被试心理的复杂反应，这些刺激可能与内在需要或内隐态度相一致，也可能与之相矛盾，刺激所暗含的社会意义不同，被试的加工过程的复杂程度就会不同，从而反应时的长短也会不同。相容任务中，概念词和属性词的关系与被试的内隐态度一致或二者联系较紧密，此时辨别任务更多依赖自动化加工，相对容易，因而反应速度快，反应时短；不相容任务中，概念词和属性词的关系与被试的内隐态度不一致或二者缺乏紧密联系，这往往会导致被试的认知冲突，此时辨别任务更多依赖复杂的意识加工，相对较难，因而反应速度慢，反应时长。所以，两种联合任务的反应时之差可以作为概念词和属性词的关系与被试的内隐态度相对一致性的指标，即上述的内隐联想测验效应。格林沃尔德（1998）的"花—虫"内隐联想测验就发现两种联合任务间反应时有显著差异，内隐联想测验效应显著，"花＋褒义词"的联合明显快于"虫＋褒义词"的联合，这表明"花＋褒义词"的联合与被试的内隐态度更一致，被试对花的态度更为正向。

由于反应时间是在某种任务情境中对刺激的快速应答过程中测量的，它能够有效地反映机体发展的水平、身心状态和完成任务时信息加工的复杂性，所以在心理学基础研究和实际应用中都有着特殊地位和价值。在人才选拔中，反应时间是个别差异的重要测量指标，它不仅能间接反映个体内部的信息加工能力、技能水平，而且能够直接影响许多领域的工作绩效，对个体在特定任务情境下的工作绩效具有一定的预测功能。因此，反应时间测试成为人才选拔工作中一项常规的测试指标。就国内情况来看，人才选拔中使用反应时间测量的领域主要包括：航空航天招飞（要求在复杂而快速多变条件下的迅速决策与操作），运动员选拔（短跑运动员起跑要快，但又不能经常"抢码"，击剑运动员、球类运动员要有较短的"追踪反应时间"和"综合反应时间"等），公务员选拔（需要思维敏捷流畅）；在工程设计中，利用测量反应时间对人机系统的设计进行评估，根据在特定条件下人的反应速度的有限性进行人机系统设计，等等。如刺激—反应相容性研究（stimulus-response compatibility，简称 SRC）是人在对刺激进行加工过程中所表现出来的一种现象，它是工程心理研究的最核心问题（Alluisi & Warm，1999）。可以认为，当一定的刺激和反应匹配会产生较好较快结果时，这样的刺激—反应匹配就具有相容性（刘艳芳，1996）。很明显，刺激—反应相容性是工程设计中应追求的重要目标。在交通领域，反应时测量的应用更广泛，涉及道路设计；驾驶员的测试与培训；驾驶员的疲劳测试与告警等。

扩展阅读

一、 短时记忆编码之争

20 世纪 60 年代以前，研究者多半认为短时记忆中的文字信息是以听觉编码储存的。但是波斯纳等人（Posner et al.，1969）的减法反应时实验表明，其中也存在视觉编码。实验的具体做法是：同时或先后给被试并排呈现两个字母，要求被试指出这一对字母是不是同一个字母并按键作答，记录反应时间。所用材料包括：读音和书写都相同的字母（如 A-A）、读音相同书写不同的字母（如 A-a）、读音不同的字母（如 A-B 或 A-b）。读音相同的即为同一字母，被试应做出"是"的判断；读音不同的即为不同的字母，被试应做出"否"的判断。在先后呈现的实验中，两个字母呈现的时间间隔包括 0.5s 和 1s，或 1s 和 2s，被试的反应时间是指从第二个字母呈现到其做出按键反应的时间间距。波斯纳及其同事的实验结果如图 8-10 所示（图中只显示了 A-A 刺激序列、A-a 刺激系列的结果）。图 8-10 显示，当两个字母同时呈现时，A-A 刺激条件下的反应比 A-a 刺激条件下的反应要快得多；当两个字母先后呈现时，A-A 刺激条件下的反应时间开始增加，但 A-a 刺激条件下的反应时间变化不大，而且两个字母时间间隔越大，A-A 刺激条件下的反应时间增加越多，比如，在间隔 1s 以上时，就与 A-a 刺激条件下的反应时间接近了。波斯纳认为，视觉刺激的短时记忆编码既有听觉也有视觉，一般先是视觉的，然后向听觉编码转换。在 A-a 刺激条件下，两个字母的视觉编码不同但听觉编码相同。接受刺激后，前期形成的视觉编码不匹配，还不能做出是否为同一字母的决策，随后，编码形式向听觉编码转换，转换基本完成时就可在听觉编码上实现匹配，被试做"是"的回答，这一过程消耗了时间，所以反应时间延长。如果 A-a 采用间隔呈现，其决策也是在听觉编码匹配后完成的，所以反应时间与同时呈现时的反应时间相比差异不大。对于 A-A 刺激系列，情况则有所不同：当同时呈现时，两个字母首先就会在视觉编码上完全匹配，被试在刺激编码尚未向听觉编码转换时就可决策；如果两个字母先后呈现，当第一个字母呈现后获得视觉编码时，第二个字母尚未出现，这时第一个字母的视觉编码开始向听觉编码转换，第二个字母随后出现时形成的视觉编码就与短时记忆中前一个字母的编码形式无法匹配了（前一个字母在一定程度上已经是听觉编码形式了），所以第二个字母也要向听觉编码转换才能与之匹配，需要的时间增加了，而且字母呈现的间隔越长，第一个字母向听觉编码转换越彻底，反应时间就越长。两个刺激间隔时间达到 1s 以上时，A-A 系列也基本上都是在听觉编码上进行匹配的，所以其反应时间与 A-a 系列相近。

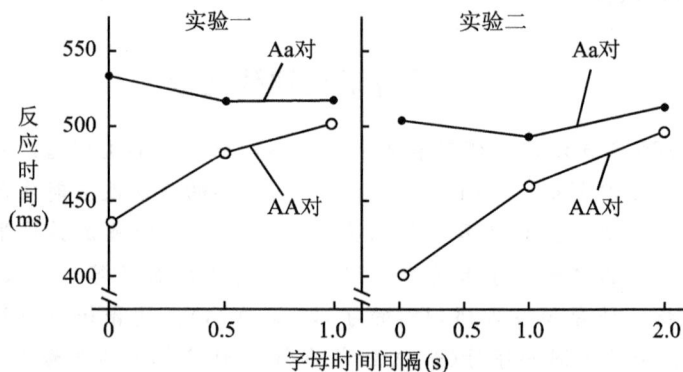

图 8-10　反应时间是字母时间间隔的函数（Posner et al.，1969）

波斯纳等的反应时实验证实了某些短时记忆信息可以有视觉编码和听觉编码两个连续的阶段，这也是信息加工心理学中的重大发现。

　　以上两个实验都是减法反应时法的典型范例。减法反应时法实验的逻辑是：安排两种反应作业，其中一个作业包含另一个作业所没有的一个加工阶段，其他方面均相同，从这两个反应时间之差来判定此加工阶段。信息加工心理学也主要是用减法反应时实验提供的数据来推论人脑内部的信息加工过程的。

　　减法反应时实验的使用，要求实验者对实验任务引起的刺激与反应之间的一系列心理过程有较为明确的认识，并且要求两个相减的任务中共有的心理过程严格匹配，这一般是很难的。此外，减法反应时法还有一个致命缺陷，即它的假设前提是：信息加工是系列化的，也就是由一系列前后相连的多个加工阶段构成，这一观点受到越来越多的研究发现的挑战。这些弱点大大限制了减法反应时法的使用。

　　[资料来源：*Retention of visual and name codes of single letters*（Posner et al.，1969）]

二、　酒精及药物对反应时间的影响

　　各类酒中都含有不等量的酒精。酒精在脑神经系统达到一定浓度时，中枢神经系统逐渐迟钝，对周围情况变化的反应速度大大下降。如果是酗酒，其反应时间将延长 2～3 倍，甚至更长，往往紧急情况已到眼前，还未发现或未采取任何措施便已肇事。例如，车速每小时 40 公里，未饮酒的驾驶员对道路复杂情况做出反应只需 0.6s，而饮酒后的驾驶员却要 1.8s。这样，汽车在反应时间内所行驶的距离就从 0.6s 的 7 米增加到 1.8s 的 21 米，所需的安全距离增加了 14 米，即从 27 米增加到 41 米。由于酒精对大脑皮层的抑制过程会产生破坏作用，使驾驶员很难正确估算车速、距离和控制自己的能力，以致驾驶员动作不准确、不适当。据测试，当血液中的酒精达到 0.5 毫克～0.7 毫克时，驾驶员不仅选择反应时间会增长，而且错误反应概率也增加 46％。

　　目前，刺激中枢神经的心理杀伤性药剂，大致分三类，即镇静剂、兴奋剂和致幻剂。镇静剂虽能消除情绪紧张、焦虑、恐惧感，但会使驾驶员肌肉活动能力下降，并出现睡意，以致反应迟钝。兴奋剂对中枢神经系统的作用与镇静剂作用相反，它可以消除疲劳、驱逐睡意、改善思维活动力、提高反应速度，但会使各类职业人员思想麻痹，过高估计自己的能力。致幻剂会使人有时产生幻觉。如伤风感冒服用过量解热镇痛剂，会使人的注意力、精力、反应能力下降。其他诸如安眠药、麻醉药品、止咳药、止痛片、咖啡因、非那明、利血平等类药品，要遵医嘱，不应随意服用。另外，有些工程人员不应服用抗胺类药品，因为它会使人昏昏欲睡，反应能力下降。因病住院，或在治疗过程中，最好主动介绍自己的职业，以及近期是否有出差等任务，以便医生合理给药。还有一种情况，即不能靠喝浓茶、浓咖啡来增加兴奋，因为这种兴奋是短暂的，随之而来的则是疲劳、困倦。

[资料来源：《实验心理学》(杨治良，1998)]

练习与思考

1. 如何理解：反应时间、简单反应时间、选择反应时间、辨别反应时间、减法反应时法、加因素法、开窗实验、速度—准确性权衡、序列反应时法、内隐联想测验？
2. 如何测定简单反应时间、选择反应时间、辨别反应时间？
3. 反应时测量中需要注意的问题主要有哪些？
4. 影响反应时间的因素有哪些？
5. 信息加工心理学中，三种经典的反应时实验范式是什么？
6. 举例说明减法反应时法的基本原理。
7. 加因素法实验的基本假设是什么？
8. 举例说明序列反应时范式。
9. 举例说明内隐联想测验。
10. 举例说明反应时测量在社会实践中的应用领域主要有哪些？

第九章
感知觉的实验范式

第一节 感觉的实验研究 ■
第二节 知觉的实验研究 ■

感觉是有机体凭借感觉器官接受外部刺激，通过能量接收、转换、计算和传递，将外部信息转换为神经活动，为进一步地知觉加工提供信息的过程。知觉通过外部传入信息与内部激活经验的联系，对信息进行选择和组织，以形成对事物整体的反映和解释。感觉和知觉的基本作用是实现对外部信息的接收、选择和初级组织，常被统称为感知觉。人类活动中需要的关于外部世界的大部分信息是通过视觉和听觉获取的。

本章要旨与重点

◆ 视觉研究包括颜色视觉的形成机制与基本现象、暗适应的实验研究及其应用、视敏度的测量及影响因素等，其中视敏度测量包括空间视敏度与时间视敏度的测量。

◆ 听觉的测量主要包括音高与响度的测量。音高主要由音频决定的，但也与声强有关；响度主要由声强决定，但也与频率有关。听觉领域关于声音掩蔽的研究具有重要应用价值。

◆ 形状知觉中的图形掩蔽和后效说明了视知觉中的时间效应。该领域的经典研究如吉布生效应、麦考勒效应均引发了大量研究，逐渐揭示出知觉加工的基本机制。

◆ 在具体的知觉过程中，存在着各种不同的信息加工方式，主要包括：自下而上加工或数据驱动加工、自上而下加工或概念驱动的加工；序列加工与并行加工等。

◆ 在知觉信息加工过程中，存在着较为普遍的整体优势效应，如字词优势效应、客体优势效应等。

自有人类文明以来，哲学家和科学家一直都在探索物质世界与人类灵魂的关系，既积累了大量哲学层面的思考或猜测，也有了越来越多的基于行为观察的或神经活动的科学实验的研究。我们觉得，黎明前的黑暗已经过去。当我们仔细考察外部作用如何转换为神经网络联系的表征的时候，内外世界的关系似乎越来越清晰了。

感觉（sensation）是心理学最基础的实验课题。"知觉是按一定方式来整合个别的感觉信息，形成一定的结构，并根据个体的经验来解释由感觉提供的信息。"（彭聃龄，2001）它包含了互相联系的几种作用或过程：觉察、分辨和确认（Moates，1980）。有时，感知是快速完成的，我们甚至意识不到它的过程，只是意识到它的结果。

第一节　感觉的实验研究

根据感觉刺激是来自有机体外部还是内部，可以把感觉划分为外部感觉和内部感觉。外部感觉包括视觉、听觉、嗅觉、味觉和肤觉五种，内部感觉包括机体觉、运动觉和平衡觉等三种。其中，视觉和听觉最为重要，占据主导地位，因此本节以视觉和听觉为例来分析感觉的基本神经机制及实验现象。

一、视觉及其实验分析

视觉是人类获取外部信息的主要通道，在人的感觉中占主导地位。要理解视觉机制及其表现出来的各种特征，需要分析视觉器官的结构及其与适宜刺激的相互作用机制。

视觉的适宜刺激是可见光（visible light）。对人类来说，可见光的频谱范围是 380 纳米（nm）至 780 纳米（nm）[1]，如图 9-1 所示。在可见光谱两端的邻近区，有红外线和紫外线，波长分别大于 780nm 和小于 380nm。

可见光具有三维物理特征，分别是波长、振幅和纯度，与之相对应的视觉特征量是色调、明度和饱和度。在可见光谱上，不同波长的光会引起不同的色觉；振幅是光的能量单位，它与视觉的明度有关；纯度是指刺激光的光波成分，它与颜色视觉的饱和度有关。决定色调的优势波长的光所占比例越大，该色调的饱和度就越高，反之越低。例如，粉红色和浅绿色等都是饱和度较低的彩色，而真红色和鲜绿色则是饱和度较高的彩色。

---

① 1 纳米（nm）=10^{-9}米（m）。

(一)颜色视觉及其实验分析

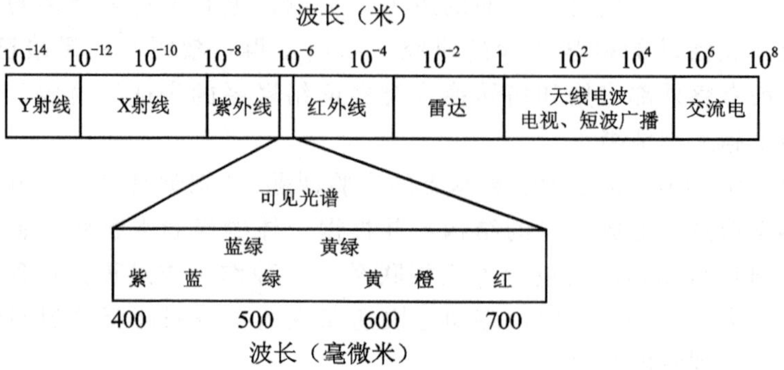

波长（米）

图 9-1　电磁光谱和可见光谱

在视觉领域，最神奇的莫过于颜色现象了。颜色让我们看到一个绚丽多彩的世界，但你可能没想到的是，物理世界本没有颜色，它是一种感觉现象、心理现象，或说主观印象，并不是物理现象本身。不同的颜色只不过是不同波长的可见光经过神经系统的作用而形成不同的主观印象而已。如果一个人的视觉神经系统功能正常，眼睛接收到 380nm～420nm 范围的可见光时会形成紫色光的感觉，接收到 630nm～780nm 范围的可见光会形成红色光的感觉。如表 9-1 所示，不同波长的光形成不同的视觉印象[①]。

表 9-1　刺激光的波长范围与颜色视觉的对应关系（单位：纳米）

感觉到的颜色	代表性波长	波长范围
红	700	630～780
橙	620	600～630
黄	580	565～590
绿	550	500～570
青	500	470～500
蓝	470	420～470
紫	420	380～420

既然颜色是一种心理现象，那么，颜色视觉是如何形成的呢？

---

①　关于不同颜色视觉的刺激光的波长范围，各种教科书的记录很不一致，表 9-1 中的数据是综合了各种文献后给出的一组波长取值范围，也只是一种参考值，不作为测量标准。

1. 色觉理论

色觉理论是关于色觉发生机制的理论，主要包括：托马斯·杨、赫尔姆霍兹和莱德-富兰克林提出的三色说，柯尼格的优势调制说，黑林的拮抗说，亚当斯和缪勒提出来的区域和阶段说等。色觉理论可概括为两大类：一类是杨—赫尔姆霍兹的三色说；另一类是黑林的拮抗说。至于缪勒等人的理论则只是前两种学说的综合（俞文钊，1989）。

（1）杨—赫尔姆霍兹三色说

三色理论（trichromatic receptor theory/Young-Helmholtz theory）由英国科学家托马斯·杨（Thomas Young）于1802年提出，德国生理学家赫尔姆霍兹1860年发表《光学》一书对该理论加以扩展并使之逐渐为人们所接受（林崇德，杨治良，黄希庭，2003）。赫尔姆霍兹假定，视网膜有三种视觉细胞，即α、β和γ细胞，视觉系统凭借这三种感受体就可以形成所有颜色的视觉。这三种细胞各自包含具有完全不同光谱敏感特性的色素，三种色素的敏感光谱分别在450nm、530nm和650nm附近，分别对应于蓝色光、绿色光和红色光光谱区域，如图9-2所示（Atkinson, et al., 1988）。如果某一光谱同时被红色素和绿色素吸收，则形成介乎红色与绿色之间的颜色感觉，即形成黄色感觉，这就是580nm的光谱会形成黄色感觉的原因。马科斯（Marks）等人的研究确实发现了视锥细胞中的三种主要色素，三种色素的吸收峰值分别在445nm、535nm和570nm附近，并且具有较宽范围的光谱感受性。三种色素分别对短波、中波和长波光敏感，这在一定程度上证实了赫尔姆霍兹（1856）的假设。不过，该理论还存在不足，还不能很好地解释红绿色盲现象。

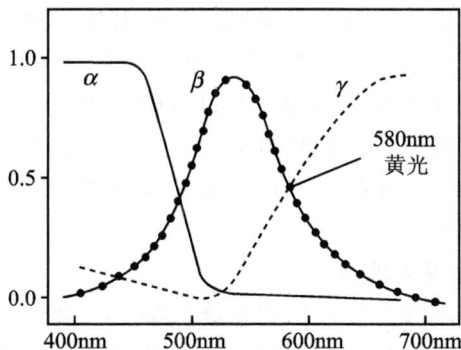

图9-2 赫尔姆霍兹（1856）假设的视神经细胞光谱敏感曲线（采自 Atkinson，1988）

（2）拮抗说

拮抗说（opponent-process theory），也叫作"对抗过程理论""颜色视觉拮抗理论"（opponent theory of color vision）或"四色说"，最早由德国心理学家黑林(Hering)于 1864 年提出。这一理论建立在颜色的互补或对抗基础上,认为有四种基色:红、绿、黄、蓝,再加上黑、白两种,就是六种基本颜色感觉。假定视觉神经系统存在红绿感受器、黄蓝感受器和黑白感受器,每种感受器在受到色光刺激时,能发生对抗互补作用。拮抗说能够较好地解释颜色的互补现象和后效现象,而且也得到有关实验结果的支持。20 世纪 60 年代,美国心理学家用显微光谱光度计对视网膜和视觉神经通路进行实验时,发现三类神经节细胞:一类细胞对所有可见光谱都反应,负责报告明度信息;一类细胞对红光发生正电位反应,对绿光发生负电位反应;一类细胞对黄光发生正电位反应,对蓝光发生负电位反应。这些细胞能够估量一类相反颜色的相对强度,因此被称为对立细胞或拮抗细胞(Atkinson, et al., 1988)。就是说,存在三对拮抗神经节细胞:红—绿、黄—蓝、白—黑(对各种波长的可见光都有反应,反映明度信息)。

(3)颜色阶段理论

三色说和拮抗说使用不同的神经过程说明颜色视觉的形成机制,都在一定程度上成功地解释了颜色视觉的某些现象。但是,越来越多的证据也表明,颜色视觉并不是某单一阶段神经活动的结果,而是多个阶段不同神经过程的共同结果。因此,缪勒等人提出颜色视觉的两阶段理论,本质上是三色说与四色说的综合。该理论认为,网膜上的视锥细胞接收到光刺激时,首先引起对应的光敏色素反应并激活相应的视锥细胞,而三类视锥细胞激活的相对强度信息传递到下一阶段的神经节细胞。三组对抗神经节细胞按照视锥细胞的激活强度编码颜色信息,这其中包括强度信息(反映在明度视觉方面)、色调信息,而拮抗细胞对颜色信息进行编码之后将其输送到大脑相应皮质,并在皮质激活或抑制某些中枢过程,进而发生颜色感觉。

概括地说,颜色视觉是一系列神经过程的结果。红、绿、蓝三种基本颜色首先在网膜视锥细胞中以不同色素的光化学反应的形式得到加工,然后颜色信息在视觉通路的不同水平上以兴奋—抑制的对抗过程逐步得到编码(Schiffman, et al., 1996)。

2. 色觉的特征与视觉椎体

由于不同光谱的刺激光经过视觉系统的加工后会形成各种不同的颜色视觉,所以视觉也叫作颜色视觉或色觉,而颜色视觉又分为彩色与非彩色两大系列。非彩色系列是指从黑色到白色及其间深浅不同的灰色,基本特征是明度变化。就物体表面来说,从黑色到白色的系列中,其光反射率相差很大,接近白的一端,光反射率可达到 80% 以上;接近黑的一端,光反射率不到 10%。从黑到白,明度逐渐增加。

　　而彩色系列除具有明度变化的特征外，还具有另外两方面的基本特征，即色调、饱和度变化。为便于理解这三方面特征的关系，心理学家做成了如图 9-3 所示的颜色椎体图（赫葆源，张厚粲，陈舒永，1983）。

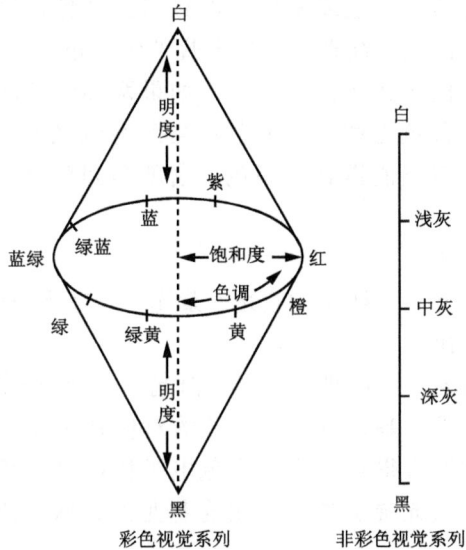

图 9-3　颜色视觉椎体图：彩色和非彩色系列

　　颜色椎体的纵轴代表白、灰、黑系列的明度变化：顶端是白色，底端是黑色，中间是灰色。纵轴上的每一点均代表不同亮度的非彩色，由全白到全黑，无饱和度变化的特征。水平界面圆周的不同方位代表不同的色调：红、橙、黄、绿、蓝和紫色等。椎体上的每一点，均代表一种颜色，而椎体的全部，则代表所有不同颜色的集合。椎体的水平截面均为圆形，从中间向上和向下移动，截面圆的半径逐渐减小。截面圆的半径代表了对应颜色的饱和度。换句话说，椎体各点到纵轴的垂直距离代表颜色饱和度的变化，与纵轴垂直距离越短，饱和度越小；与纵轴垂直距离越长，饱和度就越大。

3. 颜色混合

　　在日常生活中，进入我们眼睛的很少是单色光，而是由多种光谱成分构成的混合光；我们看到的绘画颜料、物体表面的颜色也往往是多种颜料混合而成的。简单地说，颜色视觉常常是颜色混合的结果，而颜色混合又包括色光混合和颜料混合两种。

（1）色光混合

　　色光混合就是把不同颜色或不同波长的光同时照射到视网膜的同一部位，从而产生一种新的颜色视觉的过程。色光混合遵循颜色相加法，是将不同的光加在一起同时刺激视网膜的过程。色光混合会增加颜色视觉的明度，混合后的刺激强度大于相加前的刺激光。大量实验发现，整个可见光谱色中的每一种颜色均可由红光、绿光和蓝光按各种不同的比例混合得到，红、绿、蓝就被称为是色光混合的三原色或基色，而且当三基色按照大致相等的比例混合在一起时可以得到白光：红光＋绿光＋蓝光＝白光。

色光混合还有补色律和间色律之分。如果两种颜色的光按适当比例混合可得到白光，则这两种色光称为互补色；当两种色光混合时，即使调整比例也不能得到白光时，就只能得到中间色，这就是间色律。实验发现了以下混合方程式。

色光混合的间色律：

红光＋绿光＝黄光　　红光＋蓝光＝紫光　　蓝光＋绿光＝青光

色光混合的补色律：

黄光＋蓝光＝白光　　红光＋青光＝白光　　紫光＋绿光＝白光

黄、青、紫分别是三基色红、绿、蓝的对应补色光。每一对互补的色光都可按照适当的比例混合得到白光。彩色电视机或电脑显示器主要是利用了加色法的基本原理，荧光屏上的色光组合都是红、绿、蓝三基色相加混合的结果。

（2）颜料混合

在日常生活中，我们所见到的颜料、油漆等物质混合得出的颜色，与色光混合所得到的颜色不一样，如黄色颜料和蓝色颜料混合得到的是绿色颜料而不是白色颜料。这是因为颜料、油漆类的混合配色遵循的是减色法。一般来说，颜料的颜色是这种颜料能吸收白光中一定波长的光谱后剩余光谱的色调，如黄颜料能够吸收入射白光中的蓝光而反射红光和绿光，反射出来的红光和绿光同时投射到人眼而混合产生黄色感觉，因此我们看到这种颜料为黄色；青色颜料能够吸收入射白光中的红光而反射蓝光和绿光，蓝光和绿光同时投射到眼睛而混合产生青色感觉。如果将黄颜料和青颜料混合在一起，情况会怎样呢？两种颜料混合后，其中就有了两种颜料成分，其中的黄颜料会从入射白光中吸收蓝光、青颜料会从入射白光中吸收红光，于是入射光被反射的成分主要是绿光，因此我们看到这两种颜料混合后的颜料是绿色的。减色法的三基色是黄、青、紫，即黄颜料、青颜料和紫颜料混合在一起得到的是黑颜料，因为三种颜料各自吸收入射光中的一种基色，入射白光就几乎全部被混合后的颜料所吸收，反射光很少，我们就看到混合后的颜料为黑色。

减色法颜色混合的三基色正好是加色法颜色混合三基色的补色。彩色电影胶片的画面则是由黄、青、品红三种影片染料按减色法处理构成的。

减色法颜色混合的方程式如：

黄颜料＝白光－蓝光

青颜料＝白光－红光

紫颜料＝白光－绿光

黄颜料＋紫颜料＝白光－蓝光－绿光＝红颜料

紫颜料＋青颜料＝白光－绿光－红光＝蓝颜料

黄颜料＋青颜料＝白光－蓝光－红光＝绿颜料

黄颜料＋紫颜料＋青颜料＝白光－蓝光－绿光－红光＝黑颜料

这里需要注意的是，减色法颜色混合总是会降低反射到眼睛的刺激光强，所以减色法颜色混合后的明度会降低。

在心理学实验室里，可以使用简易方法演示颜色混合，最常用的是使用电动混色轮，这是一个由不同颜色扇形色纸所组成的圆盘，固定在旋转轴上，在转速达到闪光融合临界频率（约 30 转/秒）时，即可产生均匀的混合色。混合色的比例取决于每种被混合的色纸的大小比例。注意，使用混色轮演示的颜色混合属于颜料混合。

另一种颜色混合的方法是采用一套已知透光率的良好滤色片，使用透光率不同的滤色片可以得到光谱中的各种单色光。随后，把它们投射到白色屏幕或人眼视网膜的同一部位，这种方法比较方便和精确，是一种色光混合。

为了解决传统实验过程中的种种问题，随着电子技术的发展，我们还可以采用计算机动画技术，对颜色混合实验进行计算机模拟。

(二)暗适应的研究及其应用

感觉适应是指感受器在一定强度的刺激物持续作用下感受性发生变化的过程，就视觉来说，最典型的是明适应或暗适应。当人们从光亮环境进入较黑暗环境时，刚开始会感到周围漆黑一片，什么也看不到，但只要周围还有一些微弱的光存在，等待片刻，人们就能逐渐地看到些周围物体，能见度不断提高。在暗视条件下，视觉反应的阈值下降，光敏感度逐步提高的现象称为暗适应。暗适应过程就是由于光刺激由强到弱的变化所引起的视觉分析器感受性提高的过程。

1. 暗适应过程

暗适应（dark adaptation）主要是感光细胞的暗适应，包括视锥细胞和视杆细胞暗适应，其中前者适应过程较快，但感受性提高的幅度有限，最大的提高幅度大约能达到适应前的几十倍；后者适应过程较慢，但感受性提高的幅度很大，最大的提高幅度大约能达到适应前的几十万倍以上。由于暗适应过程中，视觉功能从中央视觉转移到边缘视觉，即从中央窝的视锥细胞转移到中央窝以外区域的视杆细胞，而且视杆细胞的适应过程长、适应幅度大，因此暗适应的主要机制在于视杆细胞的感受性逐步提高。

当人进入黑暗环境后，很快就会发生视觉绝对阈限降低，眼睛的感受性增加，但是其增幅不大，这是视锥细胞的暗适应。视锥细胞的暗适应在5分钟～7分钟即可基本完成。在这段时间内，视锥细胞的感光色素虽然在加速合成，光敏感度有所提高，能感受到一些微弱的光亮，但暂时还看不清光度很微弱的物体。

随着时间的推移，视杆细胞中的视紫红质（visual purple）含量逐渐恢复到足以使视杆细胞兴奋的水平，使暗视觉的光敏感度达到应有水平，这是视杆细胞的暗适应过程，大约需要20分钟～30分钟后才能完成。虽然视杆细胞的暗适应时间长，但是适应程度很高。

在典型的暗适应实验中，一般要使被试先达到高亮度的明适应状态，方法是要求他用几分钟时间去注视一个数百英尺朗伯亮度的均匀的白色屏幕中心。然后，再用不同亮度的测试光来测定其不同时刻的明度感觉阈限，即在黑暗环境中测定其视觉绝对阈限与时间的函数关系，考察其眼睛的暗适应进程，以及这一过程中的规律性。

2. 暗适应曲线

上述暗适应过程可以表示成一条二维曲线：横坐标表示进入黑暗环境的时间，纵坐标表示眼睛绝对感觉阈限的相对水平，由此形成的二维曲线叫暗适应曲线，如图9-4所示。暗适应曲线反映的是人在进入黑暗环境后，随着时间的推移，其眼睛绝对感觉阈限逐步下降的过程，反映了其眼睛感受性逐步提高的过程。

如果用白光测定眼睛的暗适应过程，就会得到如图9-4所示的适应曲线，这条曲线由两个部分组成，正反映了上述的两种暗适应机制：最初的一部分曲线下降很快、下降幅度较小、在7分钟左右即趋于稳定，反映的主要是视锥细胞的适应过程；后一部分下降幅度很大，需要的时间也较长，在30分钟后才逐渐趋于平缓，反映的主要是视杆细胞的适应过程。

如果用760nm红光照射中央窝并检测其绝对感觉阈限，结果发现，只能得到图9-4中上部的较为平坦部分的曲线，即视锥细胞的暗适应曲线，但得不到视杆细胞的暗适应曲线，因为这种细胞对红光的敏感性较差，几乎不会对其发生适应性反应。

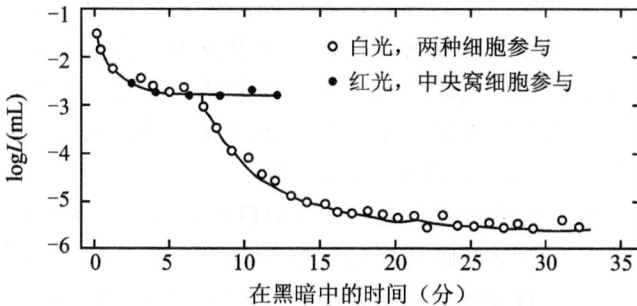

图 9-4 人眼的暗适应过程和曲线

注：纵轴是达到视觉绝对阈限时测试靶的亮度的对数；横轴是眼睛离开高
强度光视野后所经历的时间。

3. 暗适应的影响因素及应用研究

（1）暗适应过程的影响因素

人的暗适应过程受到多种环境因素和机体因素的影响，主要包括前适应状态、检测光的刺激模式和机体自身状态等三方面。

前适应状态就是指眼睛在进入黑暗环境之前接受的光照强度和光照时间，它使得眼睛处于某种适应状态。一般是光照强度越大、时间越长，眼睛的感受性越低，进入黑暗环境后的暗适应过程就越长。根据沃尔德（1944）的研究，认为这种现象与视紫红质的光化学反应有关（张庆云，1993）：在视杆细胞中存在着一种感光物质，叫作视紫红质，它在曝光时很快被分解，在暗适应过程中又重新合成并恢复活力。视紫红质发生光化学反应的方程式是：

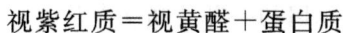

$$视紫红质＝视黄醛＋蛋白质$$

这是一个可逆的化学过程，在光刺激时，视紫红质发生分解而褪色，变为黄质（视黄醛＋蛋白质）。当光继续作用时，视黄质再进一步分解而褪色，变成视白质（维生素 A＋蛋白质）。就是说，眼睛受到光刺激的时间越长，视紫红质分解得就越彻底。相反，暗适应时视紫红质重新合成而恢复的时间越长，完成暗适应的过程也就越长。

在暗适应过程中，检测的光刺激模式不同，暗适应过程也不同，这主要包括：检测光的颜色、刺激视网膜的位置和面积大小等。比如，检测暗适应过程中使用的是红光，或者刺激的位置在中央窝的很小区域，那么发生适应的就只有中央窝的视锥细胞；如果检测暗适应的是白光且作用于视网膜的边缘区，那么检测到的就是视杆细胞的适应过程；如果检测暗适应的刺激是白光，且作用于包括中央窝的较广大区域，那么两种视觉细胞都会发生适应，就会出现像图 9-4 所示的适应过程。一般而言，光刺激面积越大，暗适应速度越快；刺激视网膜中央窝及其临近区域，暗适应过程就有一定的限度，而越靠近视网膜边缘，暗适应速度就越快。有研究发现，在同等亮度下绿色光对暗适应的影响大于红色光。绿色光刺激强度越大，暗适应时间越长。光刺激作用主要集中在视网膜中央窝的条件下，等亮度较弱的红光与绿光之间暗适应时间无显著差异(许百华，傅小贞，2002)。

暗适应过程还与机体状态有关，这其中最重要的是与疲劳程度关系密切。在疲劳程度较高的条件下，暗适应的水平会降低，因此暗适应水平可以作为个体疲劳程度的一个测量指标。暗适应的个体差异也非常明显，这又与其以往的生活习惯和经历有关，一个从小就经常生活在较暗环境中的人，其暗适应性就比较强。根据视杆细胞的光化学反应机制，暗适应也与个体维生素 A 是否缺乏有关。当比较缺乏维生素 A 时，视紫红质合成的速度和总量就比较低，暗适应就显得较为困难。

(2)暗适应现象及其应用研究

暗适应条件下，有时会出现一些有趣的现象，当然有时也会出现一些对人的安全、完成作业等不利的情形，这就需要对之开展一些应用性研究，以便在查明暗适应现象发生机制的同时，预防其中的不利因素。

"斜视"现象。当我们在黑暗中停留一两小时后，直接看一个很微弱的测试光点或星星时，反而会看不到了，这是由完全的暗视觉后效造成的，因为中央窝没有视杆细胞，所以在完全暗适应的条件下中央窝便成了盲区。如果这时不直接看微弱光点，而是斜视，即用中央窝以外的区域去看时，就能观察到微光下的物体。学会用中央窝以外的区域去看东西是观测天文学家和夜间外出执行任务的人必须掌握的一种技巧。

"普肯野树"现象。这种现象就是你能看到你自己的视网膜上的血管，当把一个点光源放在你眼前时，这些血管的影子便或多或少地落在视杆细胞或视锥细胞上。当你用一个小光源从侧面照射你的眼睛时，就能很清楚地看到这种现象。沿着一个小弧线在眼睛的一侧很快地移动小光源，就会看到"树"的图像。树的枝和叉代表着玻璃体与视网膜之间粗细不同的血管，而"树干"就在盲点的位置上，这也是血管进入眼球的地方，同时也可以看到中央窝区域没有血管。尽管视网膜上血管很多，但在平时的视觉中，血管的影子是看不到的。

眩光(glare)的克服问题。眩光是由光源或反射面的亮度过大，或是由光源或反射面与背景的亮度反差太大造成的视觉现象，可引起视觉的不舒服感，降低视觉工效(林崇德，杨治良，黄希庭，2003)。引起眩光的光源或反射面叫作眩光源。根据眩光源的不同，可分为直接眩光和反射眩光；根据对人的视觉影响程度，可分为不舒服眩光、失能眩光和失明眩光。在设计和改善照明环境时，应尽可能地控制眩光的产生。对于汽车驾驶员来说，夜间行车中，突然遇到强光照射会出现暂时性的视力下降，给行车安全带来危害，所以要尽量避免这种强眩光的出现。公路设计中，中间以低矮植物形成隔离带，可以在夜间行车中有效地遮挡对面逆向行驶汽车车灯的影响；夜间行驶中，尽量不要以大灯照射对面车辆或行人，以免形成眩光等。除交通领域，城市广场照明设计，甚至学生使用的台灯都要考虑到这一点。不过，抓老鼠时倒可以利用眩光啦，如以手电筒直接照射老鼠，就会使得老鼠出现眩光反应，"静坐"待毙。

红目镜技术。特制的红目镜可以让波长在 620 纳米以上的红光透过，620 纳米以下的光被滤掉，在光线较强的环境下，既可以减弱光线的强度，又只能使红光进入眼睛。图 9-5 中阴影部分表示的区域为红滤光片允许通过的区域，表明红光仍可以相当有效地刺激视锥细胞，这样，人们仍有良好的视觉能力。黑色部分表示的区域为红光刺激视杆细胞的区域，该区域很小，说明红光几乎不能刺激视杆细胞。因此，戴上红目镜后，使得视杆细胞如同进入暗适应状态一般。对军警夜间执行任务、工业生产、医务检测、照相暗室等经常需要在明暗处交替的工作而言，戴上红目镜，或者用红光照明，可以保证视杆细胞相对不受光线的强弱变化的影响而保持持续的良好暗适应状态，减少暗适应时间，提高工作效率，增强人身安全。

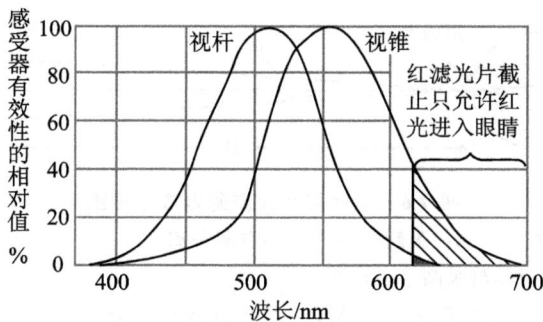

图 9-5　红目镜滤光作用示意图

(三)视敏度的测量及影响因素

视敏度(visual acuity)是眼睛的分辨能力，包括空间视敏度和时间视敏度两种。空间视敏度是眼睛对刺激物空间细节大小的分辨能力，传统的视力测试都是测量空间视敏度；时间视敏度是眼睛对时间间距的分辨能力，通常用闪光融合临界频率来测量。视敏度测量不仅是心理学研究的基本课题，而且也是人们在社会和日常生活中经常遇到的活动。这里对视敏度的测量方法、视敏度的影响因素进行分析。

1. 空间视敏度

空间视敏度,体现了视觉的空间辨别特性,一般简称为视敏度或视力。空间视敏度是测量人对空间刺激物的分辨能力,是指人眼分辨物体细节的最大能力,常以能看出来的物体细节的间距来表示。一个人辨别物体细节的间距越小,视敏度就越高,反之越低。

空间视敏度通常用能分辨的最小空间细节所形成的视角来确定,视角就是物体大小对眼球光心形成的夹角,其大小决定了刺激物在视网膜上的成像大小。一般情况下,正常眼能分辨的最小空间距离形成的视角约为1分(1/60度)。很明显,眼睛所能分辨的空间细节越小,其形成的视角也越小,反映其眼睛的分辨能力就越强,所以眼睛的空间视敏度与这一视角的大小成反比。如果用V表示眼睛的空间视敏度,用α表示能分辨的最小细节形成的视角(单位:分),则 $V=1/\alpha$。视角的测量方法如图9-6所示。实际应用中,一般使用"朗道环C"或E形视标作为测量工具,即在一定光照条件下,要求被测者站在离开视标一定距离处(标准观察距离是6米),用单一裸眼或矫正眼观察视标,并报告其看到的视标的开口方向。不断变换视标开口的方向和视标大小,找到观察者能正确识别的最小视标,这一视标开口的大小就是被测者所能分辨的最小空间尺寸,相当于图9-6中的A。得到A后,利用视敏度计算公式就可得到该被测者的视敏度。

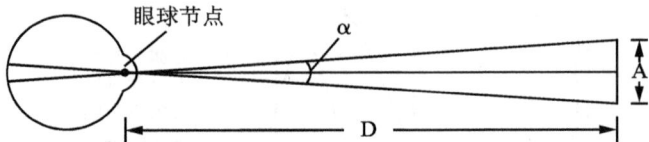

图 9-6　空间视敏度测量方法示意图

α:视角　A:眼睛分辨的最小空间距离

D:视标与眼睛节点的距离

$\alpha=A/D$(弧度)$=57.3A/D$(度)$=3438A/D$(分)

视敏度 $V=1/\alpha=D/(3438A)$

空间视敏度既是一种生理指标,又是一种心理指标,它受到多种生理因素、心理因素和刺激因素的影响和制约,具体地说,主要有以下几个方面。

(1)光照条件

在不同的光照环境中,眼睛的视敏度会有所不同,比如在不同亮度水平上,视锥细胞的适应水平不同,其分辨物体细节的能力也不同;不同色光照明条件下,眼睛的适应水平或分辨能力也不同,视敏度也有所不同。有研究表明，随着刺激物亮度增加，空间视敏度也增加，二者呈对数关系，但当视敏度达到 2.0 以后便趋于稳定，不再随亮度的增加而提高。

刺激物与背景亮度的对比关系也影响视敏度。当物体与背景间亮度的对比度加大时，空间视敏度提高；反之，则降低。特别是当背景光过于强烈，造成观察者的眩光，其视敏度就会降到非常低的水平。当然，刺激物本身的亮度过大，也会形成眩光，造成视敏度下降。

（2）视网膜部位

视网膜的不同区域具有不同的视敏度。在中央窝处，视锥细胞密集并且比较纤细，又与双极细胞和神经节细胞有密集的单线联系，因而对物体形态的精细分辨能力最强，视敏度最大。越是靠近视网膜边缘区，视敏度越低，因为视网膜边缘部位主要是视杆细胞，视锥细胞较少且分散。视杆细胞与双极细胞和神经节细胞形成汇聚式联系，在视觉信息传递中进行着信息整合，这种整合虽可以对某些信息进行放大，但也会造成某些信息的丢失，比如，造成物体空间细节信息的丢失，因而视敏度较低。

（3）观察者的身心状况

人在良好的身心状态下，视敏度会比较高；在疲劳（生理上的疲劳和心理上的疲劳）、有生理疾病、缺乏营养（如缺乏维生素 A）等，都会造成视敏度降低。当然，一定的训练和良好的视觉适应，也可以促进视敏度水平的提高。

（4）观察者的年龄

在青少年成长过程中，随着年龄增加，视敏度水平逐渐提高，成年后处于稳定状态，40 岁以后，特别是 50 岁以后，视敏度开始有所下降。一般来说，人在 14 岁～20 岁时的视敏度最高、20 岁～40 岁时的视敏度比较稳定，40 岁～65 岁时的空间视敏度只相当于 14 岁～20 岁时的 1/4～1/3，60 岁以后迅速下降。当人逐渐衰老时，晶状体逐渐变硬，失去弹性，而使眼睛的自动调节能力降低，以致晶状体表面不能形成应有的曲率，使近距离物体的视像不能很好地聚焦在视网膜上，所以随着年龄的增加，视觉的近点逐渐变远，瞳孔面积也随年龄增加而缩小。一般来说，进入老年阶段后，年龄越大，视敏度越低。

2. 时间视敏度

时间视敏度，是眼睛分辨时间间距的能力。一般的测量方法就是要求被测者观察两个先后呈现的视觉事件，找到被测者能够分辨的最小时间间距。在心理学实验室里，可以使用闪光融合临界频率作为眼睛时间视敏度的测量指标。

如果一个间歇频率较低的光刺激作用于人眼时，会产生一亮一暗的闪烁感，但随着刺激闪烁频率的逐渐增加，其先后两次刺激的时间间距越来越小时，人们会逐渐地将这一闪烁光点看成是稳定的光点，这种现象叫作闪光融合。例如，我们照明用的日光灯每秒钟闪动 100 次，但我们并不觉得灯光是闪动的，这实际上是一种闪烁光的融合状态。产生闪光融合时的临界频率称为闪光融合临界频率(critical fusion frequency，简称 CFF)。

光刺激撤出后，视网膜的反应效应会有一个延续，从而产生视觉后像。闪光融合现象的产生与视觉后像有关。一般来说，在中等强度的情况下，视觉刺激后像所保留的时间大约为 0.1 秒。这种时滞的存在对于我们知觉物体是一种优点。要使不连续的刺激引起连续的感觉，就必须使它达到一定的频率。一般而言，闪光频率达到 30 Hz～35 Hz，闪光可能会被知觉为连续的，就不再有闪烁感。当其他条件相同时，闪光融合临界频率越高，就表明时间视敏度越好，即眼睛对于时间上的明暗变化的分析能力就越强。

时间视敏度的测量本身还缺乏非常有效的方法。虽然 CFF 可以在一定程度上反映时间视敏度的水平，但由于其测量本身稳定性比较低，所以对时间视敏度作精确的研究尚存在困难。该领域关于其影响因素的研究，主要涉及闪光融合临界频率与闪烁光点的强度、颜色等的关系的研究。

(1)刺激的光相强度

闪光在时间和强度上可分为暗相和光相。假定暗相光强为零，则闪光融合临界频率与光相强度的对数成正比，其数学公式为：

$$CFF = a\lg I + b$$

其中，CFF 为闪光融合临界频率，I 为光相强度，a、b 为常数。这一关系是费瑞和帕特研究发现的，因此被称为费瑞-帕特定律。不过，这一定律只在中等强度的光相时才成立。一般而言，随着光相强度的增加，闪光融合临界频率也增加。但是，在当闪光融合临界频率低于 5 Hz，或高于 50 Hz～55 Hz 时，此公式也不能成立。

(2)刺激光点的颜色

刺激光点颜色不同，CFF 也有所不同，一般，红光的 CFF 较高。

(3)刺激的时间特性

主要是指闪光中光相和暗相的时间比，亮相时间相对越长，亮相的后像效应就越大，且两次闪烁间的暗相时距就越小，此种条件下测得的闪光融合临界频率会比较小；反之，如果亮相时间相对较短，则测得的闪光融合临界频率较高。

(4)刺激的空间特性

主要是指光刺激的面积。由于刺激的空间累积作用，面积较大时的闪光融合临界频率比面积较小时的要高些。闪光融合临界频率随着闪光照射的面积的扩大而增大，二者也存在着对数关系，数学公式为：

$$CFF = c\lg A + d$$

其中，CFF 为闪光融合临界频率，A 为光刺激的面积，c、d 为常数。

（5）刺激的网膜位置

由于视杆细胞和视锥细胞的分辨能力有很大差异，所以当闪烁光刺激的视觉细胞不同时，其闪光融合临界频率也不同。当刺激中央窝区域时，闪光融合临界频率比刺激网膜的边缘区时要高。

此外，有机体的身心状态如年龄、疲劳、缺氧、药物和酒精等作用，以及双眼间的迁移等因素都会影响闪光融合临界频率。

最后，需要指出的是，眼睛的空间视敏度和时间视敏度具有一定的内在联系。通常，不论是优势眼还是非优势眼，其时间视敏度和空间视敏度都有着极其显著的正相关。通过时间视敏度的有针对性的训练，可有效提高个体的空间视敏度，从而提高个体的整体视力水平（周海谦，2004）。要想充分了解二者的关系，必须综合考察其中的各种影响因素以及各因素间的相互作用，才能对视敏度的实质有一个正确的理解，并有助于建立一个全面、客观、科学的视敏度测评体系。在目前的实验心理学研究领域，尚较少涉及这两种视敏度的相关关系的研究。

二、听觉及其实验分析

人类靠耳获得的信息虽远不及靠眼获得的信息量大，但耳也是我们获取信息、了解世界的最重要通道之一。就心理学研究而言，由于研究技术等多方面原因，听觉方面的文献相对较少，有关感觉和知觉的许多知识都来自于视觉研究。作为知识基础的铺垫，这里对主要的听觉测量与分析进行概括性介绍。

听觉（audition）是由物体的振动所产生的声波作用于人（或动物）的耳朵后产生的一种感觉现象，其适宜刺激是声波（sound wave）。声波的物理特征包括频率（frequency）、振幅（swing）和波形（wave shape），其中频率反映了声源的振动快慢，振幅反映了振动波的能量，波形则反映了波的成分。一般来说，人的耳朵所能接收并产生声音感觉的声波频率范围为 16Hz～20000Hz[①]。频率超过 20000Hz 的声波叫作超声波（ultrasonic），频率在 16Hz 以下的声波称

---

①　也有很多文献介绍说声波的可听范围是 20Hz～20000Hz，但是心理学研究发现，在比较精细的研究中，不少被试的音高绝对阈限可以达到大约 16Hz。

为次声波（infrasound），它们作用于人耳都不能形成声音感觉。

在听觉测量中，主要是对频率、声压级两个物理量和音高、响度两个心理量的测量。声波的特征量可以使用物理方法测量，但音高和响度都是心理量，需要使用心理量表法测量。

（一）音高测量

音高也叫音调，主要由音频来决定。声波振动的频率越高，我们听到的音调就越高；反之，听到的音调就低，但它们之间是非线性关系，所以不能使用频率直接度量音高。人们规定，1000Hz 的纯音在其声压级为 40dB 时的音高为 1000mel，其他声波的音高则以此参考点进行测量，从而可以得到一个音高的主观量表。在这个主观量表中，音高与频率具有对数关系，音高量表实际上是一种对数式的等距量表，而且只有在 40dB 的 1000Hz 刺激时，音高的 mel 数才正好等于其声波频率数。研究还发现，音高也受声音强度的影响。一般来说，随着声强的增加，高频声（大于 3000Hz）显得更高；而低频声（小于 500Hz）则显得更低。只有在中间频率时，音高才是声音频率的函数。而在低频或高频时，音高是声音频率和强度的函数（俞文钊，1989）。

1. 音高量表的制作

由于音高（pitch）主要是与音频有关，所以音高量表主要是指音频与音高的对照表。音高量表常用的制作方法包括：两分法和等分法。两分法是让被试将一可变纯音的音高，调为标准音高的一半，并求出调整后纯音的频率，就可以得到音高与音频的一组对应值。等分法，比如，给被试一个高频声 S_1 和一个低频声 S_5，让他在两者之间调出 3 个音 S_2、S_3、S_4，使临近两音，即 S_1 和 S_2、S_2 和 S_3、S_3 和 S_4、S_4 和 S_5 的音高距离相等，如此得到一系列的音高与音频的对应值。使用这两种方法制作的音高量表非常一致。

在音高量表中，横坐标表示频率，纵坐标表示相应的音高，由此可以看出音高随声音频率变化而变化的函数关系，这种函数关系不是线性的关系，而是复杂的非线性关系。

2. 音高与音强的关系

斯蒂文斯等（1935）研究发现，音高不只与频率有关，而且也与音强有关。具体说，当声音强度改变时，各频率声波的音高也会随之发生变化。对于低频音而言，音高随强度增加而降低；对于高频音而言，音高随强度增加而升高；对于某些中频音而言，强度的增减对音高只有轻微程度的影响，即音高基本上是由音频决定的。由于上述原因，关于音高的实验研究应该同声音的频率和强度结合起来进行。在说明一个声音的音高时，最好以一个标准的强度水平做参考，而这个常用的参照标准就是 40dB 的强度水平。

(二)响度测量

响度是反映声音强度的主观量，但声音响度不仅与声压级有关，也与频率有关。不同频率的声音，当具有相同的声压级时，主观响度却不同。为了对响度主观量进行测量，需要对响度单位进行规定。不过，在文献和实际使用中，要注意区分两个概念，一个是响度，它反映声音有多响，其单位为 Sone；另一个叫作响度级，它反映一个声音与另一个声音相比的响度等级，其单位为 phone。

Sone 是国际上统一规定的主观响度单位，而且 1Sone 代表的是 1000Hz、40dB 声波的主观响度，同时规定声压水平每增加 10dB，则其主观响度增加到原来响度的 2 倍；声压水平每减少 10dB，则其主观响度减少到原来的 1/2。如 1000Hz、50dB 的声波的主观响度等于 2Sone；1000Hz、80dB 的声波的主观响度等于 16Sone；1000Hz、20dB 的声波的主观响度等于 0.25Sone。按照这样的测量单位，声音的响度与其声压级呈指数函数关系，符合斯蒂文斯定律(Stevens，1957)。

除 Sone 外，还有另一主观响度单位——phone，这是常用在等响度曲线上的一个响度级单位，该单位规定：1000Hz 声波的分贝数就是该声音响度级的 phone 数。如 1000Hz、40dB 的声波的主观响度级是 40phone；1000Hz、60dB 的声波的主观响度级是 60phone。经大量测量后，在一个以频率为横坐标、声压级为纵坐标的二维坐标系中，可得到一系列的等响度曲线，如图 9-7 所示。在一条等响度曲线上的各个不同点，频率和声压级都是不相等的，但是它们的主观响度处在相同的水平，这一响度级就等于该条曲线在频率为 1000Hz 的坐标点对应的纵坐标的分贝数(单位：phone)。如图 9-7 中的 A、B、C 点代表的声音的主观响度级分别为 20phone、30phone 和 4.2 phone。其中 C 点处在零响度曲线上，其响度级是 4.2 phone。

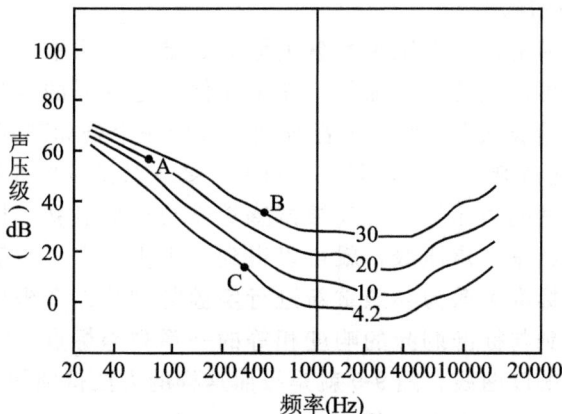

图 9-7 等响度曲线上主观响度级示意图

上述两个单位是按照不同方法规定的两种响度单位，这两种单位都具有相对性，均可用在反映声音的心理量方面，而且二者也具有一定的内在联系。比如，40phone 的响度级正好是 1Sone 的主观响度、30phone 的响度级也正是0.5Sone 的主观响度。

1. 响度量表的制作

响度主要是声压级的函数，但也与频率和波形有关。斯蒂文斯(1958)发展了一套直接测定响度的心理物理量表法。这种方法是让被试调整一个1000Hz 的纯音的强度，使其响度听起来是 1Sone 的 2 倍，这时的响度就定为2Sone。同理，也可让其听起来是 1Sone 的一半，这时的响度即为 0.5Sone。依次类推，即可建立响度量表(又称 Sone 量表)，如图 9-8 所示。

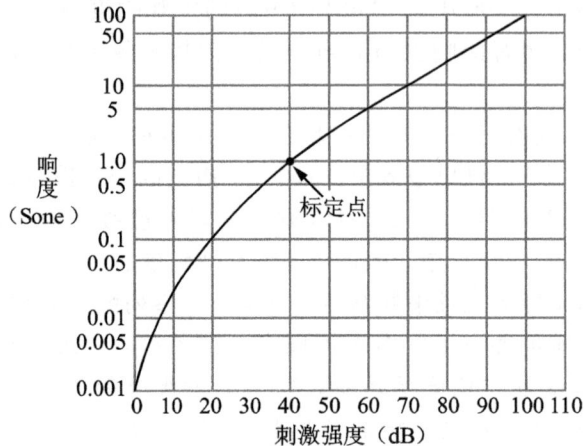

图 9-8　响度量表

2. 等响曲线的测定

在以频率为横坐标、声压级为纵坐标的二维坐标系中，将响度级相等的各点连接起来即可得到等响度曲线。那么如何测定这样的等响曲线呢？一般是采用比较法：给被试先后两个声音刺激，其中一个是标准刺激(如 1000Hz，50dB)，一个是比较刺激(如 500Hz，70dB)。要求被试以标准刺激的响度为标准来调整比较刺激的声压级，直到被试感觉其与标准刺激一样响为止，记录调整后的刺激的频率和声压级，就可以得到一个坐标点。改变比较刺激的频率，仍以前边的标准刺激为参照重新进行实验得到第二个坐标点，如此重复多次，就可以得到与标准刺激的响度相等的一系列坐标点，将这些点连接起来就得到一条等响度曲线。图 9-9 就是按照这样的方法得到的一系列等响度曲线，每一曲线处在不同的响度级上(10phone，20phone，……)。从图中等响曲线的起伏可以看出，声音刺激的响度水平不是单由声压级决定的，它也与频率有关。在声压级较低的范围内，等响曲线呈"V"型起伏，说明响度与频率的关系也较为密切；在声压级较高的范围内，等响曲线趋于平缓，即在相同强度时有近似的响度，响度受频率的影响不明显。如果我们知道某一声音的频率和强度，就可以在等响曲线上方便地查出其对应的响度级。

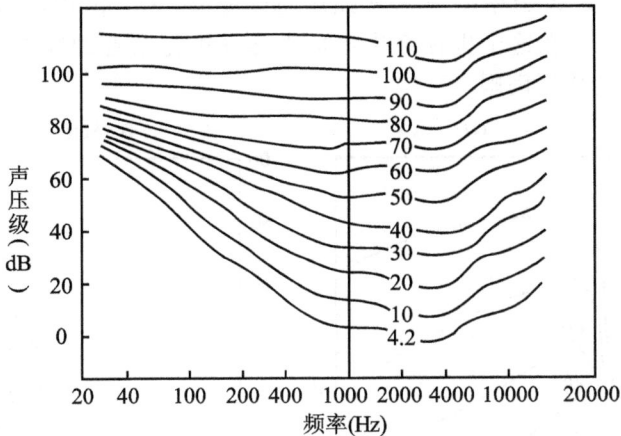

图 9-9 等响度曲线

图中最下面的一条曲线就是作为听阈的最小可听声强曲线，它是等响曲线的特例，反映的是各种频率声音刺激的阈限声压级，故被称为零响度曲线。但是，必须注意的是，零响度曲线的响度级并不是 0phone，而是 4.2phone（朱滢，2000），这是因为 1000Hz 的声音的听觉绝对感觉阈限是 4.2dB。

（三）听觉掩蔽的实验分析

听觉掩蔽（auditory masking）就是指由于某一声音刺激的存在而使另一声音刺激的强度阈限提高的现象，这是一种常见的听觉现象。比如，在安静环境里测试某被试对声音 A 的听觉绝对阈限值为 12dB，而在另一次实验中，由于被试在接受 A 刺激的同时，还接受声音 B 的刺激，这时被试对声音 A 的听觉阈限发生了变化，声音 A 的声压级提高到 25dB 才刚刚被听到，比原来的阈限值提高了 13dB。这里的声音 B 起到了明显的干扰作用，故称之为掩蔽音，而声音 A 就是被掩蔽音；25dB 是有掩蔽音存在时对声音 A 的阈限值，称为掩蔽阈限；13dB 是由于掩蔽音的存在，而使被掩蔽音听觉阈限提高的量，称为掩蔽量或掩蔽效应。听觉掩蔽反映了声音刺激识别之间的相互干扰，同时也可用于反映人耳对不同频率声音刺激的分辨能力，所以在实验心理学和实际应用中都获得了系统研究。

1. 纯音掩蔽

听觉掩蔽的实验研究是从纯音掩蔽开始的，实验中以一纯音作为掩蔽音来掩蔽其他不同频率的纯音，并测量被掩蔽音感觉阈限的变化。

弗里切尔（Fletcher，1953）的实验研究结果如图 9-10 所示。A 图中的掩蔽音是 400Hz，其强度包括 20dB，40dB，60dB，80dB 和 100dB；B 图中的掩蔽音是 3500Hz，属于中高频，其强度也包括 20dB，40dB，60dB，80dB 和 100dB 几种情况。在这个坐标系中，横坐标是被掩蔽音的频率、纵坐标是在掩蔽音影响下的掩蔽阈限。

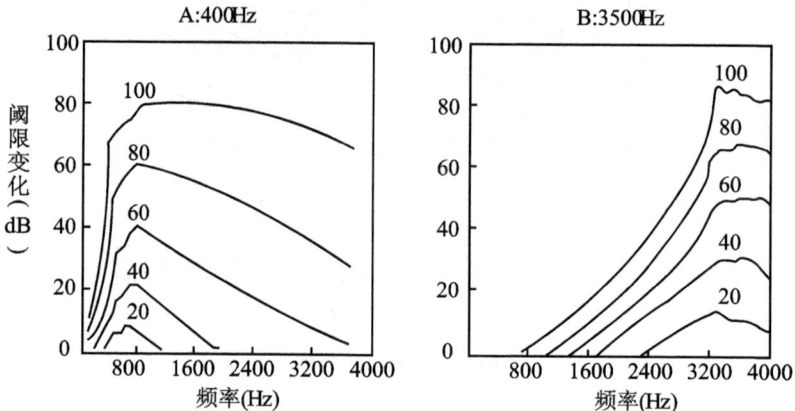

图 9-10 听觉掩蔽（纯音对纯音的掩蔽）

从图中显示的结果可以看出纯音掩蔽的主要规律（杨治良，1988）。

（1）低频音的掩蔽效果更明显、掩蔽范围更大

低频音（400Hz）不仅对低频音的掩蔽效果明显，造成了其感觉阈限的大幅提高，而且也对中高频音造成了明显影响，使其感觉阈限有大幅提高。但是，当以中高频音作为掩蔽音时，它对中高频音的影响很大，使其感觉阈限提高明显，对低频音的影响却很小。简单地说，就是一个声音引起的掩蔽主要决定于它的强度和频率，低频音能有效地掩蔽高频音，但高频音对低频音的掩蔽效果不大，因此，在应用听觉掩蔽时，不仅要关注掩蔽音的强度，还应关注掩蔽音和被掩蔽音的频率。

（2）掩蔽音对于与其频率相近的声音的影响最大

如图 9-10 中的 400Hz 掩蔽音对 200Hz～1000Hz 纯音的影响效果明显大于对 1000Hz 以上纯音的影响；3500Hz 掩蔽音对 3000Hz～4000Hz 纯音的影响效果也明显大于对 3000Hz 以下纯音的影响。

（3）随着掩蔽音强度的提高，其掩蔽效果也迅速增加

如 400Hz 的掩蔽音强度是 60dB 时，800Hz 的纯音强度要接近 40dB 时才能

听到；当该掩蔽音强度提高到 100dB 时，800Hz 的纯音强度也需要提高到约 80dB 时才能听到。此外，掩蔽音强度越大，它影响的范围也越大，如 400Hz 掩蔽音的强度为 20dB 时，影响范围是 200Hz～1000Hz，而当该掩蔽音的强度达到 80dB 以上时，其影响的范围包括了 0Hz～4000Hz 及其以上声音。

2. 白噪音掩蔽

纯音对纯音的掩蔽实验中有一个不足之处，即拍频的影响。当掩蔽音和被掩蔽音的频率接近时，会产生一个拍声，这会降低掩蔽阈值。为了克服这一缺点，韦格和莱恩（Wegel & Lane，1924）等进一步使用白噪音作为掩蔽音的实验研究，以考察其对纯音的掩蔽作用。实验结果显示，纯音产生在白噪音背景上时，会被白噪音所掩蔽。随着噪音强度的增加，其掩蔽的效果也明显增加，而且掩盖效果的增加与被掩蔽音的频率关系不大，主要是由掩蔽噪音的强度决定的，这一点是与纯音掩蔽的情况不一样的。

第二节 知觉的实验研究

知觉能力是人的基本认知和生存能力，知觉（perception）也是心理学基础研究的重要领域。基于知觉研究的发展历程与当前趋向，本节中主要介绍形状知觉中的掩蔽和后效、不同的知觉加工方式，以及无意识知觉的相关研究。

一、形状知觉

形状知觉（shape perception）是视知觉的最基本内容，也是个体获取知识经验（如观察物体的外形、阅读和看图等）的最重要途径。知觉需要时间，因此刺激物之间的时间关联将会影响对刺激物的视觉效果。我们将通过图形掩蔽和图形后效等现象来说明视知觉过程中的时间效应。

(一)图形掩蔽

只要刺激在时间和空间上接近，那么刺激间就会相互干扰或相互掩蔽（masking），造成彼此知觉发生变异。在视觉掩蔽中，对目标刺激物的知觉会受到同时或继时出现的掩蔽刺激的影响而变得模糊或发生变异。根据掩蔽刺激呈现的时间不同，可将其划分为前项掩蔽（forward masking）和后项掩蔽（backward masking）。在目标刺激物出现之前的较短时间内呈现掩蔽刺激物，从而对目标刺激物的知觉造成干扰，此种掩蔽就叫作前项掩蔽；在目标刺激物出现之后的较短时间内呈现掩蔽刺激物，从而对目标刺激物的知觉造成干扰，此种掩蔽就叫作后项掩蔽。

　　1935 年，威尔纳（Wennen）在研究图形知觉时发现了一种有趣现象，而这一现象对于研究轮廓的知觉过程和轮廓在成形中所起的作用是一种有力的手段。威尔纳在视野的同一位置连续且迅速地呈现两个图形，一个黑方形和一个同样大小由黑框环绕的白方形，如图 9-11 所示。两个图形呈现的方式是：先呈现黑方形 20ms，经过 150ms 的时间间歇（interstimulus internal，ISI），时间间歇中只出现灰色背景，接着呈现有框白方形，奇怪的现象发生了：被试竟然没有看到先呈现的黑方形。如果把两个图形呈现的顺序颠倒，则两个方形都能被看到；如果把两个图形的黑白颜色对调，也可以观察到同样的现象。可见，有框方形可以消除无框方形知觉，为什么呢？

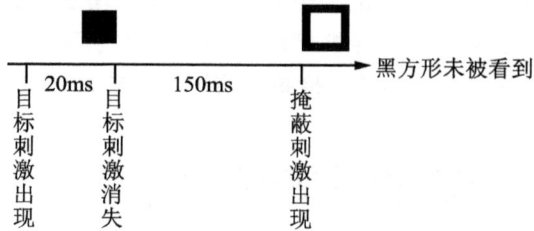

图 9-11　轮廓掩蔽实验（Wennen，1935）

　　威尔纳认为，当先呈现无框方形时，在无框方形还没有足够的时间建立起自己的轮廓之前，已被相反的有框方形的明度差别给抹杀了；但当有框方形先呈现，由于它的双重轮廓太强，所以就不致被后一刺激消除掉。

　　进一步的研究发现，当目标刺激物与掩蔽刺激物在呈现时间上的间隔不同时，产生的掩蔽效果也不同：有时是看不到目标刺激物，有时是目标刺激物比较模糊，有时是目标刺激物的结构不明显。朱滢等（2000）认为，是视觉滞留（visual persistence）造成了上述效应。视觉滞留是指神经活动的惰性使得刺激物在消失后，作用痕迹依然存在一短暂时间。虽然短暂呈现的刺激物之间在时间和空间上是分离的，但它们仍被知觉为是同时出现的，并相互干扰。

　　掩蔽也发生在目标刺激与掩蔽刺激同时呈现的情形中。嘎里和查马曾做过如下实验来考察图形掩蔽及其识别的过程。他们在纸上画出一个几何图形，这一几何图形可以是方形，也可以是圆形。然后在这个几何图形上叠加另一个或多个几何图形，以便在或大或小的程度上掩蔽第一图形，如图 9-12 所示。将这个组合的图形呈现给被试，要其找出其中隐含的目标图形，并描述这个过程，无时间限制。从被试的表述中，嘎里等了解到，被试先从组合的图形中找到一些可能暗含某一熟悉的或目标图形的线条，由这些线条构成一个简略图。如果这个简略图真的包含要寻找的部分，被掩蔽的图形就或多或少地被看出来了。这种掩蔽实验中，目标刺激与掩蔽刺激是同时、持续存在的。

复杂图形

简单图形

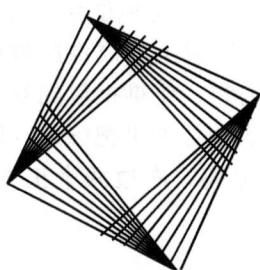

图 9-12　图形掩蔽(正方形被掩蔽)　　　　**图 9-13　镶嵌图形测验**

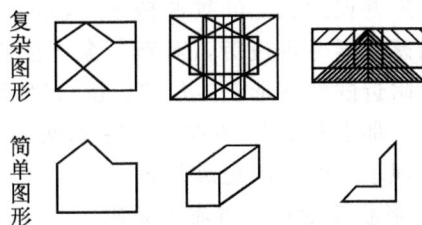

这种图形掩蔽实验后经威特金的进一步发展,形成独特的认知方式"镶嵌图形测验"并沿用至今。镶嵌图形测验属于场独立性与场依存性测验。就是让被试在较复杂的图形中用铅笔勾画出镶嵌或隐蔽在其中的简单图形,这需要重新组织材料的能力,如图 9-13 所示。在测验中,能很快发现嵌入图形、在认知事物时受背景影响较小的,称作场独立性认知方式;难于发现嵌入图形、在认知事物时受背景影响较大的,称作场依存性认知方式。

(二)图形知觉后效

一种刺激作用之后对随后的心理活动的影响称为后效(aftereffects)。后效有很多,在视觉通道里表现的形式也是多种多样的。在此介绍图形后效、形状后效和关联后效。

1. 图形后效

图形后效(figural aftereffects)是指注视一个图形一段时间后,对随后感知别的图形的影响。图形后效的经典例子是考夫卡和沃莱克(Koffka Wallach)于 1944 年证明的,即一定形状的边界会从原来位置发生"位移"。如图 9-14 所示,如果被试先注视(a)图的 X 点 40s,然后再把注视点转移到(b)图的 X 点,此时(b)图中左侧两个正方形之间的距离看起来要比右侧两个正方形之间的距离更大,而实际上这两个距离是相等的。

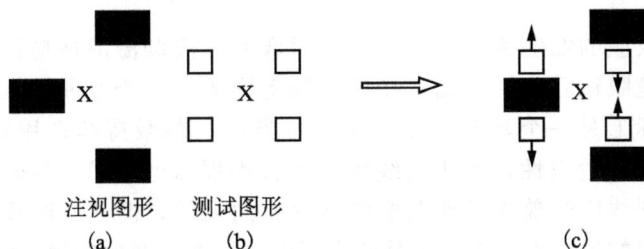

注视图形　　测试图形
(a)　　　　(b)　　　　　　　　　　(c)

图 9-14　图形后效实验

考夫卡和沃莱克认为，饱和（satiation）作用导致了这种位移。就是说，当一个图形在视网膜上的视像持续一段时间后，视网膜上的成像区域以及相邻区域的感受器变得疲劳，对新刺激产生抑制和饱和，使得投射到视网膜上饱和区域附近的新图形发生位移。图（c）实验模式表明，如果把（a）、（b）两图合在一起，那么根据饱和观点，左侧两个正方形分离、右边两个正方形聚拢，于是出现了知觉上的距离差异。

2. 形状后效——吉布生效应

形状后效（shape aftereffects）又称为弯曲后效（curvature aftereffects），是指由于图形方向导致的图形形状知觉的变化。吉布生于 1923 年用实验证明了形状后效，所以形状后效又被称为吉布生效应（Gibson's effect）。吉布生让被试戴上一副特殊的棱镜眼镜，这种眼镜使进入的光线发生偏移，观察者会把垂直线段看成弯曲线段，如图 9-15 所示。在持续的观察中，感知到的弯曲度逐渐降低直至消失，即由棱镜眼镜产生的"弯曲"开始变得越来越直。然后摘下棱镜，就会因戴棱镜而产生后效，即会把直线看作向棱镜眼镜产生的弯曲相反的方向弯曲。吉布生等发现，在直接连续注视倾斜或弯曲线段一段时间后也会产生相同的后效：垂直线段向最初注视的倾斜或弯曲相反的方向倾斜或弯曲。

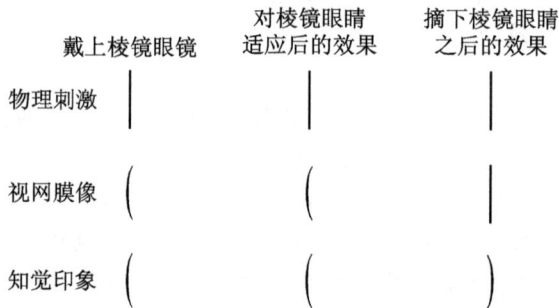

图 9-15　Gibson 的形状后效实验

吉布生效应的发生是由于视觉系统对弯曲线段刺激的适应性反应，即当被试戴上棱镜眼镜后，刺激线段在视网膜上形成了一个弯曲的视像，即视网膜接受的实际上是一个弯曲线段的刺激。当这一刺激持续作用较长时间后，视觉系统即发生适应性，弯曲的线段看上去不那么弯曲了。这时，如果摘掉棱镜眼镜，则线段刺激在网膜上形成不弯曲的视像，但是此时视觉系统还处于对弯曲刺激的适应性状态，于是产生了向另一方向弯曲的视觉映象。

3. 关联后效——麦考勒效应

关联效应（contingent aftereffects）是不同刺激之间相互影响而发生的效

应，如颜色和方向、颜色和形状。1965 年，麦考勒（McCollough）首先报告了这种后效，她给被试呈现由黑色和橙色垂直栅条组成的图形，随后呈现黑色和蓝绿色的水平栅条组成的图形，两种图形交替呈现 4 分钟后，呈现测试图形。测试图形由垂直和水平的黑白栅条组成，如图 9-16 所示。观察者报告，在测试图形中垂直方向黑白栅条处出现淡蓝绿色后效，在水平方向栅条处出现淡橙色后效。这种后效持续的时间可以长达几小时、几天甚至几个星期，而且在这段时间内被试可以自由观察其他事物，但这种后效并未因此消失。麦考勒使用的这两种颜色互为补色，当一种特定色调的颜色连续刺激视觉系统，视觉系统将对这种颜色发生适应，并产生其补色感觉，即后效。本实验的独特性在于此种后效是与图形轮廓的方向相关联的。

黑色与橙色垂直栅条　　黑色与蓝绿水平栅条　　黑色与白色测试栅条

图 9-16　McCollough 效应

　　对麦考勒效应的进一步研究发现，如果把测试刺激栅条旋转 90 度，或者被试头部旋转 90 度，则后效颜色发生互换；如果测试刺激栅条或被试的头部旋转 45 度，则颜色后效消失。那么，这种关联效应是如何发生的呢？研究者认为，在视觉神经系统中存在着各种各样的特征觉察器，这些特征觉察器各自独立地检测视野中刺激物的某种特征，如水平线特征、垂直线特征、角度特征、曲线特征等。在麦考勒的实验中，由于刺激材料中出现了"垂直线条"和"水平线条"两种重要特征，所以动用或激活了"垂直线条特征觉察器"和"水平线条特征觉察器"，这两种觉察器各自独立地接受橙光刺激和蓝绿光刺激而发生适应，当换成白色背景后，它们分别对橙光和蓝绿光的感受性降低，于是主要接受到对应补色的作用，从而在知觉系统中出现原刺激色的补色效应。当刺激栅条或被试头部旋转 45 度时，对其知觉的特征觉察器是"斜线特征觉察器"。由于在原来的刺激阶段，斜线特征觉察器未被激活或动用，所以也就不会对橙光和蓝绿光适应，不会出现颜色效应。看来，麦考勒的实验结果可以使用特征觉察器假说来解释，反过来，麦考勒效应也为特征觉察器假说提供了有力证据。

　　麦考勒的这一发现扩大了视知觉研究领域，引发了一系列后续研究，比如，有研究者给被试呈现两种都是水平的栅条，其中一个是绿色的并向上运动，另一个是红色的并向下运动，要求被试持续注视一段时间后使用黑白栅条进行测试。结果在测试阶段发现，当黑白水平栅条向上运动时显红色、而同样的水平栅条向下运动时显绿色。这也是关联后效的一种，是随运动而产生的颜色反应。另外，使用扩张的和收缩的螺旋图作刺激，也可演示出随运动变化的彩色效应，也可出现颜色随运动变化的关联后效（张庆云，1993）。

二、知觉加工方式研究范式

(一)知觉加工的方式

知觉加工方式是关于知觉过程的概括表述，讨论知觉加工的主要特点和规律。目前，多数心理学家都承认自上而下（top-down processing）和自下而上（bottom-up processing）的加工并存于人类知觉过程。但纵观当代认知心理学的发展史，自下而上加工和自上而下加工之间的对立一直存在，争论双方进行了一系列实验研究以验证自己的假设。

大家都听过"瞎子摸象"的故事：摸到大象腿的瞎子说大象像一根柱子，摸到大象耳朵的瞎子说大象像一把大蒲扇，摸到大象尾巴的瞎子说大象像一根绳子，……瞎子对大象的知觉取决于他所触摸部分的特征，是刺激信息输入和组织的结果，这种加工就是由低层次的感觉信息上升到知觉组织的高级过程，所以被称为自下而上的加工。因为这种知觉是刺激资料驱动的结果，所以也叫资料驱动或数据驱动的加工（data-driven processing）。

然而，我们也能很容易地举出例子来说明，知觉加工不总是从搜索刺激材料和组合材料的顺序来完成的。在许多情况下，人们可以依靠对背景信息的知觉而对刺激的整体先形成一个概念，然后在这个概念指导下对其中的部分进行知觉和预期，明显表现出已有知识经验或概念在知觉中的重要作用。认知心理学教科书常常引用的一个研究是沃伦等（Warren et al.，1970）进行的音素恢复实验。给20名被试听下述句子，句子中星形位置的音素被一个持续120ms的纯音取代。全部被试中只有一人说他听到了该纯音，且不能指出该纯音的位置，所有其他被试都没有发现句子中"s"音素的缺失。

The state governors met with their respective legi * latures convening in capital city.

研究者进一步将此实验扩充，让不同的被试分别听一个不同的句子。所用的句子如下：

It was found that the * eel was on the axle.

It was found that the * eel was on the shoe.

It was found that the * eel was on the orange.

It was found that the * eel was on the table.

在每个句子中，星形仍然表示该位置上的字母和音节缺失。结果发现，听第一个句子的被试倾向于将缺失一个字母的词听成 wheel，听第二个句子的被试倾向于将其听成 heel，听第三个、第四个句子的被试分别倾向于将其听成 peel 和 meal。这一实验结果表明，被试在知觉某个刺激信息不完整的单词时受到了整个句子语义背景的影响，即被试先形成了对整个句子的知觉，形成了某种概念性理解，然后依此概念性理解指导了对个别单词的知觉，即使这个单词的刺激信息不完整。所有的被试并没有从这个单词本身的构成方面来知觉它，因为那样的话，所有的被试就会得到相同的知觉，即"eel"音节。

这一实验所显示的先形成概念性理解之后在概念指引下的知觉方向，是从抽象性更高的层次指向抽象性较低层次的方向的知觉加工，故叫作自上而下的加工(top-down processing)，也叫作概念驱动加工(concept-driven processing)。在知觉过程中的概念性指导来自于过去的知识经验，有知识经验参与的知觉过程好于无相关经验或相关经验较少的知觉过程，比如，米勒和伊沙德(Miller & Isard，1963)的实验。

米勒和伊沙德在噪音背景上，给被试听一些句子，要求被试将听到的句子报告出来。这些句子分成三类：第一类为正常句子，既合乎语法，又有正常语义；第二类为异常句子，虽然合乎语法但语义不合理；第三类句子为非语法句，既不合乎语法也无合理语义。如下例所示。

第一类句子：

A witness signed the official document.

Sloppy fielding loses baseball games.

第二类句子：

Sloppy poetry leaves nuclear minutes.

A witness appraised the shocking company dragon.

第三类句子：

A legal glittering the exposed picnic knight.

Loses poetry spots total wasted.

这三类句子被正确知觉的百分数有所不同，如图 9-17 所示。

概括上述实验，可以将知觉方式是按照由具体散件的刺激到刺激整合的方向，还是按照从一般知识和概念到具体部件的方向分为两类：数据驱动的加工或自下而上的加工，概念驱动的加工或自上而下的加工(Lindsay & Norman，1977)。前者指从刺激作用开始的加工，一般先对较小的刺激单元进行分析，进而转入较大的刺激单元，通过一系列连续加工过程，最后完成对引

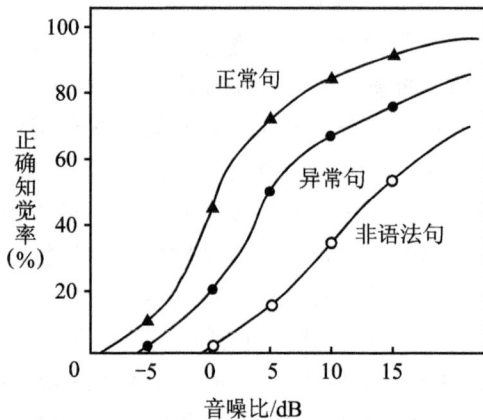

图 9-17　句子知觉是句子类型和音噪比的函数

起感觉的刺激信息的解释；后者往往是从人的期望或对于知觉对象的假设开始的，并对信息加工的各个阶段和水平加以制约，其中包括调整感觉器官对刺激信息的选择和引导对特定细节的注意等活动，如阅读时对于上下文关系的理解、对于双关图形的理解。知觉中言语暗示的明显效应也是概念驱动加工的典型例证。

上述分析涉及的是知觉加工中的时间特性。那么知觉加工的空间特性如何？就是说当同时呈现的刺激单元在空间有一定的排列关系时，知觉加工是按照一定的空间顺序进行加工还是同时对各个不同空间位置上的刺激同时进行加工呢？这就是系列加工（serial processing）和并行加工（parallel processing）的方式。所谓系列加工就是对不同信息单元进行逐项地和逐步地加工，比如，我们在精读教材时就是按照文字排列的先后顺序逐字逐句地读，并且在阅读每个字词时都是从接受其刺激、构造其字形、识别其字意、理解其词义和句意等，这就是系列加工。但在有时，我们为了快速搜索某一特定的信息，可以"一目十行"，同时加工不同的信息单元，这就是并行加工。所谓并行加工，就是指多方面的刺激信息可以同时在不同的加工单元中被处理，这种加工方式可以提高信息处理的速度和效率。

（二）知觉加工的整体优势效应

知觉过程受多方面因素的影响，其中知识经验的影响是明显的。研究表明，在一般的知觉活动中，既有整体加工（global processing），也有局部加工（local processing）。整体加工就是知觉到刺激物的整体特征（global feature）的加工，局部加工就是知觉到刺激物的局部特征（local feature）的加工。在对客体知觉时，究竟是先部分后整体，还是先整体后部分呢？于是，就有了知觉时是整体优先还是局部优先的争论。

铁钦纳(1909)认为加工视觉图形时，图形的部分特征首先被抽取进行加工，对整体的知觉是随后对部分特征的整合。特征检测模型和特征整合理论也都支持局部优先加工说。相反，格式塔学派非常强调"完形"(Gestalt)的价值，提出整体大于局部的概念，认为对整体的知觉不同于局部知觉的简单总和，强调知觉过程中的整体优势效应。

1. 知觉加工的整体—局部范式

纳温(Navon)在 1977 年提出不对称干扰模型，建立整体—局部范式(global-local paradigm)。此范式主要用于研究整体与部分在知觉中的作用，可作为基本范式应用于许多知觉研究。该范式的基本原理是：假设大图形与小图形的复杂性、可识别性和编码方式是相同的，那么被试在报告时，只有整体—局部一致性和注意指向性能影响被试的识别速度，这样就可以从被试的反应时来判断这两个变量对知觉的影响，从而解答知觉的整体—局部争论。具体操作是呈现一系列独立的字母或数字小图形组成的大图形，大字母代表复合图形的整体属性，小字母表示局部的特征，组成整体图形的部分可以与整体相同，也可以不同，如图 9-18 所示。整体和局部的一致性就是该范式的一个变量。实验要求被试报告整体图形或局部图形，也就是让被试注意整体或局部，被试的注意指向成为该范式的另一个变量。结果发现，在大小字母一致与不一致两种条件下，被试辨别大字母的速度没有差别，而辨别小字母时，一致条件下显著快于不一致条件，这说明，大字母对小字母的辨别有干扰作用，而小字母对大字母的辨别没有影响，即"大字母的干扰效应"。纳温认为，之所以会出现反应时优势和干扰效应，是因为大脑加工遵循先处理整体信息再处理局部信息的原则。整体与局部的先后时间顺序使得局部信息不会干扰到首先被加工的整体，而对局部的知觉却受到先前整体知觉的很大影响。

图 9-18　整体—局部范式(Navon，1977)

整体优先性现象提出后，许多研究通过改变刺激的物理性质或反应范式对知觉加工进行了深入探讨。研究发现，整体优先性是不稳定的。一些因素的改变会使原先的整体优先性现象削弱或消失，甚至出现相反的局部优先现象。例如，当小字母的刺激达到 8 度视角时，其知觉时间短于大字母的知觉时间(Kinchia & Wolfe，1979)。看来，在知觉过程中优先加工的是那些有着最佳大小的刺激物。

对此，研究者基于呈现位置和知觉组织提出了两种解释(张学民，2007)。从呈现位置来看，在传统的整体—局部实验范式中，呈现复合图形的方式通常有中央呈现(呈现在视野中央)和外周呈现(对称于中央的注视点，在左右两侧随机呈现)两种。大多数外周呈现复合图形的实验都出现了整体优先性现象，但中央呈现复合图形的研究却没能得到整体优先效应，甚至是局部优先。格瑞斯(Grice)等的研究中，比较了中央和外周这两种呈现范式，结果发现，采用中央呈现复合刺激范式时，没有出现整体的反应时优先，但出现了整体和局部的双干扰效应。研究者认为，由于视觉系统中，外周视野的敏锐度较低，相应地降低了对呈现在外周视野中复合刺激中的局部特征的分辨能力，使得分辨整体特征的能力高于局部，产生整体优先性。从知觉组织角度解释，信息加工过程中，视觉系统必须把视觉输入组织成不同的部分以形成视觉加工的基本单元。韩世辉等人的一系列研究显示了空间相邻性规则对整体优先性现象的影响。他们给复合图形(由小箭头组成的大箭头)增加"+"组成的背景。由于相邻"+"之间的距离与相邻小箭头之间的距离相等，小箭头仅仅依靠相似性(大小、形状、对比度等相同指标)与背景分离组成大箭头。研究对比没有背景(知觉组织强)和有背景(知觉组织弱)两种条件对整体优先性现象的影响，结果发现，知觉组织较弱的条件削弱了整体反应时的优势和干扰效应。研究者们认为，由于基于空间相邻性的知觉组织比基于形状相似性的知觉组织在加工时间和速度上具有优势，当引入背景将知觉组织的强度由相邻性削弱到仅依靠相邻性时，复合图形的局部难以组织起来与背景分离，因而整体优先现象消失。

2. 字词优势效应实验

字词优势效应(word-superiority effect)是由赖歇尔(Reicher)在 1969 年的一项实验中发现的。他准备了三类视觉刺激材料(卡片)：第一类为只有一个或两个字母；第二类是一个或两个由四个字母组成的单词；第三类是一个或两个由四个字母组成的无意义字母串，如图 9-19 所示。

上述所有刺激材料在实验中均使用速示器呈现给被试。在每一轮实验中，要求被试先注意速示器中出现的一个注视点，然后按事前拟定的程序在规定的短时间内呈现某一种刺激材料，随后立即换成掩蔽刺激和供被试选择的两个字母。这两个字母所在位置恰好对应于刺激材料中需要测试的字母位置。每次实验后，要求被试选择最后出现的两个字母中哪个是前面刺激材料中在

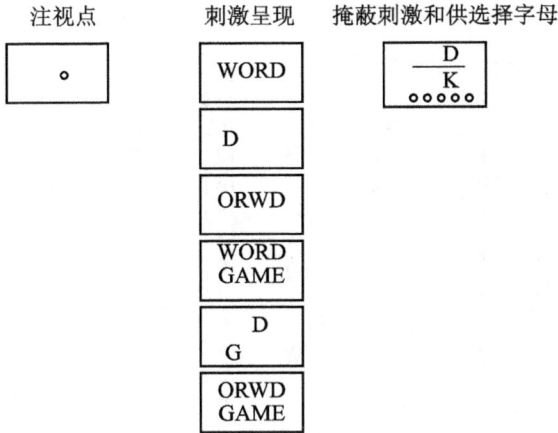

注视点	刺激呈现	掩蔽刺激和供选择字母

图 9-19　赖歇尔的实验程序和刺激材料

相同位置上出现过的，研究者根据被试选择的结果按对或错予以记录。当刺激材料为一个字母、一个单词或一个无意义的字母串时，提供选择的两个字母位于刺激材料中相对应字母位置的上方；而在使用其他刺激材料时，则两个供选择的字母中有一个在下方。刺激呈现的时间按照每个被试反应达到的正确率所需要的时间而定（以 ms 计），分为短、长、中三种，其相应的时间分别为正确率达到 60％所需时间、达到 90％所需时间加上 5ms 以及这两个时间的中点值。由此实验可见，每个被试在观察同样的刺激时所需要的时间是不同的。另外，实验的处理方式又分为两种：一种为有先行信息，即在每次实验之前就把将要提供选择的两个字母告诉被试；还有一种则事先不告诉被试。研究结果如图 9-20 所示，不管有无先行信息，对单词中的一个字母的识别成绩均优于对一个字母或无意义字母串的识别成绩。其识别的正确率大约相差 8％，并在统计学上达到显著性水平。

赖歇尔的研究引起心理学界的广泛注意和许多研究者的兴趣，促进了这方面的一系列实验研究并证实和肯定了字词优势效应。不仅如此，大量的研究还积累了丰富的资料，产生了各种有关字词优势效应的解释，其中有强调知识经验为基础的自上而下加工的推论说；也有以信息在内部加工而成的内码表征为主导的编码说；还有的理论则依据整体加工和局部加工的关系进行分析和解释。无论哪一解释，都有一定的合理性，这说明人的知觉过程需经历多个不同的阶段和水平，只有把各种解释的合理成分综合起来，才可能对知觉中的复杂规律性有较全面的正确认识。

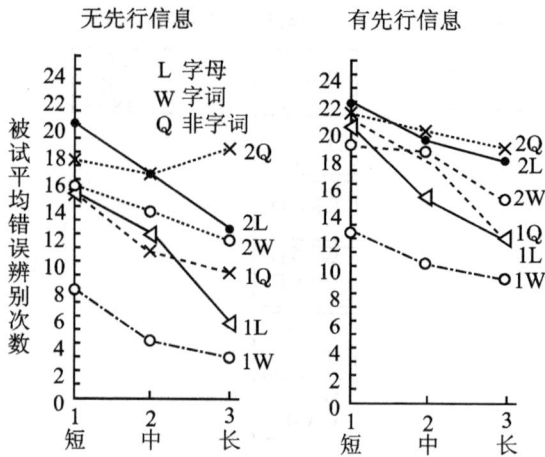

图 9-20　赖歇尔的字母识别实验结果

3. 客体优势效应实验

字词优势效应研究的成果推动了心理学家们开展有关图形中线段识别的研究工作。早在 1974 年，韦斯坦因（Weisstein）和哈里斯（Harris）就进行了对包含在各种图形中的直线线段的识别研究。刺激材料是通过显示器呈现给被试的。在这些刺激材料的图形中包含有要求被试识别的"靶线段"（target line）和与之有关联的关系图形（或称为上下文图形），如图 9-21 所示。

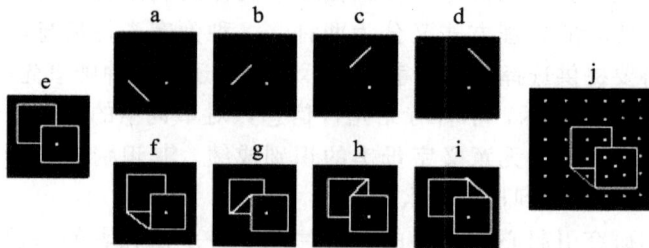

图 9-21　韦斯坦因和哈里斯应用的刺激材料举例

在图 9-21 中各卡片上的白点是注视点。作为"靶线段"的刺激材料共有四种，它们除了在方向和位置上不同外，都具有相同的长度和宽度，图中所示的 e 为关系图形，f、g、h、i 为实验中呈现给被试的刺激图形的部分样例，j 是在刺激图形关闭后呈现的掩蔽图形。实验中所实际使用的刺激图形，在三维结构的完整程度上分成六个等级，如图 9-22 所示。

以上所有图形在呈现时都有一个固定注视点，要求被试把视线对准它。实验在暗室里进行，所有图形都在显示器上呈现。先让被试分别熟悉上述四

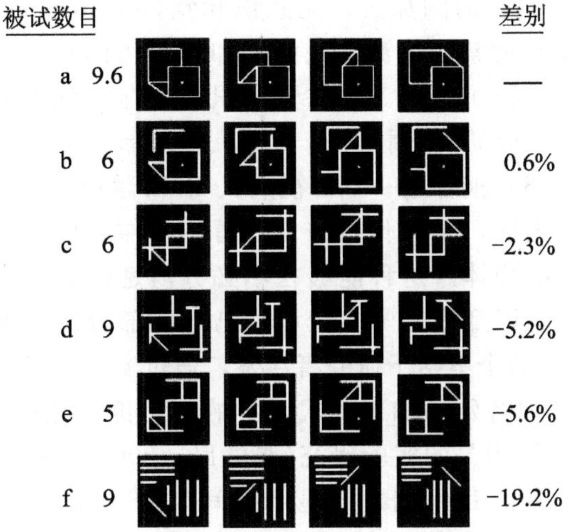

图 9-22 韦斯坦因和哈里斯应用的各种上下文图形及其实验结果

种不在关系图形中并单独呈现的靶线段，然后由被试自行操作进入测试阶段。这时，显示器上先呈现一个注视点，被试在确认已经准备好的情况下，启动开关后立即呈现一个由靶线段和关系图形相结合的刺激图形（图 9-22 中的一个）。在刺激图形呈现后，随即换成一个呈现时间为 100ms 的掩蔽图形（如图 9-21 中的 j）。这时，要求被试判断在刺激图形中出现的是四种靶线段中的哪一种，并按照规定在某个按键上予以反应。主试将判断的正误通知被试。如同上述字词优势效应的实验一样，刺激图形呈现的时间根据被试判断能达到的不同准确率（分别为 50%、60% 和 70%）而定为三种，其跨度在 5ms～44ms。实验程序按完全随机呈现设计。结果表明，位于一个三维结构完整和严谨的刺激图形内的靶线段识别率明显高于它们在那些结构性较差的刺激图形中的结果。

从某种意义上说，字词优势效应和客体优势效应（object-superiority）都是整体优势效应的具体表现，整体结构的合理有序是其中的关键因素，它容易在知觉过程中激活有关知识经验，快速对刺激模式予以解释和预期。在预期的引导下，可以形成对局部刺激或部件的定向，也便容易对之识别。所以，整体优势效应表现出明显的概念驱动性质。

三、无意识知觉与 Stroop 效应

以往，人们都坚定地认为知觉是意识层面的，因为我们能清晰地知道自己看到了什么形状，听到了什么声音。然而，研究者在实验中逐渐发现，知

觉可能也涉及无意识层面的加工。无意识知觉（unconscious perception）是指个体的意识虽然没有觉察到刺激，该刺激却对个体的行为产生了影响，即个体无意识地对刺激进行了加工。提供无意识知觉存在证据的两个领域分别是神经症案例和认知实验研究（周仁来，2011）。

维斯克兰茨（1986）报告过一个盲视病人 D. B. 的案例。D. B. 脑部视皮质受损导致左侧视野失明，虽然他报告自己看不见左视野的任何东西，但能精准定位盲视野区内的物体。这种能够在不必分清楚情景或任务具体发生了什么改变的情况下，意识到或知觉到情境中已经有部分特征发生了变化的现象称为"盲视"。D. B. 的个案给予研究者启发，通过实验，发现"盲视"也是正常人类视觉感知的一种特殊的加工模式。罗纳德·伦辛克（Ronald Rensink）对40 名正常被试进行了相关的实验研究（张学民，2007），他在电脑屏幕上向被试呈现一系列的图片，每张图片的显示时间为 250ms，随后是短暂的灰屏。在给被试呈现的图片有时从头到尾是同一幅图片，有时是有微小差别的不同图片。研究结果发现，呈现微小改动的图片时，约有三分之一的人表示感觉到图片发生了改变，但不能确定具体是什么变化。伦辛克认为，即使我们不能在大脑中重现复杂场景的变化，而且也不能辨别具体发生了什么改变，但我们的视觉系统依然可以感知到某些细微的特征或场景发生的改变。尽管伦辛克对产生"盲视"现象的生理机制还不清楚，但他认为这种现象很可能是一种大脑自动化扫描的加工过程。

在认知实验研究中，Stroop 范式及其变式为无意识知觉的存在提供了支持。1935 年，斯特鲁普在研究中发现了字的颜色对识别的干扰效应，如图 9-23。例如，要求被试读出用红颜色书写的"绿"字的颜色——红色时，词义本身会产生干扰效应，即被试对颜色命名的时间要延长，错误率也会提高。Stroop 效应就是指在词色与词义一致或不一致情况下，对颜色的认知速度的快慢。自从 Stroop 效应被发现到现在，心理学家一直从不同的角度研究数字与颜色、词义与颜色认知以及颜色与图形之间的语义干扰效应。

红绿黄蓝
红绿黄蓝

图 9-23 Stroop 效应实验材料

马塞尔（A. Marcel，1983）改进斯特鲁普实验，设计了用于研究无意识知觉存在与否的 Stroop 启动研究范式。在 Stroop 启动实验中，马塞尔采用了一种巧妙的技术——掩蔽技术来实现对被试觉知水平的控制。实验中，马塞尔用速示器先呈现一个词作为启动词（如"红"），启动词呈现后马上呈现一个无序字母所构成的图案作为掩蔽刺激，这样可以阻断被试对启动词的觉察与意识加工。启动词与掩蔽刺激间的时间间隔作为控制被试觉知水平的方式。由于在无觉知条件下，启动词和掩蔽刺激之间的时间间隔是因人而异的，并且，实验中随着启动词和掩蔽之间的间隔增大，被试对启动词的觉察和确认的准确度会提高。马塞尔为了保证被试对启动词的觉知水平在觉知阈限以下，针对每个被试，运用极限法，并让被试以口头报告的形式来确定启动词和掩蔽图案之间的时间间隔。马塞尔在实验中确定启动词与掩蔽图案之间的时间间隔是以被试对启动词的觉察概率为60%的标准进行的。掩蔽刺激结束后，呈现红、黄、蓝、绿四种颜色的色块，让被试命名色块的颜色，记录反应时。马塞尔推测，如果知觉是意识加工的，那么对启动词的掩蔽会消除Stroop效应；如果有无意识知觉的存在，那么有效掩蔽不能消除Stroop效应。实验结果证明，在觉知阈限以下，Stroop效应仍然存在。这说明无意识知觉可能是存在的（刘金平，2011）。

在马塞尔的实验中，被试在Stroop效应上的行为表明，即使他们的言语报告暗示没有知觉到启动刺激，但词义已经被登录了。于是，奇斯曼和梅里克尔（Cheesman & Merikle，1984）对此结果的觉察解释提出质疑：觉察言语报告的阈限可能会比以其他方式觉察词义的阈限要高（坎特威茨，2001）。他们在重要改动的基础上重复了马塞尔的Stroop效应实验，也就是以Stroop色词干扰任务，以验证他们的猜测（Merikle，Joordens，& Stolz，1995）。Stroop色词干扰任务只涉及红、绿两种颜色，色词"RED"或"GREEN"是启动刺激，用于启动对红、绿两种靶颜色的命名反应。实验中，先呈现一个启动词（如"红"），紧接着呈现一个色块（如绿色），要求被试迅速报告色块的颜色。结果发现了一种有趣的现象：当色词和靶颜色的命名不一致的反应概率（75%）显著大于一致的发生概率（25%）时，出现了Stroop效应的反转，即被试在不一致的条件下的反应时小于一致条件下的反应时。不过这种反转现象只有在色词被有意识地知觉到时才会发生。当对色词的知觉是无意识的时候，出现的是典型的Stroop效应。

无意识知觉是知觉研究中的新兴领域，其研究内容、实验逻辑和研究方法也有别于以往的知觉研究。随着对无意识知觉的深入研究，人类意识和无意识功能可以得到更多的揭示。

扩展阅读

一、 场景知觉的眼动范式

　　由于眼动跟踪技术允许被试在自由的状态下观看场景，所以很多的场景知觉研究采用眼动跟踪的方法。这些研究可以从两个方面来进行梳理。首先，从眼动的指标来看，对于场景知觉的眼动研究主要涉及三个方面，即场景知觉过程中眼睛的注视位置、注视时间和眼跳及信息整合（Henderson & Hollingworth，1999）。眼动范式主要关注前两个方面的眼动控制问题，即场景知觉过程中眼睛注视哪里，注视多久。对场景知觉的信息整合和眼跳，需要结合其他的任务（比如，变化探测）进行研究。对场景知觉的眼动研究发现，场景知觉的加工时间是对场景注视的空间和时间分布的函数。其次，眼动研究还会结合变化觉察、物体识别（object identification）和场景记忆（scene memory）等实验任务，探讨场景知觉过程中局部信息提取、场景中的物体识别以及把物体和场景信息进行编码存入短时或长时记忆等问题（Henderson，2007）。这些具体的研究范式，将在后面进行介绍。

　　眼动范式一般给被试呈现场景刺激，要求被试自由观看场景，在被试观看过程中记录被试的眼动信息，然后对眼动数据进行分析，刺激呈现的时间从几百毫秒到几秒不等。比较早的采用眼动范式研究场景知觉的是 Loftus 和 Mackworth（1978）的研究，他们给被试呈现两组线条画，一组为场景中的物体与场景关系一致，比如，拖拉机出现在农场场景中；一组为场景中物体与场景关系不一致，比如，章鱼出现在农场场景中。研究发现，物体与场景的关系是否一致（物体出现在该场景中是否合理）会影响被试对场景中物体的眼动注视。相比一致的物体而言，被试对于那些与场景不一致的物体给予了更多的注视，而且注视的持续时间也更长。对目标物体的注视持续时间被认为是物体识别速度的重要指标。由于能够即时地测查被试对场景知觉的过程性信息，所以后来的很多研究都采用眼动范式来研究场景知觉，并且取得了很多有意义的结果（Boyce & Pollatsek，1992；De Graef，Chistiaens，& d'Ydewalle，1990；Friedman，1979；Underwood，Templeman，Lamming，& Foulsham，2008）。

　　虽然眼动能够获得很多过程性信息，但是眼动范式也有它的局限性。由于眼动很容易受到其他内部和外部因素的影响，所以必须进行严格的实验控制，排除无关变量的干扰，才能很好地解释自变量的影响作用。此外，对场景知觉的眼动研究中十分重视第一次注视持续时间，把它作为场景中物体识别的重要指标(De Graef，Chistiaens，& d'Ydewalle，1990)。但是，至今还没有足够的证据证明第一次注视持续时间反映的是物体识别时间，还是随后的其他加工。除非有进一步的证据或者其他方式的辅助，否则单独靠眼动范式不能很好地解释对场景的知觉和加工。

[资料来源:《场景知觉及其研究范式》(王福兴，等，2009)]

二、 知觉干扰范式与知觉负载范式

一、知觉干扰范式

Van Dantzig，Pecher，Zeelenberg 和 Barsalou(2008)根据转换消耗的原理推断知觉加工同样影响概念加工。如果不同类型的知觉加工和概念加工需要由不同的感觉通道进行，那么连续进行这两类认知加工也会存在转换消耗，由此也就证明了概念加工的确利用了感觉通道。实验中，首先让被试进行知觉任务。在被试的左边或右边呈现一个知觉刺激，这个知觉刺激是听觉、视觉、触觉中的一种。具体流程是，在被试的身体两边分别放置两个扬声器，扬声器用来播放声音刺激。每个扬声器的上面分别放置了两个 LED 的显示器，显示器用来呈现视觉刺激。在每个扬声器的前面是一个专门定制的设备，该设备通过振动的形式向被试传递触觉信息。被试需要将两个手的食指放置在这个设备上，以获得触觉刺激。因此，听觉、视觉和触觉的信息都有可能在被试身体的两边出现，被试需要对刺激尽快地做出左右方向的判断。然后，被试继续进行概念属性判断任务。这时屏幕上呈现一个包含概念和属性的句子，例如，香蕉是黄色的。被试需要判断这个属性是否属于这个概念并按键反应。实验结果发现，当知觉刺激涉及的感觉通道和概念涉及的感觉通道一致时，被试对概念属性的判断更快。反之，被试表现得较差。这表明概念加工和知觉加工具有同样的性质。

二、知觉负载范式

知觉符号理论认为在概念加工中需要使用大脑中的感觉运动区，也就是说概念加工需要感觉和知觉的参与(Barsalou，2008a)。并且，包含不同的感知觉信息的概念所需要的感知觉通道也是不同的。视觉概念需要使用视觉通道，听觉概念需要使用听觉通道。因此，当感知觉通道被占用时，大脑加工包含这一通道的感知觉信息的概念时就会变得困难。负荷越多，加工越困难。Vermeulen，Corneille 和 Niedenthal(2009)便利用这一范式对知觉符号理论进行了验证。实验中，被试首先需要记忆一个或三个知觉刺激。这些刺激分为无意义的声音和无意义的灰色图形两类。记忆完毕后屏幕上会出现一个概念属性对。此时被试的任务也是判断某一概念和某一属性是否匹配，例如，柠果可以是黄色的。这些概念的属性涉及听觉和视觉。判断完毕屏幕上又会出现一个或三个知觉刺激。这些刺激可能是前面呈现过的，也可能在前面没有呈现过。被试要根据记忆判断这些刺激有没有在概念属性对判断前呈现过，并按键反应。实验结果表明，在通道负荷了一定刺激的情况下，加工包含这一通道信息的概念时难度的确会增大。

［资料来源：《知觉符号理论及其研究范式》(谢久书，等，2011)］

练习与思考

1. 如何理解：颜色椎体、暗适应曲线、普肯野树现象、空间视敏度、时间视敏度、等响度曲线、听觉掩蔽、图形掩蔽、图形后效、吉布生效应、麦考勒效应、自上而下的加工、自下而上的加工、序列加工、并行加工、整体优势效应？
2. 简述视网膜的结构及其对信息的接收、加工与传递过程。
3. 简述颜色视觉形成机制。
4. 简述杨—赫尔姆霍茨的三色说。
5. 听觉掩蔽有什么特点和规律？
6. 简述等响曲线的制作。
7. 简述知觉加工中的整体—局部范式。
8. 简述 Stroop 效应。
9. 如何测定和制作暗适应曲线？暗适应的影响因素有哪些？其在实际中的应用有哪些？
10. 请对视敏度的测量方法和影响因素进行分析。
11. 人类知觉加工的主要方式有哪些？有哪些主要特征？
12. 如何解释吉布生效应和麦考勒效应的形成机制？
13. 马塞尔设计了用于研究无意识知觉存在与否的斯特鲁普启动研究范式，实验具体是如何操作的？你对该范式有何看法？

第十章
注意的实验范式

　　注意是心理活动对一定对象的指向和集中，常伴随感知、记忆、思维、想象等心理过程表现出来，反映了认知活动的聚焦状态。心理学中研究比较多的，一是选择性，指有选择地加工某些刺激而忽视其他刺激的倾向，它是人的感觉、知觉、意识等同时对一定对象的选择指向和集中；二是分配性，指在同一时间对两种或两种以上的刺激或任务的注意。注意的特征和规律在生活和社会实践各领域均有广泛应用。

本章要旨与重点

◆ 选择性注意就是指在有多方面的刺激信息时，只选择其中的部分信息作为注意的对象，同时忽略了其他的刺激信息。常用的经典实验范式包括提示范式和搜索范式。

◆ 分配性注意是指个体在同一时间内对两种或两种以上的刺激进行注意，或者将注意分配到不同的活动任务中。常用的经典实验范式是双任务范式和心理不应期范式。

◆ 注意研究的应用领域非常广泛，包括警戒、驾驶人员的工作负荷研究与测试等。注意品质测评在人员选拔工作中也很常见。

注意是心理活动对一定对象的指向和集中，对信息具有选择功能，与人类心理与行为的许多方面联系密切。20 世纪中期之后，随着认知心理学实验技术的不断发展，注意的研究也愈来愈精细，逐步揭示了其内在的心理结构和神经机制。限于实验心理学课程的教学重点不在心理过程，本章只重点介绍与注意的两个基本特征有关的实验范式及其应用，即选择性注意和分配性注意的实验研究。

第一节 选择性注意的实验范式

我们每天接触到的信息量很大，为了能从中选择需要的、对任务完成有帮助的信息，需要注意的选择功能。选择性注意就是指在有多方面的刺激信息时，只选择其中的部分信息作为注意的对象，同时忽略了其他的刺激信息。

奈瑟等人(Neisser，1979；Becklen & Cervone，1983)曾经做过一个有趣的选择性注意的实验。他们让被试看一段时长一分钟的录像片，录像片是由三个穿黑色短袖的运动员投篮的图像和三个穿白色短袖的运动员投篮的图像重叠而成。实验要求被试在穿黑色短袖运动员传球时按键。在录像中，有一位拿着雨伞的年轻女子从镜头前闪过，绝大多数人都把精力集中在寻找穿黑色衣服的传球运动员，而没有注意到这位女子。当研究者重新播放这段录像时，被试才惊奇地发现这位女子的存在。

具体实验中，实验者如何操控能使被试选择性地注意特定信息呢？以图10-1 所示的实验为例，不管棒是竖直放置还是水平放置，鸽子在显示红棒时啄键才给以强化，显示绿棒时啄键则不给以强化。经过多次强化后，鸽子也就只在红棒出现时才啄键，其他颜色出现时它就不啄键，而且根本不去理会棒的方向是竖直的还是水平的。这时，我们就可以说，鸽子注意了棒的颜色

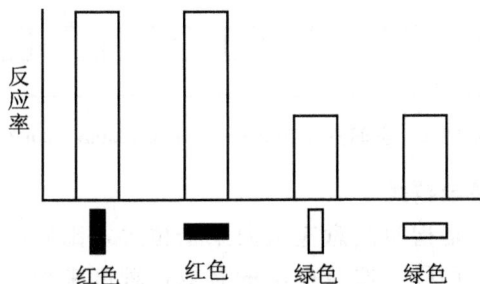

图 10-1　鸽子啄键实验的示意图(Steven & Shaun，2002)

而不是棒的方向，因为鸽子能正确地区分棒的颜色。可见，研究者可以采用强化的方式，使被试忽略其他刺激，注意到研究者期望其注意的刺激变量上来。

一、提示范式

（一）外源空间搜索提示范式

外源空间搜索提示范式的基本原理是，用刺激或者指导语，将被试的注意引向一个确定的输入源，然后把对这一输入源的加工和对其他输入源的加工做比较。

实验过程中，目标刺激（target）会随机出现在左视野或者右视野，注意主要在左右视野之间不断转移。目标出现之前会呈现一个刺激，作为提示线索（cue）。提示线索会出现在左视野或右视野，也可能会在左右视野同时出现。当目标刺激出现的位置和提示线索出现的位置处于同侧时（例如，线索刺激出现在左视野，目标刺激也出现在左视野），则称为有效提示；当目标刺激出现的位置和线索刺激出现的位置相反时（例如，线索刺激出现在左视野，目标刺激却出现在右视野），则称为无效提示；第三种比较特殊的情况，线索刺激同时出现在左右视野，目标刺激随机出现在左视野或者右视野，研究者将这种情况称为中性提示。每次试验开始时，都要求被试注视中央的注视点"＋"，随后出现线索刺激和目标刺激。如图 10-2 所示。

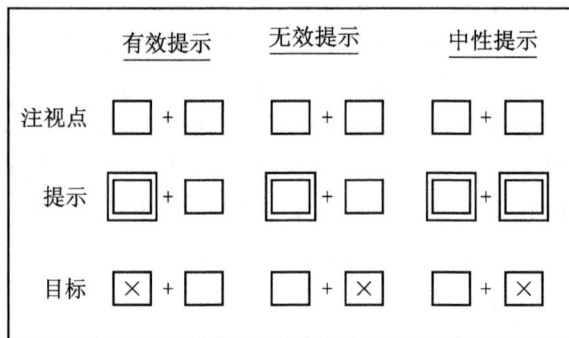

图 10-2　空间提示范式（Steven & Shaun，2002）

（二）内源符号提示范式

内源符号提示，是指明注意应指向某个位置，比如，指向某个位置的一个箭头（如图 10-3）。同样，按照提示的有效性程度来划分，也有三种不同的实验类型：当提示箭头的方向和目标刺激出现的位置一致时，被试较容易注意到目标刺激，这样的提示称为有效提示；当提示箭头的方向和目标刺激出现位置相反时，这样的提示称为无效提示；当提示箭头的方向不明晰时，则称为中性提示。

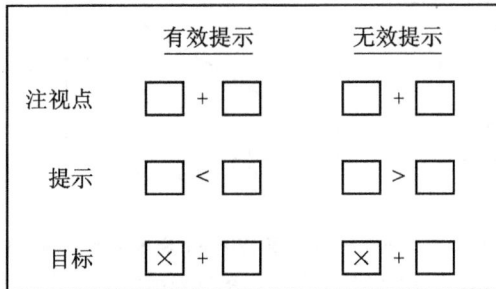

图 10-3　符号提示示意图

此外，按照整个实验中有效提示和无效提示的比例来区分，提示也可以分为预言性提示（predictive cues）和非预言性提示（nonpredictive cues）两类。所谓预言性提示，是指在整个实验中，有效提示的次数多于无效提示的次数。也就是说，目标刺激出现的位置和提示线索的位置大部分情况下是一致的，被试大多数情况下更容易注意到目标刺激。所谓非预言性提示，是指在整个实验中，无效提示的次数和有效提示的次数差不多，也就是提示线索未能有效提醒到被试需要注意的目标刺激，因而这样的提示不具有预言性。

二、搜索范式

搜索范式是研究注意本质和特征的经典范式，其基本原理是，要求被试寻找一个或多个混杂在非目标刺激（nontarget stimuli）中的目标刺激（target stimuli）。实验时，这些刺激可以同时呈现，也可以相继呈现。在这种实验任务中，若干物体呈现于一个刺激矩阵中，要求被试指出其中是否出现了某一特定目标。搜索范式在研究注意如何排除无关刺激的干扰和注意如何在不同的感觉通道之间转移等方面较为有用。排除无关刺激的干扰，也就意味着选择性注意到了所需要注意的信息。

搜索范式最常见的是视觉扫描实验。且在大多数视觉搜索实验中，实验者研究的是反应时和刺激规模（搜索矩阵中的项目数）的函数关系，也即搜索函数（search function）的关系。艾格斯等（Egeth，Virzi & Garbart，1984）的视觉搜索任务实验是一个典型的例子。在这项任务中，20 个红色或者绿色的字母同时呈现，要求被试指出红色字母 O 是否在其中出现。研究者分别改变红色字母和绿色字母的数量并记录被试的反应时。实验结果表明，随着刺激序列中红色字母数量的增加，觉察目标的反应时也越来越长。但是，反应时不受绿色字母数量的影响，这说明被试能把注意力集中于红色字母而忽视绿色字母（周仁来，2013）。

图 10-4　视觉探索任务（Steven & Shaun，2002）

注：图中用黑色表示红色字母，用灰色表示绿色字母。

另一个经典范例是拉克和希尔亚德（Luck & Hillyard，1990）的视觉搜索实验。具体实验方法是：在一种实验条件下，目标是带线条的三角形，非目标是普通三角形；在另一种实验条件下，目标是普通三角形，非目标则是带线条的三角形（如图 10-5 和图 10-6 所示）。同时，在两种实验条件下，又分为矩阵中有目标（目标呈现实验）和矩阵中无目标（目标缺乏实验）两种情况。同样，实验者研究的也是反应时和刺激规模（也即搜索矩阵中的项目数）的函数关系，即搜索函数（search function）。

反应时和刺激规模的关系即搜索函数的主要特点反映在斜率大小上。如图 10-5 所示，搜索函数的斜率接近 0，这说明什么呢？说明被试的反应时间不随刺激规模的改变而有明显变化。不管矩阵中三角形的总数是多少，带线条的三角形总是能被轻易地发现。说明当目标带有某种简单特征时，被试很容易发现目标刺激，完成实验任务。

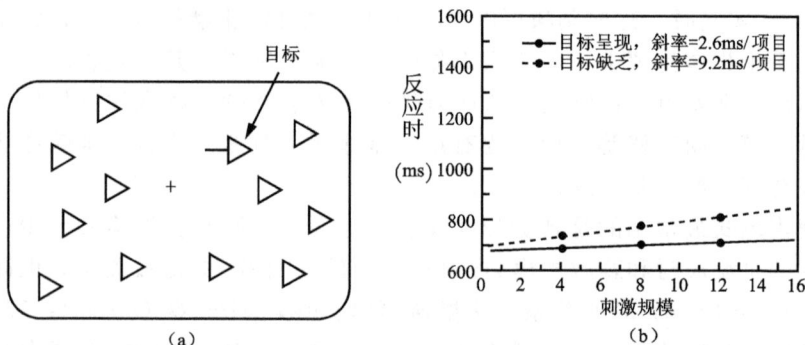

图 10-5　视觉探索实验（1）（Luck & Hillyard，1990）

如图 10-6 所示，被试的搜索函数的斜率较大程度上受到刺激规模的影响，且在目标缺乏时斜率比目标呈现时的斜率更大。研究者认为：无论有无目标的存在，被试都需要搜索矩阵中的项目，且采用的是顺序搜索模式（serial search），即注意从一个项目到另一个项目直到目标被找到（例如，Treisman & Gelade，1980）。目标存在的情况下，平均而言，被试只需要搜索到一半的项目即可停止；目标缺乏的实验条件下，被试需要对整个矩阵的项目进行完全的扫描，因此目标缺乏的试验比目标呈现的试验的斜率约大两倍。

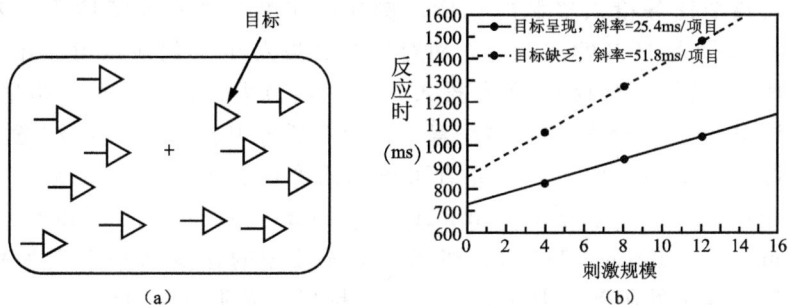

图 10-6　视觉搜索实验(2)（Luck & Hillyard，1990）

搜索范式实验为研究者区分出平行搜索和序列搜索两种模式，以及它们分别对应的实验条件，这为注意的自动引发提供了研究线索。另外，搜索范式通过两种试验的搜索函数斜率比较，进一步对人的顺序搜索的终止模式做出了说明（郭秀艳，2004）。

第二节　分配性注意的实验范式

分配性注意是指个体在同一时间内对两种或两种以上的刺激进行注意，或者将注意分配到不同的活动任务中。

分配性注意最常用的实验控制是用双作业操作，即让被试同时完成两种作业，观察并记录被试完成作业的情况。在实验室情境中，可以使用双手协调器来演示和测定注意分配能力。在一块金属板上刻出一条弯曲的槽孔，槽孔内立着一个金属针，左右两个旋转手柄带动金属针，可以在槽孔内作左右和前后的运动。被试用左右手各自控制一个手柄，调节金属针在槽孔内由一端向另一端运动。如果双手配合不好，金属针碰上槽孔的边缘，仪器就会发出报错提示音，同时登记一次出错记录。被试调节金属针从一端走到另一端的时间，以及调节中出现的错误数，就可以反映他们注意分配的情况（周仁来，2013）。

一、双任务实验范式

双任务实验范式的基本方法是：让被试执行两个明显不同的任务，评估这两个任务间相互干扰的程度，以此研究被试在完成双任务过程中注意资源的分配方式。

在最经典的双任务范式中，要求被试同时执行两项任务，而且可以规定他们对每个任务投入资源的比例。例如，在第一种实验情境下，要求被试对任务 A 投入 10% 的注意力，而对任务 B 投入 90% 的注意力；在第二种实验情境下，要求对两种任务各投入 50% 的注意力；在第三种实验情境下，要求被试对任务 A 投入 90% 的注意力，而对任务 B 投入 10% 的注意力。对注意资源分配比例的要求，研究者可根据研究的目的而进行设定。实验结果可用作业操作特性函数（performance operating characteristic function）来描述（Norman & Bobrow，1978），即把一个任务中的作业水平定义为另一个任务的作业水平的函数。其中，作业水平越高，说明该实验任务（A 或 B）完成得越好；作业水平越低，说明该实验任务完成效果不佳。按照双任务投入注意资源比例的不同，双任务实验可能产生三种不同的结果，如图 10-7 所示。

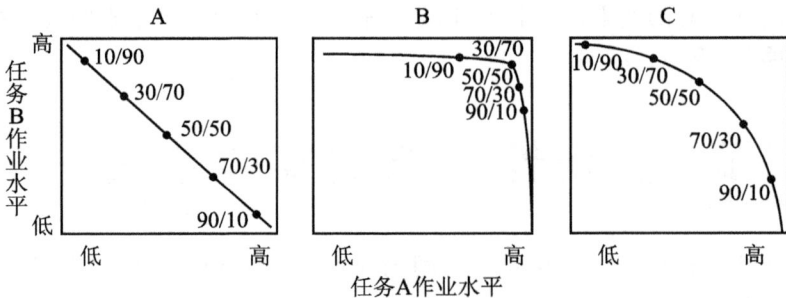

图 10-7 双任务范式实验中的三类典型结果（采自：Norman & Bobrow，1978）

图 10-7 中的每种情况下，任务 B 的作业水平都被描绘成任务 A 的作业水平的函数。每个数据点上都用标签标明注意在任务之间的相对分配情况，其中第一个数字表示投入任务 A 的注意资源比例，第二个数字表示投入任务 B 的注意资源的比例，如"10/90"表示 10% 的注意资源投入 A 任务而 90% 的注意资源投入 B 任务。

（1）结果 1

如果两个任务包含相同的认知加工过程，那么对某个任务注意资源投入的增加会使该任务作业水平提高，而另一任务的作业水平则会因之下降。图

10-7A 就是这种类型的结果，图中任务 A 作业水平的提高与任务 B 作业水平的下降相关联。例如，如果任务 A 要求被试记住左耳听到的一系列单词，而任务 B 要求被试记住右耳听到的一系列单词。那么由于这两个任务相互竞争工作记忆资源，左耳成绩和右耳成绩之间将会呈现近似标准的反比关系。再比如，在规定时间内，任务 A 是让被试用左手画圆，任务 B 是让被试用右手画方。左右手同时进行时，会因相似的实验任务，占用相似的认知资源，从而互相产生干扰。

（2）结果 2

当两个任务相对独立时，同时执行两个任务的水平有可能和单独执行每个任务时一样好，如图 10-7B 所示。例如，在上面描述的记住左耳和右耳信息的双任务中，正常被试会表现出任务间的竞争，但某些裂脑人可以表现出左耳作业水平与右耳作业水平相互独立的结果。再比如，在日常生活中，我们很容易见到类似注意分配的实例，可以一边做家务一边听电视或者广播里的新闻；也可以一边开车，一边听音乐，两个注意的任务不会产生很大程度上的相互干扰，可以同时进行。

（3）结果 3

某项任务略受另一任务的影响，但不成完全相反的关系，如图 10-7C 所示。例如，一个经验丰富的钢琴师可以一边很流利地谈话一边弹奏难度适宜的曲子，但如果弹奏太难的曲子或参加复杂的谈话时他就无法应付自如了。又比如，新手司机在路况好的情况下，也可以和车内其他乘客交流，如果路况不好的情况下，就必须集中注意力开车了。

二、心理不应期实验范式

双任务实验范式通常是使任务之间相互竞争，争夺被试的认知资源来探讨分配性注意的特性。但是这种实验范式在实际操作中很困难，比如，在控制被试对两个任务注意资源分配的比例时，很难让被试严格按照指示语的要求来分配对两个任务投入资源的比例。近些年，研究者发展出相对简单的双任务实验，包括心理不应期（psychological refractory period，PRP）范式和注意瞬脱（attentional blink）范式等，来研究被试同时或相继从事认知加工过程的能力（郭秀艳，2004）。

在同时进行两项或者两项以上实验任务时，因为认知资源的有限性，不可避免会出现认知加工的瓶颈现象。所谓瓶颈现象，是指在任务量少，或者被试能有序进行每项任务的时候，完成任务的效果较好；而当不断增加实验任务，或者任务之间不断相互干扰的时候，反而降低了完成任务的效果量。

威尔福德(Welford，1952)首先提出了"心理不应期"这一术语。

　　心理不应期实验范式是让被试同时进行听觉和视觉两项认知任务。听觉任务是向被试呈现高音调或者低音调，然后让被试报告听到的是高音调还是低音调。视觉任务是向被试呈现不同的字母，让被试辨别并根据不同的字母按下不同的键。从听觉刺激开始呈现，到视觉刺激的呈现，这中间的时间间隔可以根据研究者的需要来系统改变。实验中要记录被试的反应时和准确率，如图 10-8 所示。

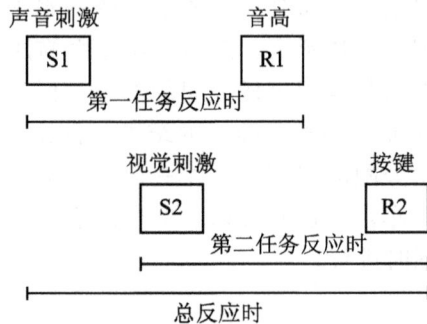

```
声音刺激                    音高
┌─────┐                  ┌─────┐
│ S1  │                  │ R1  │
└─────┘                  └─────┘
    ├──── 第一任务反应时 ────┤

            视觉刺激              按键
          ┌─────┐              ┌─────┐
          │ S2  │              │ R2  │
          └─────┘              └─────┘
              ├── 第二任务反应时 ──┤

    ├──────── 总反应时 ────────┤
```

图 10-8　心理不应期实验(Pashler，1993)

　　在 S1 和 S2 之间的时间间隔比较长的情况下，也就是声音刺激呈现很久后才呈现视觉刺激，被试能很好地完成两项任务，因为此时的两项任务相当于是独立完成的，彼此之间没有干扰。但随着 S1 和 S2 呈现的时间间隔渐渐缩短后，完成第一项，也就是听觉任务所用的时间没有变化，而完成第二项实验任务，也就是视觉任务的时间却逐渐加长。

　　心理不应期效应是双任务操作中的一种简单形式，它指两种任务在时间上或者空间上的距离太近而让人"反应不过来"，如上面的示例，听觉任务和视觉任务在反应时有重叠的情况下，同时竞争有限的心理资源。由于人类的加工过程是离散和系列的，中枢反应选择加工器一次只能加工一个任务，因此当人们在对听觉刺激做出反应的过程还未完成时，随之而来的视觉刺激的加工过程便会处于等待状态。这也就解释了当听觉刺激和视觉刺激呈现较为接近的情况下，视觉刺激的反应时会延长。因此，心理不应期也可以理解成"一个反应之后中枢神经系统暂时休息的状态"。

第三节 注意的应用研究

一、警戒

警戒，是持续性注意的一种形式，是指个体在一定环境中为觉察特定的、难以预测而又较少出现的信号所保持的准备状态，主要以监视、检测、搜索等任务形式出现，在空中交通管理、工业质量控制、自动化作业、核电站中央控制室、机动车辆驾驶等人机界面设计与管理中有广泛应用。警戒研究已成为工程心理学的重要领域(郭秀艳，2004)。

自 1932 年始，研究者开始探索视觉检查任务的绩效变化(Wyatt & Langdon，1932)。第二次世界大战期间，英国海军司令部要求麦克沃思(Mackworth)为从事监视任务的战士提一些实质性的建议和意见，以提高他们的工作效率。于是，研究者开始对警戒进行广泛研究。麦克沃思在实验室中证明，士兵若长时间从事监视作业，效率会显著下降。此后，其他研究者也纷纷在实验室中对警戒任务进行研究，找到影响警戒绩效的多种变量，依此提出干预方法以提高警戒效率。除麦克沃思研究得出的时间影响警戒效率外，研究者还发现其他因素，如信号本身的性质，包括密度、规律性、显著性等；还有从事警戒工作的人员本身的状态，如身体状态、唤醒水平等。以下是研究者发现影响警戒作业效率的一些因素。

(1)信号密度(信号的信噪比)

许多研究者测量了信号密度对警戒作业的影响。一般而言，信号密度越高，警戒作业的绩效越好。当信号出现的概率很低时，操作者需要付出很多的努力才能检测出信号。为什么会出现这种情况呢？首先，信号密度较低，会使操作者有一个更为保守的判断标准，也就是很少会将刺激评判为信号，这样虽然降低了虚报率，但同时也会导致更高的漏报率；其次，信号对操作者来说其实是有一种唤醒功能，也就是能让操作者处于唤起状态，对信号刺激保持一定的敏锐性。当信号刺激的密度较低时，操作者的唤醒水平也随之降低，警戒作业的效率自然也就降低了。

(2)信号规律性

时间不确定性或目标信号的时间分布规律对警戒作业有影响，也就是当信号出现的时间或者时间分布无规律时，警戒工效会下降。

(3)时间

操作者需要保持警觉的持续时间越长，漏报发生的可能性越大。

（4）事件显著性（或信号的明显程度）

亮度、响度、间歇和其他比较显著的事件是很容易被操作者探测到的。微妙的事件，如找出一个英文单词中的字母错误、查出线路板中的一个小裂缝，或者探测一束光的偏移等事件，时间越长，操作者犯的错误会越多。

（5）唤起水平

在警觉情境中的一个问题是，很少有与任务相关的内部活动去维持信息加工系统工作，使之保持警觉或唤起状态以获得最优的知觉，操作者常常是位于倒 U 曲线的左端，并且注意资源是递减的（Young & Stanton，2001）。就像预期的那样，进一步减少唤起的任何事情，如睡眠剥夺，对警觉操作都会有非常深的影响（威肯斯，李，刘乙力，2007）。

解决警觉中的问题，需要注意四个方面（Wicken & Hollands，2000）。首先，警戒时间不宜太长，要给予操作者一定频度的休息间隔，因为疲劳会严重影响警戒任务的效率。其次，可能的话，信号要设置得更明显些，因为信号的显著性也会影响警戒作业的绩效。这不太容易达到，但是可以采用一些巧妙的信号增强技术，如质量控制检查（Drury，1982；Wickens & Hollands，2000）。再次，如果漏报率高，操作者可能要通过奖励来改变探测信号的标准或者改变对信号的期望值。具体来说，就是在被试成功探测到信号时给予适当的奖励。最后，可采取措施维持一个更高水平的唤起。前文已经提到，疲劳会降低警戒任务完成的效率，那么相对应地，充足的休息会维持高水平的唤起。其他形式的外部刺激也是有效的（如音乐、噪声或对话）。但是要小心，不要使它们成为实际情境中的分心刺激。还有，应该尽量避免操作者睡眠不足。

1999 年，我国学者杨治良等运用信号检测论对短时作业中警戒绩效的影响因素进行了实验研究。他们用自制的警戒仪（EP710），对作业时间、信号密度以及信号显著性三个因素进行了探讨。结果发现，在短时（一小时内）作业中，警戒绩效不随时间的延长和信号显著性的加强而改变；只有当信号密度变化时警戒绩效才会发生改变，即随着信号密度的增加被试的辨别力也增强（郭秀艳，2004）。

二、驾驶人员的心理负荷

注意也同样应用于一些特殊岗位工作人员心理负荷的研究中。心理负荷可以普遍定义为所需要的注意资源和可用资源之间的比率。比如，空中飞行员的心理负荷问题与注意研究所提供的模型和资料直接有关。实验室研究要想推广到具体情境中去，还必须进行一定的现场验证。但是，在飞机上进行现场研究的代价还是很大的，要耗费大量的人力物力财力，而且存在安全隐患。因此，大部分的研究可以在飞机模拟器中进行，即进行仿真实验。飞机模拟器能真实模拟实际飞行中的情景，更主要的是，可以安全地实施实验操作，在精心控制的实验室研究与实际航行之间建起了桥梁。飞机模拟器安置在一个可以使飞机座舱随飞行员而活动的底座上。操作时，飞行员只能凭借仪表上的读数来飞行，因为通常座舱覆盖着窗户。

一般来说，这种模拟类飞行实验的目的是提供心理负荷的测量方法。最常用的实验范式是分配性注意中的双任务实验范式，也就是让参与模拟的飞行员被试同时执行两项任务。具体来讲，实验中的两项任务，一项为主任务，另一项是次任务，研究者通过次任务的完成情况来估计主任务所需的注意资源。常见的次任务是选择反应，实验中可能会给被试几种刺激，每个刺激对应一个特定的反应。被试在完成主任务也就是驾驶飞行器的时候，次任务会产生一定的干扰。根据主次任务绩效来评估被试的注意分配能力，以及其心理负荷。

1983 年坎特威茨等的研究以两种或者四种音调组成的选择反应作为次要任务。飞行员在驾驶模拟飞机的同时，通过按压其左侧拇指处的转换器来对声音做出反应。在模拟飞行器里，每 22 秒钟出现一个声调，飞行员的飞行路线都是预先设计好的，都是以先前等级数据为基础的。每个模拟路况飞行三次：一次只有首要任务，也就是没有干扰任务，此为控制条件；一次是有次要任务作为干扰，次要任务是选择两种音调中的一种做辨别反应，这一组是实验组；一次是实验组也有次任务，且次任务是选择四种音调中的一种做辨别反应。每次模拟飞行时间持续 22 分钟。

图 10-9 显示，飞行任务的错误率是次要任务水平的函数。飞行路况难度大时错误率较大，也就是被试更容易出错。除此之外，图 10-9 中的两条曲线基本是平缓的，说明三种情况下，被试的出错率没有很大差异。由此可以看出，飞行员确实坚守了他们的主任务，他们的驾驶水平基本上未受到次任务的干扰。

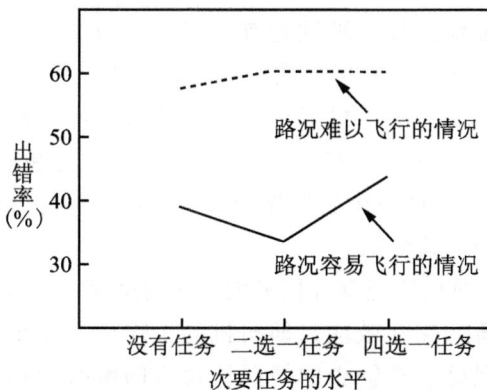

图 10-9　不同次任务条件下主任务的出错率

如图 10-10 所示，次任务的成绩是飞行片段的函数。纵轴表示每秒钟所传递的信息，以比特（bit）为单位。这是一种既要考虑速度同时又要考虑反应准确度的测量，高分代表着高的操作水平。图中的每个点（飞行片段）之间确实有差异，特别是飞行的最后片段得到的分数最低。这意味着在飞行的这一片段注意力和心理负荷均最大。故而，最后片段的次任务作业水平最低，因为它们所得到的注意资源最少。飞行员们也相信着陆过程中的心理负荷最高（郭秀艳，2004）。

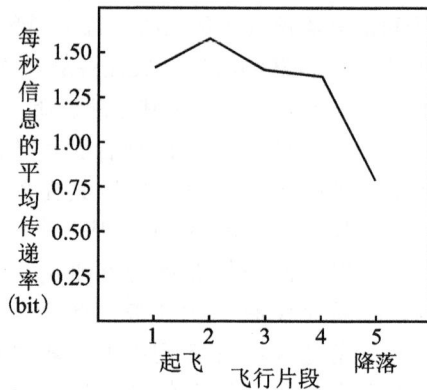

图 10-10 次任务的信息传递与飞行片段间的关系

用于测量飞行员心理负荷的方法也已经成功地应用于职业卡车司机心理负荷的测量上了。因以往研究发现职业飞行员在执行飞行任务时，不会受到其他次要任务的干扰。后来，坎特威茨在驾驶模拟器里，用那些持有卡车营业执照的司机作被试，得到了与职业飞行员类似的结果。坎特威茨（1995）的研究情境同样为驾驶模拟器。被试是有卡车驾照的司机。研究中使用了两个次任务，一是速度计任务，用来分散司机注意力的，另一个是瞬时记忆任务。在速度计任务条件下，要求司机读出车辆行驶速度，该速度计被事先安装了四个速度值，从 1000、2000、3000 到 4000。方向盘上装有四个挡的开关（调节器），司机只要压其中的一个就可做出反应。在瞬时记忆任务中，要求司机背读听到的七位数的电话号码。

图 10-11 所示，司机读速度计任务的反应时受交通密度和路况影响，统计资料显示出变量显著的交互效应，即司机的工作负荷在车辆多、弯弯曲曲的路段最高；交通状况好、车辆少的情况下司机的瞬时记忆较好，这意味着在拥挤的交通中司机的工作负荷较高。

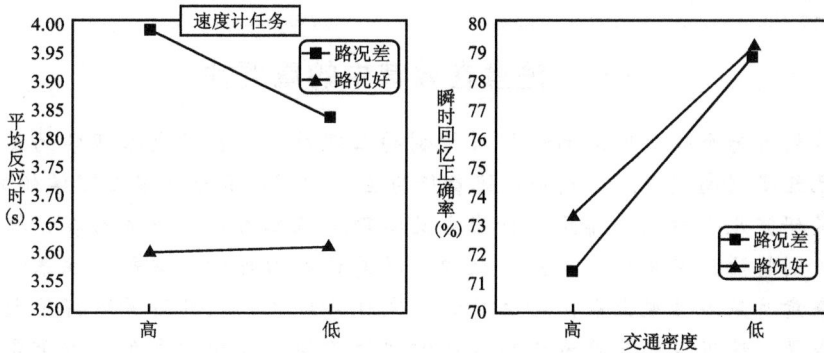

图 10-11　不同交通密度条件下被试次任务完成情况（Kantowitz，1995）

三、注意测评在选材中的应用

注意品质的测评可应用于人才选拔工作。心理测试在人才选拔中的应用主要体现在三个方面：智力测试、个性测试和能力倾向测试。其中，个性测试是根据不同工作性质的需求来安排不同测试的。不同工作对个性的要求不同，有些工作单调重复，需要有耐心的人来做；有些工作需要与人打交道，需要擅长言谈，喜欢和他人交流的外向性格的人；有的工作在整个生产线中十分关键，压力大，需要抗压能力强的人来做；有的工作风险大，需要能抗得住风险的人，具有冒险性精神的人来做。上述不同性质的工作对人员的要求不同，而注意品质是很多工作都需要的。因此，人才选拔中，常常进行注意品质测试。

有些工作对特定的信息加工能力有额外的或者更严格的要求。比如说，研究发现，驾驶任务和飞行任务对注意广度和注意灵活性方面的有很强的依赖（Gopher & Kahneman，1971；Kahneman et al.，1973；Gopher et al.，1994）。因此，选择性注意的测验就可以用在招聘决策中（Gopher，1982）。某些工作要求各种技能的综合，所以选拔的方法就应该反映出这种复杂性。

注意是人类的基本心理活动，也是信息加工（如知觉、记忆、思维）中不可或缺的心理资源。对注意的研究不仅有助于我们对注意机制本身的理解，还能为多个社会实践领域提供重要的应用技术。

扩展阅读

一、 注意在教育中的重要性

注意作为个体心理活动调节与控制的心理特性，在近代心理学的发展初期就已经受到高度重视。然而，随着行为主义心理学和格式塔心理学的兴起，注意的研究几乎被完全排斥。行为主义心理学根本否认注意的存在，格式塔心理学则将注意完全融化于知觉之中。随着认知心理学的兴起，注意的重要性愈来愈清楚地显现出来，对注意的研究也得到了广泛开展并取得了大量的研究成果。这不仅仅是因为认知心理学把注意视为人的信息加工中重要的心理机制，而且也由于认知心理学在整体上强调人的心理活动的主观能动性，反映出人对所输入的刺激信息进行有选择地分析、加工活动的能力。因此，在教育教学活动中，注意与学习两者的关系能凸显其重要性，而且它们之间的联系是极其紧密的。

［资料来源：《当代认知心理学》(梁宁建，2003)］

二、 内源性注意还是外源性注意

在社会交往中，眼睛的注视方向是他人注意兴趣的重要指示器(Kleinke，1986)。近些年来，研究者发现他人的眼睛注视线索可诱导观察者将注意转移到该线索所指示的方向上(Driver et al.，1999；Friesen & Kingstone，1998；Friesen，Ristic，& Kingstone，2004；Hietanen，1999；Hood，Willen，& Driver，1998；Langton & Bruce，1999；Schuller & Rossion，2001，2004)。当他人的注视方向与随后出现的目标的位置一致时，检测该目标的速度会显著提高；反之，当注视方向与目标位置不一致时，对目标的检测较慢。此外，即使注视线索对目标位置没有任何预测作用，它仍能诱导注意发生快速转移。这一现象称为"眼睛注视线索提示效应"(eyes gaze cueing effect)，简称为"注视线索提示效应"(GCE)。研究者们对此开展了大量的探讨，试图解释 GCE 的加工机制，并由此涌现了 Baron-Cohen (1995)的"读心术系统模型"(mind-reading system model，引自 Langton，Watt，& Bruce，2000)、Vecera 和 Rizzo (2006)的"关联假设"(association hypothesis)以及 Frischen，Bayliss 和 Tipper (2007)的"镜像神经元激活假设"(mirror-neuron activation hypothesis)等解释。经典的视觉空间注意研究显示，各种注意线索能将注意引导到相应的空间方位上，并易化人们的知觉与反应(Posner，1980；Posner，Snyder，& Davidson，1980)。Posner (1980)采用空间线索提示范式区分了两种内隐注意定向：外源性注意（exogenous attention）和内源性注意（endogenous attention）。外源性注意是由出现在视野外周的新异刺激引起的注意捕获，它具有快速、难以抑制和不受其他内源性线索干扰等特点，涉及反射式、自下而上的加工（Posner et al.，1980；Remington，Johnston，& Yantis，1992；Yantis & Hillstrom，1994）。内源性注意是由出现在视野中央的符号线索（对目标具有预测性的方位名词和箭头等）引起的注意定向，它具有慢速、持久和容易受无关突显刺激与额外任务干扰等特点，涉及随意控制、自上而下的加工（Müller & Rabbitt，1989）。外源性注意在线索—目标呈现时间间隔（stimulus onset asynchrony，SOA）为300ms时会产生返回抑制（inhibition of return，IOR），而内源性注意不存在这种效应（Klein，2000）。外源性注意与内源性注意在特性、功能和神经基础等存在差异，是相互独立又相互影响的两个系统（Buschman & Miller，2007；Corbetta & Shulman，2002；Klein，2004）。

　　作为一种特殊的注意线索，注视引起的注意转移是与外周线索相类似的反射式加工，还是与中央符号线索类似的随意控制加工？为了探究GCE属于内源还是外源之争，研究准备从GCE的两个特性（转移注意和易化加工）来考虑该问题，如果GCE在这两个方面均表现出内源性加工的特点，那么它属于内源性注意。下述实验借鉴Funes，Lupiáñez和Milliken（2007）关于内源性注意和外源性注意对空间Stroop效应的影响存在双重分离的思路，考察注视线索对空间Stroop效应的影响情况，以期探明注视线索是以何种方式诱导注意的。

　　实验采用三因素被试内设计，自变量为线索提示的有效性、目标箭头指向与目标出现位置之间的空间一致性以及线索—目标呈现时间间隔SOA。线索有效性分为"有效"和"无效"两个水平：在有效条件下，目标出现在注视线索朝向的方向上；在无效条件下，目标出现在与注视线索朝向相反的方向上。线索有效条件的反应时减去线索无效条件的反应时，其差值作为GCE的指标。空间一致性包括"一致"和"不一致"两个水平：在一致条件下，目标箭头的指向与其出现的位置一致（例如，箭头指向左边，而箭头也出现在注视点的左边）；在不一致条件下，目标箭头的指向与其出现的位置不一致，方向相反。空间一致的反应时减去空间不一致的反应时，其差值作为空间Stroop效应的指标。SOA分为100ms、300ms和800ms三个水平。单次trial流程如图10-12所示。实验开始后，首先在屏幕正中央呈现注视点，同时在注视点左右两侧各呈现一个目标框，持续时间500ms。然后，呈现没有眼球的面孔刺激500ms。接着呈现面孔注视线索100ms、300ms或800ms，其中眼球朝左或朝右，以提供注视线索。最后，目标箭头随机地出现在左右目标框中，呈现时间为 50ms。注视点和目标框均持续呈现，直到被试做出反应，或被试在 1500ms 内没有反应，然后进入下一次 trial。两次 trial 的间隔时间为 800ms。

实验结果显示：注视线索提示有效时的空间 Stroop 效应显著大于提示无效的情景。这说明，注视线索通过在头脑里形成空间方位表征诱导注意转移；注视线索通过影响特征抽取，对客体加工产生易化。

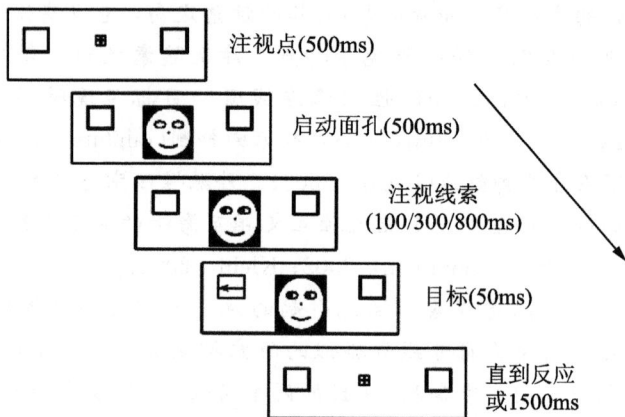

图 10-12 实验一单次 trial 流程图

［资料来源：《眼睛注视线索提示效应：内源性注意还是外源性注意？》（赵亚军，张智君，2009，心理学报）］

练习与思考

1. 如何理解：注意、选择性注意和分配性注意？请比较它们的异同点。
2. 提示范式的自变量有哪些？设计一提示范式的实验。
3. 根据所学的双任务实验范式，设计一实验。

第十一章
记忆的实验范式

记忆是过去经验在头脑中的反映，它是人或动物借助于神经系统对信息进行各种形式、不同程度加工的结果，成为人或动物适应环境和进一步学习与活动的重要条件。它能将有机体心理生活的过去、现在和未来连接起来构成整体，使人或动物的认知及个性得以形成和发展。

本章要旨与重点

◆ 传统心理学，将记忆划分为识记、保持、回忆或再认。所以，记忆实验研究的基本操作包括实验材料的选择、呈现以及保持量的检测等，还有错误记忆的检测。

◆ 记忆实验的经典范例是艾宾浩斯开拓的长时记忆的实验研究，以及巴特利特关于错误记忆的研究。这些研究揭示了内部信息量变与质变的特点与规律。

◆ 自由回忆实验中的系列位置效应、临床观察及动物实验，均证明了短时记忆的存在及其与长时记忆的分离，由此引发记忆微观结构的研究，逐渐形成了三级加工模型。

◆ 启动实验和健忘症患者的研究，引发了无意识水平的记忆的研究，即内隐记忆的实验研究。在揭示内隐记忆特征方面，典型实验范式是任务分离实验和加工分离实验。

因为与人的经验积累、才智发展密切相关，记忆研究自古以来都倍受关注。但是，对记忆进行科学的实验研究是在 19 世纪末才开始的。德国心理学家赫尔曼·艾宾浩斯（Hermann Ebbinghaus，1850—1909）开创了这一领域，并于 1885 年发表《论记忆》一书，首次提出和运用了实验研究方法，系统总结了记忆的实验研究成果。艾宾浩斯的记忆研究范式一直持续到 1965 年前后才发生根本改变。1965 年，记忆研究领域出现了两个完全崭新的方向，即两种记忆（dual memory）研究和元记忆（metamemory）研究。也由此开始，记忆领域出现了多种完全不同的研究方向，这些研究都深刻地丰富和发展了实验心理学。

第一节　记忆实验研究的基本方法

传统实验心理学把记忆划分为三个阶段，即识记、保持、回忆或再认。自然，记忆的实验过程一般也被划分为三个阶段：材料的呈现与学习、一定的时间间隔、保持量的检查。研究者通常都是将研究变量结合在这三个阶段的过程中，考虑的问题主要有被试者因素，如年龄、性别、健康状况、教育程度、认知方式、信念和价值观、动机系统等；学习材料的性质、难度、总量及呈现方式，如言语或图形材料、简单或难学的材料等；时间间隔的设置及插入其中的其他因素，如较短的或较长的时间间隔、即时回忆（immediate recall）或延迟回忆（delayed recall）、时间间隔中插入干扰因素或不加入任何干扰；保持量（retention value）的检查方式，如回忆法（recall method）、序列重建法（series reconstruction method）、节省法（saving method）或再认法（recognition method）等。

一、实验材料的选择与编制

可用的记忆实验材料十分丰富，从理论上说，凡是能被人们学习的事物都可以成为记忆实验的材料，如语言文字的、图形的、场景的等。不过，为便于实验的操作，实验心理学中一般要求记忆材料的选择与编制要符合以下标准（杨治良，1998）。

第一，对每个被试来说，实验材料在熟悉度上应基本相等，最好对于所有被试来说都是新颖和不熟悉的。这样才能保证所有被试都是从同一基线开始学习，最后观测到的保持效果才能归之于实验过程中学习的效果和实验条件的控制作用。

第二，所使用的材料，在数量上或意义上容易被分割成相等的、较小的单元，以便将被试在保持量检查阶段提取的资料数量化。当然，这不是绝对的，若以掌握全部材料所需要的时间或尝试的次数作为记分标准时，就无须把材料分割成相等单元。

第三，所使用的材料，应是被试能在较短时间内学会和掌握的。如果一次使用的材料太多、费时太长，势必会影响实验的效果，同时把被试长时间留在实验室内也是不可能的。

根据以上标准，在记忆实验中可选用的材料仍是很多的，概括起来有两大类：言语材料和非言语材料。

言语材料是指语音音节、字母、单字、单词、句子、诗歌、散文和数字等。这些材料又可分为无意义的和有意义的两种。如无规则组成的音节、无规则排列的字母和随机数组都属于无意义的言语材料，而短语、句子、诗歌和散文等则属于有意义的言语材料。

运用言语材料对记忆进行系统的实验研究，始于艾宾浩斯。他为了排除联想的影响，首创了无意义音节。但是，无意义音节只是对被试所熟悉的语言来说没有意义，并不意味着被试对这些音节就真的不产生任何联想，有些音节的联想值还可能很大。由于人们对联想值大的音节的学习速度比联想值小的音节的学习速度快，因此在使用无意义音节作为实验材料时，最好对使用的音节加以定标，即预测一下每个音节联想值的大小，以确定其难易和取舍。测定联想值的方法是分别把每个音节呈现给若干被试，令其在一定时间内（一般为2～3秒）说出对这个音节产生的联想，然后根据对每个音节产生联想的人数多少来计算各音节的联想值。联想值可用百分数表示。

非言语性材料主要指各种实物、图形和"感知—动作"性的学习工具（如迷宫、镜画、积木、打字、投球等）。这类材料在学习和记忆实验中都是常用的，尤其是在研究学前儿童和动物的学习、记忆实验中使用得更为频繁。

在人类记忆的实验中，上述两类材料的区分只是相对的，因为人有第二信号系统。人的第二信号系统是与第一信号系统协同活动的，即使在学习和记忆一些非言语性材料时，也离不开言语的活动。例如，在迷宫的学习活动中，被试的整个操作过程虽然主要依靠触觉和动觉，但是也伴随有言语活动，常常是用言语来支配和调节自己的动作。因此在使用非言语材料进行实验时，也应考虑到言语活动的因素。

二、实验材料的呈现

在实验中，以什么方式向被试呈现材料，是需要慎重考虑的问题。因为材料呈现方法本身就是一个可研究的变量，不同的呈现方法会导致不同的学习方式，也会产生不同的记忆效果。记忆心理学中常用的材料呈现方法包括：全部呈现法、提示法、联合对偶法等。

(一)全部呈现法

这种方法是把需要被试学习和记忆的材料一次性全部呈现给被试，让其识记。在具体使用这种方法时又可分为两种情况：一种是限定时间的学习，要求被试在规定时间内学习全部材料，然后测定其掌握的程度；另一种是不限定时间的学习，只是要求被试学会到某一标准时停止，根据被试学到规定的标准所需要时间的长短来衡量其记忆效果。

全部呈现法的优点是：简便易行，不需要什么特殊的仪器设备就可进行；能充分发挥被试学习的主动性，使被试可根据材料的数量和性质自由地运用一些学习方法进行学习和记忆。因此，在研究不同被试对同一材料或同一被试对不同材料的学习方法时，这是一种较好的材料呈现方式。当然，通过这种呈现方式获得的数据，只能表明被试在一定时间内学会多少项目或学会全部材料需要多少时间，而显示不出被试对材料的各个项目和全部材料的学习进程。

(二)提示法

提示法(anticipation method)又称为预测法或系列学习法。这种方法是把材料的各个项目按一定的速度依次向被试呈现，让被试学习和记忆。第一遍呈现时，要求被试按顺序记住各个学习项目；从第二遍开始则要求被试在每个记忆项目呈现时尽量正确地说出下一个即将出现的项目是什么，不管其报告的对还是错，下一个项目都会按照事先规定好的速度呈现出来。这种呈现方法可以对被试的报告起到一种强化、纠正和提示的作用。如此，一遍一遍地进行下去，直到被试能无误地全部报告出整个刺激系列为止。

在记忆实验中，为了让实验者能更好地记录被试的反应，通常要借助于一些仪器设备呈现学习材料和记录被试的表现。记忆实验室常备的实验装置主要包括：投影机、摄像机、录音机、计算机、速示仪(tachistoscope)、记忆鼓(memory drum)等。

图 11-1 是说明采用提示法学习一个无意义音节序列的实验程序。图的中间一列是要被试学习的 12 个无意义音节，左边一列数字是对应的每个音节在刺激序列中的位置，也是呈现的顺序号，右边一列音节则是在刺激项目呈现时，被试应报告的下一个将会呈现的音节。实验开始后，先从起始的提示信号(XXX)开始，以每 3 秒呈现一个项目的速度向被试呈现整个学习系列，然后再从提示信号开始进行第二遍学习，呈现速度也是每个项目 3 秒钟，从这

一遍开始要求被试在每个项目呈现时说出与其相关联的下一个项目。例如，当提示信号呈现时，被试要说出第一个音节"HIG"，而当第一个音节（HIG）呈现时，被试要说出第二个音节"WUG"，如此一遍一遍地进行测试，直到被试能全部正确地报告出每个音节为止。

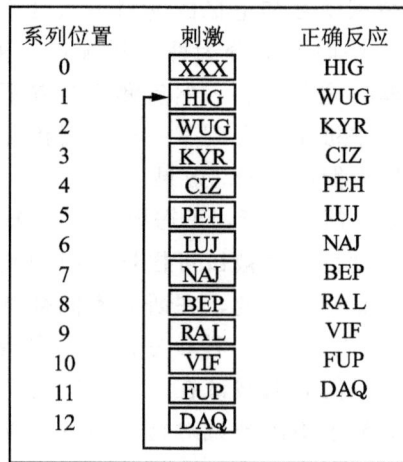

系列位置	刺激	正确反应
0	XXX	HIG
1	HIG	WUG
2	WUG	KYR
3	KYR	CIZ
4	CIZ	PEH
5	PEH	LUJ
6	LUJ	NAJ
7	NAJ	BEP
8	BEP	RAL
9	RAL	VIF
10	VIF	FUP
11	FUP	DAQ
12	DAQ	

图 11-1　系列学习的提示程序（杨治良，1988）

采用提示法，可有效控制每个项目呈现的时间，以及整个刺激系列呈现所需要的总时间，而且因为每学习一遍的同时也对被试达到的学会程度进行了一次测试，所以可以利用这种实验的结果绘制出学习的进程曲线，即学习曲线（learning curve），借此了解系列位置对记忆的影响。

（三）联合对偶法

联合对偶法（paired association）是在记忆实验中将刺激材料成对组合，要求被试学习时记住一对刺激项目的对应关系，如图 11-2 所示。成对材料的前一个项目又叫作刺激项目，后一个项目又叫作反应项目，因为在记忆效果检查过程中一般是给出前一个项目，要求被试报告其对应的另一个项目。采用这种方法的实验中，被试要记住两个项目的对应关系。就像记忆英语单词一样，它要求学习者将一个中文词汇与一个英文字母串联系起来，建立二者的对应关系。图 11-2 中的两个词汇组成一个对偶，前一个是刺激词，后一个是反应词。学习时向被试呈现成对的两个词，然后呈现每对词的刺激词，要求被试报告对应的反应词，比如，主试给出"黄山——"，则被试就应回答"电视"；主试给出"广州——"，则被试应回答"课本"。

学习的对偶项目	检查学习效果
铁路 —— 教师	橘子 ——
黄山 —— 电视	数目 ——
北京 —— 教授	鲜花 ——
橘子 —— 桃子	铁路 ——
蔬菜 —— 大米	蔬菜 ——
广州 —— 课本	黄山 ——
鲜花 —— 太阳	火车 ——
围裙 —— 战争	北京 ——
数目 —— 动作	围裙 ——
火车 —— 毛皮	广州 ——

图 11-2 联合对偶法实验材料示意图

采用联合对偶法进行记忆实验时，又可以使用两种方法检查被试的保持量，一种是"回忆法"，另一种是"提示法"。图 11-2 所示的就是回忆法，即当成对的材料系列学完后，将所有材料中的"刺激项目"呈现给被试，被试回忆每一个刺激词对应的反应词；如果采用提示法，则是在第一遍学习后，从第二遍开始，每当呈现出一个刺激词时，都要求被试回答对应的反应词，而且不管其是否正确地答出反应词，这个反应词都会按既定时间再呈现出来，如此一遍一遍地进行下去，直到完全学会为止。如前所述，采用这种提示法有利于控制被试学习的时间，有利于测量被试的学习进程，也可以进行项目难度分析等。

三、保持量的检测

在记忆实验中，检查记忆效果的方法很多，而且保持量的检查方法与刺激材料呈现的方法是相互关联的。记忆实验中常用的保持量检查方法有：回忆法、序列重建法、节省法、再认法、反应时法等。

（一）回忆法

回忆法（recall method）又称再现法或重现法。在被试识记了某一材料系列后，间隔一定的时间，然后让其把所识记的材料以口头或书面的形式重现出来，以其回忆的正确百分数作为被试对学习材料的保持量的测试结果。

回忆法又分为两种：无凭借回忆和有凭借回忆。前者是对被试所要回忆的材料不加任何提示，只要求被试把识记过的材料写出或说出来；后者则向被试呈现部分识记过的信息，要求被试以此为凭借回忆出对应的其余材料（杨治良，

1988)。以上所讲的"提示法"、"对偶联合法"均可算作是有凭借回忆的方法。

回忆法测试得到的保持量等于被试正确回忆的项目数占全部学习项目数的百分比。

$$保持量 = \frac{正确回忆项目数}{全部识记项目数} \times 100\%$$

(二)序列重建法

序列重建法就是先向被试呈现一个刺激序列，给予其一定的学习时间，而且要求被试记住刺激项目间的位置关系，然后将这些刺激的顺序打乱再呈现给被试，让被试根据自己的信息保持恢复刺激材料的原有顺序。这种方法一般适用于非文字的实验材料，因为非文字的实验材料不便于使用口头报告或书面报告。图 11-3 所示的过程能够说明序列重建法实验的程序：将刺激材料按照确定的顺序呈现给被试，然后将其顺序打乱以形成"任务序列"，被试按照保持的信息尽量将"任务序列"中的项目顺序恢复成如"刺激序列"的顺序。被试恢复的结果叫作其"重建序列"，重建序列中可能会存在错误，错误越多说明记忆效果越差。

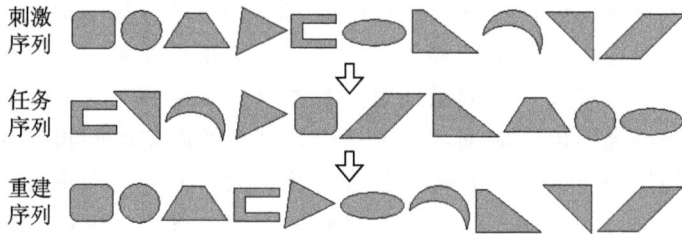

图 11-3　序列重建法实验过程示意图

序列重建保持量的计算可以有三种方法：重建正确顺序百分数法、等级相关法和学习次数或时间法。从图 11-3 中看到，被试重建序列与原来的刺激序列相比存在差异，如果采用最简单的正确顺序百分数方法，则利用下列公式计算其保持量。

$$保持量 = \frac{重建序列中正确的顺序数}{原刺激序列中全部的顺序数} \times 100\%$$

图 11-3 中，被试重建正确的顺序数只有 3 个，而刺激序列的全部顺序数是 9 个，所以该被试学习的保持量等于 33.3%。

其次，可以采用等级相关法，计算各刺激项目在原序列中的位次数列与其在重建后其位次数列的相关系数，该系数反映了重建序列与原刺激序列的近似程度。当其达到 1 时，就说明重建序列与刺激序列完全一致。等级相关（斯皮尔曼相关）的计算公式如下：

$$r_R = 1 - \frac{6\sum D^2}{n(n^2-1)}$$

公式中，D 表示对偶等级之差，即同一个刺激项目在两个序列中的位次之差。如图 11-3 中倾斜的三角形在刺激序列中位次是 4、在被试重建序列中的位次是 5，则二者的位次之差 $D=1$ 或 -1；n 是刺激序列中的项目数，在图 11-3 所示的实验中 n＝10。

图 11-3 中刺激序列中各项目位次数列是：1，2，3，4，5，6，7，8，9，10；

重建序列中与原序列各项目位次数列对应的是：1，2，3，5，4，6，8，7，9，10；

两个对应数列中各项目位次的差异数 D 分别为：0，0，0，1，－1，0，1，－1，0，0。

代入等级相关公式即可得到：$r_R = 1 - \dfrac{24}{990} = 0.976$

最后，如果刺激序列更为复杂时，则可以要求被试不断地重复学习，直到能完全重建刺激序列为止，以被试学习的次数或时间来衡量被试的学习效果。

需要指出的是，按照不同方法计算的结果可能很不一样，不拟作比较。如上述两种方法计算的结果就很不一致。

(三)节省法

节省法(saving method)亦称重学法，由艾宾浩斯设计并首先使用。其计算公式为：

$$保持量 = \frac{初学时的时间或次数 - 重学时的时间或次数}{初学时的时间或次数} \times 100\%$$

节省法对保持量的检查相对来说更为灵敏，因为人们对学习过的材料，经过相当长时间后，即使不能正确地进行回忆和再认，但也仍有一定程度的保持量，这一部分的保持量成为重学时的基础，它使得重学时所需要的时间或次数减少。这就是说，节省法测量到了那些未达到回忆阈限的信息项目。

以艾宾浩斯的研究为例，他使用德文字母编制"无意义"的实验材料：在两个辅音字母之间插入一个元音字母构成无意义音节(nonsense syllable)，如 RAF，NUZ，ZUP 等。以 13 个无意义音节组成一个音节组，8 个音节组作为一次实验学习的材料。在一次实验中，他规定自己要学习的音节组和每个音节呈现的速度，一遍一遍地学习直至连续背诵两遍不错，然后将这组学习材料搁置不管。间隔一定时间，再回忆这组音节就会出现困难，于是重新一遍一遍地学习，直至能连续背诵两遍不错，比较前后两次学习所使用的时间或遍数，就可以计算出第二次学习中节省的时间或遍数。艾宾浩斯使用第二次学习节省的时间或遍数的百分比来测量对第一次学习材料的保持量。假如他最初学会一组无意义音节耗费了 1156 秒，间隔 20 分钟后重学时耗费了 467 秒，第二次学习节省了 1156－467＝689 秒的时间，占最初所耗费时间的 64.3％，这就意味着他第一次学习的材料在经历 20 分钟时间间隔后依然保持了 64.3％的量。艾宾浩斯在这项研究中使用的时间间隔有 7 种：1/3h，1h，9h，1d，2d，6d，31d①。每次实验均使用新的无意义音节组。在这项研究中，艾宾浩斯先后学习了 1200 个以上的音节组，共计背诵了 15000 多个无意义音节，如此辛苦地工作帮助他绘成了经典的遗忘曲线(forgetting curve)，也叫作艾宾浩斯曲线(Ebbinghaus curve)或艾宾浩斯保持曲线(Ebbinghaus curve of retention)，如图 11-4 所示。

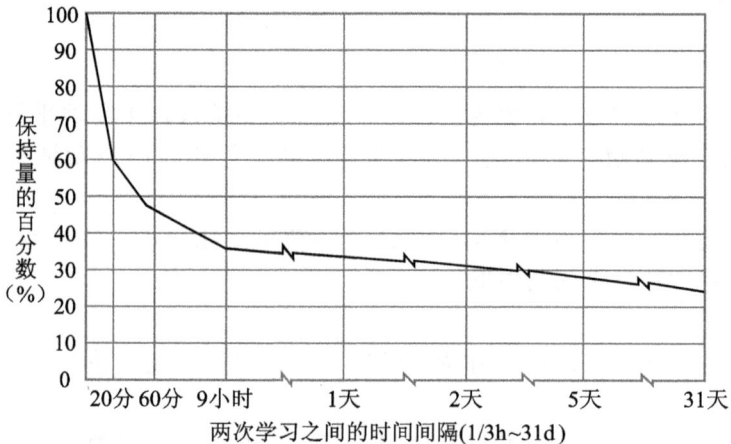

图 11-4　艾宾浩斯遗忘曲线(Ebbinghaus，1885)

图 11-4 清楚地表明，艾宾浩斯在学习一组无意义音节后，较短时间内发生了快速的遗忘现象，而随着时间的推移，遗忘(forgetting)的速度会越来越慢，一个月后保持量稳定在 25％左右，但依然会继续缓慢下降。

(四)再认法

再认法的操作过程是：让被试学习一系列项目，然后将这些项目与一些未学习过的项目混合在一起，再一一呈现给被试，要求其对项目进行再认。这种方法在具体运用上，又可以有许多不同的变式，例如，相互混合的新旧材料的数量、相似程度均是可以改变的，而且在材料的呈现方面，可以把混

---

① 　h代表"小时"，d代表"天"。

合后的材料一个一个地依次呈现，要求被试判断是否学过。一般来说，混入的新材料的数量越多、其与原学习项目的相似程度越大、呈现的时间越短，再认的难度也就越大。

再认法计算保持量的公式有两种。

第一，在原识记的项目与混入的新项目数量相等的情况下：

$$保持量 = \frac{正确再认数 - 错误再认数}{原识记的项目数 + 混入的新项目数} \times 100\%$$

第二，在原识记的项目与混入的新项目数量不相等的情况下：

$$保持量 = \left(\frac{原识记项目正确再认数}{原识记项目数} - \frac{新混入项目的错误再认数}{新混入的项目数} \right) \times 100\%$$

这一公式显示的计算方法实际上就是，被试的击中概率减去虚报概率。

此外，再认法的实验结果也可以使用信号检测论方法进行处理，即根据被试再认时的击中概率、虚报概率计算被试的辨别力指数和似然比，辨别力指数反映了被试对识记项目记忆的牢固程度，似然比则反映了被试在再认测验时判别标准的高低。

采用信号检测论方法来处理再认实验的结果更精确、可靠，因为传统的再认法所得分数是被试再认辨别力和其猜测成分二者的混合物，但信号检测论方法可将再认能力与猜测成分及辨别标准分离开来，比较纯粹地反映被试对测试项目的辨别能力。

（五）反应时法

反应时法（reaction time method）是根据被试对测试项目的反应速度来测试其对识记项目的巩固程度，因为这种巩固程度与项目重现（回忆和再认）的速度有密切关联。显然，对识记项目的保持越牢固、越清晰，反应也就越快，因此反应时也可以作为检查记忆效果的指标之一。如果出现被试在不同实验条件下正确再现的项目数量相等时，反应时方面则可能提供二者的差别。

最后，需要指出的是，上述五种保持量的检查方法对保持量检查的程度有所不同，所以同样的记忆效果，采用不同的测试方法就会得到完全不同的结果，这些结果之间几乎没有可比性。我国著名心理学家陆志韦教授早在1922年就对此进行了专门的测试和比较，得到了如图11-5所示的结果。

在陆志韦的研究中，我们看到不同保持量的检查方法所得保持量的稳定性存在差异，这意味着不同的信息提取方法对信息储存的方式提出了不同的要求，而不同方式储存的信息的牢固性也因此存在很大差异，显然，它们所依赖的心理机制可能有所不同。相对而言，再认法和节省法所看到的信息保持量比较稳定，再认法对储存信息的精确性要求较低，更多的是一种整体特征的把握，节省法则可以充分地测量到那些未达到回忆阈限的信息。

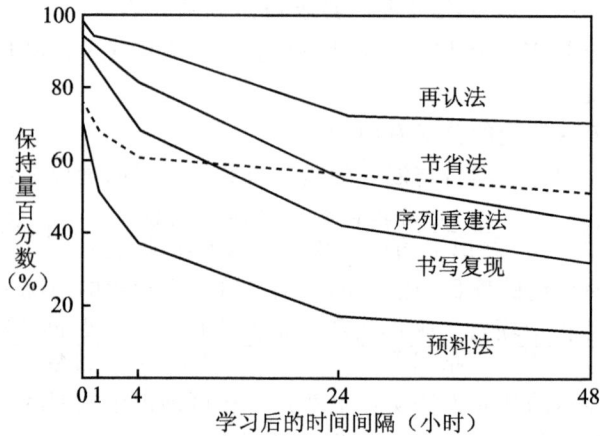

图 11-5　用五种方法测量得到的无意义音节的保持曲线(陆志韦，1922)

四、错误记忆研究范式

(一)巴特利特的开创性研究

1932 年，英国著名心理学家巴特利特(Frederic Charles Bartlett，1886—1969)针对记忆的建构问题进行了系列实验研究，开创了错误记忆(false memory)的研究范式，其中最为著名的是"幽灵的战争"实验。实验的具体步骤是：先向被试阅读一个印第安民间故事——《幽灵的战争》(*The War of the Ghosts*)，然后让被试经过不同的时间间隔后对故事进行回忆。结果发现，随着时间的延长，被试的记忆出现了大量的错误。被试回忆的内容和原故事的内容相比有很大差异，他们加入了许多自己主观臆想的细节。他们在回忆过程中会出现替代性错误，即在故事复述中添加一些内容而使其听起来更合理、更连贯，换句话说，在多次重复回忆后，被试的记忆发生了系统性失真，故事原有的内容在被试的记忆中被有规律地重构(杨治良，等，2012)。巴特利特因此认为，回忆过程中包含了许多对学习内容的重新构造成分，人们倾向于利用自己头脑中已有的图式来重新加工所获得的新信息。

巴特利特的另一类记忆研究使用的是图画材料。实验方法是：首先让一个被试观看一幅图画，然后要求其凭记忆将这幅图画回忆并勾画出来，再将他勾画的图形交给第二个被试观看并也要求他根据记忆勾画所看的图形，……如此在多名被试间传递和勾画图片。结果发现，最后一名被试勾画的图片已与第一个被试所看的图片大相径庭了。

在对"幽灵的故事"实验结果进行解释时，巴特利特将心理"图式"(schema)的概念引入到记忆心理学中，并明确提出"表征"(representation)概念。他假设感觉信息和心理图式一起被结构化和储存，而心理图式本身被表征在记忆之中（杨治良，等，1999）。很显然，图式概念能够有效地解释巴特利特在使用故事或图画为材料所做的错误记忆实验研究的结果。

巴特利特在记忆研究中，选用有意义的故事和图画作为实验材料，这更符合人们实际的记忆活动，因此更有可能探寻到人类记忆的规律。巴特利特更强调社会文化对人的记忆过程的影响，著有《记忆：一个实验的与社会的心理学研究》(Remembering：A Study in Experimental and Social Psychology，1932，黎炜，译，1998)。巴特利特开创性的实验为后续研究提供了参考，而且研究者们在借鉴基础上进行了改进，先后使用句子、散文段落、幻灯片和录像材料等，进一步验证了错误记忆现象的存在。

(二)误导信息干扰范式

20 世纪 60 年代末至 70 年代，研究者对错误记忆表现出极大兴趣。其中，洛夫特斯等人(Loftus，1974)的研究成为错误记忆研究的又一个里程碑。洛夫特斯的观点与巴特利特一致，她也认为人们对事件的回忆是一种对现实发生事件的重构，而不是完全准确的再现，人们会用以前的经历或经验来填补对新信息的遗漏，最终导致记忆发生调整和改变。但是，洛夫特斯关注的主要是干扰信息对记忆的影响，她首次提出了一种重要的研究范式——误导信息干扰范式(Misinformation Effect Paradigm，简称 MEP)。

该范式的实验程序为：先让被试观看关于某事件的录像或幻灯片，然后向实验组被试提供含误导信息的描述或问题，而对控制组被试不提供误导信息。另外，在范式的变式中，有的还会设计在一段时间间隔后要求被试根据记忆回答一些问题，最后对回答的准确性和自信水平进行分析。该研究范式研究得到的结论是，误导信息导致实验组被试记忆成绩更差。

在洛夫特斯等人的研究中，他们先让所有被试观看一段关于汽车交通事故的简短录像，然后要求被试回答问卷中的一些问题。其中一个关键问题是："当两辆汽车_____时，汽车的时速大约为多少英里?"画线位置出现的动词对于实验中不同组的被试不相同，其中一组被试，画线部分的动词为"碰撞"；而另一组被试，画线部分的动词为"撞毁"；控制组被试则不提问关于汽车时速的问题。结果表明，第一组被试对汽车时速的估计为 3.40 英里；第二组的为 4.08 英里。一周之后，向三组被试询问同样的问题："上次的录像中，你是否在交通事故现场看到了撞碎的玻璃?"随后的结果表明，第一组被试有14％作了肯定回答；第二组被试有 32％作了肯定回答。事实上，录像中并没有撞碎的玻璃，因此被试的肯定回答是由错误记忆所致。洛夫特斯等人认为，是动词("撞毁"或"碰撞")的暗示导致了错误记忆的发生，由于动词"撞毁"意味着更大程度的损坏，从而使被试更有可能"记得"有碎玻璃，也就是说，诱导性实验材料使人们对事件的记忆发生改变(杨治良，等，2012)。

MEP 范式提出之后得到了广泛应用，所得结论揭示了误导信息改变和塑造记忆图式的过程和机制，并在司法领域产生了重要影响。

(三)DRM 范式

DRM 范式又称集中联想范式(Converging Associate Paradigm)。在经典 DRM 范式中，实验材料是 36 个关联词表，每个词表由一个目标词(也称关键诱饵，如寒冷)和与之相关联的 15 个单词(如冬天、冰雪、霜冻、感冒、发抖等)组成。具体实验程序是：首先，在学习阶段要求被试记忆关联词，而关键诱饵不被呈现；然后，让被试进行即时回忆测验和再认测验；最后，通过关联词之间错误回忆和关键诱饵的错误再认指标研究错误记忆的产生条件和特点。DRM 范式为错误记忆的实验研究提供了有效方法，是错误记忆研究的经典范式。

第二节 记忆结构的实验研究

一、自由回忆实验与短时记忆

早在 1890 年，詹姆斯就提出记忆结构的多成分性，但这一观点在后来的半个世纪中都未受到心理学家的注意，20 世纪前半叶的记忆研究都是沿着艾宾浩斯所开拓的长时记忆研究范式而展开的。到了 20 世纪 50 年代后期，临床心理学和认知心理学不断提出证据证明：在长时记忆的结构之外，可能还存在着另外一种完全不同的记忆系统。

1954 年，美国神经心理学家米尔纳为一名癫痫病患者实施了海马切除手术，成功地治好了他的癫痫病。但是，这位患者在术后出现了一系列特殊的遗忘现象，比如，他能毫不困难地回忆起手术前的各种丰富经历，也能像正常人那样即时回忆刚经历的各种刺激信息，而且只要采用复述方法，他也具有很好的信息保持能力，但当他不再对信息进行复述的时候，这些信息就会很快被忘掉，即这位患者对新近经历过的事件没有任何记忆(Milner, Corkin & Teuber, 1968)。很明显，患者的长时记忆是基本完好的，短时间内信息的保持也是正常的，他所缺少的似乎是不能顺利地将短时间内的信息输送到长时记忆中去。此类现象也在其他案例中表现出来，甚至在动物实验中也都得到了验证。这些研究使心理学家重新想到了詹姆斯的初级记忆与次级记忆概念，从而开始了两种记忆理论与实验的研究，其中最经典和最直接的证据来自于自由回忆实验（free-recall experiments）中关于系列位置效应（serial position effect）的研究。

自由回忆实验的基本操作是：先按一定顺序向一个或一组被试呈现一系列学习项目，然后要求被试尽量回忆出这些项目，而且不必按原先呈现的顺序来回忆。将被试自由回忆的结果与学习项目进行对照，就可得到原刺激系列中各位置刺激的回忆正确率。以刺激系列的位置为横坐标、被试对每个项目正确回忆的人数比率为纵坐标，就可得到自由回忆实验的系列位置曲线。莫道克（Murdock，1962）在自由回忆实验中选用的材料是 30 个单词，呈现速度是 1 秒钟呈现一个单词，其结果绘制成了图 11-6 所示的曲线。

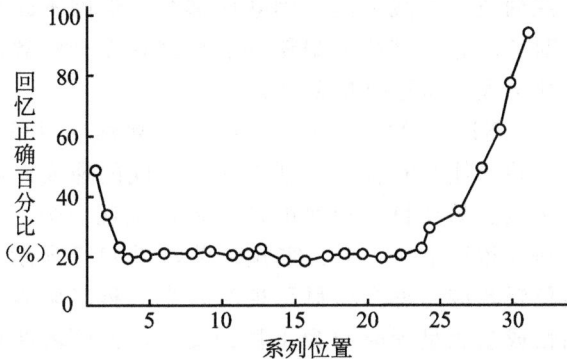

图 11-6　自由回忆的系列位置曲线（Murdock，1962）

由图 11-6 看到，刺激系列起始部分和结尾部分单词回忆的正确率较高，中间部分单词回忆的正确率较低，这种现象就是所谓的系列位置效应。起始部分单词的回忆正确率较高，叫首因效应（primary effect）；结尾部分单词的回忆正确率较高，叫作近因效应（recency effect）。那么为什么会出现这种系列位置效应呢？根据遗忘的干扰说（interference theory），中间部分项目的学习与回忆既受到系列起始部分刺激的干扰（前摄抑制），又受到结尾部分刺激的干扰（倒摄抑制），即受到的干扰总量较大，所以被试回忆的正确率较低。然而，两种记忆说却对此有着不同的解释，该理论认为，自由回忆的系列位置曲线实际上可以分为两部分：起始加中间部分、结尾部分，这两部分分别反映了两种不同记忆系统的效果，其中起始加中间部分反映的是长时记忆效果，结尾部分反映的是短时记忆效果。类似研究均能证实，系列位置曲线中近因效应部分对应的刺激项目数恰好与短时记忆的容量基本一致。依照两种记忆说，曲线结尾部分的回忆成绩之所以最好，就是因为被试在开始回忆时，这一部分对应的项目尚保持在短时记忆系统中。

为了进一步证实两种记忆说的观点，心理学家就系列位置曲线提出了两点推论。

推论 1——在系列材料的呈现与学习中，如果增加刺激项目的呈现时间，也就增加了每个项目的复述（rehearsal）时间，这可使较多信息进入长时记忆，相应的回忆正确率就会提高，但项目呈现时间不会对短时记忆产生明显影响。反映在系列位置曲线上，起始部分和中间部分会抬高，但近因效应部分不会受太多影响。

推论 2——在系列材料的呈现与学习中，如果将即时回忆改为延迟回忆并避免被试在延迟期间的复述，那就会将刺激系列最后的几个项目从短时记忆中挤出去，消除系列位置曲线上的近因效应部分。但因不改变项目呈现的时间，所以它不会对长时记忆产生明显影响。反映在系列位置曲线上，起始部分与中间部分变化不大，但近因效应会消失。

为验证推论 1，莫道克（Murdock，1962）则以刺激项目呈现的时间为变量进行了自由回忆实验。他在实验中分别以两种不同的速度向两组被试呈现单词，其中一组被试接受的项目呈现速度是 1 秒钟呈现一个，另一组被试接受的项目呈现速度是 2 秒钟呈现一个。实验结果如图 11-7 所示，两种呈现速度下都出现了系列位置效应，每个项目呈现时间为 2 秒时刺激系列的起始部分和中间部分的回忆成绩比呈现时间为 1 秒的要好，但两者在结尾部分无明显差异。这说明增加刺激呈现时间有利于长时记忆，而不影响短时记忆。还有一些自由回忆的实验也提供了类似证据，短时记忆特征与长时记忆的特征也存在某些差别，如容量、保持时间和机能等。莫道克等的自由回忆实验验证了推论 1。

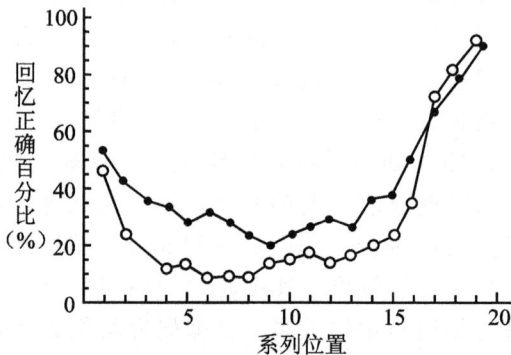

图 11-7 两种刺激呈现速度的系列位置效应（Murdock，1962）

格兰泽和库尼茨(Glanzer & Cunitz，1966)用实验证实了第二个推论。他们在系列单词呈现完毕后，让两组被试分别按照两种不同的方式进行回忆：一组采用即时回忆，即系列刺激呈现完毕后，立即进行回忆；另一组采用延迟回忆，即系列刺激呈现完毕后，先完成 30 秒钟的数字减 3 的逆运算心算作业，以防止复述，心算 30 秒钟后马上回忆前面学习的系列项目。实验结果如图 11-8 所示。

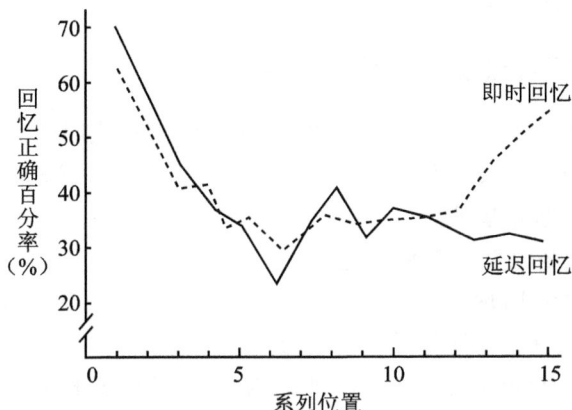

图 11-8　延迟回忆对近因效应的影响(Glanzer & Cunitz，1966)

比较两种回忆方式下的实验结果，格兰泽等发现，即时回忆和延迟回忆都有首因效应，而且在刺激系列的起始部分和中间部分，这两种回忆的成绩均相近，说明心算作业并未影响长时记忆。但在结尾部分，即时回忆有近因效应，而延迟回忆的近因效应消失，说明延迟回忆破坏了刺激系列结尾部分的短时记忆，这部分信息因进行心算作业而未得到复述，并被心算作业的内容所排挤，即心算作业影响了短时记忆。

两种记忆说还得到负近因效应(negative recency effect)的支持。克雷克(Craik，1970)让被试参加一系列自由回忆实验，每次都得到一条系列位置曲线。当这些实验完成后，出乎意料地要求被试将所有实验中的单词都尽可能回忆出来。结果得到了负近因效应：在每一单个系列学习后进行的即时回忆中，系列刺激的最后几个项目都出现了近因效应，但这些项目在整个实验最后阶段的回忆测试中出现了非常低的回忆正确率。研究者解释说，这是因为在每个系列呈现完毕时进行即时回忆，最后的几个项目可以依靠短时记忆进行提取，所以被试几乎未对这些项目进行复述，其进入长时记忆的信息量自然比较少，使这些项目在最后的回忆率非常低(鲁忠义，杜建政，2005)。

短时记忆的存在得到许多研究的证实，记忆研究因此发生了革命性变化，两种记忆说被广泛接受。两种记忆说认为，记忆不是单一的东西，它存在着彼此独立而又相互联系的短时记忆和长时记忆两个系统，二者共同构成了一个统一的系统。因此，这种理论认为记忆结构是两分的，其对信息的加工过程是：外部信息经过感觉通道先进入短时存储器，短时记忆容量以内的信息可在短时存储器中短暂保持 15 秒～30 秒，但如对这些信息进行复述，则信息可随复述而继续保持，并可能进入长时存储器。因此，短时存储器是信息进入长时记忆的一个容量有限的缓冲器和加工器。

二、部分报告法实验与感觉记忆

1960 年，斯珀林(Sperling)首先提出了瞬时记忆或叫感觉记忆的概念，并使用巧妙的部分报告法实验证实了这种记忆的存在。该研究成为三种记忆模型的经典实验证据和基础。

(一)部分报告法实验与图像记忆

视觉的瞬时记忆现象，在心理学中早有研究。1859 年，哈密尔顿(W. Hamilton)测得人在一瞬间只能辨认大约 6 个物体；1898 年，厄尔德曼和道奇(B. Erdma & R. Dodge)进一步发现，当英文字母随机排列并向被试呈现 100ms 时，被试只能报告出 4～5 个字母，他们采用的方法可称为"全部报告法"(whole report procedure)，即要求被试看一张卡片上的字母刺激后，将其能够辨认出的字母全部报告出来。

斯珀林(1960)在重复上述"全部报告法"实验时，给被试呈现三行四列共 12 个英文字母，呈现时间为 50ms，结果被试所能报告的字母数也是 4～5 个。在斯珀林看来，这是一个非常简单的任务，为什么被试的成绩如此差，他认为一定存在着一个更短暂的记忆系统，其对信息保持的时间非常短，以至于被试还没有来得及报告就消退了，于是他设计了"部分报告法"(partial report procedure)实验：将一张写有三行四列共 12 个英文字母的卡片呈现给被试，呈现时间仍然为 50ms，呈现完毕时随机给予被试一个声音信号。声音信号分高音、中音和低音三档，分别对应于卡片上的第一行、第二行和第三行字母。被试听到声音信号后，就立即报告出该信号对应的那一行的字母，其他行的字母就不用报告了，然后研究者用一行字母的报告率推算整体上可能报告的字母数。比如，被试看完卡片后听到了一个中音信号，他就报告第二行的字母。斯珀林以此方法缩短了报告时间，结果被试报告的成绩大大提高，比如，被试能报告出一行字母中的 3～4 个，那么对于整张卡片来说，其可能报告的字母数就达到了 9～12 个。

斯珀林的实验结果表明：当呈现三行三列 9 个字母时，被试能根据不同的音调信号报告出一行字母，其正确率几乎达到 100%；在呈现三行四列 12 个字母时，被试大约能正确报告一行字母的 76%。由于声音信号是在字母刺激终止后出现的，被试只有在头脑中保持三行字母映像的情况下，才能根据音调信号报告出相应一行的字母。因此，按实验获得的百分比来推算，被试头脑中对字母保持的总量，在呈现 9 个字母时，应是 9×100%＝9 个字母；在呈现 12 个字母时，应是 12×76%＝9.12 个字母，都远远超过全部报告法实验中报告的字母数。

在全部报告法实验中，无论呈现多少项目，被试能正确报告的项目数平均为 4.5 个，而根据部分报告法实验计算出来的可报告项目数都超过全部报告法报告的项目数。斯珀林为了证明视觉信息在短时间内迅速消退，进一步改变实验安排：在刺激呈现完毕到提示信号出现之间插入不同的时间间距，迫使被试在不同的时间间距后用部分报告法重现项目，结果如图 11-9 所示。图 11-9 显示的是向被试呈现 12 个字母、提示信号延迟不同时距时的实验结果。结果显示：被试报告的正确率随延缓时距的加大而迅速下降。当延迟时距达到 0.3s～0.5s 时，报告正确率下降速度减缓；达到 1s 时，报告正确率已与全部报告法的结果基本一致。可见，"刺激刚刚消失时，比消失 1s 后，图像记忆中保持的字母数要多得多。还说明，图像记忆的容量虽大，但消失得很快，接受的信息如不能从瞬时记忆转入短时记忆，很快就消失了……视觉的感觉记忆的作用时间似乎在 0.5s 以内，约为 300ms"（鲁忠义，杜建政，2005）。

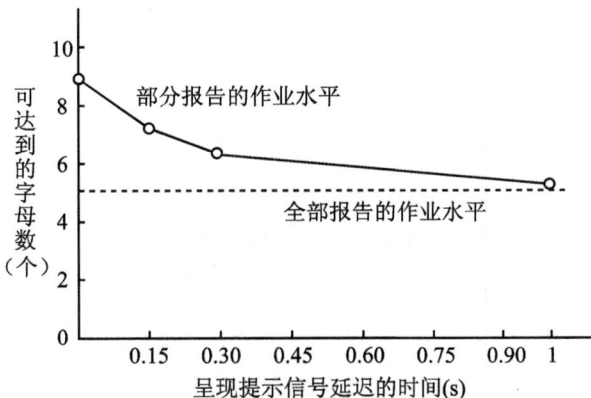

图 11-9 刺激消失和提示信号间时距对报告结果的影响（Sperling，1960）

在斯珀林提出瞬时记忆及图像记忆概念后，有研究者进行了一系列改进实验，进一步证实了感觉记忆的存在，基本上认为，图像记忆保持的时间大约在 300ms，容量至少在 9 个项目。

(二)部分报告法实验与声像记忆

仿照斯珀林的视觉刺激部分报告法实验，达尔文等（Darwin，et al.，1972)开展了听觉刺激的部分报告法实验，即"三耳人实验"。他们给被试的双耳分别戴上一个立体声耳机，通过每个耳机的双声道，给被试左耳呈现两个刺激(如一个字母 B、一个数字 8)的同时，给右耳也呈现两个刺激(如一个字母 F、一个数字 8)，其中包含一个与左耳接受到的相同的刺激(如数字 8)。如果两耳接受的这些刺激均在强度上平衡，那么被试就会分别在两耳以及两耳的"中间"(就像在"后脑勺"也有一个声音刺激)各听到一个声音信号(如分别为 B、8、F)，这就是所谓"三耳人实验"，如图 11-10 所示。

左耳	"中间耳"	右耳
B	8	F
2	6	R
L	U	10

图 11-10　听觉刺激的全部或部分报告实验材料举例(Darwin，et al.，1972)

达尔文也分别采用了全部报告法和部分报告法进行实验，其中部分报告实验的操作方法是：给被试呈现听觉刺激后，立即或延迟一段时间后在被试正前方屏幕的左、中或右的位置打出一个光条，提示被试报告与光条位置对应的"耳朵"听到的信息。实验中安排了不同的提示信号延迟时距，分别为 0s，1s，2s，4s。结果也显示信息呈现后的迅速衰退，如图 11-11 所示。不过，声

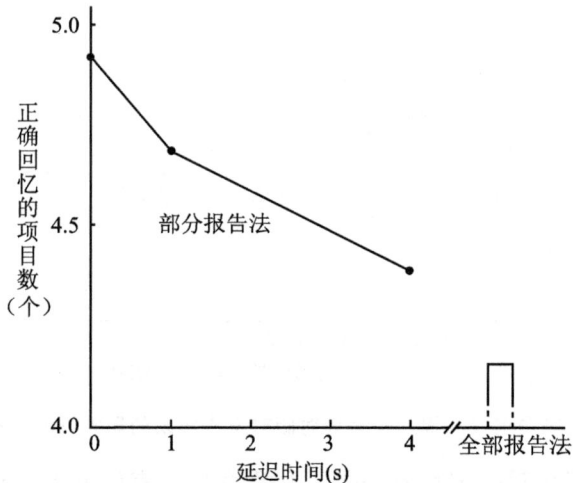

图 11-11　声像记忆的实验结果(Darwin，et al.，1972)

像记忆与图像记忆具有一些明显不同的特征。首先，在声像记忆部分报告实验中，提示信号延迟大约 4s 时，被试正确回忆的项目数才会接近全部报告实验的结果，说明声像记忆对信息保持的时间可达 4s 左右；其次，声像记忆的信息容量要比图像记忆的容量小得多，大约在 5 个左右。

短时记忆和感觉记忆的证实推动了多存贮理论的发展。阿特金森和希夫林（Atkinson & Shiffrin，1968）在上述研究基础上，提出了多存贮模型（the Multistore Model of Memory）或叫记忆三级加工模型。该模型认为，人的记忆系统由三个子系统构成，即瞬时记忆系统或叫感觉记忆系统、短时记忆系统和长时记忆系统。三个系统对信息储存的方式、表征方式、信息保持的时间、信息容量都不同。

三、双任务操作实验与工作记忆

记忆三级加工模型得到了随后许多实验数据的证实，但来自神经心理学的研究结果对此模型提出了疑问。根据该模型，短时记忆对学习来说是一个关键的工作记忆系统，如果短时记忆受损，必将给学习带来困难，但研究发现（Shallice & Warrington，1970），短时记忆有缺陷的患者虽然数字记忆广度有所下降，但仍能进行正常的长时学习，而且在日常生活中的一般认知能力也没什么缺损，记忆三级加工模型无法解释这种现象。基于此，巴德利等人（Baddeley & Hitch，1974）提出了工作记忆模型。

工作记忆模型继承了三级加工模型的部分观点，但它认为短时记忆不是独立系统，而是由很多独立成分组成的复杂系统，即工作记忆（working memory）由视空间模板（visual spatial sketchpad）、语音环（phonological loop）和中央执行系统（central executive system）三部分组成。其中视空间模板负责视觉信息的保持和控制，语音环负责操作以语音为基础的信息，中央执行系统是工作记忆的核心，负责协调各子系统的活动，与长时记忆保持联系。

双任务操作范式是工作记忆研究中应用最广的实验范式，其基本程序是：同时给被试呈现主任务和次任务或者只呈现次任务，然后对这两种条件下被试的实验结果进行比较，根据次任务对作业成绩的影响，判定工作记忆各子系统间的关系（吕勇，等，2008）。如果两项任务需要同一认知过程或认知资源，那么双任务条件下的绩效比每个任务各自单独进行的绩效要低。

以巴德利等人（Baddeley，Grant，Wight & Thomson，1975）的研究为例，他们使用双任务操作范式证实了视空间模板的独立性。该研究基于以下假设：如果工作记忆系统中确实存在相对独立的视空间模板子系统，那么用言语编码或者用视空间编码识记的材料就会因同时进行的任务的不同而受到不同的干扰，同时进行的发音或者言语活动只能干扰其中一个系统，而视觉或空间活动则会干扰另一个系统。他们要求被试单独完成空间和语言矩阵任务，或者结合轨迹追踪任务一同进行操作。轨迹追踪任务是一项传统的实验室跟踪任务，被试要让一根铁针和一个运动着的亮点保持接触，这个亮点的运动轨迹是一个圆圈。可以改变旋转的速度以调整追踪的难度，操作的成绩就是看接触目标点的时间比率。实验结果很清楚地表明轨迹追踪严重地破坏了表象任务，但是追踪任务没怎么破坏语言任务。

下面介绍几种工作记忆研究中常用的实验任务：第一，干扰语音回路的次任务常采用发音抑制任务，该任务要求被试重复说习惯化了的词语，如"the，the，the，..."，发音抑制任务只对以单词或数字回忆等依赖语音信息储存的主任务有影响，使单词等依赖语音信息储存的主任务成绩明显下降而对于依赖于视觉空间模板储存的任务成绩几乎没有影响。第二，空间击打任务或视觉追踪任务常作为干扰视觉空间模板的次任务。空间击打任务中，一般要求被试描述简单的图形，如用手指按顺序轻击正方形的四个角，但是该任务对干扰空间信息的储存起作用，但对视觉信息干扰不是很有效。追踪任务通常要求让被试用探棒或光笔追随视频显示装置上移动的光点。第三，一般采用随机生成任务作为干扰中央执行系统的次级任务，此任务要求被试想象所有的字母或数字都放在一个容器中，然后从中一次取出一个字母或数字，说出名称，再将其放回容器，摇匀后再取，这样就可以产生一个完全随机的序列，以生成的随机程度作为分析指标，以生成随机字母为例，通常若要求被试生成字母的速率低，则被试所产生的序列随机化程度就高，若要求生成的速率加快，则随机化程度降低，会出现一些诸如 AB、XY、BBC、USA 之类的字母序列。

双任务操作范式也可以用来研究中央执行系统对子系统的协调功能，阿兹海默症患者常被认为是工作记忆的中央执行系统功能存在缺陷（杨治良，等，2012）。在一项研究中，要求正常的老年被试、青年被试与阿兹海默症患者操作两项记忆任务，一项是视觉跟踪任务，另一项是言语记忆任务，并且对每项任务的难度进行调整，使得阿兹海默症患者的错误率与控制组一样。当要求被试同时操作两项任务时，老年组与青年组无显著差异，阿兹海默患者组表现出明显的缺陷。而且随着病情的发展，患者在单独的跟踪与记忆任务上仍保持原状，但同时的双任务操作水平迅速下降，这可能是由患者的中央执行系统的功能损坏得更加严重所致。这样就从另一个侧面反映了中央执行系统的协调整合功能。

四、加工水平说及其实验证实

克雷克和洛克哈特认为，把记忆看成是几个系统组合而成是将记忆简单化了，同时也回避了许多更有意义的问题。因此，只有用"加工水平"(level of processing)的概念才能更好地阐明记忆问题。他们认为，外部信息进入加工系统后，要经历一系列不同水平的加工，从表浅的感觉分析，到较深的、更复杂的、抽象的语义分析，表浅的感觉分析主要涉及刺激的物理特征，而较深的分析则涉及刺激的意义或语义分析。记忆痕迹实际上是与不同的信息加工深度相联系，记忆痕迹深浅不同，信息保持时间的长短也就不同，记忆痕迹是信息加工的副产品。

克雷克等(1975)用不随意学习(incidental learning)实验验证加工水平说的设想。实验中，他们把被试分成三组，三组被试都分别针对呈现的 20 个单词回答不同的问题。

第一组被试回答该词：是大写字母还是小写字母的；

第二组被试回答该词：与某词(weight)押韵吗？

第三组被试回答该词：能填入下列句子吗？"他在街上遇见_____"。

显然，第一组被试只需要对刺激材料的书写特性进行加工，这是视觉物理特征水平上的加工；第二组被试只需要对刺激材料的语音特征进行加工，也是物理特征水平上的加工；第三组被试则要在语义水平上对刺激材料进行加工。

完成这些任务后，突然宣布对所有被试进行再认测验，结果如图 11-12 所示。从图 11-12 看出，对刺激材料的加工越深，反应潜伏期越长，随后进行单词再认的成绩也越好。

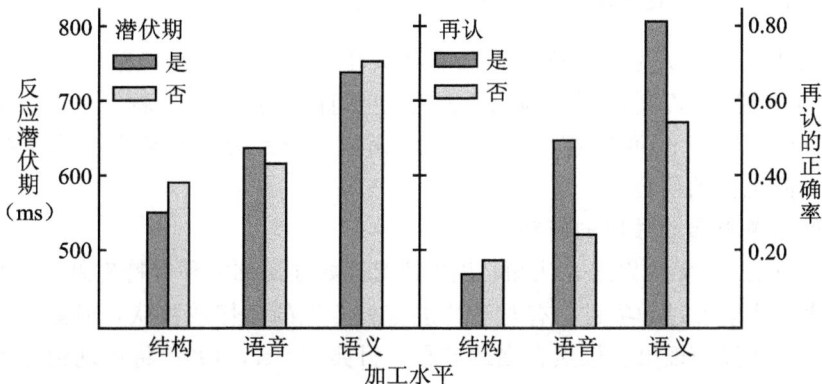

图 11-12 加工时间与再认成绩是加工深度的函数(Craik & Tulving，1975)

加工水平说虽然在解释不同深度的加工及其对信息保持的时间方面较为灵活，但还是招致不少批评。这些批评主要有三个方面：第一，加工水平说似乎是告诉人们，越是意义丰富的事件记得越是清楚和牢固，这其实是人们的常识，所以从这个角度说，加工水平说对人们理解记忆没有提供多少有价值的新见解；第二，加工水平说很含糊，没有给出加工深度的客观测试指标，所以该理论也难以得到直接验证；第三，它陷入循环论证的误区，一方面指出，加工越深，记忆痕迹就越强，信息保持的时间就越长；反过来，又说记忆信息保持时间越长，是由于对其进行了越深的加工（鲁忠义，杜建政，2005）。

第三节　内隐记忆的实验研究

心理学家普遍承认，人的心理过程的几乎所有方面都存在意识与无意识两方面，这也包括记忆过程。近年来，关于无意识的内隐记忆的实验研究得到了一系列有趣的结果，也给认知心理学带来另一片繁荣领地——内隐认知（implicit cognition）。按照意识性划分，记忆可分为外显记忆（explicit memory）和内隐记忆（implicit memory）两大类，外显记忆就是在意识指引下并能被记忆者本人所觉知的记忆，前述的记忆研究基本上都属于外显记忆；"内隐记忆的根本特征是被试并非有意识的知道自己拥有这种记忆，但它可以在对特定任务的操作中自然地表现出来，并且这种任务的操作不依赖于被试对先前经验的有意识恢复"（郭秀艳，2004）。

一、内隐记忆的概念及研究的发生

虽然，可以认为，无意识记忆受到关注是迟早的事情，但毕竟有两个领域成为内隐记忆概念及其研究发生的更直接原因，这就是"启动效应"（priming effect）和"健忘症"（amnesia）的研究，特别是健忘症研究最直接地引发了内隐记忆的研究。

（一）关于启动效应的研究

20 世纪 60 年代以来，认知心理学研究开始注意到一种奇特现象：人们经历过的事件或学习过的项目，有时不能进行有意识的回忆或再认，但能在某些相关任务中间接表现出它依然存在的迹象，科弗（Cofer，1967）将该现象称为启动效应。朱滢（1993）对该概念的解释认为，启动效应指的是执行某一任务对后来执行同样或类似任务的促进作用；杨治良（1998）则认为，启动效应是指由于近期与某一刺激接触而使对这一刺激的加工易化。不过，启动效应的最主要特征还在于它是发生在前后两种不同的刺激情境之间或两种不同的测试任务之间的，比如，先接受"学生"一词的刺激，后测量到被试对"教师"一词的反应时缩短了，这是不同刺激项目间发生了启动效应；先抄写过一些单词，后让被试识别快速呈现的抄写过的和未抄写过的单词，被试对抄写过单词的识别率提高、反应时缩短，这是前后两种测试任务不同而发生了启动。启动通常可分为直接启动(direct priming)和间接启动(indirect priming)两种。直接启动也叫作重复启动(repetition priming)，是指学习阶段呈现的刺激项目与测试阶段呈现的刺激项目完全相同；而间接启动(indirect priming)中，学习阶段与测试阶段呈现的刺激项目有关但不相同。

启动效应最常用的测验方法包括单词确定、单词辨认以及词干或词段补笔。在单词确定测验中，向被试呈现一个一个的字母串，要求被试说明每一字母串是否构成了一个合法单词，实验中记录被试的反应时间(Scarborough, Gerard & Corstese, 1979)。如果某一字母串先后出现了两次，而且第二次出现时被试的反应时减少了，则显示出启动效应。在单词辨认测验中，先快速呈现某一刺激，要求被试辨认，然后当被试再次遇到该项目时，辨识精度的提高或反应时间的下降则可作为启动效应的指标(Feustel, Shiffrin & Salasoo, 1983)。在词干或词段补笔测验中，研究者在前期的一项作业中向被试呈现过一系列词汇刺激，然后让被试参加补笔测验：向被试呈现一个词根或词段，要求他们尽快地用想起来的第一个合适的词补齐它。如果被试更多地使用了前期呈现过的单词，则反映了前次接触这一单词的启动效应(Graf, Squire & Mandler, 1984)。

(二)关于健忘症的研究

20世纪60年代，神经心理学关于健忘症的研究成为引发内隐记忆研究热潮的关键。1970年，英国神经心理学家韦斯克兰茨和沃林顿(Weiskrantz & Warrington, 1970)发表了关于健忘症的系列研究。他们采用了一些残缺线索方法，发现了记忆过程中的分离现象。他们以4名健忘症患者(3名科萨科夫综合征患者，1名额叶切除患者)为实验组，16名无脑损伤、记忆力正常者为对照组，让他们学习词表，然后进行不同类型的测验：回忆、再认、模糊字辨认、词干补笔。结果表明，严重的健忘症患者在再认和回忆作业上均表现出明显的记忆障碍，但在另外两项测验中与对照组没有明显差异。随后的一系列研究证实，健忘症患者仍保留有学习和记忆能力。这种能力仅对部分线索法或间接测量方法敏感，传统的直接测量方法测量不出来(鲁忠义，杜建政，2005)。于是，研究者认为，传统的直接方法和部分线索间接方法测量的是两种不同的记忆，格拉夫和沙赫特（Graf & Schacter，1985）将其分别称为外显记忆和内隐记忆。

可见，健忘症患者的外显记忆受到了破坏，而内隐记忆并未受到明显的影响，暗示了内隐记忆是独立于外显记忆系统之外的另一个记忆系统。那么，为什么会出现这种记忆的分离呢？不同的理论给出了不同的解释。

二、对内隐记忆的两种解释

内隐记忆的内在机制是什么？目前有两种代表性的理论解释，一是图尔文等（Tulving & Schacter，1990）提出的多重记忆系统理论，一是勒迪格等（Roediger，et al.，1989）提出的对应加工迁移理论。

（一）多重记忆系统理论

多重记忆系统理论（multiple memory system theory）将记忆看成由多个服务于不同对象目标、遵从于不同操作原则的子系统共同作用而实现的一种功能（鲁忠义，杜建政，2005），其中每一子系统又由若干特定的加工过程来完成。同一个子系统内的加工过程之间的关系比不同子系统中的加工过程间的关系更加密切，并且在理论上每个记忆系统都可能具有其特定的神经机制与行为指标（郭秀艳，2004）。看来，外显记忆和内隐记忆可被看作两个相对独立的记忆子系统。

对多重记忆系统理论合理性的阐述和证明是围绕着外显记忆与内隐记忆是否具有结构机能独立性而展开的（Tulving，1985；Witherspoon & Moscovitch，1989）。图尔文认为，内隐记忆代表了一种新的记忆系统，即知觉表征系统（perceptual representation system）。知觉表征系统的信息储存是分布的，它缺乏某个中心的痕迹。当某一不完整的情景线索激活对应的部分信息时，个体就可以利用这些线索激活部分信息并完成某项任务，但由于没有指向中心的记忆痕迹，所以它不实现对整体事物信息在头脑中的重现。图尔文等（1990）为证明其理论的合理性，开展了进一步的实验研究。结果表明，在外显记忆测验中，针对同一目标的两种不同线索间成中等程度的相关；而在内隐记忆测验中，针对同一目标的两种不同线索间则是相互独立的。由此证明内隐记忆和外显记忆是以不同的结构或机制表征信息的，内隐记忆是"无痕迹"的记忆系统（traceless memory system）。

多重记忆系统理论能较好地解释健忘症患者的记忆分离现象。因为各个记忆系统是相互独立的，所以当其中某一记忆系统受损时，另一记忆系统依然可以正常工作。比如，当陈述记忆系统受损伤时，程序记忆系统能保持完好。但是，记忆正常的人也会出现记忆分离现象，这一点就难以使用多重记忆系统理论来解释了。此外，多重记忆系统理论还有一个无法回避的、至今都未能很好解决的根本性问题：多重记忆系统的划分标准是什么？

(二)对应加工迁移理论

勒迪格和布兰克斯顿(Roediger & Blaxton，1990)不认为内隐记忆和外显记忆属于不同记忆系统，而主张把它们看成单一记忆系统的不同方面，为对此记忆系统进行解释，他们提出了对应加工迁移理论(transfer-appropriate procedures approach)。按照这一理论，记忆中的实验性分离现象，只是由于不同测验任务所要求的加工过程不同造成的，并非是由于受相互独立的两个不同记忆系统控制所致。具体地说，如果记忆测验所要求的加工过程正好与学习时的编码加工一致，或者基本一致，测验的成绩就会比较好，否则就会比较差。勒迪格等主张按照所要求的心理加工过程来划分不同的记忆测验，即要求概念驱动的过程，还是要求数据驱动的过程。他们认为外显记忆测验要求的主要是概念驱动的过程，即要作有意义加工、精细编码和心理映象等加工过程，正是由于对材料的精细编码以及有意义的组织，外显记忆测验的成绩才得以提高。相反，多数内隐记忆测验在相当程度上是依赖于学习时的知觉过程与测验时的知觉过程的对应程度，并几乎都是提取过去经验中的知觉成分，因而可认为内隐记忆测验要求的主要是材料驱动的过程。所以，影响概念加工的各种变量对内隐记忆没有影响，而行为特征方面的变量对内隐记忆会有很大影响；反之亦然(郭秀艳，2004)。

对应加工迁移理论可以对记忆正常的被试表现出来的直接和间接测验间的分离现象提供较好解释，但难以解释健忘症患者的记忆分离现象。按照对应加工迁移理论，健忘症患者外显记忆效果较差而内隐记忆效果较好，是因为其概念驱动过程有障碍而材料驱动过程保持完好。但是，在有些要求有概念驱动加工的间接测验中，健忘症患者却能表现出与正常人同样的水准，对应加工迁移理论难以对此给出说明。

(三)两种理论的整合

显然，上述两种理论一方面都可以解释一系列的记忆分离现象，但都不能解释所有的记忆分离现象，而且在关于内隐记忆内部机制的解释上还带有许多猜想的成分。不过，我们也看到，两种理论在某些方面并非完全对立，比如，多重记忆系统理论认为，内隐记忆主要代表知觉表征系统，而对应加工迁移理论则提出，内隐记忆主要依靠于数据驱动的加工过程，在这一点上二者似乎"不谋而合"。所以，有一些研究者试图将两种理论结合以期能有效解释各种记忆分离现象，其中图尔文(1995)提出的 SPI 模型最具代表性。该模型中，SPI 分别代表串行(serial)、并行(parallel)和独立(independent)，其核心假设为：不同记忆系统彼此之间相互联系，而系统间的差异取决于加工过程的特点；各系统间信息以串行方式进行编码，一个系统的输出作为另一个系统的输入；信息在不同的系统中以并行方式存储，系统中信息的性质由原初信息的性质和系统本身的特点决定；信息提取过程不同的系统是相互独立的。

SPI 模型主要针对图尔文提出的记忆表征系统中知觉表征系统、语义记忆、初级记忆以及情节记忆提出的。根据模型的假设，如果呈现一个不熟悉但有意义的句子，其包含信息的不同方面会在四个记忆系统或相应的子系统中登录：刺激词的结构性特征信息贮存在知觉表征系统中，知觉表征系统的信息告知大脑这种客体的存在并将信息输入语义记忆系统，进而对词的意义及其关系作进一步的抽象加工；语义系统的输出告知大脑关于信息内容与外部世界的关联；最终信息到达工作记忆和情节记忆系统，前者按照不同的编码方式对信息进行更加精细的加工，后者则负责记录信息的时空背景及其与已存在的其他情境信息的关系。

SPI 模型将记忆加工过程与记忆系统整合到了一个共同的结构框架之中，作为一个抽象的理论模型，它并没有给出不同系统加工特征的具体形式，也没有指明各系统的神经解剖和神经生物学本质，但是它的许多结论与认知科学、神经生物学以及认知神经科学等领域有关记忆的研究结论相吻合（杨治良，等，2012）。

三、内隐记忆的实验研究方法

内隐记忆实验的首要任务，在于将内隐记忆和外显记忆区分开来，在此基础上才有可能建构内隐记忆和外显记忆两者不同的因变量指标，并进而考察自变量对内隐、外显记忆的不同影响。因此，如何在实验中分离内隐记忆和外显记忆，就成为内隐记忆实验研究的逻辑重点（郭秀艳，2004）。在内隐记忆实验研究中使用的分离方法主要包括两类：一类叫作实验性分离（experimental dissociation），也叫作任务分离（task dissociation）；另一类叫作加工分离（process dissociation）。

（一）实验性分离的逻辑与方法

实验性分离范式最早为神经心理学家所采用，主要用以研究脑损伤患者心理功能的分离现象（Teuber，1955）。当前，实验性分离已经成为认知心理学的重要方法之一，杨治良（1996）甚至称其为实验心理学的三大新法之一。图尔文（1985）曾对实验性分离作如下的表述："符合实验性分离逻辑的实验是这样的：控制单一的变量而比较在两种不同的任务中变量的效应……如果变量影响被试在一种任务中的操作，但不影响另一种任务的操作，或者变量对两种任务的操作的影响有不同的方向，我们就说分离产生了。"在内隐记忆的研究中，我们通过一系列不同的测验而取得被试心理活动的因变量，其中一些因变量对应于内隐记忆，另一些因变量则对应于外显记忆，因此实现记忆系统的实验分离。这种分离主要是通过直接的和间接的不同测验完成的。

直接测验就是在测验指示语中明确要求被试有意识地回想他们经历过的某些事件并把它们从记忆中提取出来，如自由回忆、再认测验等，在这些测验中被试直接从意识中提取信息；间接测验则是在测验指示语中并不要求被试有意识地提取过去学习的信息，而是通过他们在一些特定任务上的表现来间接推断被试是否对某些信息拥有记忆。研究者认为，这两类任务分别对应于外显记忆和内隐记忆，因而这种分离也被称为任务分离。这里包含的逻辑是：如果这两类测验的成绩表现出同样的变化趋势，或者说具有高度的正相关，那么这两类测验中信息的提取依赖于同样的心理结构；如果两类测验的成绩表现出完全不同的变化趋势，甚至相反的趋势，则说明二者依赖于不同的心理结构。

在内隐记忆研究领域，实验性分离实验中的直接测验就是指前述的回忆、再认等直接信息提取方法，间接测验的主要方法是补笔测验和知觉辨认两个方面。

1. 补笔测验

补笔测验主要包括词干补笔（偏旁补笔）、残词补笔、残图补全等。词干补笔的实验程序是：首先要求被试学习一系列单词，而后主试向被试呈现每个单词的前三个字母，并要求被试用想到的单词填写出来。主试提供的词干可填写成多个有意义的单词，结果被试多用学习阶段呈现的单词补笔，被试用呈现单词补笔的概率减去用未呈现单词补笔的概率，就是所学单词的启动量（鲁忠义，杜建政，2005）。残词补笔和残图补全的实验程序与词干补笔基本相同。

虽然补笔测验中使用的都是一些长时记忆信息或知识，但研究发现，这些知识的提取也依赖于实验前期所发生过的事件。例如，在完成 ele _____ 时，如果被试最近学过"elephant"这个词，尽管可以有多种完成的方法（如 element，electric，elephant），但他们有更大可能会用"elephant"这个词来完成词干补笔或残词补全。通过在这些测验中所表现出来的启动量就可以衡量内隐记忆的效应（郭秀艳，2004）。

2. 知觉辨认

知觉辨认法的测验程序是：在学习阶段，向被试依次呈现一系列项目，然后将这些呈现过的项目与未呈现过的项目混淆在一起，在速示仪或电脑显示器屏幕上以极短的时间（小于 5ms）一个一个地呈现给被试，要求被试加以辨认。一般来说，被试将学习阶段呈现过的项目辨认出的概率高于未呈现项目，两者的概率之差就是呈现项目的启动量。知觉辨认的材料可以是文字的，也可以不是文字的，如单词、伪词、无意义音节、图画、乐曲等。知觉辨认的另一种变式为模糊字辨认，是指在测验时所呈现单字的字母很模糊，要求被试将它们辨认出来。

雅各比（Jacoby，1983）采用再认和知觉辨认两种方法进行了任务分离实验。他在三种条件下让被试学习反义词：无上下文条件，被试看到"×××——冷"便大声说出"冷"字，这里要求被试加工的是"冷"字的字形；有上下文条件，被试看到"热——冷"并大声读出"冷"，在这里是要求被试加工"冷"字的语义；产生（generation）条件，被试看到"热——???"而要求被试说出"冷"字，这是前两种条件的结合，要求被试既要加工字形，也要加工语义。在这三种条件下，他均将被试随机分成两组，一组被试使用直接测量法进行测验，即再认；另一组被试则用间接测量法进行测验，即知觉辨认。结果发现，采用直接测量的一组被试在产生条件下的击中概率最高，有上下文条件次之，无上下文条件最差；而采用间接测量的一组被试所得结果正好相反：无上下文条件下击中概率最高，有上下文条件次之，产生条件最差。这一实验研究有效地观察到了实验性分离的记忆结果。

（二）加工分离的逻辑与方法

实验性分离实验为内隐记忆积累了大量证据，也有效地揭示了外显记忆和内隐记忆的不同机能特点，但它也还存在诸多问题，受到一些学者的批评。批评的意见主要有两点。

首先，直接测验和间接测验的可比性问题。实验性分离的逻辑是利用不同测验结果的不一致性证明二者依赖于不同的记忆系统，进而证明外显记忆与内隐记忆是不同的系统。这里的问题是，即使当外显记忆与内隐记忆不是相互分离的两个系统，我们用不同的任务分别去测量它们，结果也还是可以出现不一致的趋势，因为测验任务本身就存在测验线索、记忆任务、反应指标等方面的差异。其实，从某种意义上说，二者本来就没有可比性。

其次，在内隐记忆是否存在的证明上存在循环论证之嫌。研究者假设，直接测量对应于外显记忆，间接测验对应于内隐记忆，然后再来使用这两种测量结果的差异证明内隐记忆的存在。那么，如果两种测量并不是各自纯粹地对应于两种记忆，而是两种记忆在两种测量任务中交叉存在，只是程度不同而已，前述的假设也就难以成立了。

　　看来，使用任务分离技术来证明和测量内隐记忆，还存在不少疑点。于是，雅各比等人在 20 世纪 90 年代又提出了加工分离程序（process dissociation procedure，简称 PDP），将意识和无意识加工成分在一个记忆任务中分离，从而解决上述方法学的困难。在加工分离程序中，需要设置两种测试条件："包含"条件，意识成分和无意识成分共同促进作业成绩，它们的关系是协同的；"排除"条件，意识成分和无意识成分对作业成绩的影响正好相反，它们的关系是对抗的，从而实现了两种信息提取过程的分离，并能通过具体的数据计算，将混合于各种任务之中的意识成分和无意识成分分离出来。雅各比等人将内隐记忆和自动提取看成是同义词，认为凡是自动完成的加工都可认为是内隐的或无意识的，而意识性提取则等同于外显记忆。

　　PDP 的实验程序依据测验方式可分为启动型和再认型两类（鲁忠义，杜建政，2005）。典型的启动型的 PDP 实验程序是，在学习了一个词表后，进行包含和排除测验。在包含测验中要求被试用学习阶段学过的词完成补笔任务，如果想不起来，就用头脑中出现的第一个词进行补笔。在包含测验中，控制加工和自动加工的作用方向是一致的。有意识的回忆使被试用能够回忆起来的学过的词补笔。有些词虽然不能回忆，但因启动效应产生的熟悉感，也会使被试用以完成补笔。在排除测验中，要求被试不用学过的词补笔，这样就把意识和无意识的作用对立起来。如果被试能有意识回忆一个学过的词，他会把它从反应中排除出去，若他仍用学过的词补笔，则是无意识熟悉感在起作用。

　　典型的再认型的 PDP 程序是这样的：在学习阶段先后给被试呈现两个词表，然后将一些未学习过的新词与这些词混在一起，进行再认测验。如果被试进行包含测验，则要求被试要将学习过的两个词表上的项目判断为"旧"的项目（判断为"学过"），把后来混进去的项目判断为"新"的项目（判断为"未学过"）；如果被试进行排除测验，则要求其只是将第二个词表中的项目判断为"旧"的项目（判断为"学过"），把第一个词表上的词及后来混进去的词判断为"新"的项目（判断为"未学过"）。就第一个词表来说，有意识的控制加工和无意识的自动加工在包含测验中的作用是一样的，即有意识的回忆和熟悉感都会让被试做出"旧"的反应，两种加工在测验中的作用是一致的。在排除测验中，意识与无意识的作用相反，如果被试能有意识地回忆其属于第一个词表，就会做出"新"的反应；如果被试不能回忆但感到熟悉，就会将这个项目判断为第二个词表项目，而做出"旧"的反应（Jacoby，1991）。由此可见，这一程序实现了自动加工与控制加工的分离。

　　雅各比认为，自动提取和意识性提取是相互独立的加工过程，因而记忆任务的操作可以是独立的自动提取，可以是独立的意识性提取，也可以是自动提取和意识性提取共同作用（杨治良，等，2012）。在上述实验过程中，假设意识提取的贡献率为 R，自动提取贡献率为 A，那么当只有意识提取时，被试的提取正确率为 R(1−A)；当只有自动提取时，被试的提取正确率为 A(1−R)；而当共同作用发生时，被试的提取正确率为 RA。包含测验受到自动提取和意识性提取两种成分的影响，因而提取目标项目的概率为：P(包含) ＝R+A−RA=R+A(1−R)；在排除测验中，实验者要求被试排除意识提取中的项目，此时提取目标项目的概率 P(排除)＝ A(1−R)。结合这两个公式，就可以计算出意识提取和自动提取的贡献概率：R= P(包含) − P(排除)，A = P(排除)/(1−R)＝ P(排除)/(1− P(包含))＋ P(排除)。

表 11-1 从学习阶段、测验阶段以及结果分析三个方面对任务分离法和加工分离法的基本程序进行了梳理与比较。

表 11-1　任务分离法与加工分离法的比较

| 任务分离法 | 加工分离法 | |
	启动型	再认型
学习　学习目标项目	学习目标项目	先学习目标项目，后学习辅助项目
测验　直接测验：回忆、再认等　间接测验：词干补笔、残词补全等	包含测验：用学过的项目进行补笔，若回忆不出，可以用第一个想到的词　排除测验：用第一个想到的词进行补笔，但不能是学习过的项目	包含测验：目标项目和辅助项目都判为"旧"，未学习过的项目判为"新"　排除测验：辅助项目判为"旧"，目标项目和未学习过的项目判为"新"
结果　直接测验的结果对应外显记忆，间接测验的结果对应内隐记忆	包含测验中用目标项目补笔的概率为 P(包含)，排除测验中用目标项目补笔的概率为 P(排除)　意识提取(外显记忆)的贡献率 R= P(包含) − P(排除)　自动提取(内隐记忆)的贡献率 A= P(排除)/(1− P(包含))＋ P(排除)	包含测验中将目标项目判断为"旧"的概率为 P(包含)，排除测验中将目标项目判断为"旧"的概率为 P(排除)

梁三才（2003）在一项研究中，运用汉字词干补笔任务，分别采用任务分离和加工分离范式，探讨了编码时不同注意状态与内隐和外显记忆的关系。

实验一采用了任务分离范式，操纵学习阶段的三种不同注意状态，即集中注意、轻度分散注意和重度分散注意。在学习结束后将被试随机分为两组，一组进行线索回忆测验，称为外显组，要求他们以呈现的词干为线索回忆出学习过的汉字并将词干补全，若实在回忆不出来，可跳过该词干；另一组进行词干补笔测验，称为内隐组，要求他们尽快用看到词干后首先想到的汉字补全词干。结果发现：随着注意分散程度的增大，词干线索回忆（外显记忆）成绩有规律地逐渐降低，但词干补笔成绩（内隐记忆）仅在重度分散注意条件下显著降低，轻度分散注意并不影响内隐记忆。

实验二采用加工分离范式，学习阶段保留集中注意和重度分散注意两种实验条件，测验阶段，被试均先后完成包含测验和排除测验。包含测验的词干以书面的形式逐个呈现，要求被试以该词干为线索回忆出学习过的相应目标字，若15秒之后还回忆不出，就可以用首先想到的汉字补全词干；排除测验也是逐个呈现，但不限制时间，它要求被试用首先想到的、但不能是学习过的汉字补全词干，如果首先想到的是学过的汉字，就将它排除掉，用除了这个汉字之外其次想到的汉字补全词干。结果表明，注意状态变量在内隐和外显记忆之间出现了实验性分离：分散注意降低了意识性提取（外显记忆）的成绩，但不影响自动提取（内隐记忆）的成绩。

加工分离程序的逻辑依赖于雅各比提出的三个理论假设：第一，熟悉感对一组特定项目的影响在包含和排除测验中是相同的；第二，有意识回忆对两个测验操作的贡献程度也是一样的，这两个假设可归纳成PDP的"一致性假设"；第三，意识加工和无意识加工是彼此独立的，它们之间呈零相关（鲁忠义，杜建政，2005）。说得明白些，在再认型加工分离实验中，无意识信息提取导致的熟悉感，在包含测验中和排除测验中都会使被试做出相同概率"旧"的反应（"学过的"）；有意识回忆的项目会使被试在包含测验中将其报告为"旧"的，而在排除测验中，会让被试将其报告为"新"的，这两种事件的发生都是由于被试能够有意识地回忆起这一项目。加工分离程序在体现了对抗逻辑的思想的同时，为分离自动的和意识控制的记忆加工提供了一个有效的途径。在对这个创造性构想不断进行修正和批评的过程中，内隐记忆的方法论和实验技术得以进一步完善和发展，并使早日揭示人类记忆的本质成为可能（郭秀艳，2004）。

（三）内隐记忆的认知神经科学研究

近二三十年来，认知神经科学的发展以及无创性脑成像技术的进步，为我们研究在正常个体中神经活动的变化提供了可能性。利用事件相关电位（ERP）、正电子断层扫描术（PET）和功能性核磁共振成像（fMRI）等技术，与内隐记忆相关的神经生理特征的研究越来越深入。

ERP 的主要目的是确定独立贡献于内隐记忆和外显记忆的 ERP 成分及模式。其研究方法呈现出多样化：第一，可以借用行为实验中的分离逻辑，比较出现在不同测验中的"旧"项目和"新"项目；第二，可以在同一测验中通过改变测验条件来推测内部不同的加工过程及脑电成分；第三，可以改变学习材料的呈现时间、质量、掩蔽情况等（杨治良，等，2012）。

孟迎芳和郭春彦（2007）在直接测验（再认提取）和间接测验（词汇判断）下，比较了内隐记忆和外显记忆的相同和不同之处，他们发现，旧刺激呈现之后 300 ms～500 ms，ERP 成分（N400）波幅正向偏离（在两种条件下发生同样程度的偏离）；而 500 ms～700 ms 时 ERP 成分（P600）则发生了分离，即外显记忆受到加工深度的影响而发生正向偏离，内隐记忆过程中 ERP 则未受加工深度影响。也就是说，与内隐和外显记忆均相关的 ERP 成分是 N400，而与外显记忆相关的特异 ERP 则是 P600。

运用 ERP 探讨内隐记忆，比行为实验具有更高的敏感性，例如，帕勒等人（Paller，2003）的研究结果显示，在行为启动效应尚未发生时，ERP 已经显示出和行为效应出现时相似的启动模式，但是它在区分内隐记忆和外显记忆上仍具有一定局限。

PET 和 fMRI 通过标明与神经放电的变化相关联的区域脑血流（PET）或血氧水平（fMRI）的变化，提供了神经活动的间接测量，能以相对高的空间分辨率确定在健康人脑中结构—功能的关系。在 PET 和 fMRI 的实验中，研究者都倾向于使用启动研究范式，探讨不同意识条件下不同脑区的启动效应发生情况。

内隐记忆的 PET 和 fMRI 研究表明，参与最初（学习阶段）刺激加工的特定脑区在重复（测验阶段）刺激加工过程中表现出衰减的活动，其中观察到的较为一致的脑区是参与知觉加工的一部分视觉皮质和参与语义或概念加工的左下前额区。而被试在测验中回想或再认以前学习过的目标项时，许多脑区表现出增强的活动，其中几个脑区是较为一致观察到的，包括内侧颞叶、前额皮质和后内侧顶皮质。

扩展阅读

记忆的神经生物学研究的四个主题

在对神经系统进行系统研究伊始，有四个主题在与记忆有关的脑功能的观点中占据支配地位。为了便于记忆，我用四个"C"来表示这四个主题：联结（connection），认知（cognition），分区（compartmentalization），以及巩固（consolidation）。

第一个主题：联结，强调对记忆功能的最基本水平的分析。这个主题试图回答脑中回路的基本性质是什么、这些回路包括哪些信息加工的元素以及它们在记忆中是如何相互联系起来的。对"联结"的强调，反映了这一研究得出的主要结论，记忆是在神经细胞之间联结的动态变化中得到编码的，也就是说，记忆体现了神经细胞之间联结的可变性和可塑性。更明确地说，从记忆作为脑细胞活动的一种现象的角度所达成的共识是，细胞之间突触联结的强度或稳定性的改变能够说明记忆的存在。为了了解存储机制的本质而作的努力，目标在于确认生物学上的物质基础，即细胞的"变化"（the cellular "switch"）——记忆由此而产生。因此，对于记忆的细胞水平和分子水平上的分析，强调对记忆表现之下的神经联结的可塑性进行描述。这一领域的实验研究试图去发现形成记忆基础的特殊分子事件，以及支持记忆的神经联结的亚细胞结构。这一研究同时探询基本的记忆存储机制如何受神经化学事件的调节，以及如何被基因的和药理学上的干预所影响。

第二个主题：认知，指的是在最高水平上，即心理学水平对记忆本质的分析。思考下述有关记忆的不寻常的例子：你走进一个陌生的房间，一种颜色奇怪的灯光充满整个房间，接着你听到一种很响的骇人噪声突然出现并且一直持续——你马上跑了出去。接下来，你偶然又走进了那个房间，房间里仍然有奇怪的灯光。你马上离开了。那么，对这一事件的记忆，是否是以这样一种方式进行表征的：在特殊的新异感官刺激（奇怪的灯光）与你针对它做出的逃跑行为之间产生了新的联系（心理学家们称之为"刺激—反应联结"）？或者是在灯光和接下来的巨大噪声所激发的恐惧之间的基本联系（心理学家们称之为"刺激—强化联结"）？或者，是否"刺激—反应联结"和"刺激—强化联结"这两个概念对于说明记忆是如何存储的都过于简单化了？你的记忆表征是否包含对构成学习情景的整个相关事件系列的记录？这一记忆在巨大、松散的情景记忆的集合（collection）中是孤立存在的吗？还是这一记忆是包含于一个同其他经验共同进行系统组织（organization）的结构之中，而这一结构又形成了关于你在那个房间内的所有经验的知识网络？记忆表征的实质问题，一直处于一个争论的中心：记忆的复杂性能否被简化为一组简单的联系原则。在"黄金时期"，出现了各种各样的有力观点，或者赞成记忆可以被简化为刺激—反应联结和刺激—强化联结的一组原则，或者认为记忆涉及一个复杂的网络结构，只能以认知加工的方式进行理解，而不能被简化为简单的联结机制。这一研究领域已得出的认识是，存在一个从刺激—反应联结和刺激—强化联结引导行为的机制，另外还存在一个记忆的"认知"形式，在其心理学机制和解剖通路上都可以与其他记忆形式相区分。

第三个主题：分区，探讨的是记忆定位的问题。这个问题最早出现于有关记忆是否能够被定位于脑的某个特殊区域，特别是大脑皮质区，还是分散于皮质的各个部位，甚至是整个脑的争论。关于这一问题的主要结论是，记忆作为一个整体，是广泛分布于脑的各个部位的。但是同时，不同种类的记忆又是通过不同的特殊模块、回路、途径或系统来完成的。也就是说，记忆是可分区（compartmentalized）的。这种分区在两个水平发生。第一水平，大脑皮质由许多具有在解剖学上限定性的"模块"组成，其中每一个都对记忆功能做出相应的特殊贡献。第二水平，在脑中存在多功能的记忆系统，它们都与大脑皮质发生关联，但在皮质到皮质下其他结构的通路上各有不同。由这些皮质—皮质下通路构成的系统能够完成不同种类的记忆功能。这一研究领域同时考虑记忆与其他认知过程之间的关系，包括意识、协调运动及情绪。对于脑的模块和系统进行研究的主要目标是识别和区分特殊脑结构和通路的不同作用，通常是通过对特定脑区的选择性损伤所造成的不同后果加以对照来进行的。处理这个问题的另一主要方法是着眼于被激活的特定脑区，即在记忆加工的某些过程中被"激活"的神经元。一些研究利用新的功能成像技术观察被试在进行记忆测试时脑区的激活状态。另一条途径是描述动物身上单一神经细胞的活动模式中记忆的"编码"状况，探询信息是如何被相关脑系统不同结构通路中的活动模式所表征的。

第四个主题：巩固，涉及记忆是何时和如何成为永久性的。众所周知，一些经验很快会被遗忘，另一些却会铭记终生。已经有过很多奇闻逸事或临床报告说明，各种各样的干扰或头部与大脑的损伤能"清除"最近获得的记忆，但在干扰事件或损伤之前较长时间获得的记忆则较少受到影响。这些观察结果表明，记忆在最初很不稳定，之后能逐渐变得不易丢失，这说明存在一个能使记忆获得永久形式的巩固过程。现代研究发现，大致存在两种巩固过程。其一，我称之为"固化（fixation）"，包括一系列分子水平和细胞水平的事件，在此期间，在记忆形成之后的几分钟至几小时内，细胞之间联系的改变逐渐变得持久。这一过程会受到很多因素的影响，其中包括一个对记忆的固化进行调节的特殊脑系统。其二，称为"重组（reorganization）"，这一过程包括一个更长的阶段，在此期间，不同的脑结构之间发生相互作用，其结果是新获得的信息被整合到个体已有的知识结构中去。这一重组的过程涉及整个脑系统，在对它的工作方式进行研究时，也要同时考虑到脑系统各部分的个别贡献以及它们之间交互作用的特点。

[资料来源:《记忆的认知神经科学:导论》(Howard Eichenbaum,著,周仁来,等,译,2008)]

练习与思考

1. 如何理解:识记、再认、遗忘曲线、自由回忆、系列重建、节省法、全部报告法实验、部分报告法实验、图像记忆、声像记忆、信息三级加工模型、加工水平说、内隐记忆、外显记忆、任务分离、加工分离?
2. 记忆实验研究中,实验材料一般要符合哪些条件?
3. 记忆实验研究中,保持量的检查方法有哪些?
4. 如何以自由回忆实验证明短时记忆的存在?
5. 如何以部分报告法实验证明瞬时记忆的存在?
6. 加工水平说的基本含义是什么?你是如何评价这一理论的?
7. 常用的内隐记忆的测量方法有哪些?
8. 任务分离与加工分离的主要区别是什么?

第十二章
思维的实验范式

思维是高级认知过程，特别是就人类而言，它是借助于神经计算与表征变换而认识事物关系的内在过程。就心理学来说，常用的研究范式主要是：行为测量、口语报告分析、计算机模拟等。

本章要旨与重点

◆ 目前心理学关于思维的研究形成了口语报告分析法，行为测量法和计算机模拟法三种研究范式，它们分别源自于行为主义和信息加工心理学。在实际研究中，可以将三种方法和技术结合在一起来使用。

◆ 思维的研究领域分为概念形成、问题解决、推理、决策和创造性思维等，这些领域间也会有交叉的部分。本章重点介绍了前三个方面。

◆ 心理学对问题解决、推理、决策等的研究主要集中在如何表征问题信息以及存在哪些启发式策略，以及思维过程中，认知偏向违背了理性逻辑。

◆ 思维实验中巧妙的研究设计保障了从实验结果推论出内在思维过程的合理性。

思维是依靠神经网络的信息传递与计算关系调整对内部信息的表征进行变换并建立新联系的过程。其基本机制是，在信息驱动下建立新的具有时间、空间和强度分布特性的神经计算模型以形成新的表征（邓铸，2010，2014）。思维作为高级认知过程，从希腊中期开始就成为哲学家探索的重要领域。在实验心理学的范畴内，特别是在 20 世纪 50 年代后逐渐形成了较为有效的方法学体系，使得揭示思维的内部过程成为可能。

第一节　思维研究的基本范式

思维是发生在大脑内部的信息加工过程，对其进行实验研究的通常做法是，为被试设置概念学习、推理、决策或问题解决等任务情境，或者是被试在自然的学习、生活或工作中遇到的任务情境，通过行为测量、口语报告分析、计算机模拟和脑成像分析技术等获取被试在任务情境中的行为与内部变化资料，描绘或推断思维活动的过程与机制。

一、行为测量法

行为测量（behavioral measuring）是指研究者通过对被试外显行为的观察或运用各种工具对被试的行为进行评估来获取思维过程中的相关数据。通过对观察数据或行为测评结果的统计分析，间接推断被试内在的思维过程。该方法源于行为主义的研究逻辑。行为主义者早期的研究，如桑代克的尝试错误实验，多以观察数据作为内在思维过程的推测依据。而随着行为测量的发展，以及研究者对内在思维的过程做更具体、更可信地描述，于是逐渐提出并稳定下来一些易于测量的客观行为指标，如答对频数、尝试次数、解题时间、行为路径等。两者主要的区别在于：采用观察数据的实验，往往不对因变量做明确规定，而是对被试的行为做整体的观察；采集行为指标的方法，通常需要在实验设计中规定某些因变量指标，并针对它们进行测量和记录（郭秀艳，2005）。

（一）观察数据

观察数据即对被试行为进行观察所获得的数据。行为主义的主要研究思想就是要对外在行为进行观察，不太重视对有机体内部心理机制的探讨。早期研究者借用行为主义观察外显行为的方法，获得了许多有关思维的观察资料，基于观察数据进行推断，形成了行为主义的问题解决理论——试误说。格式塔心理学也采用了行为观察的方法研究灵长类动物的问题解决行为，得到顿悟说。

桑代克为研究动物的问题解决，专门设计了一个迷箱，被称为桑代克迷箱（Thorndike's pizzle box），如图 12-1 所示。实验时，将饥饿的动物放入箱内，观察动物如何打开箱子的门闩以逃出迷箱，获取箱外的食物。打开门闩的方式可以根据研究的需要设置成不同的难度。记下动物逃出箱子所用的时间和行为表现，再将动物放回箱内，让其进行下一次尝试。该过程不断重复很多次，直至动物能准确、快速地按压踏板逃出箱子。桑代克以小猫等为被试，得到了动物随着尝试次数的增加，打开箱子所需时间逐渐减少的学习曲线，如图 12-2 所示。

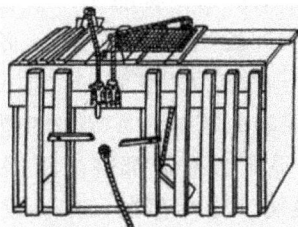

图 12-1 桑代克迷箱

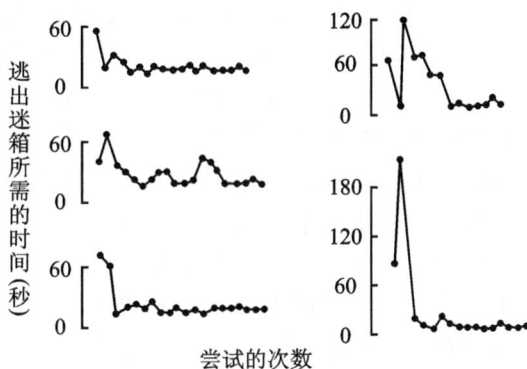

图 12-2 桑代克迷箱实验结果示意图

桑代克基于大量的实验结果，认为动物解决问题的过程就是一个不断尝试和不断错误的过程。在尝试过程中，逐渐把问题情境、成功反应、行为结果强化联结起来。由此提出了学习的联结理论（connectionistic theory）。但是，他将动物实验的结果直接推广到人类问题解决，受到不少批评。

苛勒（Wolfgang Köhler，1887—1967）的顿悟实验（insight experiment）是以黑猩猩为被试开展的大量实验。黑猩猩所在的围栏中，高处挂着香蕉，但是不管黑猩猩用爪子还是用棍棒都不可能直接够到香蕉。观察发现，黑猩猩在进行了很多次失败的尝试后，索性放弃了这个问题，它们或者犹豫不决，或者环顾四周，或者根本就去做其他的事情了。不过实验观察发现，有时在经历了这样一段较长时间的停顿后，黑猩猩会突然想到解决方法，即把围栏中的箱子一个个地堆起来，然后爬到箱子上，得到了香蕉。基于此，苛勒推测问题解决的过程不是盲目地尝试错误的过程，黑猩猩不需要一次又一次地去尝试够香蕉，它们看上去更像是停下来思考，或是去做其他的事，而后在某个瞬间，突然顿悟。这种思维过程突变性的假设——顿悟说，有别于桑代克渐进式的尝试错误说。

以上两个以动物为被试的研究，主要依靠行为观察数据，针对问题解决的过程提出两种经典假说，证明了观察数据在思维研究中的应用价值。当然，随着实验设计理论和思维研究本身的进展，后来的研究者往往偏好运用事前规定的行为指标，做更有针对性的记录。

(二)行为指标

行为测量所采用的指标主要有三种：成功率、潜伏期和解决方法的优劣。问题解决中的功能固着实验就是考察实验组和对照组被试成功解决问题的人数比例和所需时间的差异。继梅尔的绳子问题和邓克尔的盒子问题之后，亚当森(Adamson，1952)试图用三个问题情境(除了盒子问题还包括回形针问题和螺丝锥问题)验证邓克尔的实验。在每个问题情境中，比较有某物体先前经验的被试(被试因而也把物体的某一功能作为固定特性来看)和没有这类经验的控制组被试，在解决问题中的行为数据。测试因变量的指标有两个：在20分钟内能够解决问题的被试百分率和被试成功解决问题所花费的时间。有趣的是，当亚当森使用邓克尔的解决问题的被试百分比作为因变量时，他只是在盒子问题上验证了功能固着效应。多达86％的控制组被试和41％的功能固着组被试解决了盒子问题。在其他两个问题中几乎所有被试都解决了问题，实验组和对照组没有差异，解决率接近100％，说明该指标存在天花板效应。亚当森还使用了第二个因变量指标，他测量了解决问题所花费的时间——反应潜伏期。尽管几乎所有被试都能解决问题，但两种条件下所花费的时间有很大差别。实验中，被试在控制条件下解决问题要比在实验条件(功能固着)下快得多。因而，在某一问题有功能固着时，表现为问题解决速度变慢。

二、口语报告分析

口语报告分析(verbal protocol analysis)或出声思维报告(think-aloud verbal protocol)是思维心理学迄今最有效的研究方法，在问题解决研究中被广泛采用。心理学研究中，冯特最早采用的"自我观察法"是口语报告分析法的雏形。随后，符兹堡学派沿用冯特的方法研究思维。不过，从这些早期的"自我观察"到艾里克森和西蒙的《口语报告分析法》(Ericson & Simon，1984)，它在具体操作和使用中发生了许多变化。近年来，国内问题解决研究中又有多种具体的操作手法出现(李亦菲，等，1998；廖伯琴，1999；刘晓晴，等，2000；邓铸，2002，2004)。

如果说，20世纪中期以前，使用口语报告研究思维，只是少数心理学家的偶然行为。20世纪中期之后，西蒙等人对口语报告分析法的使用则是大规模的、系统的，他就是要通过口语报告分析了解人们问题解决内在的精细过程，以便将这一过程计算机程序化，再将其输入计算机进行模拟。所以，信息加工心理学使口语报告分析法真正有了用武之处。心理学家一方面通过口语分析获得资料，然后依靠这些资料编写计算机程序以进行模拟。一般认为，口语报告分析法、计算机模拟是信息加工心理学研究思维的两种最重要方法。

纽厄尔和西蒙从 1960 年前后开始使用口语报告分析法研究人类解决密码算术问题（cryptarithmetic problem）、逻辑问题（logic problem）和国际象棋问题（chess problem）的思维过程。参照纽厄尔和西蒙的实验过程，以及近期国内类似的研究程序，我们把使用口语报告分析法研究问题解决的过程划分为以下几个阶段。

1. 阶段一：任务设计与器材准备

任务设计（task design）就是要给被试设置一个"任务环境"，考虑的因素主要包括三种。

第一，任务难度要与被试的平均知识水平和问题解决能力水平相匹配，或者符合实验变量本身的变化要求，既不能太难，也不能太容易；工作量的大小也要考虑研究程序的可行性和研究需要。要把自变量的变化融合到任务编排中，除考虑自变量的变化程序外，还要考虑自变量所引起变化的区分度。

第二，解题过程的可展开性。利用口语分析技术研究问题解决，一定要使问题解决的过程具有可展开性、能持续较长的时间，而且解题过程容易被表达出来。

第三，问题解决行为的可展开性。有些时候，需要借助于被试的外部行为表现来辅助说明问题解决的过程和机制，这就需要问题解决过程具有可观察性。还需要被试在解题中留下较丰富的书面材料。

设计完成后，正式实验前要进行预实验，以评估任务设计是否符合要求。

器材准备：实验中需要的器材主要是录音器材（如使用小巧且录音效果好的录音笔等）；此外，还要将所需作业和完成作业需要的其他工具准备好。

2. 阶段二：被试"出声思维"训练

通常情况下，人们解决问题时不大出声，除非是像课堂上教师提问时学生口头表述解题过程。因此，在实验研究程序中，正式实验前，要对被试进行"出声思维"训练。一般使用较为简单的问题作为训练材料，由主试先进行示范，然后让被试尝试进行。训练中，注意让被试学会直接口述解题思路和操作方法，而不要解释"为什么"那样做。等到被试比较习惯于"边想边说"时，就可以进入正式实验程序。

3. 阶段三：正式实验与口语报告材料的取得

正式实验要在安静、整洁的环境中进行。实验开始前，对被试进行言语引导，使其心理状态放松，而且能正确理解实验要求。实验开始后，被试按照要求解决问题并出声报告。在此过程中，主试要尽可能不给予被试提示和干扰，只有当其出现较长时间的停顿时，可以问："你是怎么想的？"或者，被试只顾将解题步骤进行下去，却忘记做口语报告，则提示："请边做边大声报告"。

比如，纽厄尔和西蒙（Newell & Simon，1972）为了获取卡耐基大学的一名男大学生解决密码算术问题的口语报告资料，具体是这样做的：被试坐在一张桌子旁，桌子上放着一支铅笔和一张白纸；主试将实验的指示语读给被试听，并将密码算术问题以常见形式写在纸上交给他。要求被试解决这一问题，并且在整个解题过程中要大声报告他是如何想和做的，使用磁带录音机将其报告记录下来。在被试用笔在纸上写时，也不要中断录音，即使在他用笔写时没有任何口语报告材料。从这次实验中，被试的口语报告共包含了2186个单词。

实验结束后，要及时将录音材料进行备份、保存。

4. 阶段四：口语报告材料的分析

问题解决任务结束后，口语记录过程也同时结束，接下来要做的是将被试的录音材料分解为短语或短句，并用字母标记，如 B1，B2，B3，……在这些编上号的句子中也包括一些主试的语句，例如，被试提问时主试的回答，主试提醒被试"你现在是怎样想的？"，等等。在进行语句拆分时要以意群为单元，即将表达一项单一任务的短语或进行一项推论的短语作为一个独立的项目，保证每一语句项目具有一个独立和单一的语义，然后按本来的时间顺序排列。如果是属于主试的口语，则将其放在方括号内并用 E 来区分（E 代表Experimenter）。按照这样的方法，纽厄尔等从一个被试的密码算术题解题过程中得到了 321 个短语或短句（含少数主试的语句）（Newell & Simon，1972）。

这一口语记录材料充分地保留了被试解决问题的信息。不同研究者对同一被试的口语报告进行拆分时，结果可能会出现差异，这种差异主要在于对意群识别和分割的差异，不会对被试的行为描述带来太大的影响，因为不管怎样拆分，全部的口语信息都是能够得到反映的。

拆分之后，就可以对口语报告材料进行定性与定量的分析，以从中发现被试的问题解决过程、使用的策略，以及在这一过程中表现出来的个人差异等。为了更直观地反映被试解题过程，可以提取口语材料中描述出来的问题中介状态，以及被试实现这些状态转换而采用的算子，然后以时间为线索将这些中介状态和算子连接起来，构成一幅问题行为图。显然，这个问题行为图直观地反映了被试对问题的表征，以及问题表征状态的变化过程。

问题行为图的绘制中应把握的规则：第一，一个中介状态由一个节点表

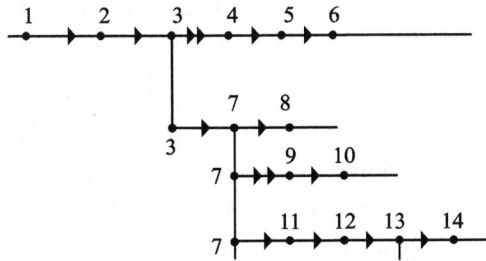

图 12-3 问题行为图片段

示；第二，向右的水平箭头表示将某个算子应用于一种中介状态，导致另一中介状态，双箭头表示同一个算子重复应用于同一种中介状态；第三，时间流程先向右，然后向下；第四，在一个垂直方向上的多个节点代表回到同一中介状态。如图 12-3 所示的问题行为图，反映该被试从起始状态 1 开始执行算子，出现了中介状态 2，再到 3、4、5、6，其中在从状态 3 与 4 的转换中反复使用了同一个算子。出现了中介状态 6 后，没有接着对该状态操作算子，而是又返回到状态 3，操作一个算子导致了状态 7、再到状态 8，随后又两次返回状态 7 并操作不同的算子，出现状态 9 和 11 等。可见，问题行为图是根据中介状态生成时间排列的，能有效表征问题解决过程(John B. Best，著，黄希庭，译，2000)。

三、计算机模拟

计算机模拟(computer simulation)是信息加工心理学最有代表性的研究方法，它通过对心理过程的计算机模拟来认识人的心理活动过程，即对人的内部信息加工过程进行逻辑分析。计算机模拟通常和理论分析结合在一起，多从程序缩减、流程分析、程序模拟三个方面入手(梁宁建，2003)。把人的某种认知理论表现为计算机程序，也就是先推断出人的某个反应动作的可能的心理过程，并将其编成程序输入计算机，通过计算机的工作而获得计算机的反应，即计算机接受符号输入，进行编码，对编码输入加以决策/存储，并给出符号输出，然后再看计算机的反应与人的反应有什么不同。如果计算机的输出状态与人的输出状态(反应)一致，说明用以描述人的心理过程的计算机程序在机能上与人的内部心理过程是相似的；如果程序运行不能得到与人类解决问题相似的结果，则说明未能真正理解人类解决问题的过程，于是对计算机程序进行修改，直至达到预期结果，再以成功实现的计算机程序来解释人的解决问题的思维过程。这种方法虽然具有逻辑倒置之嫌，但毕竟为思维心理学的研究开辟了一条新道路。计算机与认知过程的这种类比，只是一种水平上的类比，即在计算机程序水平上描述内部心理过程，它主要涉及的是人和计算机的逻辑能力，而不是计算机硬件和人脑的类比。

1956 年，纽厄尔和西蒙提出了证明数理逻辑定理的程序，即"逻辑理论机"(Logic Thoery Machine，简称 LTM)；1972 年，他们又创制了"通用问题解决者"(General Problem Solver，简称 GPS)。不过到目前为止，心理学家或人工智能专家也还没有真正地编制出一个能完全模拟人类思维的计算机程序。认知心理学用产生式系统(production system)描述人类思维和人工智能(aitificial intelligence，简称 AI)。所谓产生式系统，是指计算机和人所能执行的一组活动。只要有一定的条件就能产生一定的活动，其通用表达式就是"If... Then..."有一个条件，就可以执行一个活动得到一个结果；再有一个条件就有另一个活动和另一个结果，依此类推。当条件输入和活动执行完毕时，就达到总的目标。如此，只要条件足够，问题都是可以得到解决的，但实际上并非如此。比如，知道了某人在南京市的某家餐馆当大厨，那么从理论上讲是可以找到他的。但在许多时候，人们不会一个一个地把整个城市的餐馆找个遍，会采用某些策略，有所选择地去找，最后可能找到，也可能找不到。所以，产生式问题解决理论并不能真正地解释人们的问题解决过程，或者说，不能完全解释人类的问题解决过程。

第二节 概念形成的实验范式

心理学中所讲的概念（concept）就是指一类事物的共有特征，这些特征可将其与其他事物区分开。因此，从这个意义上说，概念就是一种规则，即将事物进行分类的规则。概念形成就是发现规则的过程。发现规则的最低表现形式就是能够正确地对事物进行归类，尽管有时不能用言语表达出来。比如，用动物作为实验被试，虽然它们不能用言语表达自己对规则的认知，但是它们可以通过行为表现出对规则的把握。有研究者曾让猴子挑拣"长方条"来换东西吃。实验的方法是：在猴子的周围放着各种形状的木块，有方形的、圆形的、三角形的、长方形的，还有许多不规则的形状。当猴子拿来长方形的木条就给它一块糖果吃，凡是拿其他形状的木块都不给糖果。经过若干次实验，猴子学会了专门挑拣长方条来换糖吃，甚至在找不到长方条时拿着自己的尾巴来"冒充"，也不去拿其他形状的木条。这说明它发现了这一类木块共有的不变特征，这就是概念形成(concept formation)，也称概念学习(concept learning)。关于概念形成的经典实验来自于布鲁纳的研究。

一、概念形成实验的设计

(一)概念形成实验的材料

概念形成实验中,使用的学习材料可分为两大类:人工概念(artificial concept)材料和自然概念(natural concept)材料。在实验室研究中,为了简单可行,容易控制一些偶然的或随机因素,常常采用人工概念材料。这类材料为被试提供一系列样例,让其探索其中某一特定规则。换言之,那些符合特定概念规则的卡片可归入一类,作为特定概念中的样例;不符合特定规则的就应被排除在样例类别之外。根据概念规则是否明显,可将实验材料分为两类:一类是以布鲁纳卡片为代表的维度特征明显的材料,如图 12-4 所示的 81 张卡片共有四个维度,而每个维度又分为三个水平,如按形状特征分圆形、十字形和方形,按颜色特征分红色、绿色和黑色,按边框特征分单线框、双线框和三线框,按图数特征分一个、两个和三个。类似的还有莱文(D. Levine)空白实验程序的材料,字母 X,T 在大小,位置(左、右),颜色(黑、白)三个维度上的变化可构成 16 个字母。

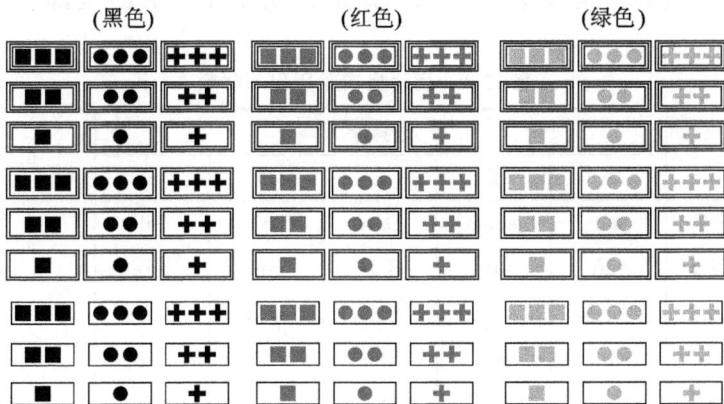

图 12-4 布鲁纳等概念形成实验的刺激材料(Bruner, Goodnow & Austin, 1956)

还有一类以赫尔(Clark Leonard Hull,1884—1952)的人工概念材料为代表,除了要考察的概念特征外,其余的干扰特征不明晰,由被试自行假设。赫尔的概念样例是汉字,概念的定义是汉字的偏旁等特征,并以"oo""ta""yer"等字母组合作为概念名,如图 12-5 所示,无意义音节"deg"所对应的概念定义是所有包含偏旁"石"的汉字,其样例包括"砖""磬""研"等。

名字 概念 第一套 第二套 第三套 第四套 第五套 第六套

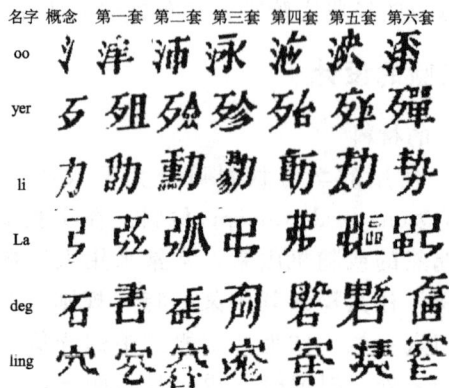

图 12-5 赫尔实验所用的刺激材料

杨治良(1986)对概念形成的突变、渐变性进行了实验探讨，实验材料如表 12-1 所示，左面一个为关键词，右面五个为选择词。实验时要求被试从这五个选择词中选择一个词，选择的这个词中包含的字母都在关键词中。例如，INFLUENCE：sure，new，play，fear，life，则需要被试选择的正确答案是 life。当这一规则一旦被发现之后，该被试就能在以后的全部尝试中保持正确。

表 12-1 杨治良实验所用的材料

关键字	选择字					正确答案
	A	B	C	D	E	
FEATURE	ear	song	Date	halt	dull	A
BULLETIN	raft	slide	Tile	laid	hire	B
OINTMENT	forth	mint	Sure	neat	sane	C
OPENING	slip	told	blue	pine	gap	D
INFLUENCE	sure	new	play	fear	life	E

但是，20 世纪 70 年代以后，研究者对人工概念的形成实验产生了质疑，越来越重视自然概念形成的研究。所谓自然概念，就是自然世界中存在的概念。但是，在实验情境下，以自然概念为材料，同时保持个体概念形成过程的自然属性，就会消耗大量的时间，研究方式也就转换成了"观察法"或现场研究了。所以，到目前为止，实验室研究概念形成的方式还多是以人工概念为材料。

(二)概念形成实验的程序

首先，研究者要根据研究目的确定规则类型。可以使用的规则类型主要包括以下三种。第一，单值概念(single-value concept)，要求被试确定具有某一特定维度的某一特征值的所有卡片。例如，确定所有"双线框"卡片的规则就是一个单值概念。第二，合取概念(conjunctive concept)，规则确定了在一个维度上有一个取值，而在另一个维度上也有一个取值的概念。例如，印有"红色圆形"的卡片，这里确定了卡片在两个维度上的特征值，一个是在颜色维度上取"红"，同时在"形状"维度上取"圆"，该概念规定了同时具有"红色"和"圆形"特征的所有卡片。第三，析取概念(disjunctive concept)，当规则表述为"红色或圆形卡片"，称为包含性析取；当规则表述为"红色或圆形但不包括红色圆形的卡片"，称为排除性析取。另外概念还可以表述为否定、条件等形式的规则。总之，研究者可以根据研究思想或假设制作实验材料和提出被试的任务要求。

其次，确定了任务要求后，即可向被试呈现刺激卡片，并要求被试做出适当的反应。这里既可以采取接受范式(reception paradigm)，也可以采取选择范式(selection paradigm)。

(1)接受范式

由主试——呈现实验材料即样例(sample)，每呈现一个样例，被试就尝试将其归入某个类别，主试随之给予正误反馈。在具体操作上，还有几种不同的变式：第一，每次实验都将所有实验材料呈现给被试，主试指出其中一个样例，要求被试回答其是否属于某一概念范畴；第二，每次呈现给被试两个或两个以上的样例，要求被试指出其中哪一个是属于某一概念范畴的样例。这样的操作可降低任务难度。

(2)选择范式

由被试选择刺激材料作为某个概念的正例或反例，然后主试给予正误反馈，接着被试继续选择材料，做出假设。

不管采用何种范式，被试操作都要循环、重复进行很多次，直至不再发生分类错误，或者做完最大尝试限制次数为止。还可要求被试在主试给出反馈前或反馈后提出假设，这种方法可以收集被试更多口语材料，有利于对概念形成的思维过程进行更详尽地研究。

最后，再对实验记录的材料进行详细分析，从中发现被试概念形成的特点和规律，特别是被试在概念学习过程中使用的策略、尝试失败时的情绪表现等。

在实际的概念形成中，既有选择性质的，也有接受性质的。当然，这两种过程可能存在内部机制上的差异，也存在与被试特征的交互作用，比如有研究发现，不同年龄个体在这两种实验范式中的表现有所不同：成人被试在选择范式中概念形成较快，儿童被试在接受范式中概念形成较快。

（三）概念形成实验中的行为测量

根据概念形成实验的基本程序：呈现刺激（接受或选择）→被试反应（同时提出假设）→主试反馈（"正确"或"错误"）→（被试提出假设）→再呈现刺激。可以看出，实验中需要观察、测量和记录的行为主要包括：每一次刺激材料的内容与呈现方式，被试的反应及提出的假设，主试的反馈，被试在反馈后提出的假设，每一次使用的时间和尝试次数，整个实验序列的实验次数和所消耗的总时间。其中，最基本的资料包括：实验次数、耗费时间、错误次数等。

除上述行为测量外，主试还要在实验过程中注意观察：被试的情绪状态及其变化，被试使用的主要策略等。

为了达到对被试上述行为的测量，并反映被试概念形成的过程及其影响因素，要在实验前编制并呈现指示语。概念形成实验的指示语一般要包含下列内容：第一，对概念作一般描述；第二，对刺激材料及其呈现方式的一般描述；第三，对被试反应的要求，要非常明确地告知被试如何反应、何时反应；第四，主试将给予被试什么样的反馈、反馈的意义是什么。

后文，我们将以布鲁纳等的经典实验说明概念形成实验的具体操作方法。

（四）概念形成实验的变式

1. 莱文的"空白"实验

莱文（D. Levine）在 1966—1975 年就概念形成问题做了大量研究，并对实验方法进行了改进：以前的概念形成实验，很难直接判定被试每次是否应用假设或应用什么假设。莱文 1966 年为了直接度量被试的假设和假设检验的过程，提出了空白实验程序（blank trail procedure）。这个方法的基本思想是让被试在主试不给予反馈的条件下，对一系列的刺激做出反应；如果被试能对这些刺激做出系统的反应，那么就可能确定这种反应的基础即假设。下面是其一个典型的实验。

（1）实验材料

给被试成对地呈现两个刺激，如字母 X 和 T，这两个字母在大小、颜色（黑白）、相互位置（左右）三个维度上有变化，每个维度有两个值。一对刺激在三个维度上有区别，但每次实验只有一个维度上的属性决定了某个刺激为肯定实例，另一个为否定实例，这个属性将两者区分开来。

（2）实验程序

莱文设计出包含空白实验的 16 次实验程序。在 16 次实验中，仅在第 1、6、

11、16 次实验给被试以反馈，两次反馈实验之间有 4 次实验是不给予反馈的，这样做是为了让被试能够获得足够的信息来掌握概念，同时又可以直接度量被试的假设检验行为。应用这样的 16 次实验程序，不管被试是否能进行最优的信息加工，都可有效地揭示被试的假设检验行为或概念形成的过程。后来又用口头报告来代替空白实验，即在每一次有反馈的实验之前，要被试口头报告他那时的假设。结果证明口头报告和空白实验的获得的信息接近。

2. 张庆林的"固定样例"实验

当假设检验涉及实验组和对照组的对比研究时，经典的样例变化方式面临一个困境：不同被试选择的样例各不相同，得到的反馈也不同，这就很难比较他们的思维过程，很难判定其策略发展水平的高低。张庆林（2001）采用新的"固定样例"程序，研究了小学儿童假设检验的发展。实验采用自行设计的实验图形，这些图形包括 4 个维度上的变化：形状（三角形、梯形、半圆形），颜色（白色、黑色、花色），大小（大图形、小图形），方向（正立图形、倒立图形），构成了 36 个图形。全部图形有规则地画在一张 16 开硬纸卡片上。每道题在竖线左边给出几个图形，要求被试在竖线右边的 6 个供选图形中选出所有"可能"与左边图形同类的图形。一个题组里共有 3 个题目，其中第 3 小题如图 12-6 所示。第 1 小题竖线左边只有第 3 小题中的前两个图形，第 2 小题竖线左边图形与第 3 小题的前四个图形相同，而三道题竖线右边的六个备选图形都是相同的。Ⅰ 型题中的第 1 题，由于只提供了两个正例，所以可以产生三种假设："可能是大的""可能是白的""也可能是正立的"，这一题主要用来研究被试生成假设的能力。第 2 题在第 1 题的基础上又增加了两个正例，正确的答案应该是"可能是大的，也可能是正立的"，第 3 题再增加了一个正例之后，正确的答案只能是"正立的图形"。第 2、3 题主要用于研究儿童是否能根据新获得的信息及时检验并修正自己的假设。三个题合在一起，就达到了用标准化测试评估儿童假设检验能力的目的。

图 12-6　张庆林（2001）实验中第 3 题材料

二、经典实验

（一）布鲁纳人工概念实验

1. 实验过程

实验者事先规定某个维度的某一属性（如红色）或几个维度的属性（如红色

圆形)为某个人工概念的特有属性，即以这些维度和属性构成某个人工概念，它们被称作有关维度和有关属性，其他的则称作无关维度和无关属性。凡具有所规定的全部有关属性的卡片则为概念实例或肯定实例，否则为否定实例。但实验者事先并不将某个人工概念告诉被试。实验开始时主试告诉被试：本实验有一个特定的概念，这个概念是由某一属性或某些属性组成的，要求被试通过实验过程来发现概念；然后主试首先取出一张肯定实例卡片给被试看，并明确告知这是肯定实例，被试则要从他面前的所有的卡片中，根据他自己的想法来选取属于这个概念的其他肯定实例，一次选出一个，主试均给予反馈，告知其选择是否正确。如此进行下去，直到被试发现这一概念。

2. 研究发现

布鲁纳等发现被试会形成两类不同的假设：一类是总体性假设，即把主试呈现的第一个肯定实例所包含的全部属性都看作未知概念的有关属性，排除那些被主试肯定的样例所不具有的所有属性或特征。在接下来的实验中，接受新的卡片刺激和主试反馈，继续排除非共同的属性或特征，最后逐渐集中到概念规则所规定的卡片属性或特征。另一类是部分假设，而根据主试的第一个肯定实例所包含的部分属性来形成关于未知概念的假设，如果能够正确预言这张卡片的类别就加以保持，否则就重新形成假设，直到获得一个总能被证实的假设，从中发现概念规则所规定的卡片属性或特征。该实验中整体策略比较理想，有 65％ 的被试使用整体策略。两类假设结合冒险取向就形成了被试常用的四种有效策略。

第一，同时性扫描(simultaneous scanning)。被试在实验前期构造出各种可能的假设，然后在每次实验反馈后删除不成立的假设。

第二，连续性扫描(successive scanning)。被试先从一个假设入手，如果他能依次正确地预测了卡片，就保留假设，否则放弃该假设。

第三，保守性聚焦(conservative focusing)。被试在实验前期，先进行猜测，直至正确击中一个假设为概念的卡片，然后选择其他卡片，选择中每次只变换最初的肯定样例中的一个特征。

第四，博弈性聚焦(focus gambling)。被试在实验前期，先进行猜测，直至击中一个假设为概念的卡片。然后选择其他卡片，但在选择中每次都变换最初的肯定样例的两个以上的特征。这种策略运用得当时，可以缩短探索时间，但也有可能会因失败而出现思维混乱。

概念形成实验中，有些被试会在具体样例的反应与反馈中，灵活采用多种不同的策略或同时采用多种策略。

(二)"耶克斯选择器"与空间位置关系

在心理学实验室里，有一个常规的实验设备，叫作"耶克斯选择器"。可以用来研究空间位置关系概念的形成过程与规律。

1. 耶克斯选择器

耶克斯（Robert Mearns Yerkes，1876—1956），是美国动物实验心理学研究先驱，在心理测量方面具有丰富的理论与实践经验，编有"概念形成的复合选择测验"，后人以此为基础设计出测验空间位置关系概念形成过程的仪器，就叫"耶克斯选择器"（Yerkes selection box），如图 12-7 所示。该仪器有 12 个活动电键，声音可按主试的意图与任一电键相连；中间有单向屏风，不让被试看到主试的操作，主试却能看到被试的反应。

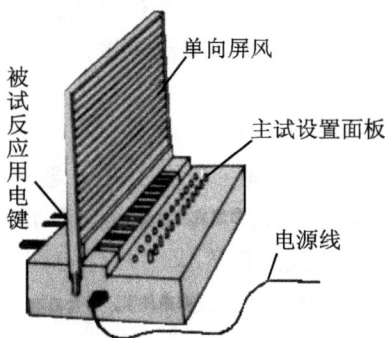

图 12-7　耶克斯选择器

2. 实验任务与程序

以简单位置关系概念形成的实验为例。实验中，主试每次为被试设定一个空间位置关系刺激模式，即将某些电键推出去构成一个空间位置刺激模式，同时设定这推出的若干电键中有一个是与声音信号联系在一起的，而且每次这个与声音联系的电键在空间位置上都符合某一共同的规则。被试的任务就是在主试不断改变刺激模式的时候，找到隐含其中的不变规则，这是被试在实验中的基本任务。实验的一般程序包含以下三个步骤。

第一步，主试先准备好让被试探索的空间位置关系概念。即声音和处在特定空间位置的电键相连，并按这一规则设计出一系列的刺激变式，排好呈现顺序。

第二步，让被试坐在单向屏风前，主试在屏风后操作。按照事先设计好的方案推出几个活动电键，并使其中一个与声音联通（不要让被试知道），然后向被试交代任务，即呈现实验指示语："这些电键中有一个是与声音相连的，请你找出是哪一个。找到后请你记住声音是和什么位置的电键相连的。第二次我换几个电键，其中也有一个与声音相连，你的做法与上一次相同，如果你能知道哪一个是与声音相连的，就直接去按这个电键，如果还不确定，你就需要探索。如此进行下去，直到你能连续三次第一下就按对了，并且能正确地说出声音键的空间位置为止。你的任务就是较快找出每一次实验中与声音相连的那个键与其他键的位置关系。虽然每一次给你的电键数量及位置均不同，但要你找的声音键的空间位置是符合某一规则的，在你每次按键的前后说出你自己的想法。"（杨博民，1989）

主试记录：被试实验进行了多少遍，每一遍所用的时间（从主试喊"开始"，同时按动秒表计时。当被试按键发出声音时，主试按动秒表停止计时），实验中的口语和表情等。

第三步，更换被试进行实验，直到所有被试都完成实验。对记录的实验资料进行定性和定量相结合的分析，概括出被试概念形成的过程、规律及使用策略等。

（三）概念形成特点的研究

布鲁纳等人提出了假设检验理论后，一些心理学家借用人工概念的实验范式又对概念形成过程中的特点进行了研究，取得了一些成果。

鲍尔（G. Bower）和特拉巴索（T. Trabasso）在1964年的实验以及杨治良在1986的实验都表明，被试在概念形成过程具有全或无的特点。研究者绘制了反映每一位被试反应正确率与尝试次数关系的学习曲线。

鲍尔的实验程序：要求被试掌握以5字母串为材料构成的概念。字母串中，每个字母位置上都可能出现两个字母中的一个，这就相当于刺激材料有5个变化维度，每个维度有两个值。被试要掌握的概念就是某个维度的特定值。实验开始前，告诉被试，他只需找到某一个维度的一个值。实验时，主试每次呈现一个字母串，要求被试判断该刺激是否属于肯定实例，主试记录其反应并给予正误反馈。重复进行很多次，直到被试掌握了所要求的概念。早期的概念形成通常是以一个实验组被试的平均实验成绩来表示的，给人的印象似乎是渐进的方式。鲍尔等人应用一种新的方法分析实验结果，他们先确定每一个被试在哪一次实验中做出了最后一个错误反应，再计算这次实验以前正确反应的百分数。如以这样的实验结果作图，就可得到一条学习曲线。结果显示，在做出最后一个错误反应之前，被试正确反应的百分数始终在50%上下，说明被试是按照全或无的方式来掌握概念的。

鲍尔和特拉巴索1963年的实验表明，被试在概念形成过程中表现出对过去事件的无记忆现象。实验过程：在实验中被试要掌握一个有关属性和其他的无关属性。主试对一部分被试的前10次实验给予不适宜的反馈，即不按照所要掌握的概念给予反馈，而是依照与之对立的无关属性给予反馈，说明反应的正误；对另一部分被试则依照所要掌握的概念给予适宜的反馈；但在10

次试验后，对所有的被试均依据该概念给予适宜的反馈。结果发现，不管前10 次得到的是适宜的还是不适宜的反馈，他们为了掌握概念而需要的实验次数是相近的。这个实验表明被试对过去的事件没有记忆，前 10 次实验不适宜的反馈并无妨害后来的反应。这也说明以前曾经采用而被否定的假设与至今尚未被采用的假设一样，仍有可能再次应用。

第三节　问题解决的实验范式

问题解决是最为普遍的思维形式，大多数的思维研究都以解决问题的过程展开。问题解决研究中的实验材料有什么特征？如何对问题解决策略和问题信息表征进行研究？

一、问题及问题解决

(一)什么是问题？

当人们不能采取显而易见的直接手段达到目标时，就有了问题。它其实就是人们面临的一种认知情境，在这种情境中，人们达到目标存在障碍。所以，问题存在需要三种基本成分。

第一，给定(givens)：是一组关于问题条件与情境的描述，即问题的起始状态；

第二，目标(goals)：是关于问题结论的描述，即问题所要求的答案，即问题的目标状态；

第三，障碍(obstacles)：从问题起始状态到目标状态间的某些未知中介状态与操作方法。由于这些中介状态和连接这些状态间的操作方法未知，就成为从起始状态到目标状态间的障碍。

总之，问题是给定的信息和目标之间有某些障碍需要加以克服的情境。在达到目标之前，可能会有一些错误和曲折，有许多中介的步骤(汪安圣，1992)。

(二)问题的类型

格里诺(Greeno，1978)把问题划分为三种典型形式。

(1)归纳结构问题(problem of inducing structure)

给出几个条件，而问题解决者必须发现隐含在条件中的结构模式才能解决问题。例如，以下的数列填空问题、类推问题等。

举例 1：2、8、18、?? 72，问号处应该填上什么数字；

举例 2：镰刀——茅草、渔网——鲇鱼、钢笔——？卡车——？问号处应该填什么？

(2)排列问题(problem of arrangement)

给出某一事物构成的各种成分，问题解决者必须以某种合理的方式对这些成分进行排列，才能达到问题的目标状态。

举例 3：纽厄尔密码算术问题。如图 12-8 所示，已知加法算式中的字母 A、B、D、E、G、L、N、O、R、T 各自代表 0～9 中的一个不同的阿拉伯数字，其中 D=5。那么，其他各个字母所代表的数字是多少时，这个加法算式才是成立的？在这个问题中，字母所代表的数字的全体已经给出，只是其如何在这个加法算式中排列是未知的，所以叫排列问题。

$$
\begin{array}{r}
\mathrm{D\ O\ N\ A\ L\ D} \\
+\ \mathrm{G\ E\ R\ A\ L\ D} \\
\hline
\mathrm{R\ O\ B\ E\ R\ T}
\end{array}
\qquad \mathrm{D} \longleftarrow 5
$$

图 12-8　纽厄尔密码算术问题

(3)转换问题(problem of transformation)

给出问题的起始状态和目标状态，而且问题结构成分均已知，只是其存在的状态不一样。最典型的例证是"传教士与野人过河问题""河内塔问题""八瓦游戏问题"。

举例 4：传教士与野人过河问题。一天，三个传教士和三个野人同时来到渡口准备过河。渡口只停泊着一条小船，这条小船一次最多只能承载两个人，而且因为没有船工，所以过河的人要自己划船。因为野人比较野蛮，如果在河两岸的任一边出现野人数超出传教士数量的话，传教士就有被野人吃掉的危险。请问，这六个人该如何渡过河去呢？

举例 5：河内塔问题。如图 12-9 所示，在一木制底座上有三个立柱 A、B、C。在立柱 A 上套着五个圆片。要求用最少的搬动次数把这五个圆片搬到立柱 C 上去。在搬动过程中，限制每次只能搬一个，可以把立柱 B 作为中转柱，而且只允许小的圆片压在大的圆片上，不能以大的圆片压在小的圆片上。那么如何来搬动圆片呢？

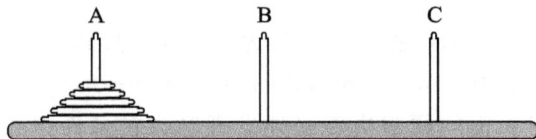

图 12-9　河内塔问题

举例 6：八瓦游戏问题。如图 12-10，将 1～8 这 8 个数字写在八块瓦上，按图中左边的顺序摆放构成问题起始状态。要求问题解决者在 3×3 的方格内移动瓦片，每次只移一个，而且不允许移出方格。问最少要移多少次才能将八瓦摆放顺序转变成图中右边的样子？

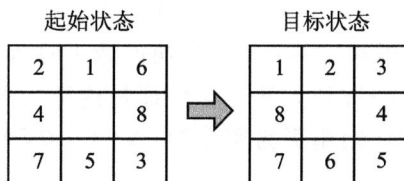

起始状态		
2	1	6
4		8
7	5	3

目标状态		
1	2	3
8		4
7	6	5

图 12-10 八瓦游戏问题

瑞特曼（Reitman，1965）则根据问题条件与目标状态的界定清晰性把问题分为规定良好的问题（well-defined problem）和规定不良的问题（ill-defined problem）。还有的心理学家根据问题解决是否依赖于专门知识，把问题划分为：知识贫乏领域问题（knowledge-lean problem）和知识丰富领域问题（knowledge-rich problem），或者分别叫作人工问题、专门领域问题等。

（三）什么是问题解决

问题解决就是在头脑中形成问题的当前状态和目标状态的心理表征，并搜索把当前状态转换成目标状态的具体手段。在认知操作过程中，随着问题解决者采取某种措施，问题的状态就会发生不断变化。把这些状态按照操作的顺序排列出来就构成了一个由各种相互连接的问题状态分布图，心理学中称此图为问题行为图（problem behavior graph）或问题空间（problem space）。所谓问题空间，就是问题解决的中介状态以及实现这些状态转换的操作方法。实现问题状态转换的操作方法也叫作算子（operator）。

二、早期的实验

早期实验大多关注问题本身的变化对问题解决的影响。在对问题呈现方式进行操控的不同条件下，测量问题解决中的各种行为指标，探索其中的变量关系。

（一）定势实验

人在解决一系列相似的问题之后会有一种以惯常方式解决问题的倾向，这就是定势（set）。定势有时可以促进问题解决，借助于它可以减少摸索过程。有时，定势也会阻碍问题的顺利解决。心理学家陆钦斯（A. S. Luchins）1964年曾做过一个定势实验，他要求被试用大小不同的容器 A、B、C 去量水。要实验组做所有的 7 道题，而控制组只做 6、7 两道题。解决第一个问题的好办法是装满 B 壶，然后用 B 壶里的水装满 A 壶一次、装满 C 壶两次，即用(B－A－2C)的方法操作，之后，B 壶中剩下的水就是所要求的水量。问题 1～5 的解决方法是类似的，因此造成了被试的某种倾向。问题 6 和 7 可以用上述的程序解决，但也可以用一种较简单的方法解决：只需要用(A－C)或(A＋C)的方法即可解决。

实验发现，实验组的被试一直沿用解决问题 1 时所用的(B－A－2C)方法解决所有题，从小学生一直到大学毕业生都是这样。而控制组被试，由于不受先前活动的定势影响，则用更为简便的(A－C)或(A＋C)的方法解决这两个问题。

(二)功能固着实验

某种物体经常以某种方法被使用，久而久之，人就会在思想上把它的功能固定在那种用法上，这就是功能固着(functional fixedness)现象。换言之，功能固着使人难以发现事物的新用处，因而有时会使问题的解决受阻。

心理学家艾德姆逊的实验把被试分为甲、乙两组。给每个被试发 3 支蜡烛、3 个小纸盒、5 根火柴、5 颗图钉和一个垂直的木屏。但是，给甲组的图钉、火柴、蜡烛是分类放在纸盒里的，给乙组的这些东西则是散放在盒子外面的。要他们解决的问题是：如何把 3 支蜡烛安置在垂直的木屏上？问题的正确解法是：用火柴熔化蜡烛底部，把它黏合在纸盒上，然后用图钉把小纸盒固定在木屏上即可。实验发现，乙组 86％的被试不到两分钟就解决了问题，而在同一时间里，甲组只有 41％的人解决了问题。造成这种差别的基本原因就在于，把实验材料分类放在盒子里强化了"纸盒只能做容器"的功能，使甲组被试遇到了较多困难，而乙组被试所遇到的是一种没被盒子框住的情境，因此，功能固着的消极影响较小(郭秀艳，2005)。

三、问题解决策略的实验范式

信息加工心理学采用口语报告法和计算机模拟结合的实验范式，探索了大量问题解决过程中的策略问题。下面介绍傅小兰在 1990 年完成的一项研究。

独粒钻石棋是一个人玩的游戏。游戏开始前，棋盘上共有 32 颗棋子，每粒棋子均位于棋盘上的一个交点处，其中正中央的那个交叉点没有棋子，如图 12-11 所示。游戏时，棋子只能跳着走，即必须从相邻的一个棋子跨到一个空位上，被跨过的那个棋子就被吃掉了。走到所有棋子均不能再跳为止，游戏者的成绩取决于剩下的棋子，剩下的越少成绩越好，如果只剩下一颗棋子则成绩最好。研究者让被试一边玩棋一边大声说出自己的想法，采用口语报告分析的方法归纳被试在实验中的具体移动。

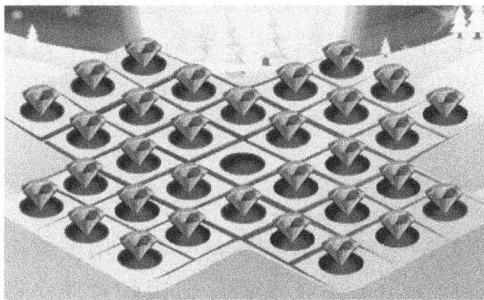

图 12-11 独立钻石棋

傅小兰在研究中总结出被试使用的三种策略。

第一，知觉指引策略：棋子移动无计划，主要基于当时对问题情境的知觉结果，即看到哪个棋子能动就动哪个棋子。口语记录多是"先试试""车到山前必有路""走一步看一步"。

第二，选择性搜索策略：部分被试的口语记录是"先把最角上的棋子去掉""要往中间走"等。考虑到问题解决的最佳结果是剩一枚棋子在正中心位置，需要把棋子往棋盘中部集中。

第三，计划简化策略：部分被试的口语记录是"怎么千方百计使这 4 个角一个一个空出来"，"上面一个一个角消灭掉了，这么消灭的话，就没注意中间的"等。被试将棋盘的 4 个边角上的棋子一块接一块地清除，表现出明显的计划性，能保证剩下的棋子都集中在中部。

第四节 推理研究的实验范式

在 20 世纪的前半个时期，推理的实验研究程序主要是行为主义式的，向被试呈现能引起推理活动的刺激（主要是形式逻辑推理题），记录被试对这些作业刺激的反应结果，并进行理论解释。从 20 世纪中期开始，推理心理学的研究逐渐采用了认知心理学的研究范式，即先提出某种假设，围绕假设进行实验设计，控制无关变量，然后在实验中采集被试在实验条件下的推理结果，分析这些推理结果，用信息加工的观点来解释人们在推理活动中如何表征推理刺激，描述人类推理活动的过程，并探讨推理过程是否符合逻辑规范及其内在的认知偏向（胡竹菁，2000）。

推理是从已知的或假设的前提中引出结论的认知过程。根据形式逻辑的观点，前提和结论之间有蕴涵关系的推理称必然性推理，即演绎推理（从一般到特殊）；前提和结论之间没有蕴涵关系的推理为或然性推理，包括归纳推理（从特殊到一般）和类比推理（从特殊到特殊）。心理学的研究主要集中在演绎推理，因此常被简称为推理。就目前的研究看，主要包括以下两个方面：一是对三段论推理的研究，二是对复合推理的研究。

一、范畴三段论推理的实验

心理学对范畴三段论推理的实验研究主要采用纸笔测验法进行。控制的自变量主要是被试的性质和范畴三段论推理题的性质。具体地说，实验者根据一定的目的，编制一定数量的推理题，选取一定样本的被试并让他们解题，然后对被试的解题结果进行统计分析，据此提出某种理论假设。

威尔金斯（1928年）发表的实验探究了范畴三段论推理题的内容性质对范畴三段论推理的影响。被试是81名大学生，材料是四种类型的范畴三段论试题各20题，其中每一个范畴三段论试题都由两个前提和三个可选的结论所构成。例如，前提——所有的 A 都不是 B，有些 A 是 C；结论——所以，有些 C 不是 B，所有的 C 都不是 B，有些 B 不是 C。

在这里，根据逻辑学的观点，第一个结论是有效的，后两个结论则是无效的。在威尔金斯设计的实验中，每个范畴三段论推理题通常都有一个或多个结论是有效的，被试的任务则是对每一个结论标出有效还是无效。发现上述这一例的三个可选结论中，被试对它们的接受率分别是 71％、23％ 和 47％；另外推理题的内容越是和日常生活中熟悉的事物相关，准确率越高。

二、复合推理的实验

在实际生活中，人们不可能只面对三段论这种单纯的逻辑推理，还会遇到包含其他认知成分的复合推理任务，例如，涉及命题检验的推理，概率推理等。

（一）命题检验

命题检验主要围绕沃森提出的三大类型的课题进行研究，即条件推理、四卡片选择作业和 THOG 问题。这里以经典的四卡问题为例介绍一下命题检验的一般实验程序。

实验目的：探求被试对给定法则的真伪进行验证时的心理活动规律。

实验材料：实验中所用的实验材料一般是以四张卡片为一套的卡片若干套，每套卡片，如图 12-12 所示，同时呈现给被试。

| E | K | 4 | 7 |

图 12-12 选择作业的刺激卡片

告诉被试每张卡片一面有一个英文字母，另一面有一个数字，并告诉被试要求验证的命题是什么，比如，"如果卡片的一边是元音字母，那么在它的另一边是偶数"。要求被试判断，为了验证这一命题的真假而至少需要翻看哪些卡片。

结果解释：以上一命题为例，当需要证明其真伪时，有46%的被试认为必须选择翻看 E 和 2 这两张卡片；有33%的被试选择了 E 卡片，两者合在一起的人数为79%（占绝大部分）。完全正确地选择 E 卡片和 7 卡片的只有4%。选择数字卡片 7 的人占7%。沃森等人认为，四卡问题实验的一般结论是：被试在这种选择作业中，总是极力去搜索可以证实命题为真的卡片，而较少尝试寻找可以证伪的卡片（胡竹菁，1999）。

（二）概率推理

史滋福等（2006）探讨了如何用外部表征方式促进贝叶斯推理的成绩。实验材料为经典的贝叶斯推理任务"乳癌问题"：参加常规 X 射线透视检查的40岁妇女中，患乳腺癌的概率是1%。如果一个妇女患了乳腺癌，她的胸透片呈阳性的概率是80%；如果一个妇女没有患乳腺癌，她的胸透片呈阳性的概率是9.6%。一个此年龄段的妇女的胸透片呈阳性，那么她患乳腺癌的概率是多少？

自变量是被试类型（文理科）与问题呈现方式。问题呈现方式分为三组：标准概率题组、叙述理由组、嵌套集合关系的命题表征组。因变量为后验概率估计的准确性，即后验概率估计值与使用贝叶斯定理计算出的标准值之间差的绝对值。

控制组（经典乳癌问题组）要求被试估计：现在有一个此年龄段的妇女在 X 射线检测中呈阳性，则她实际患乳癌的概率是多少？叙述理由组在要求被试估计这一问题，同时附加"请简单说明你给出这个答案的理由"。嵌套集合关系的命题表征组则要求被试依次估计：第一，一个此年龄段的妇女患乳癌且检测呈阳性的概率是多少？第二，一个此年龄段的妇女没患乳癌而检测呈阳性的概率是多少？第三，一个此年龄段的妇女检测呈阳性的概率是多少（不论患癌与否）？第四，若已知一个此年龄段的妇女在 X 射线检测中呈阳性，则她确实患乳癌的概率是多少？

实验结果表明，第一，文理科主效应在统计意义上差异不显著，$F(1,$

157)＝0.155，$p>0.05$。这似乎表明"乳癌问题"这样复杂的贝叶斯推理问题对文理被试而言都很困难。第二，叙述理由组和控制组的贝叶斯推理成绩存在统计上的显著差异，说明要求被试叙述理由确实改善了被试的推理成绩。这表明叙述理由确实可以激发被试的元认知监控过程，从而有效调动其利用已有知识和相关图式明晰问题中内隐的嵌套集合关系。第三，嵌套集合关系的命题表征虽然在一定程度上改善了被试对贝叶斯推理任务的判断，也在一定程度上证实了嵌套集合假设，即促使被试更易于觉察嵌套集合关系的提问有利于提高贝叶斯推理问题的成绩，但是嵌套集合关系的命题表征组和控制组之间的差异存在统计意义上的边缘显著差异（$p=0.07<0.10$）。

扩展阅读

关系推理的研究

Johnson-Laird 主张，人们在理解言语时会产生一种与情境有关的模型，这种模型类似于人们所感知的或想象的某种事件，它是对现实所做的设想，以及对假设结果的探索。这就是演绎推理的心理模型理论，该理论认为演绎推理是一种类似搜寻反例的语义过程。与心理模型理论不同，推理的形式规则理论主张演绎推理的步骤类似于进行逻辑论证的步骤，演绎推理依赖于推理的形式规则，这些规则类似于逻辑运算中的规则，因此，演绎推理是一种类似逻辑证明的语法过程。

下面，我们叙述有关实验证据来讨论上述两种理论。

实验材料：一个两维空间推理的问题。所谓两维是指物体之间不仅有左右关系，还有前后关系，即茶杯在碟子右边，盘子在碟子左边，叉子在盘子前面，匙子在茶杯前面，则叉子和匙子之间有何关系？

被试在理解这个问题时，就会想象上述实物构成对称性的分布：

盘子	碟子	茶杯
叉子		匙子

如果上述问题的第二个前提变成：盘子在茶杯的左边，那么，想象实物的两种分布都满足推理的结论：

盘子	碟子	茶杯	碟子	盘子	茶杯
叉子		匙子		叉子	匙子

在这两种分布中，叉子和匙子之间存在着同样的关系，但是想象这两种

分布仍然要比想象单一的分布困难些。如果在两种分布中，叉子和匙子之间的关系不一样，那么作业的难度就更大了，如下描述：

茶杯在碟子右边，盘子在茶杯左边，叉子在盘子前面，匙子在碟子前面。

就符合两种独立的分布：

| 盘子 | 碟子 | 茶杯 | 碟子 | 盘子 | 茶杯 |
| 叉子 | 匙子 | | 匙子 | 叉子 | |

在上面的分布中，叉子和匙子之间没有共同的关系，研究者称这样的回答是无效的。

对于叉子和匙子之间存在着同样关系的两种分布，被试只构造、想象出一种分布就可获得正确结论；而在叉子和匙子之间的关系不一样时，被试必须构造、想象两种分布，只想象一种分布就会导致错误的结论。

由于心理加工容量有限，因此演绎推理的心理模型理论预测下列问题其难度逐渐增大：单一分布问题(one-model problems)，伴有效回答的多分布问题(multiple-modelproblems)，伴无效回答的多分布问题。但演绎推理的形式规则理论则认为，单分布问题比伴有效回答的多分布问题更难。为什么呢？因为单分布的问题要比伴有效回答的多分布问题要求作更长的推导。如在上述单一分布问题中，有必要对盘子和茶杯之间的关系进行推导，而在多分布的问题中则不必进行这种推导，因为第二个前提已表明了其间的关系：盘子在茶杯左边。因此，形式规则理论的预测与心理模型理论所做的预测相反(Johnson-Laird，1998)。

Byrne 和 Jonhson-Laird(1989)进行的实验证实了心理模型理论的预测。18 名被试(年龄为 24 岁～56 岁，16 女 2 男)参加该实验，进行 3 种共 18 个问题的推理：6 个单一分布问题，6 个 2 种分布问题和 6 个无效回答的两种分布问题。18 个问题以随机方式呈现给每一被试。每一问题念两遍，然后要求被试回答关于两件实物关系的问题，如叉子和匙子之间有何关系？结果如下：单一分布问题正确回答为 70%，两种分布问题 46%，无效回答的两种分布问题 15%(指把两种实物不同的关系都正确回答了，只回答出一种关系的算错误，不包含在 15% 中)。70% 与 46% 差异显著(Wlicoxon 添号秩次检验法)，46% 与 15% 差异显著(P 检验)。这样，实验结果就证明了心理模型理论的预测。

[资料来源：《实验心理学(第 3 版)》(朱滢，2002)]

练习与思考

1. 如何理解：试误说、顿悟说、概念形成、计算机模拟、口语报告分析法、问题、问题解决、问题空间、算子、问题行为图、算法策略？
2. 概念形成实验的程序是怎样的？
3. 举例说明问题的不同分类方法。
4. 计算机模拟的基本操作程序是怎样的？
5. 使用口语报告分析法研究问题解决的一般程序是怎样的？
6. 自主查阅文献，归纳总结：影响问题解决的内外因素主要有哪些？

第十三章
情绪的实验范式

第一节　情绪实验研究的常用变量 ■

第二节　情绪的实验范式 ■

　　情绪研究一直是实验心理学中的重要内容。随着心理学研究技术的发展，情绪研究也获得较大的发展。本章将从情绪实验研究常用变量和情绪实验范式两个方面来介绍情绪的实验研究。

本章要旨与重点

◆ 情绪研究的常用自变量包括认知变量、情境变量、物理化学特性变量、生理变量和被试变量等；常用因变量包括生理测量、行为反应和主观体验测量等。

◆ 恐惧性条件反射实验范式是诱发恐惧情绪的经典范式。

◆ 习得性无助实验范式是诱发抑郁情绪的经典范式。

◆ 目标情绪诱发范式包括情绪材料诱发和情绪性情境诱发。前者包括视觉材料、听觉材料、嗅觉材料和多通道材料等，后者包括电脑游戏、博弈游戏、表情/姿势反馈和回忆/想象情境等。

情绪（emotion）是伴随认知和意识过程产生的对外界事物态度的体验，是人脑对客观事物与主体需求间关系的反映，是以个体需要为中介的心理活动，主要涉及三种成分：主观体验、生理激起与外部表情。情绪可分为与生俱来的"基本情绪"和后天习得的"复杂情绪"。基本情绪和原始人类生存息息相关，复杂情绪须经人与人的交流才能逐步体验和学习。

第一节　情绪实验研究的常用变量

涉及情绪的实验研究，常以特定刺激或生理干预引发机体状态改变，进而对其主观体验或生理改变进行内省报告或客观测量。也有的研究是通过干预程序调节被试情绪状态，探明个体情绪发生及变化规律。

一、自变量

（一）认知评估变量

心理学家沙赫特和辛格认为，感受强度由生理变化决定，而具体感受和行为是由个体对事件的评价决定的。他们的实验是研究情绪成分关系的经典实验。在他们的研究中，被试先被诱发相同性质的生理唤起，然后被置于不同的实验情境。他们猜测，如果情绪产生于不同的生理唤起，被试报告的情绪体验应该相同；但如果情绪产生于个体对事件的解释，被试报告的情绪体验就会有所不同。实验过程如下所述。

首先，给被试注射适量肾上腺素（一种增加交感神经系统活动的激素，易导致兴奋），另一组注射安慰剂。在接受肾上腺素注射的被试中，半数被告知注射药物会导致心率增加、出汗等生理症状，另一半被试未被告知。其次，一半被试被置于"快乐"情境中，另一半被试被置于"愤怒"情境中。两类情境均包括被告知被试，未被告知被试和安慰剂组被试。在"快乐"情境中，一名年轻人以被试的身份与其他被试一起，但他实际上扮演的是"快乐、俏皮"角色，例如，把纸卷抛进垃圾箱，扔纸飞机，用马尼拉文件夹叠城堡，玩呼啦圈等，并试图拉被试加入游戏。在"愤怒"情境中，被试需要填一个内容丰富的问卷，包含许多涉及隐私、无礼、冒犯性的问题。例如，你父亲的年平均收入是多少？家里的哪位直系成员不经常洗脸或洗澡？多少男人（除父亲外）与你母亲有私通？4个或以下，5～9个，10个或更多。

同样，一位扮演被试的年轻人会强烈表达对问题的不满，最后撕掉问卷，摔门而出。在这样的环境中，要求被试报告自身快乐和愤怒所占的比例。结果显示：安慰剂注射组受情境影响较小，未被告知注射结果的肾上腺素－快乐组报告快乐多于愤怒，未被告知注射结果的肾上腺素－愤怒组报告愤怒多于快乐。被告知注射后果的肾上腺素组被试在快乐情境中报告比其他条件更少的快乐，在愤怒情境中报告比其他条件更少的愤怒。人们对自身唤醒情绪的解释受到情境的影响，但被试预期到生理唤醒（对生理唤醒的正确认知解释）会减少情绪体验和情境之间的联系。

情绪是认知过程（期望或评估）、生理唤醒和情境因素在大脑皮质整合的结果。各类感受器将环境中的刺激信息输入大脑皮质，内部器官、骨骼肌活动等将生理状态变化的信息输入大脑。结合这两方面的信息，大脑再通过对过去经验的回忆和对当前情境的评估达到对信息的整合，最后产生某种具体的情绪体验。即情绪是认知过程、生理状态和环境因素三者共同作用的结果，其中对情绪产生起关键作用的是认知因素。

我们对刺激的认识往往会超越其物理属性的意义，如狐狸代表狡猾、狗代表忠诚等。这种高级的认知加工通过与不同刺激形式（刺激的强度、类别和数量等）相结合，会产生不同类别和程度的情感反应。霍夫曼认为，刺激意义的认知基础可以用以下两种加工模式解释。

（1）归类

大脑可按物理属性、功能属性等将输入的刺激材料归类，也可按刺激材料与个人的利害关系归类。刺激由于归类而获得意义。当刺激按其对个体需要或经验、社会标准等归类时，能满足个人需要和符合社会标准的对象、事件或活动，会被纳入产生满足、愉快或期待的类别，如严寒时的棉袄、酷暑时的冰糕等。还有一些项目被纳入恐惧、愤怒、忧伤或失望的类别中，如妖魔鬼怪、危险品等。这种归类是在刺激引起主体满意或不满意的体验基础上形成的。新的刺激在归入过去产生的情绪类别时会产生类似体验。

（2）评价

人对刺激事件的认知会影响情绪。评价属于认知的一种形式，它所导致的情感反应，可按照评价刺激事件发生的原因、后果以及同标准相比较的三种模式进行。如饥饿难耐的时候，陌生人送来一碗热腾腾的馄饨。通过对此事件的正性评价，陌生人会带来积极的情绪体验。

（二）情境刺激变量

情境变量通常由一个事件以及事件发生的环境所构成，具有外部性、非物理性和非生理性的特征，是情绪研究中运用较多的一类自变量。情绪研究中操纵情境变量主要有两种方法：第一，让被试直接处于某个情境中，例如，战场上、飞行跳伞现场等；第二，让被试观看一个实际发生的情境，可以是赏心悦目的风景，也可以是令人紧张的恐怖电影等。另外，需要控制认知所依据的因素，如期望、评价等。由于情境刺激通常由多种因素复合而成，对情境刺激中可能影响被试认知或情绪反应的各种因素事先应详加考虑，并谨慎控制。一般需要对被试隐瞒真实实验目的，否则，极易发生实验结果的"污染"。情境变量主要有三种呈现方式：刺激并列、刺激构造、任务操作。

1. 刺激并列

把一个刺激置于另一个情境之中，使原来与情感无联系的刺激可以引发情感反应，其典型例子是移情现象。移情是指受他人情感感染而产生类似的情感体验。这是因为，原本不能引起情感反应的刺激情境，当个体想到此事也可能发生在自己身上，即与对方并列，引起了相关的情感性反应。移情是以刺激并列的方式引起刺激组合形式的转变，进而导致信息加工的一种心理操作，最终产生情感反应。还有一个典型的例子是，华生的小艾尔波特的恐惧习得实验。小艾尔波特对巨大声响表现出本能的恐惧反应，而对于兔子、白鼠、狗和积木等并不害怕。将兔子、白鼠、狗等置于发出巨大声响的情境中，随着重复次数的增多，兔子、白鼠和狗等也可引发恐惧体验。因为兔子、白鼠和狗等与巨大声响刺激形成了刺激并列关系。

2. 刺激构造

用想象有关情境的方式诱发目标情绪，即利用想象进行刺激构造。如一名求职者等待录用通知书，他所建立的是高期望的情感反应图式。事件发生的刺激可被构造为两种可能，并产生两种不同的情感反应图式。如求职是否被录用的预期有两种可能，一旦成功或失败，相应的情感（积极或消极）以强烈的形式迅速反映出来。

3. 任务操作

对情景任务的操作也可作为情绪研究的变量，可分为间接操作和直接操作。前者，如观看气氛紧张的视频，演示情绪受情景影响的结果。后者，如让被试在实施电击或其他引发强烈情绪的刺激之前等待5秒、30秒、1分钟、5分钟或20分钟，分别观测被试生理反应数据。结果生理反应在1分钟组中达最高，在3分钟和5分钟组下跌，20分钟后再次回升。

（三）物化刺激变量

1. 物理刺激

人对外界物理刺激如声、光、电、气味、味道等的感觉可直接引起情绪反应，如剧烈的爆炸声、强烈的光刺激、电刺激、难闻的气味、难尝的味道，或者任何一种超出人们心理上正常承受范围的物理刺激都可能导致负性情绪。

2. 化学刺激

机体可以释放几十种不同类型的神经递质，有些对于调节情绪的某些方面是重要的。特定的神经递质可能联结着脑中不同部分的加工,而不是局限在单独的区域,因此在脑内注入药物的研究方法如激素注射法等对于确定心理现象中脑活动的神经网络十分有用。神经化学技术分为几个基本类型。第一,通过增加神经递质、类似神经递质(可激活其受体)的化学药品、帮助神经递质与受体结合的化学药品,或阻止突触中的神经递质等重新返回到突触前神经元的化学药品到大脑等方式增强神经递质的效应。第二,通过加速突触中化学物质的自然分解或再吸收、增加一种阻止神经递质进入受体的化学药品等方式来降低神经递质的明显效应。在每种情况下,研究者通过比较控制组与化学药品组被实验操纵的个体行为来达到研究目的。相对于人类而言,考虑到安全和伦理问题,化学刺激更多被用于非人类动物研究。

3. 脑电刺激

脑电刺激是通过多种技术手段,如在大脑相关部位埋藏电极等,达到用电流刺激被试中枢神经系统某些部位的目的。在皮质下,边缘系统和下丘脑埋藏电击能够引起积极或消极的情绪体验。著名的奥尔兹和米纳尔用动物按压杠杆的实验证明了这一研究结论,即通过脑电刺激可使动物产生不同的情绪表现。

4. 物理刺激与表象的匹配

物理刺激同内部图式(表象)匹配产生的情绪反应有几种不同的情况。霍夫曼首先对两种图式作了区分:一种是由情感反应所形成的图式,即被赋予了情感的图式("热"图式);另一种是对没有引起过情绪反应的物体所形成的图式,即中性图式("冷"图式)。根据两种图式与新刺激匹配与否,会产生导致情感反应的四种情况。

(1)刺激与"热"图式匹配

情绪反应与原有的情感性质一致。例如,母亲面孔在婴儿脑中的图像是在以前充予过情感的,母亲的出现会使婴儿产生愉快的反应。

(2)刺激与"热"图式不匹配

情绪反应与原来充予的情感性质不一致。例如,走近婴儿的人的面孔与母亲的面孔不匹配,婴儿产生的是警觉、痛苦或恐惧反应。

(3)刺激与"冷"图式匹配

产生中性反应。刺激同未充予情感的图式相匹配,一般不产生情感反应。但是有研究发现,刺激物重复暴露于人,也能引起情感反应,即"仅仅暴露"效应。

(4)刺激与"冷"刺激不匹配

以具体情况产生正性或负性情绪。刺激的新异性可引起情感反应,情感的性质视新异性的程度和强度而定。

(四)生理与行为变量

1. 身体运动

根据詹姆斯-兰格理论，外部事件所引起的身体变化是情绪产生的直接原因，情绪是对身体变化的感受。对于刺激对象的知觉心态，并不立刻引起情绪；在知觉之后、情绪之前，必须先有身体上的表现发生。不同的身体姿势可以诱发不同的趋近动机强度的情绪。如用微笑的面部表情配合三种身体姿势(前倾、挺直和后倚)诱发被试产生不同趋近动机的积极情绪。在微笑着向前倾时被试的认知分类范围更窄，趋近动机水平低，而向后靠时范围更宽，趋近动机水平高，挺直时的结果处于前两者之间或更接近向后靠时的结果。这种方法的优点是能够较多地控制趋近动机，诱发出较高、中等和较低三种趋近动机水平的积极情绪。

2. 脑功能状态(脑损伤法)

如果想知道动物的某种行为是否依靠某个脑区的激活，可采取切除该脑区再观察其行为能力的变化，这就是脑损伤法。曾有过非人类动物的实验，采取手术方法造成脑损伤，或者通过对某一个脑区注射细胞毒性物质的方法。有一些实验动物(主要是哺乳类)，如鼠、兔、猫、狗和猩猩等都有较发达的神经系统，可用于脑损伤实验。对于人类被试，研究者更多的是观察那些由于意外事故造成脑损伤的个体或患有神经退行性疾病者(如阿兹海默症)。在人类和其他动物中，研究者会去比较损伤个体和未损伤个体对某些标准化任务的反应，探讨损伤的个体是否存在功能缺陷。例如，美国生理学家坎农在从事脑研究的过程中发现，将猫的大脑皮质切除后，并不影响动物表现情绪行为的能力。

(五)被试变量

情绪实验研究的被试可以分为两类：动物和人类。人类被试可分为正常人和特殊群体两大类。一些实验仅在正常被试中开展，给不同组被试呈现不同类别的情绪刺激材料，比较异同从而得出结论。当然，这种结论主要有助于对正常人的情绪现象的理解。而另外一些实验者则对特殊群体感兴趣。如精神病患者(抑郁症、精神分裂症、自闭症等)，服刑人员和戒毒人员等。当前，一些人格特质也被学者关注，如神经质水平、共情能力水平等。

二、因变量

在情绪研究中，因变量的确定是一个重要且复杂的环节。准确把握情绪反应，尤其是情绪的内容和强度，是决定实验结果的重要因素。情绪的成分包括四个方面：认知、感受、生理变化和行为，即情绪的相关指标。通常情况下，情绪的行为指标被看作情绪研究中的因变量，即实验者观察和记录的被试情绪行为。近几十年来，心理学研究者在情绪研究领域探索和建立了一些较为有效的指标体系，具体反映在情绪的生理变化、行为表现、面部表情和主观体验等方面。

（一）生理测量

生理测量包括对血压、心率、出汗以及其他随情绪唤醒而波动的变量的测量。任何情绪状态都包含行动准备或者行为倾向。如愤怒意味着准备进攻、恐惧意味着准备逃跑等。对情绪的生理测量考察的是身体准备这些行为的方式。很多情绪均处于紧张度唤醒的状态——心跳加快、腹部收紧、手心出汗等。交感神经系统（SNS）活动的增加对情绪唤醒以及使身体做好"战或逃"行动的准备非常重要，它促使生理发生变化，血流和肌肉供氧增加，使个体能够准备更复杂的身体活动等。副交感神经系统（PNS）有助于产生和提高维持功能，以保留随后要用的能量，促进生长和发育。皮肤电反应是较早应用的生理指标。戴星格用能引起愉快感受的词汇（亲爱的、休假等），引起不愉快感受的词汇（呕吐、自杀等）和无关的词汇（筐子、作用等）作为刺激材料进行实验。结果发现，与无关刺激相比，愉快和不愉快刺激均能引起皮肤电反应的增强，尤其是不愉快刺激。许多实验心理学家做过皮肤电反应的研究，均证明皮肤电反应可以作为情绪的生理指标。重要的生理指标还包括：瞳孔反应、心率、血压、呼吸状况等。这些指标可以不同程度地反映机体的唤醒水平和活动状况，但是单一的指标在使用时存在很大的局限。所以，情绪研究通常会利用多导生理反馈仪采集多种生理指标。

情绪发生变化时，外周和中枢神经系统也会发生相应的变化。监测大脑活动也是情绪测量的手段之一，其中一个技术就是脑电图（EEG）。研究者将电极粘贴在被试的头皮上以测量情绪相关活动中大脑活动的瞬时变化。此方法的生理依据是：神经元去极化会产生电位。一个神经元产生的电位是微弱的，但是许多神经元同时去极化，并且足够接近颅骨，产生的电位就足够强烈，那么在头皮处就能探测到电位的变化。在情绪刺激后，脑电反应可以瞬间被探测，而测量主观感受的瞬时变化是不可能的。EEG能提供每个电极附近脑区细胞活动的毫秒级信息。尤其当关注情绪体验的精确时间时，EEG更实用。脑电记录技术可以测出不同情绪状态下大脑不同部位电位差的变化情况。在强烈的情绪状态下，人的脑电波与正常状态下的脑电波活动不同，α波消失，脑电波振幅降低；在焦虑状态下枕叶的α波消失，脑电波振幅降低。此外，额叶区、颞叶区等的脑电波振幅都比正常状态小。

EEG 方法经常用于情绪研究。如在一些任务中，一个人做出错误反应后约 100ms，额叶区的电位会出现特定的"错误相关负波"，与正常个体相比，焦虑障碍患者的错误相关负波的负性偏向更大。还有研究者对左侧额叶和右侧额叶之间激活的比例感兴趣，认为其与情绪体验相关。与之相关的另一个方法是脑磁图（MEG），它记录的是脑细胞磁活动的瞬间变化（电流通过产生磁场），而不是电活动。当前，fMRI 也逐渐流行，它根据耗氧量的变化来测量大脑活动情况。脑区活动增加时会需要更多的氧，邻近血管中的血红蛋白分子会释放氧。环绕头部的 fMRI 扫描仪能够监测到携带氧的血红蛋白分子与不携带氧的血红蛋白分子对磁场产生的不同反应。

fMRI 成像技术可监测到大脑活动 1 秒以内的微小变化，虽然不是用 EEG 记录到的毫秒级变化，但已经可以满足许多研究要求。同时，它可以将大脑活动变化的位置精确到大脑表面以下 2 毫米或 3 毫米，空间精确性远超 EEG。

但是，fMRI 有几个实际的缺陷：第一，人必须静止地躺在环绕头部且噪声嘈杂的仪器中；第二，fMRI 技术昂贵，除了医院或大型研究中心外，很少有研究者可以使用；第三，扫描程序限制了研究者能够测试的体验类型，牺牲了研究的生态效度。学者通过比较许多情绪体验的脑活动研究发现，情绪所激活的脑区广泛分布在大脑的各个区域，不同的研究之间存在差异。但是需要明确一点，很多差异是因诱发情绪的方法所致，而非情绪本身。例如，使用图片诱发情绪的研究激活的是枕叶的视觉皮质，而使用语音的研究激活的是颞叶的听觉皮质。

生理测量也有其局限性。首先，生理反应与情绪无特异性联系。例如，除了紧张情绪，跑步也可导致心跳加快；当感觉冷的时候，手上的血管也和恐惧时一样收缩等。所以，使用生理测量指标的学者必须确定研究中的生理变化是由情绪、动作还是其他与情绪无关的东西造成的。其次，情绪的生理测量指标是因人而异的。因此研究者需要关注的是情绪状态与非情绪的基线水平两种情况下（一般指对一些指示或刺激的反应）生理测量的变化，而不是生理测量的绝对数值。但是，生理测量比自我报告具有更大的优势。紧张度是从 5 降到 2，无法确定其意义，只能判断现在比之前紧张度低。但如果心率从每分钟跳 75 次增加到 110 次则更加具体。并且，心率的定义是明确的，而"紧张"的定义却不一致。

（二）行为反应

行为反应指可观测的行为，包括面部表情和声音表达、逃跑或攻击等。尽管行为反应可由被试主观报告，但由观察者对行为进行评定的效果更佳。研究者通过观测行为表现对自我报告进行补充，因为在很多情况下，人们不能或者不愿意准确报告自己的情绪。很多研究者对面部特定肌肉群的收缩感兴趣，因为它们能产生特定的表情。比如，当人们愤怒时，眉毛降低，皱拢在一起，眯着眼睛，紧闭嘴唇。运用 FACS 面部表情编码系统，研究者能够记录面部哪些肌肉收缩，持续多长时间以及收缩的强度。伊扎德等人提出了两个互为补充的测量系统，即最大限度辨别面部肌肉运动编码系统和表情辨别整体判断系统。最大限度辨别面部肌肉运动编码系统是为保证客观性和精确性的微观分析系统，它以面部肌肉运动为单位，是用以测量区域性的面部肌肉运动的精确图式。表情辨别整体判断系统是保证有效性的客观分析系统，它提供的是关于面部表情模式的总概貌。最大限度辨别面部肌肉运动编码系统将人的面部划分为：额眉—鼻根区、眼—鼻—颊区和口—唇—下巴区三部分，并包括 29 个相对独立的外貌变化的运动单元。通过对三个部分外貌变化的评分及综合，最大限度辨别面部肌肉运动编码系统可以辨别出兴趣、愉快、惊奇、悲伤、愤怒、厌恶、轻蔑、惧怕和生理不适引起的痛苦等多种基本情绪。最大限度辨别面部肌肉运动编码系统的具体使用分为两步。

第一步，评分者三次观看面部表情的录像，每次辨认面部一个部位的肌肉运动，并记下相当区域的面容变化和出现时间；

第二步，将记录下来的面容变化同可观察到的活动单位的组织相对照，辨别出独立的情绪或几种情绪的组合。

编码过的面部情绪表情有自己的局限。首先，人们能够在不同程度上伪装或隐藏自己的情绪。其次，对面部表情进行编码的时间十分短暂，肌肉运动是非常细微的，需要花大量时间进行训练，也需要有耐心把所有的面部运动加以区分（见表 13-1，刘金平，2011）。

（三）主观体验测量

主观体验是情绪测量的重要指标。主观测验法一般要求被试直接报告自己的体验。其测量方法是用特定的量表来测量被试的情绪体验。

1. 自我报告

被试对自我情绪感受的描述，如认知、行为以及情绪体验等方面。自我报告数据的收集很简单，研究者只要求被试描述他们当前的、过去的或常见的情绪。例如，被试可以在这样一张量表上评估他们的紧张、快乐或其他情绪的水平，如图 13-1。

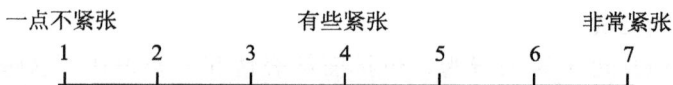

一点不紧张		有些紧张			非常紧张
1	2	3	4	5	6	7

图 13-1　情绪紧张度自评标尺

表 13-1 面部肌肉运动编码系统

编号	眉	额	鼻根
No. 20	上抬	长横纹或增厚	变窄
No. 21	一条眉比另一条眉抬高		
No. 22	上抬，聚拢	短横纹	变窄
No. 24	聚拢，眉间呈竖直纹		
No. 25	下压，聚拢	眉间呈竖纹或突起	增宽

编号	眼	颊
No. 30	上眼帘与眉之间皮肤拉紧，眼睛大而圆，上眼帘不抬高	
No. 31		
No. 32	眼沟展宽，上眼帘上抬	
No. 33	眉下压使眼变窄	上抬
No. 36	双眼斜视或变窄	
No. 37	向下注视，斜视	
No. 38	紧闭	上抬
No. 39		
No. 42	向下注视，头后倒	
	鼻梁皱起（可作为 No. 54 和 No. 59B 的附加线索）	
No. 50	张大，张凹	
No. 51	张大，放松	
No. 52	口角后收，微上抬	
No. 53	张开，紧张，口角向两侧平展	
No. 54	张开，呈矩形	
No. 55	张开，紧张	
No. 56	口角向下方外拉，下颊将下唇中部上抬	
No. 58BA=54/66	张开，呈矩形，舌前伸过齿	
No. 59A=51/66	张开，放松，舌前伸过齿	
No. 61	上唇向一方上抬	
No. 63	下唇下降，前伸	
No. 64	下唇内卷	
No. 65	口唇缩拢	
No. 66	舌前伸，过齿	

　　自我报告有其局限性。第一，每个人的标准不相同，所以自我报告不可能精确；第二，自我报告不能用于研究婴儿、脑损伤人群、动物和其他不能说话者的情绪。而且当用于不同语言人群时，翻译有时候也不准确，尤其是

在细微的差异上。但是，自我报告对很多研究目标还是有用的。例如，昨天的紧张度是 5，今天的是 2，即使每个人的 5 或 2 代表紧张度的程度也许不一样，这种变化也能说明这个人的紧张度下降了。因此自我报告适用于被试内的研究设计，适合于纵向研究。

2. 形容词检表

研究者建立了一种简便、通用的测量技术，称为形容词检表。先选用一系列描述情绪的形容词，如"镇静的""神经质的""害怕的""忧郁的"等，然后把这些形容词列成简表。被试通过内省，从检表中选出符合自身当时情绪状态的词汇用于确认自己的情绪体验。各种核对表选用的形容词数量不同，有多达三四百个词汇的也有少至十几个的，其数量视检测目的而定。用形容词检表测量方法编制的情绪—心境测查量表具有代表性。情绪—心境测查量表有 9 项内容(见表 13-2，刘金平，2011)。

表 13-2 情绪—心境测查量表

1 合作	信任的	友谊的	诚恳的	满意的	合作的	忍让的	镇静的	忍耐的
2 再整合	压抑的	忧闷的	悲伤的	空虚的	孤独的	失助的	沮丧的	失望的
3 破坏	攻击的	狂怒的	专横的	气愤的	自负的	争吵的	刺激的	愤怒的
4 朝向	警觉的	惊呆的	惊奇的	慌乱的	注意的	奇怪的	困惑的	迷惑的
5 拒绝	厌恶的	无趣的	厌烦的	不信任的	痛苦的	嘲笑的	怨恨的	厌弃的
6 再生	社交的	慷慨的	欢快的	亲切的	幸福的	满足的	高兴的	愉快的
7 保护	害怕的	惊吓的	紧张的	胆小的	焦虑的	害羞的	小心的	忧虑的
8 探索	期望的	询问的	惊奇的	急急的	有趣的	大胆的	冲动的	敏感的
9 激动 (压力)	松懈的	懒散的	放松的	微弱的	积极的	强壮的	有力的	不停地

3. 维量等级量表和分化情绪量表

维量等级量表是一个四维量表。伊扎德从被试自我评估中确定了四个维量，分别是愉快、紧张、冲动度和确信度。

①愉快维：评估主观体验最突出的享乐色彩方面。

②紧张维：评估情绪的神经生理激活水平方面，包括肌肉紧张和动作抑制水平等。

③冲动维：评估情绪情境出现的突然性，以致个体缺乏预料而发生反应的突发强度。

④确信维：评估个体胜任、承受情感的程度。在认知水平上，个体报告出对情绪的理解程度，在行动水平上，报告出自身动作对情境适宜的程度。

分化情绪量表用来测量个体情绪中的分化情绪成分。DES 包括 10 种基本情绪，每种情绪有 3 个描述它的形容词，共 30 个形容词(见表 13-3)。

表 13-3　分化情绪量表情绪分类词

正性情绪			负性情绪		
兴趣			厌恶		
注意的	专注的	警觉的	不喜欢	厌恶的	恶心的
愉快			轻蔑		
高兴的	幸福的	快乐的	轻视的	鄙视的	嘲弄的
惊奇			恐惧		
惊奇的	惊愕的	吃惊的	惊吓的	恐惧的	恐怖的
痛苦			害羞		
沮丧的	悲伤的	悲痛的	忸怩的	羞涩的	羞愧的
愤怒			内疚		
不悦的	激怒的	狂怒的	悔悟的	歉疚的	自罪的

DES 被用来测量两项内容：一是情绪强度，分 5 级记分，称 DESI；二是情绪频率，即在一定时间内(一天、一周或更长的时间内)某种情绪出现的频率。它可用来测量心境或情绪特质，做 5 级记分，称 DESII。测试时要求被试描述(想象或回忆)某种情绪发生的具体情境，并填写 DRS 和 DES 两个量表。按照 DRS 填写制定情绪的 4 种维量强度，得出 5 级强度分数；按照 DES 填写制定情绪成分的 5 级记分，两个量表同时使用。DRS 和 DES 测量得出的标准图形达到一定的信度和效度，在表达情绪体验性质并转化为测量方法上具有理论和应用的意义。

4. 时间抽样技术

时间抽样技术是一种动态的情绪研究方法，它以日记形式长期跟踪人的情绪变化。要求被试在 30 天中，每天 4 次记录自己当时的情况和情绪体验。4 次记录的时间由计算机随机安排。每次记录的内容包含以下七个问题的回答：

①我这时的心情是相当消极、冷漠还是积极的？

②我怎样用一个或两个形容词来描述我现在的心情？

③我为什么会有这样的心情？

④我在哪儿？

⑤我在做什么？

⑥还有谁在场？

⑦我是否能自由选择继续进行或停止当前活动？

情绪研究的一个重要问题，是在实验室中几乎不能诱发出在现实生活中那样强烈而真实的情绪。看到电影里的人侵犯他人也许能促使回忆自身相似经历，但在实际中被人侮辱完全是另外一回事。不违反某些重要的研究伦理准则是很难诱发出强烈情绪的（例如，我们不能骗被试说他最好的朋友刚刚被车撞死了）。因此，实验室中研究的情绪状态可能只是人们现实生活中情绪体验的一个反应。

第二节　情绪的实验范式

一、恐惧性条件反射实验范式

恐惧性条件反射指一个中性刺激通过与一个令人厌恶的结果匹配从而使中性刺激变得让人厌恶，它是经典条件反射的一种，其中的无条件刺激是某种令人厌恶的物体。使用恐惧性条件反射研究情绪的优点是可以跨物种，从果蝇到人类均适用。某实验利用恐惧性条件反射检测了老鼠对于特定刺激的反应，并追踪在学习过程之后这些反应会发生怎样的改变。在前训练阶段，笼子里的灯亮起时老鼠不会有恐惧反应，因为灯光只是一个中性刺激。电击是一个与生俱来的厌恶刺激，因此老鼠的足部接受电击后会跳起来（此反应称为惊跳反应）。如果这只老鼠在后来的训练中灯光都与电击匹配出现（灯一亮就发出电击），那么灯光就与将要到来的电击联系在一起。实际上，只有灯光亮起，没有足下电击也会引发老鼠惊跳反应。另外，如果灯光（已经与足下电击相联系）再与另外一个厌恶刺激（如噪声）一起出现，那么在同样是灯光单独出现的情况下，老鼠的惊吓反应会更强烈。在测试过后，如果灯光长时间不与足下电击同时出现，那么灯光与足下电击的联系会消退，还原成老鼠的一个中性刺激。

要让老鼠建立中性刺激与厌恶刺激的条件反射，灯光是一个条件刺激（CS）。在训练之前，灯光只是一个中性刺激，不能引发老鼠的反应。在前训练阶段，老鼠会对那些天生厌恶无条件刺激（US）产生正常的惊跳反应，如足下电击或巨大噪声——这些都会唤起与生俱来的恐惧反应。在训练阶段，灯光与足下电击建立联结，灯要熄灭的时候发放电击。老鼠对于电击产生自然的恐惧反应（一般是惊吓或跳起），称作非条件反射（UR）。这个阶段称为习得阶段。在灯光（CS）与电击（US）匹配出现几次或者更多次数后，老鼠学习到灯光预示电击，因此老鼠对单独出现的灯光也表现出了恐惧反应。这个预期性的恐惧反应就是条件反射(见图 13-2，Gazzaniga，等，著，周晓林，等，译，2011)。

(a)训练前

只给光(CS)：
无反应

只电击脚(US₁)：
正常惊吓(UR)

只给噪音(US₂)：
正常惊吓(UR)

(b)训练中

光和电击结合：
正常惊吓(UR)

(c)训练后

只给光：
正常惊吓(CR)

光和声音结合，但无电击
增强的惊吓(增强的CR)

图 13-2　恐惧的条件反射

(a)训练前，三种刺激单独呈现——光(CS)、脚步电击(US)和强噪音(US₂)；

(b)训练时，光和脚步电击同时呈现，引发正常的恐惧反应(UR)；

(c)训练后，光和噪音同时呈现而不用电击，引发了增强的恐惧反应。

指导式恐惧范式建立在恐惧性条件反射实验的基础之上。人们学习对某种物体的恐惧的方法有两种。一种恐惧产生于某种物体伴随电击出现，建立条件反射；一种恐惧产生于被告知某种物体可能伴随着电击。第二种恐惧习得方式是指导式恐惧范式。

二、习得性无助实验范式

习得性无助实验范式是激发抑郁情绪的经典方法之一。人类的抑郁是因为他们从过去不可控的经验中习得无助感，当这种无力控制的感觉泛化到所有情境中，甚至是可以控制的情境中时，就产生抑郁情绪。"习得性无助"源自美国心理学家塞里格曼做的一项经典实验：起初把狗关在笼子里，蜂音器一响，就给以难以忍受的电击，狗关在笼子里无法逃避电击；多次实验之后，蜂音器一响，在电击前，先把笼门打开，狗没有选择逃走，而是不等电击出现就卧地呻吟和颤抖。在早期实验中，先将狗放在笼子里进行电击，狗既不能逃避也不能控制电击。然后，将之前实验的狗放在一个中间用矮栅栏隔开的实验室里，目的是让狗学会回避电击，电击前 10 秒室内会亮灯，狗只要跃过短板就能回避电击。但在实验中发现，经历过上次电击的狗绝大部分都没有学会回避电击。一电击，它们会乱跑乱叫，之后趴在地板上无任何的反应，无望地接受电击。塞里格曼认为，当电击不可逃避时，狗认识到它无法通过任何主动的行为对电击加以控制，并且它预期以后的结果也是如此，这种不可控的预期导致了抑郁情绪的产生。塞利格曼将动物在经历努力后无法逃避有害的、不愉快的情境，不能领悟到偶然成功反应（学习和认知缺失）和表现出明显情绪性（情绪缺失）的现象称为习得性无助，如图 13-3 所示。

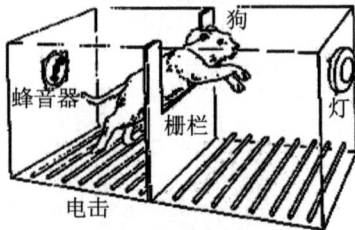

图 13-3　习得性无助实验

习得性无助的产生经过四个阶段：一是机体在不可控的情况下体验到各种失败和挫折；二是机体在体验到自己的反应和结果没有关联时，产生自己无法控制行为结果和外部事件的认知；三是机体形成将来结果不可控的期待；四是认知和期待对以后的学习产生影响。习得性无助产生后通常会表现为：动机上的损害（动机水平降低，表现出被动消极和对什么都不感兴趣的倾向）；认知上的障碍（形成外部事件不可控的心理定势）；情绪上的创伤（情绪失调，最初表现为忧虑和烦躁，之后变得冷淡悲观，陷入抑郁状态）。

塞里格曼用人当被试，结果使人也产生了习得性无助。实验是在大学生身上进行的，他们把学生分为三组：让第一组学生听一种噪声，这组学生无论如何也不能使噪声停止。第二组学生也听这种噪声，不过他们通过努力可以使噪声停止。第三组是对照，不给被试听噪声。当被试在各自的条件下进行一段实验之后，即令被试进行另外一种实验：实验装置是一只"手指穿梭箱"，当被试把手指放在穿梭箱的一侧时，就会听到一种强烈的噪声，放在另一侧时，就听不到这种噪声。实验结果表明，在原来的实验中，能通过努力使噪声停止的被试，以及未听噪声的对照组被试，他们在"穿梭箱"的实验中，学会了把手指移到箱子的另一边，使噪声停止，而第一组被试，也就是在原来的实验中无论怎样努力，不能使噪声停止的被试，他们的手指仍然停留在原处，听任刺耳的噪音响下去，却不把手指移到箱子的另一边。抑郁的产生有时类似于习得性无助获得的方式。抑郁症患者总是不断反思导致自己抑郁的原因，于是就总是再次体验到诱发无助感的事件。而回忆甚至想象自己正处于一种不可控的情境中而使人产生习得性无助感，这种循环往复，使得抑郁症患者总是引发再次的抑郁。

三、目标情绪诱发实验范式

研究者直接操纵情绪状态，然后观察或记录积极或消极情绪下，被试的各种心理、行为或生理指标，以探讨情绪和其他指标间的关系。这种对情绪的操纵方法称作情绪诱导法。实验室诱发的情绪包括两类：不同效价的情绪和不同的具体情绪。诱发不同效价的情绪的材料有情绪图片、情绪词汇和情绪文本材料等，也可综合利用其他感觉通道的信息来分别操纵情绪的效价和激活度。诱发不同具体情绪的方式有看短片、回忆与描述情绪性事件、阅读可激发目标情绪的故事和真实模拟情境等。

（一）情绪材料诱发法

情绪材料诱发，即向被试呈现具有情绪色彩的材料，从而诱发被试相应情绪的方法。根据材料呈现感觉通道的不同，可以将其分为视觉刺激材料，听觉刺激材料、嗅觉刺激材料和多通道刺激材料。

1. 视觉刺激材料

视觉刺激是最为常用的情绪诱发方法，即给被试呈现具有情绪色彩的文字、图片等刺激材料，以此来诱发被试的目标情绪。视觉刺激已经形成了较为完善的标准刺激材料库。在文字方面，美国国立精神卫生研究所（National Institute of Mental Health，NIMH）推出的英语情感词系统（Affective Norms for English Words，ANEW，1999a）和英文情感短文系统（Affective Norms for English Text，ANET，2007）都是得到广泛认可的文字情绪刺激材料库。而在图片方面，NIMH 建立了国际情绪图片系统（International Affective Picture System，IAPS，2008），为情绪诱发研究提供了标准化的材料。国内研究者在相关研究的基础上，对国外的刺激材料进行了本土化修订和完善，推出了汉语情感词系统（Chinese Affective Words System，CAWS）和中国情绪图片系统（Chinese Affective Picture System，CAPS）。

2. 听觉刺激材料

自然界的声音录音、非言语音节以及音乐等都可以作为情绪诱发的材料。NIMH 通过采集鸟叫、婴儿哭泣、炸弹爆炸、下雨等一系列声音，并对其愉悦度和唤醒度进行评定，建立了国际情感数码声音系统。国内研究者同样在大量收集各种声音的基础上建立了中国情感数码声音系统（Chinese Affective

Digital Sounds，简称 CADS）。音乐诱发情绪也逐步受到学者重视。一些音乐和情绪的对应关系逐渐达成共识，例如，巴赫的"勃兰登堡协奏曲"或贝多芬的"第六交响乐"通常能够诱发愉快情绪；霍尔斯特的"火星：战争使者"能够诱发恐惧情绪；而使用巴伯的"弦乐柔板"能够诱发出悲伤情绪等。使用音乐作为情绪诱发材料的方法具有其他情绪诱发材料难以比拟的优势。首先，音乐能够诱发一系列不同的情绪，例如，高兴、悲伤、沮丧等；其次，和字词、音节、图片等材料诱发的情绪相比，音乐往往能够诱发出更为深入、持久的情绪体验；最后，通过音乐诱发情绪具有跨文化一致性。

3. 嗅觉刺激材料

嗅觉是人类重要的感觉器官之一，在嗅觉诱发情绪的研究中，主试通常让被试有意或无意嗅闻某种气味，以此达到诱发情绪的目的。不同的气味可以操纵激活度。薰衣草的气味导致低激活度，西柚的气味导致高激活度；通过气味的浓度可以操纵愉悦度，浓度低的气味导致高愉悦度，浓度高的气味导致低愉悦度。气味还存在联结诱发作用，即被试会将特定的气味与闻到该气味时的情绪体验联系起来，再次向被试呈现该气味就能诱发出相应的情绪。目前嗅觉诱发法最大的问题在于标准化材料库的缺乏。在严格的诱发实验中，需要对被试的呼吸方式、携带气味的气体的流量、气味的扩散和消除时间等多个方面进行严格的控制。另外，嗅觉材料一般较难精准地诱发出某种特定情绪，其诱发的通常是几种积极或消极情绪的复合情绪。因此，嗅觉诱发情绪研究目前仍处于起步阶段。

4. 多通道刺激材料

多通道诱发是指综合使用视觉、听觉、嗅觉等诱发材料，以达到最佳诱发效果的情绪诱发方法。电影剪辑方法综合使用了动态的视觉画面以及声音两种诱发方法，被认为是最有效的情绪诱发方法。例如，用《当哈利遇上莎莉》片段诱发积极情绪，用《舐犊情深》诱发消极情绪等。

（二）情绪性情境诱发法

一些研究者开始在实验室模拟情绪诱发的真实情境，通过对情境的操控诱发或改变被试的情绪体验。例如，为了激发个体的焦虑情绪，被试首先需用 60 秒准备时长 3 分钟的主题为"我为什么是一个好的求职者"的演讲。被试被告知他们的演讲会被摄像机拍摄下来，视频会提供给另一位研究学业和社会成就评估的同行进行评价。

1. 电脑游戏

使用电脑游戏作为情绪诱发的手段，能够诱发一系列不同类型和强度的情绪。被试的注意力集中在虚拟世界，忽略周围环境，可以诱发出相对自然的情绪状态，从而有效提高实验室情绪诱发的可靠性。此外，在游戏过程中，被试通常会不自觉地通过大量表情、声音、肢体动作表现其情绪状态。通过对被试进行录像记录和分析，可以为情绪的相关研究提供非常有价值的素材。

2. 博弈游戏

博弈游戏通常涉及自利、利他、公平、信任、背叛等状态，可以作为很好的情绪诱发手段。在这些研究中，主试往往通过操纵博弈对象的行为来诱发被试的情绪。当被试的实际所得高于其预期时，通常就能够诱发出积极情绪，反之亦然。

3. 表情/姿势反馈

随着具身认知观念的兴起，通过表情/姿势诱发被试情绪引起了学者的兴趣。肌肉、内脏等外周系统信息的输入，如摆出快乐表情时面部肌肉的活动等会引起与该情绪相关系统(躯体感觉和运动皮质、假设的"镜像神经元"系统、边缘系统、眶额皮质)的模式化反应，最终使个体感受到此情绪，表现出与该情绪相关神经系统的激活，并产生与该情绪相关的行为。

4. 回忆/想象情境

回忆/想象情境诱发法不是通过在实验室创设某种情境，而是通过让被试想象某一情境来达到情绪内部诱发的目的。首先，主试通过访谈或开放式问卷的方式收集被试目标情绪体验最为强烈的几次典型事件；然后，将这些经历整理成长度大致相当的声音或文字材料；最后，在实验中向被试呈现这些材料，让其回忆事件发生时的感受，以此诱发相应情绪。

扩展阅读

情绪的认知神经科学研究

情绪是复杂的心理生理学现象，反映了心智(mind)状态与个体内在的生物化学系统和外部环境影响的相互作用。对人类来说，情绪包括生理学层面的唤醒、表情行为和意识状态，并受到心境、气质、人格、倾向和动机等各种因素的影响。传统的心理学理论和研究倾向于将"情绪"与"认知"相对，进行相互分离的研究。随着近年认知神经科学的发展与情绪研究的深入，人们越来越清晰地认识到，情绪与认知及其神经基础是相互依存、相互作用的。

情绪研究领域的代表性人物有研究面孔情绪识别并对基本情绪进行分类的 Paul Ekman，完整阐述恐惧情绪的神经回路的 Joseph LeDoux，提出"躯体标示理论"的 Antonio Damasio，编制世界上最常用、声誉最佳的国际情绪图片库(IAPS)的

Peter Lang，以及奠定现代情绪调节理论基础的 James Gross 等。国际瞩目的研究组织包括加州理工学院的"情绪与社会认知实验室"(Ralph Adolphs 主持)，加州伯克利分校的"情感认知神经科学实验室"(Sonia Bishop 主持)，印第安纳大学的"认知与情绪实验室"(Luiz Pessoa 主持)，以及 Martin Paulus(加州大学圣迭戈分校)、Amit Etkin(斯坦福大学)、Kevin Ochsner(哥伦比亚大学)、Sarah-Jayne Blakemore (UCL)等人领导的团队。

在非侵入性实验技术广泛发展之前，对大脑认知功能的探索主要依赖于脑损伤病例和动物实验。早期的经典脑损伤研究主要关注的是语言和运动能力。1848 年，美国工人 Gage 在一场事故中头部受到严重的贯穿性创伤。虽然他奇迹般幸免于难，但从此性格大变，情绪非常不稳定。现代研究者推断，这主要是因为负责情绪抑制的额叶受损。受到这个罕见的病例启发，医学家和神经科学家们开始重视通过脑损伤案例研究大脑与情绪的关系(见图 13-4)。在积累了可观的实验证据后，20 世纪 30 年代提出 Papez 环路的概念：大脑中存在一个主司情绪加工的神经回路，包括下丘脑、海马、扣带回等结构。这个回路实际上与 Broca 命名的"边缘脑叶"(现在一般称为边缘系统)高度重合，但研究者此前没有意识到边缘系统对情绪的影响。MacLean 发展了 Papez 的思想，认为人类大脑可划分为"三位一体"的 3 大部分——爬行动物脑、古哺乳动物脑(边缘系统)和新哺乳动物脑(新皮质)。在 MacLean 的体系中，边缘系统产生情绪反应并储存情绪性记忆，而新皮质则可以调节或抑制边缘系统的活动。Papez 和 MacLean 曾经认为，在边缘系统中与情绪关系最密切的是海马、丘脑等区域。Weiskrantz 的研究首先揭示出杏仁核的作用。他发现，在毁损了这个位于颞叶内侧的神经核团后，实验动物会表现出 Klüvery-Bucy 综合征的典型症状：对外界威胁不再表现出应有的恐惧反应。在此后的研究中，杏仁核逐渐被确认为情绪加工的核心脑区，对情绪面孔的感知、情绪性记忆的巩固以及社会情绪认知等功能都与杏仁核有关。Ekman 提出了基本情绪的分类法，包括快乐、愤怒、惊讶、悲伤、恐惧以及厌恶/轻蔑。其中对恐惧情绪的神经通路研究目前最为深入，而杏仁核与恐惧情绪间的关系也被认为是最密切的。该观点主要是受到了 LeDoux 及其同事的一系列重要工作的影响。该团队指出，恐惧条件反应的建立主要依赖于外侧核、基底核、中央核等主要杏仁核核团之间的相互连接和投射。以杏仁核为核心，存在对恐惧相关刺激的"丘脑—杏仁核"快速加工通路，以及容许自上而下调节的"丘脑—皮质—杏仁核"加工通路。在 LeDoux 思想的启发下，Bishop 等年轻学者将"恐惧回路"的结构类推到焦虑情绪上，认为焦虑障碍在大脑层面的表现是"杏仁核—前额叶"通路的异常活动，包括杏仁核的过度激活和前额叶的失活两个方面。该假说近年得到了大量实验证据的支持。

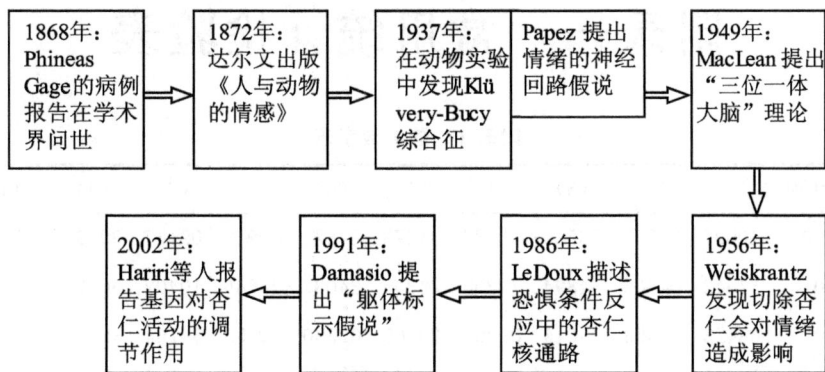

```
1868年：          1872年：          1937年：          Papez 提出        1949年：
Phineas           达尔文出版        在动物实验        情绪的神经        MacLean 提出
Gage的病例        《人与动物        中发现Klü         回路假说          "三位一体
报告在学术         的情感》          very-Bucy                           大脑"理论
界问世                              综合征
```

```
2002年：          1991年：          1986年：          1956年：
Hariri等人报      Damasio 提        LeDoux 描述       Weiskrantz
告基因对杏        出"躯体标         恐惧条件反        发现切除杏
仁活动的调        示假说"           应中的杏仁        仁会对情绪
节作用                              核通路            造成影响
```

图 13-4　情绪认知神经科学研究大事记(Dalgleish，2004，有删节)

［资料来源：《情绪与认知的脑机制研究进展》(罗跃嘉，等，2012)］

练习与思考

1. 情绪实验研究的常用自变量有哪些，是如何进行操纵的？
2. 情绪实验研究的常用因变量有哪些，是如何进行测量的？
3. 情绪实验范式有哪些，具体是如何实施的呢？

附录一 常用统计检验表

附表 1 随机数字表

Row/Col	(1)	(2)	(3)	(4)	(5)	(6)	(7)	(8)	(9)	(10)
00000	10097	32533	76520	13586	34673	54876	80959	09117	39292	74945
00001	37542	04805	64894	74296	24805	24037	20636	10402	00822	91665
00002	08422	68953	19645	09303	23209	02560	15953	34764	35080	33606
00003	99019	02529	09376	70715	38311	31165	88676	74397	04436	27659
00004	12807	99970	80157	36147	64032	36653	98951	16877	12171	76833
00005	66065	74717	34072	76850	36697	36170	65813	39885	11199	29170
00006	31060	10805	45571	82406	35303	42614	86799	07439	23403	09732
00007	85269	77602	02051	65692	68665	74818	73053	85247	18623	88579
00008	63573	32135	05325	47048	90553	57548	28468	28709	83491	25624
00009	73796	45753	03529	64778	35808	34282	60935	20344	35273	88435
00010	98520	17767	14905	68607	22109	40558	60970	93433	50500	73998
00011	11805	05431	39808	27732	50725	68248	29405	24201	52775	67851
00012	83452	99634	06288	98083	13746	70078	18475	40610	68711	77817
00013	88685	40200	86507	58401	36766	67951	90364	76493	29609	11062
00014	99594	67348	87517	64969	91826	08928	93785	61368	23478	34113
00015	65481	17674	17468	50950	58047	76974	73039	57186	40218	16544
00016	80124	35635	17727	08015	45318	22374	21115	78253	14385	53763
00017	74350	99817	77402	77214	43236	00210	45421	64237	96286	02655
00018	69916	26803	66252	29148	36936	87203	76621	13990	94400	56418
00019	09893	20505	14225	68514	46427	56788	96297	78822	54382	14598
00020	91499	14523	68479	27686	46162	83554	94750	89923	37089	20048
00021	80336	94598	26940	36858	70297	34135	53140	33340	42050	82341
00022	44104	81949	85157	47954	32979	26575	57600	40881	22222	06413

续表

Row/Col	(1)	(2)	(3)	(4)	(5)	(6)	(7)	(8)	(9)	(10)
00023	12550	73742	11100	02040	12860	74697	96644	89439	28707	25815
00024	63606	49329	16505	34484	40219	52563	43651	77082	07207	31790
00025	61196	90446	26457	47774	51924	33729	65394	59593	42582	60527
00026	15474	45266	95270	79953	59367	83848	82396	10118	33211	59466
00027	94557	28573	67897	54387	54622	44431	91190	42592	92927	45973
00028	42481	16213	97344	08721	16868	48767	03071	12059	25701	46670
00029	23523	78317	73208	89837	68935	91416	26252	29663	05522	82562
00030	04493	52494	75246	33824	45862	51025	61962	79335	65337	12472
00031	00549	97654	64051	88159	96119	63896	54692	82391	23287	29529
00032	35963	15307	26898	09354	3351	35462	77974	50024	90103	39333
00033	59808	08391	45427	26842	83609	49700	13021	24892	78565	20106
00034	46058	85236	01390	92286	77281	44077	93910	83647	70617	42941
00035	32179	00597	87379	25241	05567	07007	86743	17157	85394	11838
00036	69234	61406	20117	45204	15956	60000	18743	92423	97118	96338
00037	19565	41430	01758	75379	40419	21585	66674	36806	84962	85207
00038	45155	14938	19476	07246	43667	94543	59047	90033	20826	69541
00039	94864	31994	36168	10851	34888	81553	01540	35456	05014	51176
00040	98086	24826	45240	28404	44999	08896	39094	73407	35441	31880
00041	33185	16232	41941	50949	89435	48581	88695	41994	37548	73043
00042	80951	00406	96382	70774	20151	23387	25016	25298	94624	61171
00043	79752	49140	71961	28296	69861	02591	74852	20539	00387	59579
00044	18633	32537	98145	06571	31010	24674	05455	61427	77938	91936
00045	74029	43902	77557	32270	97790	17119	52527	58021	80814	51748
00046	54178	45611	80993	37143	05335	12969	56127	19255	36040	90324
00047	11664	49883	52079	84827	59381	71539	09973	33440	88461	23356
00048	48324	77928	31249	64710	02295	36870	32307	57546	15020	09994
00049	69074	94138	87637	91976	35584	04401	10518	21616	01848	76938

附表 2 正态分布的 PZY 转换表

（曲线下的面积 P 与纵高 Y）

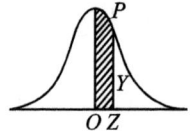

Z	Y	P	Z	Y	P	Z	Y	P
0.00	0.39894	00000	0.30	0.38139	0.11791	0.60	0.33322	0.22575
0.01	0.39892	0.00399	0.31	0.38023	0.12172	0.61	0.33121	0.25907
0.02	0.39886	0.00798	0.32	0.37903	0.12552	0.62	0.32918	0.23237
0.03	0.39876	0.01197	0.33	0.37780	0.12930	0.63	0.32713	0.23565
0.04	0.39862	0.01695	0.34	0.37654	0.13307	0.64	0.32506	0.23891
0.05	0.39844	0.01994	0.35	0.37524	0.13683	0.65	0.32297	0.24215
0.06	0.39822	0.02392	0.36	0.37391	0.14058	0.66	0.32086	0.24537
0.07	0.39797	0.02790	0.37	0.37255	0.14431	0.67	0.31874	0.24857
0.08	0.39767	0.03188	0.38	0.37115	0.14803	0.68	0.31659	0.25175
0.09	0.39733	0.03586	0.39	0.36973	0.15173	0.69	0.31443	0.25490
0.10	0.39695	0.3983	0.40	0.36827	0.15542	0.70	0.31225	0.25804
0.11	0.39654	0.4380	0.41	0.36678	0.15910	0.71	0.31006	0.26115
0.12	0.39608	0.04776	0.42	0.36526	0.16276	0.72	0.30785	0.26424
0.13	0.39559	0.05172	0.43	0.36371	0.16640	0.73	0.30563	0.26730
0.14	0.39505	0.05567	0.44	0.36213	0.17003	0.74	0.30339	0.27035
0.15	0.39448	0.05962	0.45	0.36053	0.17364	0.75	0.30114	0.27337
0.16	0.39387	0.06356	0.46	0.35889	0.17721	0.76	0.29887	0.27637
0.17	0.39322	0.06749	0.47	0.35723	0.18082	0.77	0.29659	0.27935
0.18	0.39253	0.07142	0.48	0.35553	0.18439	0.78	0.29431	0.28230
0.19	0.39181	0.07535	0.49	0.35381	0.18793	0.79	0.29200	0.28524
0.20	0.39104	0.07926	0.50	0.35207	0.19146	0.80	0.28969	0.28814
0.21	0.39024	0.08317	0.51	0.35029	0.19497	0.81	0.28737	0.29103
0.22	0.38940	0.08706	0.52	0.34849	0.19847	0.82	0.28504	0.29389
0.23	0.38853	0.09095	0.53	0.34667	0.20194	0.83	0.28269	0.29673
0.24	0.38762	0.09483	0.54	0.34482	0.20540	0.84	0.28034	0.29955
0.25	0.38667	0.09871	0.55	0.34294	0.20884	0.85	0.27798	0.30234
0.26	0.38568	0.10257	0.56	0.34105	0.21226	0.86	0.27562	0.30511
0.27	0.38466	0.10642	0.57	0.33912	0.21566	0.87	0.27324	0.30785
0.28	0.38361	0.11026	0.58	0.33718	0.21904	0.88	0.27986	0.31057
0.29	0.38251	0.11409	0.59	0.33521	0.22240	0.89	0.28848	0.31327

续表

Z	Y	P	Z	Y	P	Z	Y	P
0.90	0.26609	0.31594	1.20	0.19419	0.38493	1.50	0.12952	0.43319
0.91	0.26369	0.31859	1.21	0.19186	0.38686	1.51	0.12758	0.43448
0.92	0.26129	0.32121	1.22	0.18954	0.38877	1.52	0.12566	0.43574
0.93	0.25888	0.32381	1.23	0.18724	0.39065	1.53	0.12376	0.43699
0.94	0.25647	0.32639	1.24	0.18494	0.39251	1.54	0.12188	0.43822
0.95	0.25406	0.32894	1.25	0.18265	0.39435	1.55	0.12001	0.43943
0.96	0.25164	0.33147	1.26	0.18037	0.39617	1.56	0.11816	0.44062
0.97	0.24923	0.33398	1.27	0.17810	0.39796	1.57	0.11632	0.44179
0.98	0.24681	0.33646	1.28	0.17585	0.39973	1.58	0.11450	0.44295
0.99	0.24439	0.33891	1.29	0.17360	0.40147	1.59	0.11270	0.44408
1.00	0.24197	0.34134	1.30	0.17137	0.40320	1.60	0.11092	0.44520
1.01	0.23955	0.34375	1.31	0.16915	0.40490	1.61	0.10915	0.44630
1.02	0.23713	0.34614	1.32	0.16694	0.40658	1.62	0.10741	0.44738
1.03	0.23471	0.34850	1.33	0.16474	0.40824	1.63	0.10567	0.44845
1.04	0.23230	0.35083	1.34	0.16256	0.40988	1.64	0.10396	0.44950
1.05	0.22988	0.35314	1.35	0.16038	0.41149	1.65	0.10226	0.45053
1.06	0.22747	0.35543	1.36	0.15822	0.41309	1.66	0.10059	0.45154
1.07	0.22506	0.35769	1.37	0.15608	0.41466	1.67	0.09893	0.45254
1.08	0.22265	0.35993	1.38	0.15395	0.41621	1.68	0.09728	0.45352
1.09	0.22025	0.36214	1.39	0.15183	0.41774	1.69	0.09566	0.45449
1.10	0.21785	0.36433	1.40	0.14973	0.41924	1.70	0.09405	0.45543
1.11	0.21546	0.36650	1.41	0.14764	0.42073	1.71	0.09246	0.45637
1.12	0.21307	0.36864	1.42	0.14556	0.42220	1.72	0.09089	0.45728
1.13	0.21069	0.37076	1.43	0.14350	0.42364	1.73	0.08933	0.45818
1.14	0.20831	0.37286	1.44	0.14146	0.42507	1.74	0.08780	0.45907
1.15	0.20594	0.37493	1.45	0.13943	0.42647	1.75	0.08628	0.45994
1.16	0.20357	0.37698	1.46	0.13742	0.42786	1.76	0.08478	0.46080
1.17	0.20121	0.37900	1.47	0.13542	0.42922	1.77	0.08329	0.46164
1.18	0.19886	0.38100	1.48	0.13344	0.43056	1.78	0.08183	0.46246
1.19	0.19652	0.38298	1.49	0.13147	0.43189	1.79	0.08038	0.46327

续表

Z	Y	P	Z	Y	P	Z	Y	P
1.80	0.07895	0.46407	2.10	0.04398	0.48214	2.40	0.02239	0.49180
1.81	0.07754	0.46485	2.11	0.04307	0.48257	2.41	0.02186	0.49202
1.82	0.07614	0.46562	2.12	0.04217	0.48300	2.42	0.02134	0.49224
1.83	0.07477	0.46638	2.13	0.04128	0.48341	2.43	0.02083	0.49245
1.84	0.07341	0.46712	2.14	0.04041	0.48382	2.44	0.02033	0.49266
1.85	0.07206	0.46784	2.15	0.03955	0.48422	2.45	0.01984	0.49286
1.86	0.07074	0.46856	2.16	0.03871	0.48461	2.46	0.01936	0.49305
1.87	0.06943	0.48926	2.17	0.03788	0.48500	2.47	0.01889	0.49324
1.88	0.06814	0.46995	2.18	0.03706	0.48537	2.48	0.01842	0.49343
1.89	0.06687	0.47062	2.19	0.03626	0.48574	2.49	0.01797	0.49361
1.90	0.06562	0.47128	2.20	0.03547	0.48610	2.50	0.01753	0.49379
1.91	0.06439	0.47193	2.21	0.03470	0.48645	2.51	0.01709	0.49396
1.92	0.06316	0.47257	2.22	0.03394	0.48679	2.52	0.01667	0.49413
1.93	0.06195	0.47320	2.23	0.03319	0.48713	2.53	0.01625	0.49430
1.94	0.06077	0.47381	2.24	0.03246	0.48745	2.54	0.01585	0.49446
1.95	0.05959	0.47441	2.25	0.03174	0.48778	2.55	0.01545	0.49461
1.96	0.05844	0.47500	2.26	0.03103	0.48809	2.56	0.01506	0.49477
1.97	0.05730	0.47558	2.27	0.03034	0.48840	2.57	0.01468	0.49492
1.98	0.05618	0.47615	2.28	0.02965	0.48870	2.58	0.01431	0.49506
1.99	0.05508	0.47670	2.29	0.02898	0.48899	2.59	0.01394	0.49520
2.00	0.05399	0.47725	2.30	0.02833	0.48928	2.60	0.01358	0.49534
2.01	0.02592	0.47778	2.31	0.02768	0.48956	2.61	0.01323	0.49547
2.02	0.05186	0.47831	2.32	0.02705	0.48983	2.62	0.01289	0.49560
2.03	0.05082	0.47882	2.33	0.02643	0.49010	2.63	0.01256	0.49573
2.04	0.04980	0.47982	2.34	0.02582	0.49036	2.64	0.01223	0.49585
2.05	0.04879	0.47982	2.35	0.02522	0.49061	2.65	0.01191	0.49598
2.06	0.04780	0.48030	2.36	0.02463	0.49086	2.66	0.01160	0.49609
2.07	0.04682	0.48077	2.37	0.02406	0.49111	2.67	0.01130	0.49621
2.08	0.04586	0.48124	2.38	0.02349	0.49134	2.68	0.01100	0.49632
2.09	0.04491	0.48169	2.39	0.02294	0.49158	2.69	0.01071	0.49643

续表

Z	Y	P	Z	Y	P	Z	Y	P
2.70	0.01042	0.49653	3.00	0.00443	0.49865	3.30	0.00172	0.49952
2.71	0.01014	0.49664	3.01	0.00430	0.49869	3.31	0.00167	0.49953
2.72	0.00987	0.49674	3.02	0.00417	0.49874	3.32	0.00161	0.49955
2.73	0.00961	0.49683	3.03	0.00405	0.49878	3.33	0.00156	0.49957
2.74	0.00935	0.49693	3.04	0.00393	0.49882	3.34	0.00151	0.49958
2.75	0.00909	0.49702	3.05	0.00381	0.49886	3.35	0.00146	0.49960
2.76	0.00885	0.49711	3.06	0.00370	0.49889	3.36	0.00141	0.49961
2.77	0.00861	0.49720	3.07	0.00358	0.49893	3.37	0.00136	0.49962
2.78	0.00837	0.49728	3.08	0.00348	0.49897	3.38	0.00132	0.49964
2.79	0.00814	0.49736	3.09	0.00337	0.49900	3.39	0.00127	0.49965
2.80	0.00792	0.49744	3.10	0.00327	0.49903	3.40	0.00123	0.49966
2.81	0.00770	0.49752	3.11	0.00317	0.49906	3.41	0.00119	0.49968
2.82	0.00748	0.49760	3.12	0.00307	0.49910	3.42	0.00115	0.49969
2.83	0.00727	0.49767	3.13	0.00298	0.49913	3.43	0.00111	0.49970
2.84	0.00707	0.49774	3.14	0.00288	0.49916	3.44	0.00107	0.49971
2.85	0.00687	0.49781	3.15	0.00279	0.49918	3.45	0.00104	0.49972
2.86	0.00668	0.49788	3.16	0.00271	0.49921	3.46	0.00100	0.49973
2.87	0.00649	0.49795	3.17	0.00262	0.49924	3.47	0.00097	0.49974
2.88	0.00631	0.49801	3.18	0.00251	0.49926	3.48	0.00094	0.49975
2.89	0.00613	0.49807	3.19	0.00246	0.49929	3.49	0.00090	0.49976
2.90	0.00525	0.49813	3.20	0.00238	0.49931	3.50	0.00087	0.49977
2.91	0.00578	0.49819	3.21	0.00231	0.49934	3.51	0.00084	0.49978
2.92	0.00562	0.49825	3.22	0.00224	0.49936	3.52	0.00081	0.49978
2.93	0.00545	0.49831	3.23	0.00216	0.49938	3.53	0.00079	0.49979
2.94	0.00530	0.49836	3.24	0.00210	0.49940	3.54	0.00076	0.49980
2.95	0.00514	0.49841	3.25	0.00203	0.49942	3.55	0.00073	0.49981
2.96	0.00499	0.49846	3.26	0.00196	0.49944	3.56	0.00071	0.49981
2.97	0.00485	0.49851	3.27	0.00190	0.49946	3.57	0.00068	0.49982
2.98	0.00471	0.49856	3.28	0.00184	0.49948	3.58	0.00066	0.49983
2.99	0.00457	0.49861	3.29	0.00178	0.49950	3.59	0.00063	0.49983

Z	Y	P	Z	Y	P	Z	Y	P
3.60	0.00061	0.49984	3.75	0.00035	0.49991	3.90	0.00020	0.49995
3.61	0.00059	0.49986	3.76	0.00034	0.49992	3.91	0.00019	0.49995
3.62	0.00057	0.49985	3.77	0.00033	0.49992	3.92	0.00018	0.49996
3.63	0.00055	0.49986	3.78	0.00031	0.49992	3.93	0.00018	0.49996
3.64	0.00053	0.49986	3.79	0.00030	0.49992	3.94	0.00017	0.49996
3.65	0.00051	0.49987	3.80	0.00029	0.49993	3.95	0.00016	0.49996
3.66	0.00049	0.49987	3.81	0.00028	0.49993	3.96	0.00016	0.49996
3.67	0.00047	0.49988	3.82	0.00027	0.49993	3.97	0.00015	0.49996
3.68	0.00046	0.49988	3.83	0.00026	0.49994	3.98	0.00014	0.49997
3.69	0.00044	0.49989	3.84	0.00025	0.49994	3.99	0.00014	0.49997
3.70	0.00042	0.49989	3.85	0.00024	0.49994			
3.71	0.00041	0.49990	3.86	0.00023	0.49994			
3.72	0.00039	0.49990	3.87	0.00022	0.49995			
3.73	0.00038	0.49990	3.88	0.00021	0.49995			
3.74	0.00037	0.49991	3.89	0.00021	0.49995			

附表 3 　*t* 值表

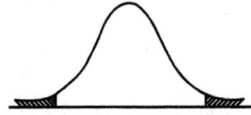

df	最大 *t* 值的概率（双侧界限）								
	0.5	0.4	0.3	0.2	0.1	0.05	0.02	0.01	0.001
1	1.000	1.376	1.963	3.078	6.314	12.706	31.821	63.657	636.619
2	0.816	1.061	1.386	1.886	2.920	4.303	6.965	9.925	31.598
3	0.765	0.978	1.250	1.638	2.353	3.182	4.541	5.841	12.941
4	0.741	0.941	1.190	1.533	2.132	2.776	3.747	4.604	8.610
5	0.727	0.920	1.156	1.476	2.015	2.571	3.365	4.032	6.859
6	0.718	0.906	1.134	1.440	1.943	2.447	3.143	3.707	5.959
7	0.711	0.896	1.119	1.415	1.896	2.365	2.998	3.499	5.405
8	0.706	0.889	1.108	1.397	1.860	2.306	2.896	3.355	5.041
9	0.703	0.883	1.100	1.383	1.833	2.262	2.821	3.250	4.781
10	0.700	0.879	1.093	1.372	1.812	2.228	2.764	3.169	4.587
11	0.697	0.876	1.088	1.363	1.796	2.201	2.718	3.106	4.437
12	0.695	0.873	1.083	1.356	1.782	2.179	2.681	3.055	4.318
13	0.694	0.870	1.079	1.350	1.771	2.160	2.650	3.012	4.221
14	0.692	0.868	1.076	1.345	1.761	2.145	2.624	2.977	4.140
15	0.691	0.866	1.074	1.341	1.753	2.131	2.602	2.947	4.073
16	0.690	0.865	1.071	1.337	1.746	2.120	2.583	2.921	4.015
17	0.689	0.863	1.069	1.333	1.740	2.110	2.567	2.898	3.965
18	0.688	0.862	1.067	1.330	1.734	2.101	2.552	2.878	3.922
19	0.688	0.861	1.066	1.328	1.729	2.093	2.539	2.861	3.883
20	0.687	0.860	1.064	1.325	1.725	2.086	2.528	2.845	3.850
21	0.686	0.859	1.063	1.323	1.721	2.080	2.518	2.831	3.819
22	0.686	0.858	1.061	1.321	1.717	2.074	2.508	2.819	3.792
23	0.685	0.858	1.060	1.319	1.714	2.069	2.500	2.807	3.767
24	0.685	0.857	1.059	1.318	1.711	2.064	2.492	2.797	3.745

续表

df	最大 t 值的概率（双侧界限）								
	0.5	0.4	0.3	0.2	0.1	0.05	0.02	0.01	0.001
25	0.684	0.856	1.058	1.316	1.708	2.060	2.485	2.787	3.725
26	0.684	0.856	1.058	1.315	1.706	2.056	2.479	2.779	3.707
27	0.684	0.855	1.057	1.314	1.703	2.052	2.473	2.771	3.690
28	0.683	0.855	1.056	1.313	1.701	2.048	2.467	2.763	3.674
29	0.683	0.854	1.055	1.311	1.699	2.045	2.462	2.756	3.659
30	0.683	0.854	1.055	1.310	1.697	2.042	2.457	2.750	3.646
40	0.681	0.851	1.050	1.303	1.684	2.021	2.423	2.704	3.551
60	0.679	0.848	1.046	1.296	1.671	2.000	2.390	2.660	3.460
120	0.677	0.845	1.041	1.289	1.658	1.980	2.358	2.617	3.373
∞	0.674	0.842	1.036	1.282	1.645	1.960	2.326	2.576	3.291
df	0.25	0.2	0.15	0.1	0.05	0.025	0.01	0.005	0.0005
	更大 t 值的概率（单侧界限）								

附表 4　F 值表（双侧检测）

分子自由度 df

分母 df	a	1	2	3	4	5	6	7	8	9	10	12	15	20	24	30	40	60	120	∞
1	0.05	647.8	799.5	864.2	889.5	921.8	937.1	948.2	956.7	963.3	968.6	976.7	984.9	993.1	997.2	1001.0	1006.0	1010.0	1014.0	1018.0
	0.01	16211.0	20000.0	21615.0	22500.0	23056.0	23437.0	23715.0	23925.0	24091.0	24224	24426.0	24630.0	24836.0	24940.0	25044.0	25148.0	25253.0	25359.0	2546.5
2	0.05	38.51	39.00	39.17	39.25	39.30	39.33	39.36	39.37	39.39	39.40	39.41	39.43	39.45	39.46	39.46	39.47	39.48	39.49	39.50
	0.01	199.5	199.0	199.2	199.2	199.3	199.3	199.4	199.4	199.4	199.4	199.4	199.4	199.4	199.5	199.5	199.5	199.5	199.5	199.50
3	0.05	17.44	16.04	15.44	15.10	14.88	14.73	14.62	14.54	14.47	14.42	14.34	14.25	14.17	14.12	14.08	14.04	13.99	13.95	13.90
	0.01	55.55	49.80	47.47	46.19	45.39	44.84	44.43	44.13	43.88	43.69	43.39	43.08	42.78	42.62	42.47	42.31	42.15	41.99	41.83
4	0.05	12.22	10.65	9.98	9.60	9.36	9.20	9.07	8.98	8.90	8.84	8.75	8.66	8.56	8.61	8.46	8.41	8.36	8.31	8.26
	0.01	31.33	26.28	24.26	23.15	22.46	21.97	21.62	21.35	21.14	20.97	20.70	20.44	20.17	20.03	19.89	19.75	19.61	19.47	19.32
5	0.05	10.01	8.43	7.76	7.39	7.15	6.98	6.85	6.76	6.68	6.62	6.52	6.43	6.33	6.28	6.23	6.18	6.12	6.07	6.02
	0.01	22.78	18.31	16.53	15.56	14.94	14.51	14.20	13.96	13.71	13.62	13.38	13.15	12.90	12.78	12.66	12.53	12.40	12.27	12.14
6	0.05	8.81	7.26	6.60	6.23	5.99	5.82	5.70	5.60	5.52	5.46	5.37	5.27	5.17	5.12	5.07	5.01	4.96	4.90	4.85
	0.01	18.63	14.54	12.92	12.03	11.46	11.07	10.79	10.57	10.39	10.25	10.03	9.81	9.59	9.47	9.36	9.24	9.12	9.00	8.88
7	0.05	8.07	6.54	5.89	5.52	5.29	5.12	4.99	4.90	4.82	4.70	4.07	4.57	4.47	4.42	4.36	4.31	4.25	4.20	4.14
	0.01	16.24	12.40	10.88	10.05	9.52	9.16	8.89	8.66	8.61	8.38	8.18	7.97	7.75	7.65	7.53	7.42	7.31	7.19	7.08

续表

分子自由度 df

分母 df	a	1	2	3	4	5	6	7	8	9	10	12	15	20	24	30	40	60	120	∞
8	0.05	7.57	6.06	5.42	5.05	4.82	4.65	4.53	4.43	4.36	4.30	4.20	4.10	4.00	3.95	3.89	3.84	7.78	3.73	3.67
	0.01	14.69	11.04	9.50	8.81	8.30	7.95	7.69	7.50	7.34	7.21	7.01	6.81	6.61	6.50	6.40	6.29	6.18	6.06	6.95
9	0.05	7.21	5.71	5.08	4.72	4.48	4.32	4.20	4.10	4.03	3.96	3.87	3.77	3.67	3.61	3.54	3.54	3.45	3.39	3.33
	0.01	13.61	10.11	8.72	7.96	7.47	7.13	6.88	6.69	6.54	6.42	6.23	6.03	5.83	5.73	5.42	5.52	5.41	5.30	5.19
10	0.05	6.94	5.46	4.83	4.47	4.24	4.07	3.95	3.85	3.78	3.72	3.62	3.52	3.42	3.37	3.31	3.26	3.20	3.14	3.08
	0.01	12.83	9.43	8.08	7.34	5.87	6.54	6.30	6.12	5.97	5.85	5.66	5.47	5.27	5.17	5.07	4.97	4.86	4.75	4.64
12	0.05	6.55	5.10	4.47	4.12	3.89	3.73	3.61	3.51	3.44	3.37	3.28	3.18	3.07	3.02	2.96	2.91	2.85	2.79	2.72
	0.01	11.75	8.51	7.23	6.52	6.07	5.76	5.52	5.35	5.20	5.09	4.91	4.72	4.53	4.43	4.33	4.23	4.12	4.01	3.90
15	0.05	6.20	4.77	4.15	3.80	3.58	3.41	3.29	3.20	3.12	3.06	2.96	2.86	2.76	2.70	2.64	2.59	2.52	2.46	2.40
	0.01	10.80	7.70	6.48	5.80	5.37	5.07	4.85	4.67	4.54	4.42	4.25	4.07	3.88	3.79	3.69	3.58	3.48	3.37	3.26
20	0.05	5.87	4.46	3.86	3.51	3.29	3.13	3.01	2.91	2.84	2.77	2.68	2.57	2.46	2.41	2.35	2.29	2.22	2.16	2.09
	0.01	9.94	6.99	5.82	5.17	4.76	4.47	4.26	4.09	3.96	3.85	3.68	3.50	3.32	3.22	3.12	3.02	2.92	2.81	2.59
24	0.05	5.72	4.32	3.72	3.38	3.15	2.99	2.87	2.78	2.70	2.64	2.54	2.44	2.33	2.27	2.21	2.15	2.08	2.01	1.94
	0.01	9.55	6.66	5.52	4.89	4.49	4.20	3.99	3.83	3.69	3.59	3.42	3.25	3.06	2.97	2.87	2.77	2.65	2.55	2.43
30	0.05	5.57	4.18	3.59	3.25	3.03	2.87	2.75	2.66	2.51	2.51	2.41	2.31	2.20	2.14	2.07	2.01	1.94	1.87	1.79
	0.01	9.18	6.35	5.24	4.62	4.23	2.95	3.74	3.58	3.45	3.34	3.18	3.01	2.82	2.73	2.63	2.52	2.42	2.30	2.18

续表

分母 df	a	分子自由度 df																		
		1	2	3	4	5	6	7	8	9	10	12	15	20	24	30	40	60	120	∞
40	0.05	5.42	4.05	3.46	3.13	2.90	2.74	2.62	2.53	2.45	2.39	2.29	2.18	2.07	2.01	1.94	1.88	1.80	1.72	1.64
	0.01	8.83	6.07	4.98	4.37	3.99	3.71	3.51	3.35	3.22	3.12	2.95	2.78	2.60	2.50	2.40	2.30	2.18	2.06	1.93
60	0.05	5.29	3.93	3.34	3.01	2.79	2.63	2.51	2.41	2.33	2.27	2.17	2.06	1.94	1.88	1.82	1.74	1.67	1.58	1.48
	0.01	8.49	5.79	4.73	4.14	3.70	3.49	3.29	3.13	3.01	2.90	2.74	2.57	2.38	2.29	2.19	2.08	1.98	1.83	1.69
120	0.05	5.15	3.80	3.23	2.89	2.67	2.52	2.39	2.30	2.22	2.16	2.05	1.94	1.82	1.76	1.69	1.61	1.53	1.43	1.31
	0.01	8.13	5.54	4.50	3.92	3.55	3.28	3.09	2.93	2.81	2.71	2.54	2.37	2.19	2.09	1.98	1.87	1.75	1.61	1.43
∞	0.05	5.02	3.69	3.12	2.79	2.57	2.41	2.29	2.19	2.11	2.05	1.94	1.83	1.71	1.64	1.57	1.48	1.39	1.27	1.00
	0.01	7.88	5.30	4.28	3.72	3.33	3.09	2.90	2.74	2.53	2.52	2.36	2.19	2.00	1.90	1.79	1.67	1.53	1.36	1.00

附表 5　F值表(单侧检测)

分子 df

分母 df	α	1	2	3	4	5	6	7	8	9	10	11	12	14	16	20	24	30	40	50	75	100	200	500	∞
1	0.05	161	200	216	225	230	234	237	239	241	242	243	244	245	246	248	249	250	251	252	253	253	254	254	254
	0.01	4052	4999	5403	5625	5764	5859	5928	5981	6022	6056	6082	6016	6142	6169	6208	6234	6258	6286	6302	6323	6334	6352	6361	6366
2	0.05	18.51	19.00	19.16	19.25	19.30	19.33	19.36	19.37	19.38	19.39	19.40	19.41	19.42	19.43	19.44	19.45	19.46	19.47	19.47	19.48	19.49	19.49	19.50	19.50
	0.01	98.49	99.01	99.17	99.25	99.30	99.33	99.34	99.36	99.38	99.40	99.41	99.42	99.43	99.44	99.45	99.46	99.47	99.48	99.48	99.49	99.49	99.49	99.50	99.50
3	0.05	10.13	9.55	9.28	9.12	9.01	8.94	8.88	8.84	8.81	8.78	8.76	8.74	8.71	8.69	8.66	8.64	8.62	8.60	8.58	8.57	8.56	8.54	8.54	8.53
	0.01	34.12	30.81	29.46	28.71	28.24	27.91	27.67	27.49	27.34	27.23	27.13	27.05	26.92	26.83	26.69	26.60	26.50	26.41	26.30	26.27	26.23	26.18	26.14	26.12
4	0.05	7.71	6.94	6.59	6.39	6.26	6.16	6.09	6.04	6.00	5.96	5.93	5.91	5.87	5.84	5.80	5.77	5.74	5.71	5.70	5.68	5.66	5.65	5.64	5.63
	0.01	21.20	18.00	16.69	15.98	15.52	15.21	14.98	14.80	14.66	14.54	14.45	14.37	14.24	14.15	14.02	13.93	13.83	13.74	13.69	13.61	13.57	13.52	13.48	13.46
5	0.05	6.61	5.79	5.41	5.19	5.05	4.95	4.88	4.82	4.78	4.74	4.70	4.68	4.64	4.60	4.56	4.53	4.50	4.46	4.44	4.42	4.40	4.38	4.40	4.36
	0.01	16.26	13.27	12.06	11.39	10.97	10.67	10.45	10.27	10.15	10.05	9.96	9.89	9.77	9.68	9.55	9.47	9.38	9.29	9.24	9.17	9.13	9.07	9.04	9.02
6	0.05	5.99	5.14	4.76	4.53	4.39	4.28	4.21	4.15	4.10	4.06	4.03	4.00	3.96	3.92	3.87	3.84	3.81	3.77	3.75	3.72	3.71	3.69	3.68	3.67
	0.01	13.74	10.92	9.78	9.15	8.75	8.47	8.26	8.10	7.98	7.87	7.79	7.72	7.60	7.52	7.39	7.31	7.23	7.14	7.09	7.02	6.99	6.94	6.90	6.88
7	0.05	5.59	4.74	4.35	4.12	3.97	3.87	3.79	3.73	3.68	3.63	3.60	3.57	3.52	3.49	3.44	3.41	3.38	3.34	3.32	3.29	3.28	3.25	3.24	3.23
	0.01	12.25	9.55	8.45	7.85	7.46	7.19	7.00	6.84	6.71	6.62	6.54	6.47	6.35	6.27	6.15	6.07	5.98	5.90	5.85	5.78	5.75	5.70	5.67	5.65

续表

分子 df

分母 df	a	1	2	3	4	5	6	7	8	9	10	11	12	14	16	20	24	30	40	50	75	100	200	500	∞
8	0.05	5.32	4.46	4.07	3.84	3.69	3.58	3.50	3.44	3.39	3.34	3.31	3.28	3.23	3.20	3.15	3.12	3.08	3.05	3.03	3.00	2.98	2.96	2.94	2.93
	0.01	11.26	8.65	7.59	7.01	6.63	6.37	6.19	6.03	5.91	5.82	5.74	5.67	5.56	5.48	5.36	5.28	5.20	5.11	5.06	5.00	4.96	4.91	4.88	4.86
9	0.05	5.12	4.26	3.86	3.63	3.48	3.37	3.29	3.23	3.18	3.13	3.10	3.07	3.02	2.98	2.93	2.90	2.86	2.82	2.80	2.77	2.76	2.73	2.72	2.71
	0.01	10.56	8.02	6.99	6.42	6.06	5.80	5.62	5.47	5.35	5.26	5.18	5.11	5.00	4.92	4.80	4.73	4.64	4.56	4.51	4.45	4.41	4.36	4.33	4.31
10	0.05	4.96	4.10	3.71	3.48	3.33	3.22	3.14	3.07	3.02	2.97	2.94	2.91	2.86	2.82	2.77	2.74	2.70	2.67	2.64	2.61	2.59	2.56	2.55	2.54
	0.01	10.04	7.56	6.55	5.99	5.64	5.39	5.21	5.06	4.95	4.85	4.78	4.71	4.60	4.52	4.41	4.33	4.25	4.17	4.12	4.05	4.01	3.96	3.93	3.91
11	0.05	4.84	3.98	3.59	3.36	3.20	3.09	3.01	2.95	2.90	2.86	2.82	2.79	2.74	2.70	2.65	2.61	2.57	2.53	2.50	2.47	2.45	2.42	2.41	2.40
	0.01	9.65	7.20	6.22	5.67	5.32	5.07	4.88	4.74	4.63	4.54	4.46	4.40	4.29	4.21	4.10	4.02	3.94	3.86	3.80	3.74	3.70	3.66	3.62	3.60
12	0.05	4.75	3.88	3.49	3.26	3.11	3.00	2.92	2.85	2.80	2.76	2.72	2.69	2.64	2.60	2.54	2.50	2.46	2.42	2.40	2.36	2.35	2.32	2.31	2.30
	0.01	9.33	6.93	5.95	5.41	5.06	4.82	4.65	4.50	4.39	4.30	4.22	4.16	4.05	3.98	3.86	3.78	3.70	3.61	3.56	3.49	3.46	3.41	3.38	3.36
13	0.05	4.67	3.80	3.41	3.18	3.02	2.92	2.84	2.77	2.72	2.67	2.63	2.60	2.55	2.51	2.46	2.42	2.38	2.34	2.32	2.28	2.26	2.24	2.22	2.21
	0.01	9.07	6.70	5.74	5.20	4.86	4.62	4.44	4.30	4.19	4.10	4.02	3.96	3.85	3.78	3.67	3.59	3.51	3.42	3.37	3.30	3.27	3.21	3.18	3.16
14	0.05	4.60	3.74	3.34	3.11	2.96	2.85	2.77	2.70	2.65	2.60	2.56	2.53	2.48	2.44	2.39	2.35	2.31	2.27	2.24	2.21	2.19	2.16	2.14	2.13
	0.01	8.86	6.51	5.56	5.03	4.69	4.46	4.28	4.14	4.03	3.94	3.86	3.80	3.70	3.62	3.51	3.43	3.34	3.26	3.21	3.14	3.11	3.06	3.02	3.00
15	0.05	4.54	3.68	3.29	3.06	2.90	2.79	2.70	2.64	2.59	2.55	2.51	2.48	2.43	2.39	2.33	2.29	2.25	2.21	2.18	2.15	2.12	2.10	2.08	2.07
	0.01	8.68	6.36	5.42	4.89	4.56	4.32	4.14	4.00	3.89	3.80	3.73	3.67	3.56	3.48	3.36	3.29	3.20	3.12	3.07	3.00	2.97	2.92	2.89	2.87

续表

分母 df	a	\multicolumn{24}{c}{分子 df}
		1	2	3	4	5	6	7	8	9	10	11	12	14	16	20	24	30	40	50	75	100	200	500	∞
---	---	---	---	---	---	---	---	---	---	---	---	---	---	---	---	---	---	---	---	---	---	---	---	---	---
16	0.05	4.49	3.63	3.24	3.01	2.85	2.74	2.66	2.59	2.54	2.49	2.45	2.42	2.37	2.33	2.28	2.24	2.20	2.16	2.13	2.09	2.07	2.04	2.02	2.01
	0.01	8.53	6.23	5.29	4.77	4.44	4.20	4.03	3.89	3.78	3.69	3.61	3.55	3.45	3.37	3.25	3.18	3.10	3.01	2.96	2.89	2.86	2.80	2.77	2.75
17	0.05	4.45	3.59	3.20	2.96	2.81	2.70	2.62	2.55	2.50	2.45	2.41	2.38	2.33	2.29	2.23	2.19	2.15	2.11	2.08	2.04	2.02	1.99	1.97	1.96
	0.01	8.40	6.11	5.18	4.67	4.34	4.10	3.93	3.79	3.68	3.59	3.52	3.45	3.35	3.27	3.16	3.08	3.00	2.92	2.86	2.79	2.76	2.70	2.67	2.65
18	0.05	4.41	3.55	3.16	2.93	2.77	2.66	2.58	2.51	2.46	2.41	2.37	2.34	2.29	2.25	2.19	2.15	2.11	2.07	2.04	2.00	1.98	1.95	1.93	1.92
	0.01	8.28	6.01	5.09	4.58	4.25	4.01	3.85	3.71	3.60	3.51	3.44	3.37	3.27	3.19	3.07	3.00	2.91	2.83	2.78	2.71	2.68	2.62	2.59	2.57
19	0.05	4.38	3.52	3.13	2.90	2.74	2.63	2.55	2.48	2.43	2.38	2.34	2.31	2.26	2.21	2.15	2.11	2.07	2.02	2.00	1.96	1.94	1.91	1.90	1.88
	0.01	8.18	5.93	5.01	4.50	4.17	3.94	3.77	3.63	3.52	3.43	3.36	3.30	3.19	3.12	3.00	2.92	2.84	2.76	2.70	2.63	2.60	2.54	2.51	2.49
20	0.05	4.35	3.49	3.10	2.87	2.71	2.60	2.52	2.45	2.40	2.35	2.31	2.28	2.23	2.18	2.12	2.08	2.04	1.99	1.96	1.92	1.90	1.87	1.85	1.84
	0.01	8.10	5.85	4.94	4.43	4.10	3.87	3.71	3.56	3.45	3.37	3.30	3.23	3.13	3.05	2.94	2.86	2.77	2.69	2.63	2.56	2.53	2.47	2.44	2.42
21	0.05	4.32	3.47	3.07	2.84	2.68	2.57	2.49	2.42	2.37	2.32	2.28	2.25	2.20	2.15	2.09	2.05	2.00	1.96	1.93	1.89	1.87	1.84	1.82	1.81
	0.01	8.02	5.78	4.87	4.37	4.04	3.81	3.65	3.51	3.40	3.31	3.24	3.17	3.07	2.99	2.88	2.80	2.72	2.63	2.58	2.51	2.47	2.42	2.38	2.36
22	0.05	4.30	3.44	3.05	2.82	2.66	2.55	2.47	2.40	2.35	2.30	2.26	2.23	2.18	2.13	2.07	2.03	1.98	1.93	1.91	1.87	1.84	1.81	1.80	1.78
	0.01	7.94	5.72	4.82	4.31	3.99	3.76	3.59	3.45	3.35	3.26	3.18	3.12	3.02	2.94	2.83	2.75	2.67	2.58	2.53	2.46	2.42	2.37	2.33	2.31
23	0.05	4.28	3.42	3.03	2.80	2.64	2.53	2.45	2.38	2.32	2.28	2.24	2.20	2.14	2.10	2.04	2.00	1.96	1.91	1.88	1.84	1.82	1.79	1.77	1.76
	0.01	7.88	5.66	4.76	4.26	3.94	3.71	3.54	3.41	3.30	3.21	3.14	3.07	2.97	2.89	2.78	2.70	2.62	2.53	2.48	2.41	2.37	2.32	2.28	2.26

续表

分子 df

分母 df	α	1	2	3	4	5	6	7	8	9	10	11	12	14	16	20	24	30	40	50	75	100	200	500	∞
24	0.05	4.26	3.40	3.01	2.78	2.62	2.51	2.43	2.36	2.30	2.26	2.22	2.18	2.13	2.09	2.02	1.98	1.94	1.89	1.86	1.82	1.80	1.76	1.74	1.73
	0.01	7.82	5.61	4.72	4.22	3.90	3.67	3.50	3.36	3.25	3.17	3.09	3.03	2.93	2.85	2.74	2.66	2.58	2.49	2.44	2.36	2.33	2.27	2.23	2.21
25	0.05	4.24	3.38	2.99	2.76	2.60	2.49	2.41	2.34	2.28	2.24	2.20	2.16	2.11	2.06	2.00	1.96	1.92	1.87	1.84	1.80	1.77	1.74	1.72	1.71
	0.01	7.77	5.57	4.68	4.18	3.86	3.63	3.46	3.32	3.21	3.13	3.05	2.99	2.89	2.81	2.70	2.62	2.54	2.45	2.40	2.32	2.29	2.23	2.19	2.17
26	0.05	4.22	3.37	2.89	2.74	2.59	2.47	2.39	2.32	2.27	2.22	2.18	2.15	2.10	2.05	1.99	1.95	1.90	1.85	1.82	1.78	1.76	1.72	1.70	1.69
	0.01	5.72	5.53	4.64	4.14	3.82	3.59	3.42	3.29	3.17	3.09	3.02	2.96	2.86	2.77	2.66	2.58	2.50	2.41	2.36	2.28	2.25	2.19	2.15	2.13
27	0.05	4.21	3.35	2.96	2.73	2.57	2.46	2.37	2.30	2.25	2.20	2.16	2.13	2.08	2.03	1.97	1.93	1.88	1.84	1.80	1.76	1.74	1.71	1.68	1.67
	0.01	7.68	5.49	4.60	4.11	3.79	3.56	3.39	3.26	3.14	3.06	2.98	2.93	2.83	2.74	2.63	2.55	2.47	2.38	2.33	2.25	2.21	2.16	2.12	2.10
28	0.05	4.20	3.34	2.95	2.71	2.56	2.44	2.36	2.29	2.24	2.19	2.15	2.12	2.06	2.02	1.96	1.91	1.87	1.81	1.78	1.75	1.72	1.69	1.67	1.66
	0.01	7.64	5.45	4.57	4.07	3.76	3.53	3.36	3.23	3.11	3.03	2.95	2.90	2.80	2.71	2.60	2.52	2.44	2.35	2.30	2.22	2.18	2.13	2.09	2.05
29	0.05	4.18	3.33	2.93	2.70	2.54	2.43	2.35	2.28	2.22	2.18	2.14	2.10	2.05	2.00	1.94	1.90	1.85	1.80	1.77	1.73	1.71	1.68	1.65	1.64
	0.01	7.60	5.52	4.54	4.04	3.73	3.50	3.33	3.20	3.08	3.00	2.92	2.87	2.77	2.68	2.57	2.49	2.41	2.32	2.27	2.19	2.15	2.10	2.06	2.03
30	0.05	4.17	3.32	2.92	2.69	2.53	2.42	2.34	2.27	2.21	2.16	2.12	2.09	2.04	1.99	1.93	1.89	1.84	1.79	1.76	1.72	1.69	1.66	1.64	1.62
	0.01	7.56	5.39	4.51	4.02	3.70	3.47	3.30	3.17	3.06	2.98	2.90	2.84	2.74	2.66	2.55	2.47	2.38	2.29	2.24	2.16	2.13	2.07	2.03	2.01
32	0.05	4.15	3.30	2.90	2.67	2.51	2.40	2.32	2.25	2.19	2.14	2.10	2.07	2.02	1.97	1.91	1.86	1.82	1.76	1.74	1.69	1.67	1.64	1.61	1.59
	0.01	7.50	5.34	4.46	2.97	3.66	3.42	3.25	3.12	3.01	2.94	2.86	2.80	2.70	2.62	2.51	2.42	2.34	2.25	2.20	2.12	2.08	2.02	1.98	1.96

续表

分母 df	a	1	2	3	4	5	6	7	8	9	10	11	12	14	16	20	24	30	40	50	75	100	200	500	∞
34	0.05	4.13	3.28	2.88	2.65	2.49	2.38	2.30	2.23	2.17	2.12	2.08	2.05	2.00	1.95	1.89	1.84	1.80	1.74	1.71	1.67	1.64	1.61	1.59	1.57
	0.01	7.44	5.29	4.42	3.93	3.61	3.38	3.21	3.08	2.97	2.89	2.82	2.76	2.66	2.58	2.47	2.38	2.30	2.21	2.15	2.08	2.04	1.98	1.94	1.91
36	0.05	4.11	3.26	2.86	2.63	2.48	2.36	2.28	2.21	2.15	2.10	2.06	2.03	1.98	1.93	1.87	1.82	1.78	1.72	1.69	1.65	1.62	1.59	1.56	1.55
	0.01	7.39	5.25	4.38	3.89	3.58	3.35	3.18	3.04	2.94	2.86	2.78	2.72	2.62	2.54	2.43	2.35	2.26	2.17	2.12	2.04	2.00	1.94	1.90	1.87
38	0.05	4.10	3.25	2.85	2.62	2.46	2.35	2.26	2.19	2.14	2.09	2.05	2.02	1.96	1.92	1.85	1.80	1.76	1.71	1.67	1.63	1.60	1.57	1.54	1.53
	0.01	7.35	5.21	4.34	3.86	3.54	3.32	3.15	3.02	2.91	2.82	2.75	2.69	2.59	2.51	2.40	2.32	2.22	2.14	2.08	2.00	1.97	1.90	1.86	1.84
40	0.05	4.08	3.23	2.84	2.61	2.45	2.34	2.25	2.18	2.12	2.07	2.04	2.00	1.95	1.90	1.84	1.79	1.74	1.69	1.66	1.61	1.59	1.55	1.53	1.51
	0.01	7.31	5.18	4.34	3.83	3.51	3.29	3.12	2.99	2.88	2.80	2.73	2.66	2.56	2.49	2.37	2.29	2.20	2.11	2.05	1.97	1.94	1.88	1.84	1.81
42	0.05	4.07	3.22	2.83	2.59	2.44	2.32	2.24	2.17	2.11	2.06	2.02	1.99	1.94	1.89	1.82	1.78	1.73	1.68	1.64	1.60	1.57	1.54	1.51	1.49
	0.01	7.27	5.15	4.29	3.80	3.49	3.26	3.10	2.96	2.86	2.77	2.70	2.64	2.54	2.46	2.35	2.26	2.17	2.08	2.02	1.94	1.91	1.85	1.80	1.78
44	0.05	4.06	3.21	2.82	2.58	2.43	2.31	2.23	2.16	2.10	2.05	2.01	1.98	1.92	1.88	1.81	1.76	1.72	1.66	1.63	1.58	1.56	1.52	1.50	1.48
	0.01	7.24	5.12	4.26	3.78	3.46	3.24	3.07	2.94	2.84	2.75	2.68	2.62	2.52	2.44	2.32	2.24	2.15	2.06	2.00	1.92	1.88	1.82	1.78	1.75
46	0.05	4.05	3.20	2.81	2.57	2.42	2.30	2.22	2.14	2.09	2.04	2.00	1.97	1.91	1.87	1.80	1.75	1.71	1.65	1.62	1.57	1.54	1.51	1.48	1.46
	0.01	7.21	5.10	4.24	3.76	3.44	3.22	3.05	2.92	2.82	2.73	2.66	2.60	2.50	2.42	2.30	2.22	2.13	2.04	1.98	1.90	1.86	1.80	1.76	1.72
48	0.05	4.04	3.19	2.80	2.56	2.41	2.30	2.21	2.14	2.08	2.03	1.99	1.96	1.90	1.86	1.79	1.74	1.70	1.64	1.61	1.56	1.53	1.50	1.47	1.45
	0.01	7.19	5.08	4.22	3.74	3.42	3.20	3.04	2.90	2.80	2.71	2.64	2.58	2.48	2.40	2.28	2.20	2.11	2.02	1.96	1.88	1.84	1.78	1.73	1.70

分子 df

续表

分子 df

母 df	α	1	2	3	4	5	6	7	8	9	10	11	12	14	16	20	24	30	40	50	75	100	200	500	∞
50	0.05	4.03	3.18	2.79	2.56	2.40	2.29	2.20	2.13	2.07	2.02	1.98	1.95	1.90	1.85	1.78	1.74	1.69	1.63	1.60	1.55	1.52	1.48	1.46	1.44
	0.01	7.17	5.06	4.20	3.72	3.41	3.18	3.02	2.88	2.78	2.70	2.62	2.56	2.46	2.39	2.26	2.18	2.10	2.00	1.94	1.86	1.82	1.76	1.71	1.68
55	0.05	4.02	3.17	2.78	2.54	2.38	2.27	2.18	2.11	2.05	2.00	1.97	1.93	1.88	1.83	1.76	1.72	1.67	1.61	1.58	1.52	1.50	1.46	1.43	1.41
	0.01	7.12	5.01	4.16	3.68	3.37	3.15	2.98	2.85	2.75	2.66	2.59	2.53	2.43	2.35	2.23	2.15	2.06	3.96	1.90	1.82	1.78	1.71	1.66	1.64
60	0.05	4.00	3.15	2.76	2.52	2.37	2.25	2.17	2.10	2.04	1.99	1.95	1.92	1.86	1.81	1.75	1.70	1.65	1.59	1.56	1.50	1.48	1.44	1.41	1.39
	0.01	7.08	4.98	4.13	3.65	3.34	3.12	2.95	2.82	2.72	2.63	2.56	2.50	2.40	2.32	2.20	2.12	2.03	1.93	1.87	1.79	1.74	1.68	1.63	1.60
65	0.05	3.99	3.14	2.75	2.51	2.36	2.24	2.15	2.08	2.02	1.98	1.94	1.90	1.85	1.80	1.73	1.68	1.63	1.57	1.53	1.47	1.46	1.42	1.39	1.37
	0.01	7.04	4.95	4.10	3.62	3.31	3.09	2.93	2.79	2.70	2.61	2.54	2.47	2.37	2.30	2.18	2.09	2.00	1.90	1.84	1.76	1.71	1.64	1.60	1.56
70	0.05	3.98	3.13	2.74	2.50	2.35	2.23	2.14	2.07	2.01	1.97	1.93	1.89	1.84	1.79	1.72	1.67	1.62	1.56	1.53	1.47	1.45	1.42	1.37	1.35
	0.01	7.01	4.92	4.08	3.60	3.29	3.07	2.91	2.77	2.67	2.59	2.51	2.45	2.35	2.28	2.15	2.07	1.98	1.88	1.82	1.74	1.69	1.62	1.56	1.53
80	0.05	3.96	3.11	2.72	2.48	2.33	2.21	2.12	2.05	1.99	1.95	1.91	1.88	1.82	1.77	1.70	1.65	1.60	1.54	1.51	1.45	1.42	1.38	1.35	1.32
	0.01	6.96	4.88	4.04	3.56	3.25	3.04	2.87	2.74	2.64	2.55	2.48	2.41	2.32	2.24	2.11	2.03	1.94	1.84	1.78	1.70	1.65	1.57	1.52	1.49
100	0.05	3.94	3.09	2.70	2.46	2.30	2.19	2.10	2.03	1.97	1.92	1.88	1.85	1.79	1.75	1.68	1.63	1.57	1.51	1.48	1.42	1.39	1.34	1.30	1.28
	0.01	6.90	4.82	3.98	3.51	3.20	2.99	2.82	2.69	2.59	2.51	2.43	2.36	2.26	2.19	2.06	1.98	1.89	1.79	1.73	1.64	1.59	1.51	1.46	1.43
125	0.05	3.92	3.07	2.68	2.44	2.29	2.17	2.08	2.01	1.95	1.90	1.86	1.83	1.77	1.72	1.65	1.60	1.55	1.49	1.45	1.39	1.36	1.31	1.27	1.25
	0.01	6.84	4.78	3.94	3.47	3.17	2.95	2.79	2.65	2.56	2.47	2.40	2.33	2.23	2.15	2.03	1.94	1.85	1.75	1.68	1.59	1.54	1.46	1.40	1.37

续表

分子 df

分母 df	α	1	2	3	4	5	6	7	8	9	10	11	12	14	16	20	24	30	40	50	75	100	200	500	∞
150	0.05	3.81	3.06	2.67	2.43	2.27	2.16	2.07	2.00	1.94	1.89	1.85	1.82	1.76	1.71	1.64	1.59	1.54	1.47	1.44	1.37	1.34	1.29	1.25	1.22
	0.01	6.81	4.75	3.91	3.44	3.13	2.92	2.76	2.62	2.53	2.44	2.37	2.30	2.20	2.12	2.00	1.91	1.83	1.72	1.66	1.56	1.51	1.43	1.37	1.33
200	0.05	3.89	3.04	2.65	2.41	2.26	2.14	2.05	1.98	1.92	1.87	1.83	1.80	1.74	1.69	1.62	1.57	1.52	1.45	1.42	1.35	1.32	1.26	1.22	1.19
	0.01	6.76	4.71	3.88	3.41	3.11	2.90	2.73	2.60	2.50	2.41	2.34	2.28	2.17	2.09	1.97	1.88	1.79	1.69	1.62	1.53	1.48	1.39	1.33	1.28
400	0.05	3.86	3.02	2.62	2.39	2.23	2.12	2.03	1.96	1.90	1.85	1.81	1.78	1.72	1.67	1.60	1.54	1.49	1.42	1.38	1.32	1.28	1.22	1.16	1.13
	0.01	6.70	4.66	3.83	3.36	3.06	2.85	2.69	2.55	2.46	2.37	2.29	2.23	2.12	2.04	1.92	1.84	1.74	1.64	1.57	1.47	1.42	1.32	1.24	1.19
1000	0.05	3.85	3.00	2.61	2.38	2.22	2.10	2.02	1.95	1.89	1.84	1.80	1.76	1.70	1.65	1.58	1.53	1.47	1.41	1.36	1.30	1.26	1.19	1.13	1.08
	0.01	6.66	4.62	3.80	3.34	3.04	2.82	2.66	2.53	2.43	2.34	2.26	2.20	2.09	2.01	1.89	1.81	1.71	1.61	1.54	1.44	1.38	1.28	1.19	1.11
∞	0.05	3.84	3.00	2.60	2.37	2.21	2.09	2.01	1.94	1.88	1.83	1.79	1.75	1.69	1.64	1.57	1.52	1.46	1.40	1.35	1.28	1.24	1.17	1.11	1.00
	0.01	6.64	4.60	3.78	3.32	3.02	2.80	2.64	2.51	2.41	2.32	2.24	2.18	2.07	1.99	1.87	1.79	1.69	1.59	1.52	1.41	1.36	1.25	1.15	1.00

附表 6 χ^2 分布临界值

χ^2 大于表内所列 χ^2 值的概率

df	0.995	0.990	0.975	0.950	0.900	0.750	0.500	0.250	0.100	0.050	0.025	0.010	0.005
1	0.00004	0.00016	0.00098	0.0039	0.0158	0.102	0.455	1.32	2.71	3.84	5.02	6.63	7.88
2	0.0100	0.0201	0.0506	0.103	0.211	0.575	1.39	2.77	4.61	5.99	7.38	9.21	10.6
3	0.0717	0.115	0.216	0.352	0.584	1.21	2.37	4.11	6.25	7.81	9.35	11.3	12.8
4	0.267	0.297	0.484	0.711	1.06	1.92	3.36	5.39	7.78	9.49	11.1	13.3	14.9
5	0.412	0.354	0.831	1.15	1.61	2.67	4.35	6.63	9.24	11.1	12.8	15.1	16.7
6	0.676	0.872	1.24	1.64	2.20	3.45	5.85	7.84	10.6	12.6	14.4	16.8	18.5
7	0.989	1.24	1.69	2.17	2.83	4.25	6.35	9.04	12.0	14.1	16.0	18.5	20.3
8	1.34	1.65	2.18	2.73	3.49	5.07	7.34	10.2	13.4	15.5	17.5	20.1	22.0
9	1.73	2.09	2.70	3.33	4.17	5.90	8.34	11.4	14.7	16.9	19.0	21.7	23.6
10	2.76	2.56	3.25	3.94	4.87	6.74	9.34	12.5	16.0	18.3	20.5	23.2	25.2
11	2.60	3.05	3.82	4.57	5.58	7.58	10.3	13.7	17.3	19.7	21.9	24.7	26.8
12	3.07	3.57	4.40	5.23	6.30	8.44	11.3	14.8	18.5	21.0	23.3	26.2	28.3
13	3.57	4.11	5.01	5.89	7.04	9.30	12.3	16.0	19.8	22.4	24.7	27.7	29.8
14	4.07	4.66	5.68	6.57	7.79	10.2	13.3	17.1	21.1	23.7	26.1	29.1	31.3
15	4.60	5.23	6.26	7.26	8.55	11.0	14.3	18.2	22.3	25.0	27.5	30.6	32.8
16	5.14	5.81	6.91	7.96	9.31	11.9	15.3	19.4	23.5	26.3	28.8	32.0	34.3

续表

χ² 大于表内所列 χ² 值的概率

df	0.995	0.990	0.975	0.950	0.900	0.750	0.500	0.250	0.100	0.050	0.025	0.010	0.005
17	5.70	6.41	7.56	8.67	10.1	12.8	16.3	20.5	24.8	27.6	30.2	33.4	35.7
18	6.26	7.01	8.23	9.39	10.9	13.7	17.3	21.6	26.0	28.9	31.5	34.8	37.2
19	6.84	7.63	8.91	10.1	11.7	14.6	18.3	22.7	27.2	30.1	32.9	36.2	38.6
20	7.43	8.29	9.59	10.9	12.4	15.5	19.3	23.8	28.4	31.4	34.2	37.6	40.0
21	8.03	8.90	10.3	11.6	13.2	16.3	20.3	24.9	29.6	32.7	35.5	38.9	41.4
22	8.64	9.54	11.0	12.3	14.0	17.2	21.3	26.0	30.8	33.9	36.8	40.3	42.8
23	9.26	10.2	11.7	13.1	14.8	18.1	22.3	27.1	32.0	35.2	38.1	41.6	44.2
24	9.89	10.9	12.4	13.8	15.7	19.0	23.3	28.2	33.2	36.4	39.4	43.0	45.6
25	10.5	11.5	13.1	14.6	16.5	19.9	24.3	29.3	34.4	37.7	40.6	44.3	46.9
26	11.2	12.2	13.8	15.4	17.3	20.8	25.3	30.4	35.6	38.9	41.9	45.6	48.3
27	11.8	12.9	14.6	16.2	18.1	21.7	26.3	31.5	36.7	40.1	43.2	47.0	49.6
28	12.5	13.6	15.3	16.9	18.9	22.7	27.3	32.6	37.9	41.3	44.5	48.3	51.0
29	13.1	14.3	16.0	17.7	19.8	23.6	28.3	33.7	39.1	42.6	45.7	49.6	52.3
30	13.8	15.0	16.8	18.5	20.6	24.5	29.3	34.8	40.3	43.8	47.0	50.9	53.7
40	20.7	22.2	24.4	26.5	29.1	33.7	39.3	45.6	51.8	55.8	59.3	63.7	65.8
50	28.0.	29.7	32.4	34.8	37.7	42.9	49.3	56.3	63.2	67.5	71.4	76.2	79.5
60	35.5	37.5	40.5	43.2	46.5	52.3	59.3	67.0	74.4	79.1	53.3	88.4	92.0

附录二 术语表

（按拼音首字母排序）

A

α 水平（Alpha level）也叫作**显著性水平**（level of significance），它是假设检验中的统计学显著性标准，即假定只按随机事件而得到相应研究结果的最大允许概率。

ABAB 设计（ABAB design）也称为**轮回设计**（Reversal design），是一种单被试实验设计。其实验程序包括四个阶段：基线测试、实验处理条件下测试、返回基线测试段、实验处理条件下的再测等阶段。

按比例分层随机抽样（Proportionate stratified random sampling）是随机抽样技术的一种，它需要先确认总体中包含的子群和各子群在总体中所占比例，然后从每一子群中随机抽取一定量的个体，并使各子群抽取数在样本中所占比例与其在总体中所占比例相同。

暗适应（dark adaptation）是个体从光亮环境进入黑暗环境，眼睛的感受性和视敏度逐渐提高的过程。

暗适应曲线（dark-adaptation curve）是描述暗适应过程中视觉感觉阈限随时间变化的曲线。

安慰剂（placebo），作为处理或药物的替代品，它没有实际的处理成分。

安慰剂控制组（placebo control group）是在研究中接受安慰剂作用而不是实际处理的被试组或条件。

安慰剂效应（placebo effect）是误认为服用了有效药物而产生的心理疗效。在心理实验中，被试也会对实验中可能的影响进行猜测，由此产生某些积极的心理效应。

B

白噪音（white noise）是一种特殊的噪音，它是由各种振幅接近、频率不同的声波复合而成的噪音，其中的各种声波成分不具有谐波关系，在相位上也无系统关系。

保持量（retention value），即被试对学习的材料的保持百分比。

保密性（confidentiality）是指对研究中得到的个人信息或测量资料要严格保密。美国心理学会伦理条例要求研究者要确保他们研究被试的保密性。

被试（subject）指参与研究的动物（许多情况下，我们习惯于将被参与实验的人或动物通称为被试）。

被试角色（subject role）指参与研究者以他们自认为合适的不同方式对实验线索进行反应。也叫作被试角色行为（subject role behavior）。

被试角色行为（subject role behavior），参见：被试角色（subject role）。

被试内实验设计（within-subject experimental design）指一个被试组参加全部实验处理的实验设计方法，也叫作重复测量设计（repeated-measures design）或组内设计（within-group design）。

被试选择偏差（subject selection bias）是基于便利条件而非无偏程序选择被试形成的样本偏差，这是一种影响研究外部效度的因素。

被试部分（participant subsection/ subject subsection）是研究报告中"方法"中的一部分，它描述参加研究的那些人或动物。

被试间实验设计（between-subjects experimental design）也叫独立测量设计（independent-measures design）、独立组设计（independent groups design）或组间设计（between-groups design），是将互相独立但又相等的被试组分派在不同实验处理下进行测量，然后对各组测量结果进行比较的一种实验设计。

被试缺损（participant attrition）是在一项研究进行期间的被试丢失，这可能对研究的内部效度产生损害。

被试者（participant）是参与到研究中的人。

比例量表（ratio scale）是测量量表的一种，在该量表上，各个类别按顺序排列，而且该量表具有相等单位与绝对零点。

辨别反应时间（identification reaction time），只有一个反应，它仅与多个刺激中的某一刺激相对应。只有当对应的这个刺激出现时，被试才做出规定的反应，这时测得的反应时间叫作辨别反应时。

辨别力指数（index of discriminability）指根据信号检测实验的结果计算出来的能够反映被试信号分辨能力的参数。

变异（variability）是对一个分布中分数之间差异量的测量。

变异源（source of variation），进行一系列观测得到一批数据，引起数据变化的原因就叫变异源。

变量（variable）指可以在数量上或性质上发生变化的事物的属性。

便利抽样（convenience sampling）也叫作**随意抽样**（haphazard sampling），这是一种非概率性抽样方法，它对被试的选择是基于可能性或被试是否乐于参加实验，也就是说，因为他们容易得到。

边缘思维论(marginal thinking theory)，行为主义的代表人物华生认为思维是作为一种整体的躯体的机能。

表面效度(face validity)，只是从表面上看，一项测量能在多大程度上测量了它想测量的目标变量。这种效度不是非常可靠。

标准差(standard deviation)是方差的平方根，它通过计算与平均数的平均距离来度量数据的差异性。

标准误(standard error)是对样本统计量和相应总体参数的标准距离或平均距离的度量。

不等组设计(nonequivalent group design)是准实验设计的一种，在这种设计中，不同的被试组是在不同条件下形成的，不允许研究者对被试分组进行操纵，因此各被试组被看成是不相等的组。

不随意学习(incidental learning)，克雷克为证明其记忆的加工水平说而提出的一种实验程序，即向被试提出不同的操作以引导被试对材料进行不同水平的加工，最后出乎预料地要求被试回忆或再认刺激材料。

不应答偏差(nonresponse bias)，在通讯调查中，有相当数量的被调查者未予回复，使得那些给予回复的个体常常并不是受调查被试全体的代表。这种不应答偏差会影响调查的外部效度。

部分平衡法(partial counterbalancing)是一种系统的平衡方法，它可以保证每一种实验处理对一个被试组的作用顺序都有一个第一，第二，第三，……依此类推，不要求使用所有可能的处理条件的作用顺序。

部分报告法(partial report procedure)，向被试呈现一系列刺激材料，立即要求其按照某种提示线索报告某一部分的信息，以此缩短报告时间。

C

材料部分(material subsection)，参见：设备部分(apparatus subsection)。

残差(residual)是在方差分析过程中，按照线性模型对因变量观测值的变异量进行分解所剩余部分。残差可看作不能解释的随机变量引起的变异量，故被看作误差项，用于计算检验统计量 F 时的分母项。

残词补全任务(word fragment completion task)是让被试填充残缺单词的缺失字母的一种内隐记忆测验。

参考文献部分(reference section)，研究报告的参考文献部分要列举报告中所有引用文献的完整信息，一般是按第一作者姓氏的字母顺序编排。

参数(parameter)是描述总体的一个概括值。

参与式观察(participant observation)是观察法的一种，研究者为了便于观察和记录被试者的行为，就作为被观察者的一员参与到他们的活动中。

操纵核查(manipulation check)是在一项研究中，用来评估被试是如何认识或解释操纵，以及/或评估操纵的直接效应的附加测量。

操纵研究策略(manipulative research strategy)，参见：实验研究策略(experimental research strategy)。

操作定义(operational definition)是用于界定或测量一个构念的程序。一个操作定义会详细说明测量一个外部可观察的行为的程序(一系列的操作)，并使用该程序所导致的结果作为一假设结构的定义或测量。

策划性观察(contrived observation)也叫作**结构性观察**(structured observation)，在特意布置的背景或情境中进行的观察。

测量程序的效度(validity of measurement procedure)指测量程序对它声称要测量变量的测量程度。

测量过敏(assessment sensitization)，参见：过敏。

测量量表(scale of measurement)是一个用来对个体进行分类的类别集合，它具有四种类型：称名量表、顺序量表、等距量表和比例量表。

测验效应(testing effect)是由重复测量经验对被试的影响导致的累积误差。

产生式系统(production system)是指计算机和人所能执行的一组活动。只要有一定的条件就能产生一定的活动，其通用表达式是"If... Then..."

尝试—错误说(trial-and-error theory)也叫**试误说**，是美国心理学家桑代克建构的一种学习理论。他认为人和动物都是在不断地尝试和不断地错误中解决问题的，因为人和动物可以在这一过程中将成功反应与紧张解除联结起来。

长时记忆(long-term memory)是经过最初的知觉后已经从意识中消失了的记忆的提取。

抄袭(plagiarism)是将别人的思想或语言作为自己的来呈现。抄袭是不道德的。

成分分析设计(component-analysis design)，参见：析取设计(dismantling design)。

成熟(maturation)是指在研究进行过程中能够影响到被试测量分数的所有生理学的或心理的变化对研究内部效度的损害。

成熟差异(differential maturation)是在一项研究中，成熟因素在一个组引起的效应不同于在另一个组引起的效应，这会造成研究内部效度的下降。

称名量表(nominal scale)是测量量表的一种。在这种量表上的各个类别代表被测量变量的定性差异，各类别具有不同的名称但彼此之间不按照系统的方式相互关联。

示波器(oscillograph)是可以用来记录和显示声波的频率和振幅的仪器。

重复测量设计(repeated-measures design)，参见：被试内设计。

重复测量 t 检验(repeated-measures t test)是在被试内或匹配实验设计中，对来自于同一被试组或两个匹配被试组的两个系列分数平均数差异的统计检验方法。

重复再现法(repeated reproduction)是巴特利特的故事记忆测验法，即让被试学习故事之后，按照自己的记忆讲述故事，而且是至少讲述两次，两次间隔的时间中不插入学习。

程序部分(procedure subsection)是研究报告的"方法"中的一小部分，它描述完成这一研究的每一个步骤。

抽样(sampling)也叫作**抽样程序**(sampling procedures)或**抽样技术**(sampling techniques)，指选择参加研究的被试的过程。

抽样偏差(sampling bias)，参见：选择偏差(selection bias)。

抽样误差(sampling error)指自然发生的样本统计量与相应总体参数的差异。

抽样程序(sampling procedures)，参见：抽样(sampling)。

抽样技术(sampling techniques)，参见：抽样(sampling)。

处理条件(treatment condition)是实验研究中，由操纵变量的具体值规定的情境或条件。一个实验包含的两个或两个以上的处理条件与被操纵变量的不同值对应。

处理单元(treatment phase)指单被试研究中处理条件下的一系列观察，通常用字母 B 表示。

纯音(pure tone)是单一频率的声波，波形为正弦波。

刺激变量(stimulus variable)是来自外部刺激情境的在心理实验中对被试的心理或行为可能产生影响的各种外在条件或因素。

刺激—反应相容性(stimulus-response compatibility，简称 SRC)是人在对刺激进行加工过程中所表现出来的一种现象。当一定的刺激和反应匹配会产生较好较快的结果时，这样的刺激—反应匹配就具有了相容性。

D

代表性(representativeness)指样本特征能准确反映总体特征的程度。

代表性样本(representative sample)指一个与总体具有同样特征的样本。

单被试设计(single-subject design)也叫**个案设计**(single-case design)，是指研究者使用来自一个被试的实验结果来证明因果关系的研究设计。

单盲研究（single-blind research）指研究者不知道预期的结果的研究。

单因素方差分析（single-factor analysis of Variance/ One-way ANOVA）是一种用于评估两个或两个以上独立组平均数差异的假设检验方法，这里的各个组是由同一个变量或因子的独立值规定的。

单因素多组设计（single-factor multiple groups design）是一种用于比较两组以上被试或两组以上的分数的实验设计。每一组被试或每一组分数代表单个因子的一个水平。

单因素两组设计（single-factor two-group design）也叫作**双组设计**（Two-group design），是一种用于比较两组被试或两组分数的设计，每个被试组或每一组分数代表一个因子的一个水平。

单组前测后测设计（one-group pretest-posttest design）是一种非实验设计，即在施加处理前后对单一被试组各进行一次测量。

倒摄抑制（retroactive interference）指后学习材料对先学习材料的保持与回忆的干扰。

等距量表（interval scale）是一种测量量表，其上的类别按顺序组织。该量表具有相等单位，但其零点是一个人为规定的相对值。

等响度曲线（equal-loudness contour）是响度与频率的关系曲线，即以比较音和标准音在响度上等效时的声级变化为频率的函数所做的曲线。

地板效应（floor effect）是全距效应的一种，是测量分数聚集在量表的低端，测量值很少或没有机会再减小。

第三变量问题（third-variable problem）是两个变量表现出相关，但可能是二者均受到第三个变量的影响并因此一起发生变化。

定额抽样（quota sampling）是一种便利的非概率抽样方法，它需要先确认样本中要包含的具体子群，然后规定各子群要抽取的个体的定额数，进而完成抽样。

抵消平衡（counterbalancing）是在被试内设计中，一种为了使顺序效应和与时间有关的影响降到最小而将被试分成若干小组以便各小组以不同的顺序接受一系列实验处理的实验程序，这样做的目的是使在每一种可能的处理顺序上都有相等的被试按照各自顺序参加实验。

动物关怀和利用委员会（institutional Animal Care and Use Committee，简称IACUC）是专门考察在研究中对非人类被试采取的处理方法的委员会。

独立测量设计（independent-measures design），参见：被试间实验设计（between-subjects experimental design）。

独立测量 t 检验（independent-measures t test）是在被试间设计中，评估两个独立被试组间平均数差异显著性的假设检验。

独立性卡方检验（Chi-square test for independence）是一种评估两个或多个被试组之间比例数差异统计显著性的假设检验方法。

短时记忆（short-term memory）是在知觉后和离开意识觉察前的信息恢复。

对内部效度的损害（threat to internal validity），为研究结果提供任何其他可能解释的因子都会造成研究内部效度的下降。

对偶联合回忆（paired-associate recall）是一种记忆任务，先呈现单词对（如松鼠—大象），然后测验时出示配对的第一个单词，让被试回忆第二个单词。

对数定律（law of logarithmic function）也叫作**费希纳定律**（fechner's law），是德国物理学家费希纳提出来的关于心理量与物理量的关系定律，其公式为：$S=k \cdot \lg R$，即心理量与物理量的对数成正比。

对外部效度的损害（threat to external validity）指研究本身具有的制约结果推广性的任何特征，都会造成研究外部效度的下降。

对效度的损害（threat to validity）会导致对研究过程的质量或研究结果准确性怀疑的研究成分都会造成研究效度的下降。

对应加工迁移理论（transfer-appropriate procedures approach），该理论认为记忆中的实验性分离现象，只是由于不同测验任务所要求的加工过程不同造成的，并非是由受相互独立的两个不同记忆系统控制所致。

顿悟说（insight theory）是德国心理学家苛勒提出来的问题解决理论，他认为人和动物是依靠突然领悟来发现问题情境中的完形，从而解决问题的，即发现了问题情境中各个事物间的内在联系，就能够解决问题。

多重记忆系统理论（multiple memory systems theory）将记忆看成是由多个服务于不同对象目标、遵从于不同操作原则的子系统共同作用而实现的一种功能。

多因素完全随机实验设计（multi-factor randomized experimental design）指有两个以上的自变量或准自变量以不同水平的结合而形成的多个实验处理，将抽取来的被试随机分成多个组，每个组独立地接受一个实验处理下的观测。

多基线交叉行为设计（multiple-baseline across behaviors）是多基线设计的一种，其最初的两个基线单元分别对应于同一被试两种不同行为的多基线设计。

多基线交叉情境设计（multiple-baseline across situations）是多基线设计的一种，其最初的两个基线单元分别对应于同一行为不同表现环境的多基线设计。

多基线交叉被试设计(multiple-baseline across subjects)是多基线设计的一种，其最初的两个基线单元分别对应于两个被试的多基线设计。

多基线设计(multiple-baseline design)是单被试设计的一种，在这种设计中：同时开始两个基线单元，然后对第一个基线单元启动处理单元，与此同时，另一个基线观测继续进行，一段时间后，对第二个基线单元启动处理单元。

多因素重复实验设计(multi-factor repeated-measure design)指有两个以上的自变量或准自变量以不同水平的结合而形成不同的实验处理，将抽取来的被试作为一个被试组完成所有实验处理下的实验。

E

额外变量(extraneous variable)，一项研究中，自变量和因变量以外的其他变量都是额外变量。

二次文献(secondary source)是对他人工作的描写或概述，其撰写人并不是所讨论的研究或观察的直接参加者。

Ⅱ类错误(type Ⅱ error)指总体中实际存在某种效应，但样本数据未能显示这种显著性效应的证据，这时依据统计检验结果认为无效应而发生的错误。

二因素设计(two-factor design)指研究中包含两个因子。

二因素方差分析(two-way analysis of variance，Two-factor ANOVA)是一种用来评估二因素研究中平均数差异(含主效应和交互效应)的假设检验方法。

F

反应时间(reaction time，简称 RT)就是个体从接受刺激作用到做出相应反应的时间间距，也叫反应潜伏期。

反应变量(reaction variable/Response variable)也叫**因变量**，是指由于自变量的变化而引起的被试反应或内外变化。

反作用(reactivity)是被试因为正参加的研究或知道正接受的测量而对自然行为进行的修改。

方差(variance)是通过计算各分数离差平均数得到的变异测量。

方差分析(analysis of variance)是因素型实验数据的核心分析方法，即为了评估自变量或准自变量对观测变量的影响效应，而按照不同的变异源将数据变异进行分解，以考察自变量或准自变量所引起的因变量数据变化的相对程度。

方法部分(method section)是研究报告的一个部分，对研究实施过程进行相对详细的介绍，以使其他人了解并能复制你的研究过程。一般包括四方面内容：研究被试、仪器设备与材料、研究设计类型、实验操作程序与主要步骤。

方向性问题(directionality problem)相关性研究可以建立两个具有共变关系的变量间的相关关系，但是它不能确定这两个变量中何为"因"，何为"果"。

非参与观察(nonparticipant observation)，参见：自然观察(naturalistic observation)。

非等控制组设计(nonequivalent control group design)是准实验设计的一种，在这种研究设计中，研究者不能随机地安排被试而只能使用现有的被试组，一个组在处理条件下完成任务，另一个组在控制条件下完成任务。

非概率抽样(nonprobability sampling)是抽样方法的一种，在这种抽样中，总体不完全清楚，所以个体被抽中的概率也不清楚。这种方法往往是依据于常识或容易度等因素，并试图保持抽样的代表性和避免偏差。

分贝(decibel, dB)是表示声音物理强度的单位，以两个声音压力比值的对数表示。其计算公式为 $dB = 10 \cdot \log(P_1/P_0)$，式中，dB 代表分贝，$P_1$ 是较强声音的压力，P_0 是参照声音的压力(常取 0.0002 达因/平方厘米)。

分层随机抽样(stratified random sampling)是概率抽样技术的一种，它需要首先确定样本中应该包含的子群，然后从每个子群中随机抽取一容量相等的样本，再合并成所需要的样本。

分组偏差(assignment bias)，导致各组被试特征有明显差异的被试分组过程，就会出现分组偏差。这种偏差会造成研究内部效度的下降。

复合音(complex tone)是由不同频率的多种声波复合而成的复杂声波。

附录(appendix)是研究报告中展示详细信息的部分。这些信息虽然有用，但如果放在论文的正文中就会破坏正文信息的连续性。

负启动效应(negative priming effect)是指先前的加工活动对继之而来的加工活动所起的抑制作用。

复制(replication)是使用原研究中使用的基本程序对一个研究过程进行重复，其意在于对原研究的效度进行检验。这一研究复制要么会因为得到与原研究同样的结果而支持原来的研究，要么会因为其很难得到原来研究的结果而对原来的研究产生怀疑。

符兹堡学派(Würzburg school)是以屈尔佩为主要代表人物的思维研究学派，除对思维进行了一系列实验研究外，主要贡献是提出了无意象思维的观点。

G

概率抽样(probability sampling)是一种抽样方法，在这种抽样中，总体是知道的，总体中的每一个个案有确定的被选择概率，而且抽样是基于概率而随机进行的。

概念形成(concept formation)是概念学习的一种方式。个体以直接经验为基础，从大量的同类事物的不同例证中独立发现和掌握事物的共同关键特征的过程。

感觉记忆系统(sensory memory system)即瞬时记忆，是刚刚输入还未经加工的刺激信息的保持系统，它对信息保持的时间很短。

感觉阈限(sensory threshold)是指刚刚引起感觉的最小刺激强度，或者说是能够有50％的次数能引起感觉、50％的次数不能引起感觉的刺激强度。

干扰说(interference theory)，认为遗忘是由其他信息的干扰造成的。

高阶析因设计(higher-order factorial design)是多于两个因素的研究设计。

个体差异(individual differences)指一个被试与另一个被试的不同特征。

个体取样(individual sampling)是观察技术的一种，一般先在第一个时间区间观察一个被试，然后在第二个区间转向对另一不同个体进行观察，等等。

工程心理学(engineering Psychology)是一门心理学与工程技术交叉的学科。它从心理学的观点研究工程技术、制造和使用中人与技术的关系问题。

构念(construct)也叫作**假设性构念**(hypothetical construct)，是为了解释和预测行为而以理论的形式提出假设性的特征或机制。

构念效度(construct validity)是当测量分数与变量自身有直接关联从而加以证实的效度。

观察法(observational method)就是对研究对象进行有计划、有步骤、较持久的观察，它是出于描述的目的，而且只能达到描述的目的。

观察性研究设计(observational research design)是研究者对个体的行为进行观察并做系统记录以便对其行为进行描述的研究方法。

关键词(key word)是用来明确或描述研究中的一个变量的术语。关键词也用来搜索文献。

光亮度(luminance)是指物体表面的明亮程度，它取决于从物体表面反射出来的光能量，也就是说它取决于物体表面接受到的光照度和物体表面的光反射率两个方面。

光通量(luminous flus)是单位时间内由光源向某一立体角或某一面积上辐射的光能量，也就是在单位时间内穿过某一立体角或某一面积的光能总量，其单位为流明(lumen，简称 lm)。

光强度(luminous intensity)是指光源的发光功率，以单位时间、单位立体角内发出的光能量为测量标准，单位为坎德拉(candela，简称 cd)。

光照度(illuminance)指单位时间从光源照射到单位面积上的光能量，单位为勒克司(lux，简称 lx)。对于一个点光源来说，光照度与光源的发光强度成正比，与到光源的距离的平方成反比。

光锥(light cone)是表示颜色系列特征的圆锥体，它的中间垂直轴代表明度，水平截面的不同方位代表色调，锥体中代表某一颜色的点到中间轴的距离代表饱和度。

归纳(induction)也称为**归纳推理**(induction reasoning)，是利用相对较小的具体观察集合作为基础构建较大的可能观察集合的表述。

归纳结构问题(problem of inducing structure)指给出几个条件，而问题解决者必须发现隐含在条件中的结构模式才能解决问题。

过敏(sensitization)指伴随测量程序本身而出现的被试改变。过敏会影响到研究的外部效度，因为它使得伴随测量程序的观测结果与被试在现实世界中的行为表现不同。

H

好被试角色(good subject role)是研究中被试采取的一种迎合研究者假设的反应倾向。

横断研究设计(gross-sectional research design)是指使用不同的被试组，每组被试代表一个不同的年龄或年龄段，在同一时间测量和比较这些被试组。

恒定刺激法(constant stimulus method)也叫**次数法**(frequency method)、**正误法**(true-false method)等，其特点是只使用从能经常感觉到的刺激到经常感觉不到的刺激之间的5～7个恒定刺激点，而且各刺激点随机呈现，不像最小变化法那样必须按照某种顺序呈现。

恒定法(keeping invariablenes method)指有些额外变量无法消除或没有条件消除，则使其在整个实验进程中保持在某一恒定水平，其对所有被试的影响基本一致。

回归差异(differential regression)，在一项研究中，统计回归因素在一个组引起的效应不同于在另一个组引起的效应，这会造成研究内部效度的下降。

回归平均数(regression toward the mean)也叫作**统计回归**(statistical regression)，为一种统计现象，表现为第一次测量中的极端值(极大或极小)会在第二次或后续测量中成为非极端值而向平均数回归。这种现象会降低研究的内部效度，因为这其中的变化是由于统计回归而非处理。

回忆法（recall method）是一种对保持的测量方法，即让被试重现学习过的项目以检查其保持量。

混合设计（mixed design）是一种将两种不同的研究策略结合在一起的因素型研究方法，如将被试间设计和被试内设计结合，或将一个实验因子与一个非实验因子结合。

混淆变量（confounding variable）是指那些不拟研究但与自变量一起发生系统性改变的变量，它使得被试心理或行为变化的原因变得无法确定。

霍桑效应（hawthorne effect），美国心理学家梅奥于1924—1932年在霍桑公司的电力工厂开展的一系列霍桑实验中发现，在心理实验中，被试由于参加了实验，感到新奇、受重视，激发了工作积极性进而影响实验目的的实现。

J

假设（hypothesis）是关于两个变量间关系的预测性表述。

假设检验（hypothesis test）是一种推断性统计程序，它使用样本数据评估关于总体假设的可信度。一个假设检验可以确定研究结果是否达到统计学上的显著性水平。

假设检验说（hypothesis-testing theory）是概念形成理论之一，是布鲁纳等于20世纪50年代提出来的。该理论认为，概念形成是一个不断提出假设和不断检验假设的过程。

假设构念（hypothesis construct），参见：构念（contruct）。

吉布森效应（gibson's effect）是图形后效的一种。吉布森通过实验发现，当视觉系统适应于一个弯曲的视像后，再看一垂直线条时会形成弯曲的知觉映象，且前后所看到的弯曲方向正好相反。

近因效应（recency effect）在系列学习材料表列最后的若干项目，相对于中间项目而言，信息的保持更好些。

计算机模拟（computer simulation）指通过编程，使用计算机模拟人的心理活动过程。

机体变量（organism variable）是指可能对被试的心理或行为发生影响的被试自身的特征或身心状态。

击中概率（probability of hit）指在信号检测实验中，在有信号条件下，被试做"有信号"的反应。

集中趋势（central tendency）是用一个分数作为确定一个分布中心的统计量数，它为整组数据提供了一个具有代表性的测量值。

简单随机抽样(simple random sampling)一种概率抽样技术，在这里，总体中每个个体被选中的概率相等且独立。

简单反应时间(simple reaction time)只有一个反应对应于一个特定的刺激，当该刺激呈现时，被试就立即做出规定的反应，这时测得的反应时间就是简单反应时间。

减法反应时法(method of minus reaction time)也称为**减法法则**(minus rule)，是由唐德斯的实验范式扩展而来的，后来成为信息加工心理学的基本研究方法。减法反应时法的基本原理是：当两个信息加工系列具有包含和被包含关系时，即其中一个信息加工系列除含有另一个信息加工系列的所有过程以外，还存在一个独特的信息加工阶段或过程，这两个加工系列需要的时间差就是这个独特的信息加工阶段或过程所需要的时间。

间接启动(indirect priming)指学习阶段与测试阶段呈现的刺激项目有关但不相同。

检验统计量(test statistic)指在一个假设检验中计算的一个概括值，它可用于测量样本数据与零假设的一致性程度。

加因素实验(plus factor experiment)是斯滕伯格开创的反应时间实验法。他认为，若两个因素的效应相互制约，则这两个因素只作用于同一个信息加工阶段；若两个因素的效应相互独立，两个因素的效应可以相加，则这两个因素各自独立地作用于某一特定的加工阶段。他依此假设研究了短时记忆信息的提取过程。

交叉评估者信度(inter-rater reliability)是两个观察者同时并独立地对行为进行记录的一致性程度。

结果部分(results section)是研究报告中展示研究资料及其统计分析总体情况的部分。

结构性观察(structured observation)，参见：策划性观察(contrived observation)。

构造主义心理学(structuralism Psychology)，冯特的学生铁钦纳(edward bradford titchener，1867—1927)发展了他的"内省实验法"，形成了构造主义心理学。铁钦纳坚决反对美国当时盛行的机能主义和行为主义倾向，认为经验构成意识，意识包括三种元素性状态：一为感觉，属于知觉之元素；二为想象，属于观念之元素；三为情感，属于情绪之元素。心理学研究的目的就是了解这些元素如何构成了人的经验。

节省法(savings method)是一种对保持量的测量方法，即对先前学习过的材料重新学习并达到原来的熟练程度，比较前后两次学习所用的遍数或时间，以第二次学习节省的遍数或时间作为第一次学习保持量的度量。

基线观测（baseline observations）是指在单被试研究中不施加实验处理的情况下进行的一系列观察或测量。

K

开窗实验（experiment of open window）是一种反应时实验方法。运用它，能比较直接地测量出每个信息加工阶段的特征，就好像是对复杂的信息加工过程打开了一扇窗户，可以使人一览无余。汉密尔顿和霍克等人在 20 世纪 70 年代和 80 年代利用开窗实验成功地进行了字母转换信息加工过程的研究。

可得总体（accessible population）是指目标人群中容易访问的那一部分可能被试，研究者一般都是从这样的可能被试群中选择样本。

科尔萨科夫综合征（korsakoff's syndrome），参见：遗忘症（amnesia）。

科恩 *d* 系数（cohen's d）是通过将样本平均数的差异量除以标准差而得到的效应量的标准测量系数。

科恩的 *kappa* 系数（cohen's kappa）是一种试图纠正由偶然性带来的一致性百分数后得到的交叉评估者信度。

可见光（visible light）是指正常人眼能够觉察得到的光谱，其波长范围是 380 纳米～780 纳米。

可检验假设（testable hypothsis）是这样一种假设，即其中所有的变量、事件和个体都是真实的，因此是可以被界定和观测的。

可拒绝假设（refutable hypothsis）是一个有可能被证实为假的假设，即一个允许其结果与预期不同的假设。

克伦巴赫 α 系数（cronbach's alpha）是对库德里查森公式 20 信度计算的一个推广，它是当每个问卷问题的选项超过两项时，对库德里查森公式进行修正后计算得到的折半信度。

科学方法（scientific method）是一种获取知识的方法，它利用观察提出假设，然后通过附加的、系统的观察对假设做经验性检验。通常，新的观察又会导致新的假设，如此循环不止。

控制组（control group）在一项研究中不接受处理或只接受安慰剂处理的被试组。

控制变量（controlled variable），参见：额外变量。

口语报告分析（protocol analysis）也称为**出声思考**（thinking aloud），是思维研究的有效方法，即要求问题解决者在解决问题时，边思考边解题，边报告自己是如何思维的，然后研究者对这些口语报告材料进行深入细致的分析。

库德里查森公式 20（Kuder-Richardson formula 20）是一种计算折半信度的公式，它对折半信度只依据每个人所有项目的一半计算的分数可能存在的误差进行了校正。

扩散（diffusion）是当处理效应从处理组扩散到控制组而引起的对内部效度的损害，通常是在被试者彼此交谈情况下发生的。

L

拉丁方（latin square）是一个 N×N 矩阵，在这个矩阵中，N 个不同处理条件中的每一种处理在每一行和每一列中都只出现一次。它被用来编排处理条件的顺序以达到部分平衡。

拉丁方实验设计（latin square design）是实验设计的一种。采用循环法来平衡实验顺序或其他额外变量对实验结果影响的实验设计，其特点是：由 p 个拉丁字母排成的一个 p 行 p 列的方阵，每个字母在每一行或每一列都仅出现一次。

累积误差（progressive error）是指与时间有关而与特定处理无关的因素引起的被试行为或成绩上的变化。常见的累积误差有练习效应和疲劳效应。

两种记忆说（dual memory theory）是由沃和诺尔曼于 1965 年正式提出的观点，认为在人的长时记忆系统之外还存在着短时记忆系统。

两组设计（two-group design），参见：单因素两组设计（single-factor two-group design）。

联结理论（connectionistic theory），桑代克根据大量的实验结果，认为动物解决问题的过程就是一个不断地尝试和不断地犯错误的过程。在尝试过程中，逐渐把问题情境、成功反应、行为结果强化联结起来。

练习/疲劳差异（differential practice/fatigue）指在一项研究中，练习或疲劳因素在一个组引起的效应不同于在另一个组引起的效应，这会造成研究内部效度的下降。

练习效应（practice effects）是当先前实施的测量程序导致被试对其有了额外的熟练度而使分数提高，这种效应会对研究的内部效度造成损害。

临床实验法（clinical experiment method）是皮亚杰引入的一种儿童心理学实验方法，具体做法是：研究者在和儿童半自然的交往中向儿童提出一些活动要求，让他们看一些实物或向他们提一些特定的问题，儿童可毫无拘束地回答问题，然后研究者针对儿童的反应继续追问和进行观察。

零假设（null hypothesis）是在假设检验中，称被研究的总体或处理无变化、无效应、无差异或无相关的陈述。

零响度曲线（0-loudness curve）是等响度曲线中特殊的一条。该曲线上的每一点代表相应频率的声音的压力级在绝对感觉阈限水平。

历史（history）指在被试内实验中发生的对被试测量分数有影响的外部事件。

历史效应（history effect）指在研究进行中发生的对被试的测量分数有影响的外部事件对内部效度的损害。

历史效应差异（differential history effect），在一项研究中，历史因素在一个组引起的效应不同于在另一个组引起的效应，这会造成研究内部效度的下降。

漏报概率（probability of miss）是在信号检测实验中，当有信号出现时，被试却做"无信号"反应。

轮回设计（reversal design），参见：ABAB 设计。

伦理学（ethics），研究人的适当行为。

逻辑理论机（Logic Thoery Machine，简称 LTM）是纽厄尔和西蒙在 1956 年提出的证明数理逻辑定理的程序。

罗森塔尔效应（rosenthal effect）也叫作**实验者效应**，是指主试在实验中不知不觉的期待、动机、疲劳、厌倦等心理活动对被试产生的一种颇为微妙的作用。

M

马赫带（mach band）是一种明度对比现象，是奥地利物理学家马赫发现的因不同区域的亮度的相互作用而产生的明暗边界处的主观明度加强现象。

麦科洛效应（McCollough effect）是视觉刺激诸如方向、颜色、运动等不同特性之间发生的一组视觉后效现象。如交替注视有橙光背景的垂直栅条和有蓝绿背景的水平栅条较长时间后，同时注视有白光背景的垂直栅条和水平栅条，看到的两种颜色发生了互换。

美国心理学会《出版手册》（第五版，2013）（*Publication Manual of the American Psychological Association*）是一种描述行为科学领域通用的研究报告写作风格和结构的手册。

美国心理学会伦理条例（APA Ethics Code）是美国心理学家从事专业的和科学的工作所依据的公认价值体系。这一条例为心理学家提供了在大多数情形下应遵循的一般原则和决策法则，其基本目标是给予那些与心理学家一起工作的个人或团体以权益保护。

描述性研究方法（descriptive research strategy）是一类研究方法的总称，这类研究需要对一个或多个自然存在的变量进行测量，目的在于对这些变量的存在进行描述。

描述性统计（descriptive statistics）是汇总和简化研究结果的统计方法。

幂函数定律（power function law）也叫**幂定律、斯蒂文斯定律**。斯蒂文斯认为，当物理量以几何级数增长时，心理量也按几何级数增长，即心理量是物理量的幂函数。

模拟（Simulation）指在研究中创设能模拟或接近行为发生的自然情境。

模拟研究（simulation experiment）也称为仿真研究，就是通过仿真或模拟技术创造出与研究问题的实际情形相同或相似的情境，使身处其中的被试与处于实际系统时的心理状态与行为活动相同或相似。

目标总体（target population）是由研究者的研究兴趣规定的一个群体。参见：总体（population）。

N

内部效度（internal validity）指一项研究得到的单一的、清晰的对结果的解释程度。

内省（introspection），参见：自我观察法。

内隐记忆（implicit memory）是无意识的记忆，实际存在但又无法直接回忆和再认。

内隐记忆测验（implicit memory tests）指通过间接测验的方法来检测被试意识不到的记忆效果，常用的方法是残词补全和启动测验等。

内容分析（content analysis）是使用行为观察技术去评量以文献、电影、电视节目或类似的行为拷贝中记载的特定事件。

纽伦堡法案（Nuremberg Code）是指导对人类被试进行处理的 10 条伦理规则。形成于 1947 年纽伦堡审判的"纽伦堡法案"为制订通用的医学和心理学研究伦理标准奠定了基础。

P

排列问题（problem of arrangement），给出某一事物构成的各种成分，问题解决者必须以某种合理的方式对这些成分进行排列，才能达到问题的目标状态。

潘弄范围（Panum's fusion areas），1958 年，潘弄发现当某一刺激在双眼网膜成像的位置虽不对应，但如果相互偏离未超出某一范围的限度时，仍可形成单像，这一范围就被称为是潘弄范围。

皮尔逊相关（Pearson correlation）是一种被用于评估线性（直线）关系的相关。

疲劳（fatigue）是由于先前的处理条件或测量程序导致被试的疲劳，使后续测量成绩降低。疲劳会损害研究的内部效度。

评价法实验（experiment of evaluation method）是在有无法实验基础上发展而来的一种信号检测实验方法，即要求被试在做信号的有无判断时，同时给出反应的信心等级，这样就可以获得被试在多个判断标准上的信号检测实验结果。

平均差误法（method of average error）是心理物理学测定感觉阈限的基本方法之一，基本程序是：要求被试按照递增和递减的方向调整一比较刺激的强度，使其在感觉上与另一标准刺激的感觉强度相等，如此重复很多次，以误差绝对值的平均值作为被试的差别感觉阈限。当标准刺激强度为零时，该差别感觉阈限也就是绝对感觉阈限。

平均数（mean）是集中趋势的一种量数，它等于被试测量分数的总和除以所有测量分数的个数。

匹配（matching）是一种被试分组方法，目的在于使某一特定变量在各组间是平衡的。

匹配设计（matched-subjects design）是对各组进行比较的一种研究设计，在这种设计中，一个组中的每一个被试都与另一组的一个被试匹配。匹配的目的是使研究者考虑到相关变量的不同水平下有匹配的相等被试组。

频数分布（frequency distribution）是对一系列测试分数加以整理后显示在量表上的每一类别中分数出现的次数。

频数法（frequency method）是在行为观察中将观察转换为数字分数的一种方法，它记录特定观察周期内每一具体行为取样出现的次数。

Q

前测过敏（pretest sensitization）是指当行为测量先于处理进行而使被试对处理的反应受到影响。

期待（expectancy），参见：实验者偏差（experimenter bias）。

期望效应（expectancy effect）是指在实验系列中对感觉改变的期望所造成的被试反应偏差。

启动（priming）是通过呈现一个启发人想到相关事件的刺激而引发相关认知的一种技术。例如，词语"医生"容易使人想到"护士"。

启动效应（priming effect）是指先前的加工活动对继之而来的加工活动所起的

促进或抑制作用。

启发式策略（heuristics strategy）是指个体根据自己已有的知识经验，在问题空间进行粗略搜索来解决问题的策略。

全部报告法（whole report procedure）是向被试呈现一系列刺激项目，立即要求其报告所接受的刺激项目。

全距效应（range effect）指测量分数聚集在量表的一端，天花板效应和地板效应就是全距效应的两种类型。

欺骗（deception）是有目的性地对有关研究的信息进行隐瞒或对被试进行误导。欺骗包括被动的和主动的两种形式。

欺诈（fraud）指研究者有意地采用虚假数据和篡改数据。欺诈是不道德的。

区分度（discrimination），随着自变量的变化，因变量也随着变化，即因变量对自变量的变化比较敏感。这种敏感程度叫作区分度。

趋势（trend）指在单被试研究的一个观测系列中，从一次观测到下一次观测的变化在方向上和数值上保持一致。

R

认知方式（cognitive style）又称**认知风格**，是人们对信息和经验进行组织加工时表现出来的个别差异，是个人在感知、记忆和思维过程中经常采取的、习惯化的态度和风格。

认知神经科学（cognitive neuroscience）是当前实验心理学的前沿领域，它试图探索伴随各种认知过程而出现的神经运动过程，甚至神经原因。

人工智能（artificial intelligence）指通过程序驱动而使计算机等人工设备能够完成人的某些智能活动。

人机系统（human-machine system）由人和机器组成的通过人机相互作用实现一定功能的系统。

人类工效学（ergonomics）是应用科学领域中的一门学科，研究个人受到他所使用的工具、机器及其他装备、具体环境的影响，借以帮助人们更容易、更有效、更舒适和更安全地进行工作。

人体尺寸（body dimension）指用专门仪器在人体特定部位测点测得的尺寸。

人因工程学（human-factor engineering）是一门将心理学、生理学、解剖学、管理学以及各种工程学知识与方法相结合，探讨人、工作和生活彼此关系的新领域，它的主要功能在于研究如何设计一个最适合人的生活及工作的新环境。

S

三色说(trichromatic hypothesis)是主要由英国物理学家托马斯·扬和德国生理学家赫尔姆霍兹提出来的解释人所以能形成各种颜色视觉的理论，所以又称扬-赫三色说。该理论认为人的视觉系统存在三种不同的视锥细胞，分别对长波带、中波带和短波带的可见光敏感，因此视觉中存在红、绿、蓝三种基色，其他颜色则可由三基色混合而成。

色盲(color blindness)也称**色觉缺陷**，是不能正确形成某些颜色或所有彩色的视觉现象。

三因素设计(three-factor design)指含有三个因子的研究设计。

散点图(scatter plot)是显示相关研究数据的图示。图中的一个点代表一个个体两种测量的分数，其中一个分数作为横坐标，另一个分数作为纵坐标。

闪光融合临界频率(critical fusion frequency，简称 CFF)是个体观察一个闪烁光点，从看到闪烁到看不到闪烁的频率分界点。

设备差异(differential instrumentation)是在一项研究中，设备因素在一个组引起的效应不同于在另一个组引起的效应，这会造成研究内部效度的下降。

设备使用(instrumentation)也称为**设备误差**，是在实验进行中发生的由于更换设备引起对研究内部效度的损害。

设备误差(intrumental bias)，参见：设备使用(intrumentation)。

深度视锐(depth visual acuity)是在深度知觉阈限测量中，以标准深度和阈限下限深度处形成的视角差作为深度判断能力的测定指标，而且把利用双眼视觉判断深度的能力叫作深度视锐。深度视锐用视角差来测量，二者成反比关系。

生态学方法论(ecological methodology)强调将研究对象回归到他所应在的生存状态或生存环境中，然后对其进行有限控制的观测。在心理学中，生态学方法强调把人回归到其所在的文化背景中进行研究。

生态学运动(ecological movement)是 20 世纪 80 年代西方心理学界出现的一种研究倾向，特别是发展心理学研究。该运动强调，在自然与社会的生态环境中研究被试的心理特点。

声图仪(sonogram display apparatus)指可以进行声图测量与分析的一种仪器。声图能从三个维度显示声波的振幅、频率与时间的函数关系，还可以标出不同频率成分的相位关系。

声像记忆(echoic memory)即听觉感觉记忆。

事件取样(event sampling)是一种行为观察技术，即在第一时间段内观察并记录一个具体的事件或行为，然后转入第二时间段以观察和记录不同的事件和行为，依此类推，就可以得到一个完整的时段序列观察资料。

事件相关脑电位（Event Related Brain Potential，简称 ERP），内源性诱发电位则是由于个体积极参与某项活动，特别是参与认知活动的情况下获得的诱发电位，因此也称为事件相关电位。

时间取样（time sampling）是一种行为观察技术，它是在一个时间段中进行观察，接着在下一个时间段中对前面的观察进行记录，如此按照"观察—记录—观察—记录……"的顺序完成一系列时段的观察和记录。

时间知觉（time perception）指个体对直接作用于感觉器官的客观事件的持续性和顺序性的知觉。

时间序列设计（time-series design）是指实施处理前和实施处理后都进行一系列的观测。

时段法（interval method）是在行为观察中将观察转换为一种数字分数的方法，这种方法是将观察周期划分为一系列时间段，然后记录在每一时间段内某种特定行为是否发生。

时距法（duration method）是一种用于将观察资料转变为数字型分数的观察记录方法。在固定的观察周期中，记录被试做出特定行为所消耗的时间。

实践显著性（practical significance）也叫作**临床显著**（clinical significance），在一项研究中的结果或处理效应大到能在实际中加以应用的值。

示波器（oscillograph）是可以用来记录和显示声波的频率和振幅的一种仪器。

视敏度（visual acuity）是眼睛的分辨能力，包括空间视敏度和时间视敏度两种。空间视敏度是眼睛对刺激物空间细节大小的分辨能力；时间视敏度是眼睛对时间间距的分辨能力，通常用闪光融合临界频率来测量。

视野单像区（horopter），如果某一刺激物所在的位置点与两个眼睛节点连线的延长线交于两网膜的对应点上，则该物体形成单像。满足这一条件的各刺激点在空间形成一个通过两节点和注视点的圆周，该圆周就被称为视野单像区。

实验的仿真性（experimental realism）指在模拟研究中，实验情境对被模拟情境的心理仿真程度。

实验室（laboratory）是明确用于科学训练的研究情境，可以是任何被被试或实验参加者看作假设的情境的房子或空间。

实验室实验法（laboratory experimental method）是指在专门的心理学实验室里，利用仪器设备控制实验条件、记录被试的心理或行为变化，以推断被试心理活动规律的研究方法。

实验心理学（experimental Psychology）是研究心理实验的基本理论、基本技术并概括和介绍各心理学分支领域中实验研究成果的科学。

实验研究方法（experimental research strategy）是试图通过操纵变量，同时测量第二个变量并控制所有其他变量来验证因果关系的研究方法。

实验者偏差（experimenter bias）是实验者的期望或个人信念对研究结果的影响。

实验者效应（experimenter effects），参见：罗森塔尔效应。

实验组（experimental group）指在一项实验中接受处理条件的被试组。

实证法（method of empiricism）依靠观察和直接感觉经验获得知识的研究方法。

适应（habituation）指在行为观察中，被试不断地重复出现在观察的场景中，直至这一场景对他不再是一种新异刺激。

手段—目的分析法（means-end analysis）是指在解决问题时，首先将问题的目标状态与初始状态进行对照，确定二者的最大差异，将这一差异作为问题解决的最大目标。为了达到这一最大目标，必须排除其存在的障碍，如此层层递推，就会把问题解决的目标分解成小的目标阶梯，而采取一些小的措施和问题解决手段，实现一个一个的小的目标，最终使问题得到解决。

首因效应（primacy effect）是个体对系列呈现的材料的开始信息的记忆效果优于中间项目的情况。

水平（levels）指在一项实验中，那些被选择用来创设或界定处理条件的自变量的不同取值。在其他类型的研究中，一个因素的不同取值也叫水平。

双盲研究（double-blind research）是一种研究方法，在这种研究中，研究者和被试都不知道可预测的结果。

双眼视差（binocular disparity）就是刺激物在双眼形成的视像差，它包括两种情况：一种情况是，同一刺激物由于对于双眼来说，存在视角差异而形成了不同的网膜像；另一种情况是，物体在双眼网膜上成像的位置有所不同而形成双像。

双眼视轴的辐合运动（binocular convergence）指在看远近不同的物体时，双眼视轴的辐合角度发生相应变化，这种生理运动的信息传递到大脑皮质即可成为深度线索。

速度—准确性权衡（speed-accuracy trade-off）指在反应时实验过程中，反应速度与反应准确性之间存在的互换关系，即追求速度会降低准确性，而提高准确性又会牺牲速度。被试在实验中，会根据内外条件，在速度与准确性之间进行权衡，找到一个平衡点。

线图（line graph）是用直线连接起来的各点显示不同组或不同处理条件得到的平均数图示。

数据库(database)是集中于一个主题领域(如心理学)的计算机化的交互式工具，被用于与你的研究有关文章的文献搜索。

顺序效应(order effect)是在一种处理条件下观测的分数由于参加先前处理条件下的实验(后延效应，carryover effect)或由于研究进程中获得经验(累积误差，progressive error)而使之发生的变化。

顺序量表(ordinal scale)是测量量表的一种，在该量表上的各个类别具有不同的名称并以先后顺序排列(如，第一，第二，第三)。

似然比(likelihood ratio)是以信号检测实验的结果计算出来的能够反映被试信号判别标准高低的参数。

随机分组(random assignment)将被试随机分派到各种不同的处理条件下的一种程序或过程。

随机化(randomization)是利用随机方法避免两变量间的系统性变化关系。它可以破坏任何可能的变量间系统性变化关系。

随机过程(random process)是从一系列可能的结果中产生一个结果的程序或过程。每一次的结果都无法预测，而且在每一次，每一种可能的结果都有相等的发生概率。

算法策略(arithmetic strategy)就是按照某种确定的规则或逻辑顺序搜索问题答案的策略。

算子(operator)是实现问题状态转换的操作方法。

T

讨论部分(discussion section)是研究报告中的一个部分，它主要是对假设的重述、结果的解释和概括，以及对结果的意义和可能的应用进行讨论。

天花板效应(ceiling effect)指分数聚集在测量量表的高分端，使分数提高的可能性很少甚至没有。这是一种全距效应。

条形图(bar graph)是一种频数分布图，它使用直立的长方条反映类别测量或顺序量表中每个分数的频数。

听觉掩蔽(auditory masking)是指由于某一声音刺激的存在而使另一声音刺激的强度阈限提高的现象，这是一种常见的听觉现象。

同行评审(peer review)是研究者提交用于发表的研究报告时，许多论文都要经历的编辑程序。在典型的同行评审过程中，杂志社的编辑和同领域的专家对论文进行非常详细的评审。评审者严格细致地审察研究的每一个方面，其基本目的是对研究的质量及其对科学知识的贡献做出评估，也可能对研究或发现中的可疑点进行检测。

统计量(statistic)是描述样本的概括值。

统计显著性结果(statistically significant result)也叫作**显著性的结果**，指一项研究中的结果只是由于偶然因素而发生的概率极小。

统计回归(statistical regression)，参见：回归平均数(regression toward the mean)。

图形后效(figural aftereffects)是指注视一个图形一段时间后，对随后感知别的图形的影响。

图像记忆(lconic memory)，即视觉感觉记忆。

图形掩蔽(figure masking)是在视知觉过程中，对目标刺激物的知觉受到同时或继时出现的其他刺激的影响而变得模糊或发生变异。

推断统计(inferential statistics)指用于确定何时能够将样本得到的结果推广到总体。

通用问题解决者(General Problem Solver，简称 GPS)是纽厄尔和西蒙在 1972 年编制的通用问题解决的产生式系统。

W

外显记忆(explicit memory)是对先前信息的有意识回忆。

外显记忆测验(explicit memory tests)指需要人们有意识地记住具体事件的记忆测验。

外部效度(external validity)是指我们能够将研究的结果推广到实验情境以外的人、背景、测量和特征的程度。

完全平衡(complete counterbalancing)是指在被试内设计中，所有可能的实验处理的安排顺序下使用一组被试。如果有 n 个不同的处理条件，就有 $n!$ (n 阶排列)个不同的处理顺序。

完形主义心理学派(gestalt psychology)音译为格式塔心理学其基本观点是：心理现象都是有组织的、不可分割的整体，即是一个完形。人和动物都可以通过内部的心理完形发现外部刺激情境中的完形，于是发生知觉，并解决问题。

问题(problem)指当人们不能采取显而易见的直接手段达到目的时，就有了问题，它其实就是人们面临的一种认知情境，在这种情境中人们要达到目标存在某些障碍。

问题行为图(problem behavior graph)是在认知操作过程中，随着问题解决者采取某种措施，问题的状态就会发生不断变化。把这些状态按照操作的顺序排列出来就构成了一个由各种相互连接的问题状态分布图。

问题空间(problem space)是问题解决的中介状态以及实现这些状态转换的操作方法。问题空间是由算子连接问题中介状态构成的。

文献检索(literature search)指熟悉你的主题领域中当前正在进行的研究，并找到相对较少的一系列论文的过程。这些论文可以为你提供研究思想，以及为你正要进行的新的研究提供合理性说明和研究基础。

误差项方差(error variance)是随机因素引起的一种变异量，它被用作方差分析中计算 F 比率的分母项。

无操纵性研究(nonmanipulative research)，参见：非实验研究(nonexperimental research)。

无意象思维(imageless thinking)是符兹堡学派提出的思维理论，认为思维不能归结为感觉和意象，而是存在一种非感觉的、非意象的思维元素。

无意义音节(nonsense syllable)指用语音材料或字符组成的刺激串，音素间没有明显的语义联系。艾宾浩斯记忆实验采用的就是无意义音节材料。

无处理控制组(no-treatment control group)指在评估中不接受处理的被试组或条件。

X

眩光(glare)是由光源或反射面的亮度过大，或是由光源或反射面与背景的亮度反差太大造成的视觉现象，可引起视觉的不舒服感，降低视觉工效。

相关(correlation)是测量和描述两个变量间关系的方向与强度的统计量。

相关研究方法(correlational research strategy)是指为了研究两个变量间的关系而针对每个个案测量两个变量的一类研究方法。对每个个案，两个变量都要测量和记录，然后对这些测量进行评估以确定两个变量间的关系类型并测量这种关系的强度。

相等时间取样设计(equivalent time-samples design)是一种由一个长时间的序列观察组成的准实验时间序列设计，在实验时间序列中交替地施加和撤销一个实验处理。

线图(line graph)是用直线连接起来的各点显示不同组或不同处理条件得到的平均数图示。

显著性结果(significant result)，参见：统计学上的显著性结果(statistically significant result)。

显著性水平(level of significance)，参见：α 水平(alpha level)。

习惯效应(habit effect)是指在一个实验系列中，被试连续采用某种相同的反应方式则会导致一种习惯性偏差，即导致被试的反应改变滞后。

效标效度(concurrent validity)是当一个新的测量得到的分数与一个更早建立的测量对同一变量测量的分数具有直接相关从而得到证明的效度。

消极的被试角色(negativistic subject role)指在一项研究中，被试倾向于采用在某种程度上反驳研究者假设的反应。

效应量(effect size)是测量实验处理效应大小的统计量。

(测量程序的)效度(validity of measurement procedure)是测量程序对它声称要测量变量的测量程度。

(一项研究的)效度(Validity of a research study)指研究结果的真实性与准确性。效度是根据研究过程的质量与结果的准确性决定的。

系统抽样(systemanic sampling)指在一个总体的个体表列中，先随机选择一个起点，然后选择每第 n 个被试以形成一个样本的抽样技术。

现场(field)是能被被试感知为自然环境的研究情境。

现场研究(field study)指在一种被试感觉为自然环境的情境中进行的研究。

先定概率(prior probability)是实验之前被试所了解到的信号出现的相对概率。

消除法(removing method)是控制额外变量的方法之一，即避免有些可能影响被试心理或行为的因素在实验过程中出现。

消极的被试角色(negativistic subject role)在一项研究中，被试倾向于采用在某种程度上反驳研究者假设的反应。

信度(reliability)指测量的稳定性或一致性程度。同一个体在相同条件下接受测量，如果测量程序是可信的，那么应该得到相同或相近的测试结果。

信号接收者特征曲线(receiver operating characteristic curve，简称 ROC 曲线)是以一系列不同条件下信号检测实验的虚报概率为横坐标、击中概率为纵坐标做出来的二维曲线。

心理学文摘(Psychological Abstract)指一装订成册的连续出版物，是搜索心理学文献和查找与你的研究主题相关文章的非计算机化工具，主要包含摘要或概述、主题索引、作者索引等信息。

心理量表(psychological scales)是刺激的物理强度与其引起的心理强度的对照表。

心理物理学(psychophysics)是关于身心之间或外界刺激量与内部活动心理量之间的函数关系或依存关系的严密科学，是介于物理学与心理学之间的一门独立学科。

心理旋转(mental rotation)是指在空间知觉加工过程中进行的一种心理上的旋转操作，从而获得正确知觉经验的历程。

《心理学文摘》光盘数据库(PsycINFO)，即一种能提供与《心理学文摘》同样信息的计算机化数据库。

心理学资源数据库（PsycLIT），即一种能提供与《心理学文摘》同样信息的计算机化数据库。

行为类别（behavior categories）是指可被观察的行为类型（如小组游戏、单独游戏、攻击、社会交往）。在观察开始前，就要提出一系列行为类别，以便记录其发生次数。

形状（shape）是轮廓从视野中分割出来的一个面积。

形状知觉（shape perception）是空间知觉之一，是个体对物体轮廓和细节的整体反映。

形状后效（shape aftereffects）又称为**弯曲后效**（curvature aftereffects），是指由于图形方向导致的图形形状知觉的变化。

系列效应（series effect）一种实验条件下的操作会影响被试在另一种后续实验条件下的操作或反应。

系列位置曲线（serial position curve）是保持作为信息输入位置函数的曲线。通常，最初的几个项目和最后的几个项目比中间的记忆效果好。

新奇效应（novelty effect）是当被试在一种研究情境中（一种新异的情境），其感知和反应与其在正常的或真实的世界中不同而对研究的外部效度产生的影响。

析取设计（dismantling design）也叫**成分分析设计**，是一种单被试设计，它包括一系列实验阶段，在每一阶段增加或减少一个复杂处理的一个成分。

析因设计（factorial design）是一种包含两个或更多个因素的研究设计。

虚报概率（probability of false alarm）指在信号检测实验中，没有信号出现时，被试做"有信号"的反应。

选择反应时（choice reaction time）指有多个反应，各自对应于一个指定的刺激。当某一刺激呈现时，被试必须做出与之对应的反应，这时测得的反应时间就叫作选择反应时。

选择偏差（selection bias）是以增加有偏样本发生概率的方式选择被试时出现的偏差。

选择性探索（selective explore）是选择可能性最少而又获得信息最多的环节开始搜索解决问题的方法和途径。

序列重建法（series reconstruction method）是先向被试呈现一个刺激序列，给予其一定的学习时间，而且要求被试记住刺激项目间的位置关系，然后将这些刺激的顺序打乱再呈现给被试，让被试根据自己的信息保持恢复刺激材料的原有顺序。

Y

眼动(eye movement)是眼球的运动，它有三种基本方式：注视(fixation)、眼跳(saccades)和追随运动(pursuit movement)。

眼动仪(eye tracking apparatus)是记录眼球运动或视线移动轨迹的大型仪器。现代眼动仪的结构一般包括四个系统：光学系统、瞳孔中心坐标提取系统、视景与瞳孔坐标叠加系统、图像与数据的记录与分析系统。

眼跳(saccade)是头部不动，视线从一个物体或方向转移到另一个物体或方向时眼球的运动。

延迟回忆(delayed recall)是在刺激材料呈现完毕，插入一项无关任务使回忆延迟一定的时间。

遗忘曲线(Forgetting curve)也叫**艾宾浩斯曲线**(ebbinghaus curve)，是对学习过的材料的保持量随时间而逐渐下降的曲线。

运动视差(motion parallax)是指在运动过程中形成的对远近不同物体的不同运动速度或方向的知觉印象，它可以作为深度判断的重要线索。

预测效度(predictive validity)是当依据某一理论而得到的测量分数可以准确预测行为时能证实的效度。

预测变量(predictor variable)，在相关研究中，研究者通常对两个变量间的关系感兴趣，以便能利用关于一个变量的知识预测或解释另一个变量，在这种情形下，前一个变量就叫作预测变量。

有限随机分组(restricted random assignment)是采用随机方法将被试分派到各个组，但事先对各组设定了限制性条件，比如，要求各组相等。

研究设计(research design)研究设计是实施研究的总体计划。设计中要明确采用组内设计还是组间设计、进行单组内比较还是多组间比较，以及研究几个变量等。

研究伦理(research ethics)关心的是研究者的责任，他必须对那些受其研究过程或研究报告影响的所有人诚实和尊重。研究者通常受到一些伦理规则的制约，这有助于他们做出适当的决策和选择适当的行动。美国心理学会(American Psychological Association，简称 APA)1992 年制定了一系列关于心理学研究中的伦理准则。

研究报告(research report)是描述实验研究过程及其成果的书面文件，它所要清晰表达的内容主要包括研究目的、引发研究的相关文献背景、实验研究方法、研究结果与分析，以及对研究结果的讨论和解释等。

样本(sample)是选自总体的一个个体集合，通常用以在研究中代表总体。

因变量(dependent variable)是在对不同被试组或不同处理条件进行比较的研

究中，每个被试都要进行测量的变量。就一项实验来说，因变量要被观测以便确定其是否随着自变量的操纵而变化。

因素(或因子)(factor)是在一项研究中，能区分一系列实验组或处理条件的变量。实验设计中的一个因素就是一个自变量或准自变量。

因素间的交互效应(interaction between factors)是指因素型实验设计中，除主效应之外的各处理条件或处理单元间的平均数的差异。也可以说，是一个因素的效应依赖于另一个因素的不同水平。这种交互作用可以通过一个二因素设计的平均数图示中出现的不平行线(汇聚或交叉)来显示。

因素型实验(factorial experiment)也称**函数型实验**，它是从艾宾浩斯(Hermann Ebbinghaus，1850—1909)研究记忆开始的。这种实验的任务不是精确地分析认识过程，而是试图找出一定现象的原因，或者是阐明两个变量间的函数关系。

引言(introduction)是研究报告正文的第一部分，它要表达的是这一研究课题的逻辑发展，包括对相关背景文献的回顾、研究问题或假设的陈述，以及对被用来回答问题或检验假设的方法的简单描述。

引用(citation)是对研究报告中提到的特定事实或观点的源出版物的作者及发表年代的确认。

遗忘症(amnesia)是记忆障碍的一种。一定时间内对全部生活经历的记忆完全丧失。

诱发电位(evoked potential，EP)也称**诱发反应**，是指神经系统在接受内外环境刺激信息所产生的特定神经电活动。

有无法实验(experiment of yes-no method)是信号检测实验方法之一。在不断重复的实验中，每一次给呈现的实验条件，可能存在要其检测的信号，也可能没有信号只有噪音。要求被试每一次判断有无信号，并做出"有"或"无"的反应。实验结束后，根据被试的击中概率和虚报概率计算其信号辨别力指数和似然比。

原始文献(primary source)是由实际进行研究或观察的人撰写的第一手观察报告或研究结果报告。

乐音(musical tone)是波形呈周期性变化的声音。通常指听起来和谐悦耳的纯音和由具有谐波关系的纯音所组成的复合音。

运动知觉(movement perception)是个体对物体运动方向和运动速度的知觉。

Z

噪音(noise)是由多种纯音复合而成的，但由于这些纯音之间没有谐波关系，所以组成的复合音不再具有周期性，呈现出不规则的波形。

摘要（abstract）是用非常简练的语句表述研究的目的、研究的手段和方法、研究的主要结果或发现。

正启动效应（positive priming effect）是指先前的加工活动对继之而来的加工活动所起的促进作用。

正确否定概率（probability of correct rejection）是在信号检测实验中，当没有信号出现时，被试做"无信号"反应。

整群抽样（cluster sampling）是从一个总体中随机选取组而不是个体的概率抽样技术。

制度审核委员会（Institutional Review Board，IRB）是一个对提出的所有研究计划进行审核的委员会，其职责是确保这些研究在对人类被试进行处理时要保护他们的权益。

直方图（histogram）是一种频数分布图，图中垂直的长条显示了一个等距或比例量表上每一分数的频数。

知会同意表（consent form）是研究者提供的书面声明，上面包含所有知会同意的项目和被试签名行。研究实施之前，要将知会同意表提供给可能被试，以便他们了解在决定是否愿意参加研究之前需要知道的全部信息。

直接启动（direct priming）也叫作**重复启动**（repetition priming），是指学习阶段呈现的刺激项目与测试阶段呈现的刺激项目完全相同。

指示语（instruction）是主试向被试交代任务时所讲的话。

指示语效应（instruction effect）是指示语对被试的心理或行为发生的影响。

志愿者偏差（volunter bias）指由于志愿者不能完全代表一般总体，进而造成研究的外部效度下降。

忠实的被试角色（faithful subject role）指被试在研究中认真遵守指导语，并避免根据自己对研究目的的任何猜测而表现出相应的行为。

主动欺骗（active deception）也称为**误导**（commission），指有意地向被试呈现关于研究的错误信息，其最常见的形式就是在关于研究目的问题上误导被试。

注视（fixation）是指将眼睛的中央窝对准某一物体的时间超过 100ms，在此期间被注视的物体成像在中央窝上，获得更充分的加工而形成清晰的像。

准实验设计（quasi-experiment design）是与真实验设计相对的一种实验设计方法。研究者事先知道某些额外变量可能会影响实验结果，但又无法消除和控制，所以无法进行真实验设计，只能借用实验设计的某些方法来计划搜集资料。这种设计的内部效度较低。

准实验研究方法（quasi-experimental research strategy）是研究方法的一种，它像实验方法一样，也试图降低内部效度受到的影响进而寻求因果关系结论，但是它缺少真实验研究方法中必需的对变量的操纵与控制。准实验研究方法通常是对现成被试组进行比较或使用时间变量界定处理条件。

准自变量（quasi-independent variable）是指在准实验和非实验研究中，区分被比较的组或处理条件的变量。准自变量类似于真实验中的自变量。

主效应（main effect）是在因素型研究中，一个因素各水平间观测量的平均数的差异。

自变量（independent variable）是在实验中由研究者操纵的变量。在行为研究中，自变量通常具有两个或更多处理条件以作用于被试。

自发电位（spontaneous EEG）是指在没有特定刺激的情况下，大脑神经系统活动自发产生的电位及其变化。

自然观察（naturalistic observation）是研究者尽可能不施加干预而在自然情景中对行为进行观察的方法。

自然实验法（naturalistic experimental method）是在个体自然的生活、学习或工作条件下，由研究者主动改变或创设某种情境条件，有意引起研究对象某种心理活动的发生，从而研究心理现象的一种方法。

自我观察法（self-observational method）也叫**内省法**，是指冯特采用的在严密控制条件下，被试者做自我观察的心理学研究方法。

自由度（degrees of freedom）是在样本变异统计分析中独立的变异数。如一个样本的 n 个分数的变异被计算时，$n-1$ 就是其自由度。

自由回忆实验（free-recall experiments）是将一系列材料全部呈现给被试，要求其学习一定的时间，然后进行自由回忆，即对回忆顺序等不加任何限制。

总体（population）也叫**目标总体**（target population），是研究者感兴趣的个案总体。通常总体虽然不能全部参加研究，但研究的结果可以推广到总体。

最小变化法（minimal-change method）也称**极限法**（limit method）或**系列探索法**等，是心理物理学的经典方法之一，它的主要特点就是刺激按照"递增"或"递减"的两种系列逐级进行微小的变化，以探测被试对刺激有无觉察的反应变化的转折点，即阈限的位置。

追随运动（pursuit movement）是当被观察物体与眼睛存在相对运动时，为了保证眼睛总是注视这个物体，眼睛会追随物体移动。

纵向研究设计（longitudinal research design）是通过跨越一定时间的一系列观测来考察发展的研究设计。典型的形式是在不同的时间点上对同一组被试进行测量。

中位数(median)是集中趋势的一种量数，它将分数分布划分为两半，有50％的被试的分数大于这个值，50％的被试的分数小于这个值。

众数(mode)是一种集中趋势的量数，指在一个分布中发生频率最高的分数。

直觉法(method of intuition)是基于预感或内在感觉而接受信息的方法。

自然实验法(naturalistic experimental method)是在个体自然的生活、学习或工作条件下，由研究者主动改变或创设某种情境条件，有意引起研究对象某种心理活动的发生，从而研究心理现象的一种方法。

知觉定势(perceptual set)是个体对某一特定知觉活动表现出来的准备性心理倾向。

主观轮廓(subjective contour)是观察者对轮廓不明确的刺激，凭借个人的认知经验而赋予其一种轮廓的知觉。

知觉图式(Perception schema)是将过去感知过的一些刺激信息有机结合在一起构成的一个结构稳定的内部表征。

转换问题(problem of transformation)指给出问题的起始状态和目标状态，而且问题结构成分均已知，只是其存在的状态不一样。

再认法(recognition)是一种对保持的测量方法，即判断被试对信息熟悉度的一种方法。

作业疲劳(fatigue for performance)指当个体作业负荷达到一定量后，其身心紧张度持续下降，反应能力降低，是机体的正常生理反应，起预防机体过劳的警告作用。

参考文献

白学军,张钰,姚海娟,等.平面香水广告版面设计的眼动研究.心理与行为研究,2006,4(3):172-176.

白学军,沈德立.初学阅读者和熟练阅读者阅读课文时眼动特征的比较研究.心理发展与教育,1995,11(2):6-12.

蔡厚德.刺激的知觉辨认难度与大脑两半球间的分布式加工.心理学报,2005,37(1):14-18.

蔡厚德.生物心理学——认知神经科学的视角.上海:上海教育出版社,2010.

蔡韦龄,严由伟.我国心理学混合实验设计的应用现状述评.心理研究,2011,4(1):30-34.

车文博.西方心理学史.杭州:浙江教育出版社,1998.

程利,杨治良,王新法.不同呈现方式的网页广告的眼动研究.心理科学,2007,30(3):584-587.

陈立.对心理学中实验法的估价问题.心理科学,1966,1:34-36.

陈庆荣,邓铸.中文阅读及发展性阅读障碍眼动研究新进展.应用心理学,2005,11(3):284-288.

陈庆荣,邓铸.阅读中的眼动控制理论与 SWIFT 模型.白学军,闫国利.眼动研究在中国.天津:天津教育出版社,2008.

陈庆荣,王梦娟,刘慧凝,等.语言认知中眼动和 ERP 结合的理论、技术路径及其应用.心理科学进展,2011,19(2):264-273.

陈向阳,沈德立.中小学生阅读寓言过程的眼动研究.心理科学,2004,27(4):777-780.

陈兴时,张明岛.脑电学发展史实.国外医学:精神病学分册,1996,23(2):95-99.

陈燕丽,史瑞萍,田宏杰.阅读成语时最佳注视位置的实验研究.心理科学,2004,27(2):278-280.

陈永明,张侃,李扬,等.二十世纪影响中国心理学发展的十件大事.心理科学,2001,24(6):718-720.

辞海编辑委员会.辞海(缩印本).上海:上海辞书出版社,1980.

邓铸.文化分裂及对当代认知心理研究范型的反思.南京师范大学学报(社会科学版),2001,2:91-97.

邓铸.眼动心理学的理论、技术及应用研究.南京师范大学学报(社会科学版),2005,1:90-95.

Gravetter F. J. ,行为科学研究方法. 邓铸,等,译. 西安:陕西师范大学出版社,2005.

邓铸.应用实验心理学.上海:上海教育出版社,2006.

邓铸,朱晓红.心理统计学与 SPSS 应用.上海:华东师范大学出版社,2009.

邓铸,吴欣.实验心理学导论.北京:中国轻工业出版社,2012.

高觉敷.西方近代心理学史.北京:人民教育出版社,1982.

高申春.冯特心理学遗产的历史重估.心理学探新,2002,22(1):3-7.

葛列众,朱祖祥.不同反应方式对双作业操作信息干扰的影响.心理科学,1998,21(3):226-230.

眭平.科学创造的横向研究.北京:科学出版社,2007.

郭秀艳.实验心理学.北京:人民教育出版社,2004:43-44,459-469.

赫葆源,张厚粲,陈舒永.实验心理学. 北京:北京大学出版社,1983.

黄珉珉.现代西方心理学十大学派.合肥:安徽人民出版社,1990.

黄希庭,等.心理学实验指导.北京:人民教育出版社,1987.

黄希庭.心理学导论.北京:人民教育出版社,1991.

黄希庭,张志杰.心理学研究方法(第 2 版).北京:高等教育出版社,2005.

贺革.试论心理学研究方法的新进展.长沙大学学报,2001,14(1):66-68.

贾富仓,翁旭初.事件相关功能磁共振成像.生理科学进展,2001,32(4):368-370.

荆其诚,傅小兰.心·坐标:当代心理学大家(二).北京:北京大学出版社,2009.

金志成,何艳茹.心理实验设计及其数据处理.广州:广东高等教育出版社,2005.

梁三才.内隐和外显记忆之间的实验性分离:编码时不同注意状态的作用.西安:陕西师范大学硕士学位论文,2002.

列宁.列宁全集(第 14 卷).北京:人民出版社,1988.

林崇德.论儿童心理学与教育心理学研究的新趋势:生态学运动. 心理发展与教育,1990,3:144-149.

林崇德,杨治良,黄希庭.心理学大辞典.上海:上海教育出版社,2003.

刘大椿.自然辩证法概论.北京:中国人民大学出版社,2004.

刘婷.生态心理学研究述评.东北大学学报(社会科学版),2002,2:83-85.

刘伟,袁修干.人的视觉-眼动系统的研究.人类工效学,2000,6(4):41-44.

刘艳芳.S-R 相容性:概念、分类、理论假设及应用.心理科学,1996,19(2):105-109.

鲁忠义,杜建政.记忆心理学.北京:人民教育出版社,2005.

罗鸣春,黄希庭,严进洪,等.中国少数民族大学生心理健康状况的元分析.心理科学,2010,33(4):779-784.

罗跃嘉.认知神经科学教程.北京:北京大学出版社,2006.

吕群燕.科技基金申请项目的选题 II:科学问题的基本类型及特点.科技导报,2009,

27(17):128.

莫雷,李利,王瑞明.熟练中-英双语者跨语言长时重复启动效应.心理科学,2005,28(6):1288-1293.

孟庆茂,常建华.实验心理学.北京:北京师范大学出版社,2001:33-49,107,140.

孟迎芳,郭春彦.编码与提取干扰对内隐和外显记忆的非对称性影响.心理学报,2007,39(4):579-588.

欧阳虹.面向21世纪的心理实验教学改革探索与实践.洛阳大学学报,2001,16(2):75-78.

彭聃龄.普通心理学(修订版).北京:北京师范大学出版社,2003.

彭聃龄.普通心理学(修订版).北京:北京师范大学出版社,2001.

秦晓利.面向生活世界的心理学探索——生态心理学的理论与实践.长春:吉林大学博士学位论文,2003.

邱晓婷.内隐联想测验(IAT):测量内隐社会认知的有效方法.科技信息,2013,7:174.

邵志芳.心理统计学(第2版).北京:中国轻工业出版社,2012.

沈德立.学生汉语阅读过程的眼动研究.北京:教育科学出版社,2001.

沈德立,白学军.实验儿童心理学.合肥:安徽教育出版社,2004.

沈德立.关于儿童心理实验中控制因素的问题.全国高校儿童心理学教学研究会.当前儿童心理学的进展.北京:北京师范大学出版社,1984.

舒华.心理与教育研究中的多因素实验设计.北京:北京师范大学出版社,1994.

唐孝威.脑功能成像.合肥:中国科学技术大学出版社,1999.

童辉杰.心理学研究方法导论.北京:中国人民大学出版社,2012.

王才康.Stroop其人和Stroop效应.心理科学,1994,17(4):232-236.

王重鸣.心理学研究方法.北京:人民教育出版社,1990.

王怀明,马谋超.名人与产品一致性对名人广告效果影响的实验研究.心理科学,2004,27(1):198-199.

王甦,等.中国心理科学.长春:吉林教育出版社,1997.

阎国利.眼动分析法在心理学研究中的应用.天津:天津教育出版社,2004.

闫国利,白学军.汉语阅读的眼动研究.心理与行为研究,2007,5(3):229-234.

杨博民.心理实验纲要.北京:北京大学出版社,1989.

杨正汉.磁共振成像技术指南.北京:人民军医出版社,2010.

杨治良.基础实验心理学.兰州:甘肃人民出版社,1988.

杨治良.记忆心理学.上海:华东师范大学出版社,1994.

杨治良.实验心理学.杭州:浙江教育出版社,1998.

杨治良.记忆心理学.上海:华东师范大学出版社,1999.

杨治良,等.记忆心理学.上海:华东师范大学出版社,2012.

叶浩生.西方心理学的历史与体系.人民教育出版社,1998.

叶浩生.心理学史.北京:高等教育出版社,2005.

易芳.生态心理学的理论审视.博士学位论文:南京师范大学,2004:3-4.

余嘉元,邓铸.当代认知心理学.南京:江苏教育出版社,2001.

余建英,何旭宏.数据统计分析与 SPSS 应用.北京:人民邮电出版社,2003.

俞文钊.实验心理学.杭州:浙江教育出版社,1989.

袁登华,罗嗣明,等.广告干预对消费者品牌态度和信任的影响.心理学报,2010,42(6):715-726.

詹美莎.北京市道路交通标志的心理学评价.心理学报,1987,19(2):167-174.

张大松.科学思维的艺术.北京:科学出版社,2008.

张侃.刺激—反应相容性原理与工程心理学研究.中国心理学会编.当代中国心理学.北京:人民教育出版社,2001.

张丽华,白学军.负启动效应的抗抑制理论及其新进展.心理科学,2006,29(4):998-1002.

张礼建,郑荣娟.论近代科学研究方法的特征.重庆大学学报(社会科学版),2004,10(5):74-77.

张利燕.心理学研究的生态学倾向.心理学动态,1990:1,16-19.

张培林,王学彦,张雅春,等.自然辩证法概论.北京:科学出版社,2005.

张庆云.基础实验心理学.开封:河南大学出版社,1993.

张学民,舒华.实验心理学纲要.北京:北京师范大学出版社,2004.

中国心理学会.心理学论文写作规范.北京:科学出版社,2001.

周爱保.实验心理学.北京:清华大学出版社,2008.

周仁来.心理学经典实验案例.北京:北京师范大学出版社,2013.

朱滢.启动效应——无意识的记忆.王甦,朱滢,等.当代心理学研究.北京:北京大学出版社,1993.

朱滢.实验心理学.北京:北京大学出版社,2000.

朱滢.心理实验研究基础.北京:北京大学出版社,2006.

肖健.现代生理心理学实验教程.北京:北京大学出版社,2006.

左斌.西方社区心理学的发展及述评.心理学动态,2001,9(1):71-76.

巴特利特.记忆:一个实验的与社会的心理学研究.黎炜,译.杭州:浙江教育出版社,1998.

彼得·哈里斯.心理学实验的设计与报告.吴艳红,译.北京:人民邮电出版社,2009.

恩格斯.自然辩证法.北京:人民出版社,1971.

弗雷德里克·J.格拉维特,罗妮安·B.佛泽诺.行为科学研究方法.邓铸,等,译.

西安:陕西师范大学出版社,2005.

B. H. 坎特威茨,H. L. 罗迪格,D. G. 埃尔姆斯,等.实验心理学——掌握心理学的研究.郭秀艳,等,译.上海:华东师范大学出版社,2001.

墨顿·亨特.心理学的故事.李斯,译.海南:海南出版社,1999.

C. D. 威肯斯,J. D. 李,刘乙力.人因工程学导论.上海:华东师范大学出版社,2007.

Best,J. B. .认知心理学.黄希庭,等,译.北京:北京轻工业出版社,2000.

Edwards,A. L. .心理研究中的实验设计(第五版).毛正中,等,译.成都:四川教育出版社,1996.

Leong,F. ,& Austin,J. .心理学研究手册.周晓林,等,译.北京:中国轻工业出版社,2006.

Pawlik,K. ,& Rosenzweig,M. R. .国际心理学手册.张厚粲,等,译.上海:华东师范大学出版社,2002.

Duane,P. S. ,& Schultz,S. E. .工业与组织心理学.时勘,等,译.北京:中国轻工业出版社,2004.

Soloso,R. L. ,& Maclin,M. K. .实验心理学:通过实例入门.张奇,译.北京:中国轻工业出版社,2004.

Achard,S. ,Salvador,R. ,& Whitcher,B. ,et al. A resilient,low-frequency,small-world human brain functional network with highly connected association cortical hubs. *Neurosci* . ,2006,26:63-72.

Alluisi,E. A. ,& Warm,J. S. Things that go together,stimulus-response compatibility. In: R. W. PROCTOR. (Ed.). *Stimulus-Response Compatibility:An Integrated Perspective* ,North-Holland,Elsevier Science Publisher,BV,1999.

American Psychological Association. *Publication Manual of the American Psychological Association* . The 4th ed. Washington D. C. ,2013.

Anthony G. Greenwald,Debbie E. McGhee,& Jordan L. K. Schwartz. Measuring Individual Differences in Implicit Cognition: The Implicit Association Test. *Journal of Personality and Social Psychology* ,1988,74 (6):1464-1480.

Atkinson,R. C. ,et al. (Eds.). *Stevens' Handbook of Experimental Psychology* . New York,John Wiley & Sons,Inc,1988.

Atkinson,R. C. ,& Shiffrin,R. M. Human memory:A proposed system and its comtrol processes. In: K. W. Spence . (Ed.). *The Psychology of Learning and Motivation:Advances in Research and Theory* . 2,New York:Academic Press,1968.

Baccino,T. ,& Manubta,Y. Eye-Fixation-Related Potentials:Insight into Parafoveal Processing. *Journal of Psychophysiology* ,2005,19:204-215.

Baddeley, A. D. , Grant, S. , Wight, E. , & Thomson, N. Imagery and visual working memory. In: P. M. A. Rabbitt & S. Dornic (Eds.). Attention and performance V (pp. 205-217). London: Academic Press, 1975.

Baumgartner R. , Ryner L. , Richter W. , et al. Comparison of two exploratory data analysis methods for fMRI: fuzzy clustering vs. principal component analysis. *Magn Reson Imaging*, 2000, 18:89-94.

Boneau H. Psychological literacy: A first approximation. *American Psychologist*, 1990, 45:891-900.

Belliveau J. W. , Kennedy D. N. , & Mckinstry R. C. Functional mapping of the human visual cortex by magnetic resonance imaging. *Science*, 1991, 254:716-719.

Brown A. L. Metacognition, executive control, self-regulation, and other more mysterious mechanisms. In: F. E. Weinert & R. H. Kluwe. (Eds.). *Metacognition*, *Motivation*, *and Understanding*, Hillsdale, NJ: Erlbaum, 1987.

Bruni, J. R. Visual attention problems as a predictor of vehicle crashes in older drivers. *Invest Ophthalmol Vis Sci*, 1993, 34:3110-3123.

Carl J. R. , & Gellman R. S. Human smooth pursuit: stimulus-dependent responses. *Journal of Neurophysiology*, 1987, 5:1446-1463.

Chen Q. , & Jiang Z. Eye movements during inspecting pictures of natural scenes for in form at ion to verify sentences. *Journal of Southeast University* (English Edition), 2010, 26(3):444-447.

Collins, D. L. , Zljdenbos, A. P. , Kollokian V. , et al. Design and construction of a realistic digital brain phantom. *IEEE Trans on Medical Imaging*, 1998, 17: 463-468.

Cooper, L. A. , & Shepard, R. N. Chronometric studies of the rotation of mental images. In: W. G. CHASE. (Ed.). *Visual Information Processing*, New York: Academic Press, 1973:75-176.

Crag, A. R. , & Keams, M. Results of a traditional acupuncture intervention for stuttering. *Journal of Speech & Hearing Research*, 1995, 38:572-578.

Crosby, M. E. , & Sophian, C. Processing spatial configurations in computer interface. In: J. HYÖNÄ, R. RADACH, & H. DEUBEL. (Eds.). *The Mind's Eye: Cognitive and Applied Aspects of Eye Movement Research*. Elsevier Science BV. , 2003.

Darwin, C J. , Turvey, M. T. , & Crowder, R. G. An auditory analogue of the

Sperling partial report procedure：Evidence for brief auditory storage. *Cognitive Psychology*,1972,3：255-267.

Deprospero,A. ,& Cohen, S. Inconsistent visual analyses of intrasubjects data. *Journal of Applied Behavior Analysis*,1979,12：573-579.

Dey P. P. ,Amin M. ,Bright M. Multi-model multi-strategy teaching/learning in science,engineering and technology. *Proceedings of the International Computer Science and Technology Conference*(*ICSTC*-2008),San Diego,2008.

Ebbinghaus,H. *Memory：A Contribution to Experimental Psychology*. New York：Dover,1985.

Egeth,H. E. , Virzi, R. A. ,& Garbart, H. Searching for conjunctively defined targets. *Journal of Experimental Psychology： Human Perception and Performance*,1984,10(1)：32.

Engdahl,L. , Bjerre, V. K. ,& Christoffersen, G. R. J. Contributions from eye movement potentials to stimulus preceding negativity during anticipation of auditory stimulation. *Psychophysiology*,2007,44：918-926.

Farran,E. K. , Jarrold,C. ,& Gathercole, S. E. Block design performance in the williams syndrome phenotype：a problem with mental imagery? *Journal of Child Psychology and Psychiatry*,2001,42(6)：719-728.

Field,A.& Hole,G. *How to Design and Report Experiments*. London：SAGE Publications,2003.

Fitts,P. M. ,& Seeger,C. M. S-R compatibility：spatial characteristics of stimulus and response codes. *Journal of Experimental Psychology*,1953,46：193-210.

Fox,P. T. ,Raichle,M. E. ,Mintun,M. A. ,et al. Nonoxidative glucose consumption during focal physiologic neural activity. *Science*, 1988, 241 (4864)：462-464.

Friston,K. J. ,Harrison,L. ,Penny,W. Dynamic causal modelling. *Neuroimage*,2003,19(4)：1273-1302.

Friston, K. J. , Frith, C. D. , Liddle, P. F. , et al. Functional connectivity： the principal component analysis of large (PET) data sets. *CerebBlood Flow Metab*,1993,13：5-14.

Friston,K. J. , Holmes, A. P. , Worsley,K. , et al. Statistical parametric maps in functional imaging: A general linear approach. *Human Brain Mapping*,1995,2：189-210.

Gary, H. G. Deconvolution of Impulse Response in Event-Related BOLD fMRI. *NeuroImage*, 1999, 9:416-429.

Gibson, J. J. *The Ecological Approach to Visual Perception*. Boston: Houghton Mifflin, 1979.

Glanzer, M. & Cunitz, A. R. Two storage mechanisms in free recall. *Journal of Verbal Learning and Verbal Behavior*, 1966, 5:351-360.

Gopher, D. , & Kahneman, D. Individual differences in attention and the prediction of flight criteria. *Perceptual and Motor Skills*, 1971, 33(3f):1335-1342.

Gopher, D. A selective attention test as a predictor of success in flight training. *Human Factors: The Journal of the Human Factors and Ergonomics Society*, 1982, 24(2):173-183.

Gopher, D. , Weil, M. , & Bareket, T. Transfer of skill from a computer game trainer to flight. *Human Factors: The Journal of the Human Factors and Ergonomics Society*, 1994, 36(3):387-405.

Graf, P. & Schacter, D. L. Implicit and explicit memory for new associations in normal and amnesic subjects. *Journal of Experimental Psychology: Learning, Memory, and Cognition*, 1985, 11:501-518.

Graf P. , Squire, L. R. & Mandler, G. The information that amnesic patients do not forget. *Journal of Experimental Psychology: Learning, Memory, and Cognition*, 1984, 10:164-178.

Greenwald, A. G. , Pratkanis, A. R. , Leippe, M. R. , et al. Under what conditions does theory obstruct research progress? *Psychological Review*, 1986, 93:216-229.

Helic, D. , Maurer, H. , & Scerbakov, N. Knowledge transfer processes in a modern WBT system. *Journal of Network and Computer Applications*, 2004, 27(3):163-190.

Holway, A. H. , Boring, E. G. Determinants of apparent visual size with distance variant. *American Journal of Psychology*, 1941, 54:21-37.

Inhoff, A. W. , Starr, M. , & Shindler, K. I. Is the processing of words during eye fixation in reading strictly serial? *Perception & Psychophysics*, 2000, 62:1474-1484.

Jacoby, L. L. Perceptual enhancement: Persistent effects of an experience. *Journal of Experimental Psychology: Learning, Memory, and Cognition*, 1983, 9:21-38.

Jacoby, L. L. A process dissociation framework: Separating automatic from intentional uses of memory. *Journal of Memory and Language*, 1991, 30:513-541.

James, W. *The Principles of Psycholog*. New York: Holt, 1890.

Joyee, C. , Gorodnitsky, I. , King J. , & Kutas M. Tracking eye fixations with electroocular and electroencephalographic recording. *Psychophysiology*, 2000, 39:607-618.

Just, M. A. , Carpenter, P. A. The intensity dimension of thought: pupillometric indicates of sentence processing, *Canadian Journal of Experimental Psychology*, 1993, 47(2):310-339.

Kantowitz, B. H. , & Sorkin, R. D. *Human factors: Understanding people-system relationships*. John Wiley & Sons Inc, 1983.

Kazai, K. , & Yagi A. Integrated effects of stimulation at fixation points on EFRP (Eye-fixation related brain potentials). *International Journal of Psychophysiology*, 1999, 32:193-203.

Kazdin, A. E. *Research Design in Clinical Psychology* (4th ed.). Boston: Allyn & Bacon, 1998.

Kennett, S. , Van Veizen, J. , Eimer, M. , & Driver, J. Disentangling gaze shifts from preparatory ERP effects during spatial attention. *Psychophysiology*, 2007, 44:69-78.

Kimble, G. A. Psychology's two culture. *American Psychologist*, 1967, 39(8).

Levine, G. , & Parkinson, S. (Eds.). *Experimental Methods in Psychology*. New Jersey: Lawrence Erlbaum Associates, 1994.

Loftus, E. F. , & Palmaer, J. Reconstruction of automobile destruction: An example of the interacion between language and memory. Journal of Verbal Learning and Verbal Behavior, 1974, 13: 585-589

Ludwig, T. D. , Geller, E. S. Improving the driving practices of pizza deliverers: Response generalization and moderating effects of driving history. *Journal of Applied Behavior Analysis*, 1991, 24:31-44.

Luck, S. J. , & Hillyard, S. A. Electrophysiological evidence for parallel and serial processing during visual search. *Perception & psychophysics*, 1990, 48(6): 603-616.

Mal. , Wang, B. , Chen, X. , Xiong J. Detecting functional connectivity in the resting brain: a comparison between ICA and CCA. *Magn Reson Imaging*, 2007, 25(1):47-56.

Macwhinney, B. , James, J. , Schunn, C. , et al. STEP-A System for Teaching Experimental Psychology using E-Prime. *Behavior Research Methods, Instruments, &*

Computers,2001,33(2):287-296.

Mckenwn,M. J. ,Makeig, S. G. ,Brown, G. ,et al. Analysis of fMRI data by blind separation into independent spatial components. *Human Brain Mapping*,1998,6(3):160-188.

Michael,S. G. ,Richard,B. I. ,& George, R. M. (Eds.). *Cognitive Neuroscience: The Biology of The Mind*.Norton,2002:184.

Milner,B. ,Corkin, S.& Teuber,H. L. Further analysis of hippocampal amnesic syndrome:14-year follow-up study of HM. *Neuropsychologia*, 1968, 6: 215-234.

Moseley,M. E. ,Glover, G. H. Functional MR imaging:Capabilities and limitations. *Neuroimaging Clin N Am*,1995,5(2):161-191.

Murdock,B. B. The serial position effect of free recall. *Journal of Experimental Psychology*,1962,64:482-488.

Neill,W. T. ,Westberry, R. L. Selective attention and the suppression of cognitive noise. *Journal of Experimental Psychology: Learning, Memory, and Cognition*,1987,13:327-334.

Neisser,U. *Cognitive Psychology*.New York:Appleton-century-Croft,1967.

Ogawa,S. ,Lee,T. M. ,Ray,A. R. ,et al. Brain magnetic resonance imaging with contrast dependent on blood oxygenation. *Proc Natl Acad Sci*,1990,87:9868-9872.

Paller,K. A. ,Hutson,C. A. ,Miller B. B. ,et al. Neural Manifestations of Memory with and without Awareness. Neuron,2003,38(3):507-516.

Peirce,C. S. The fixation of belief. *Popular Science Monthly*,1877,12:1-15.

Posner,M. I. ,Boies,S. J. ,Eichelman,W. H. ,& Taylor,R. L. Retention of visual and name codes of single letters. *Journal of Experimental Psychology Monograph*,1969,79(1):1-16.

Raney,G. ,& Rayner,K. Event-related brain potentials,eye movements,and reading. *Psychological Science*,1993,4:283-286.

Rayner,K. ,White,S. J. ,Kambe,G. ,et al. On the processing of meaning from parafoveal vision during eye fixation in reading. In: J. HYÖNÄ, R. RADACH,& H. DEUBEL. (Eds.). *The Mind's Eye: Cognitive and Applied Aspects of Eye Movement Research*. Elsevier Science BV,2003:213-234.

Riggs,L. A. ,Ratliff, F. ,Cornsweet,J. C. ,et al. The disappearance of steadily fixated visual test objects. *Journal of the Optical Society American*,1953,37:

415-420.

Roediger, H. L. , Weldon, M. S. , & Challis, B. H. Explaining dissociations between implicit and explicit measures of retention: A processing account. In: H. L. ROEDIGER and F. I. M. CRAIK. (Eds.). *Varieties of memory and consciousness : Essays in Honour of Endel Tulving*. Hillsdale, NJ: Erlbaum, 1989.

Rumelhart, D. E. , & McClelland, J. L. (Eds.). Parallel distributed processing: Exploration in the microstructure of cognition (Vol, 1). Cambridge, MA: MIT Press/Bradford Books, 1986.

Scarborough, D. L. , Gerard, L. & Corstese, C. Accessing lexical memory: the transfer of word repetition effects across task and modality. *Memory & Cognition*, 1979, 7: 3-12.

Schiffman, H. R. *Sensation and Perception*. John Wiley & Sons, Inc. , 1996.

Sereno, S. C. , & Rayner, K. Measuring word recognition in reading: eye movements and event-related potentials. *Trends in Cognitive Sciences*, 2003, 7: 489-493.

Sereno, S. C. , Rayner, K. , & Posner, M I. Establishing a time-line of word recognition: evidence from eye movements and event-related potentials. *Neuroreport*, 1998, 9: 2195-2200.

Shallice, T. , & Warrington, E. K. Independent functioning of verbal memory stores: A neuropsychological study. *Quarterly Journal of Experimental Psychology*, 1970, 22(2): 261-273.

Simola, J. , Holmqvist, K. , & Lindgren, M. Hemispheric differences in parafoveal processing: Evidence from eye-fixation related potentials. *Poster Presentation at Brain Talk : Discourse with and in the Brain*, Lund, Sweden, 2008.

Sperati, C. The Inner Working of Dynamic Visuospatial Imagery as Revealed by Spontaneous Eye Movements. In: J. Hyona, R. Radach, & H. Deubel. (Eds.). *The Mind's Eye : Cognitive and Applied of Eye Movement Research*. Elsevier Science BV, 2003.

Spering, M. , & Gegenfurtner, K. R. Contextual effects on motion perception and smooth pursuit eye movements. *Brain Research*, 2008, 12: 76-85.

Sperling, G. A. The information available in brief visual presentations. *Psychology Monographs*, 1960, 74: 1-29.

Sternberg, S. The discovery of processing stages: Extensions of Donders' method. *Acta Psychologica*, 1969, 31: 276-315.

Sternberg, R. J. *Beyond IQ: A Triarchic Theory of Human Intelligence*. New York: Cambridge University Press, 1985.

Stevens, S. S., Morgan, C T. & Volkman, J. Theory of neural quantum in the discrimination of loudness and pitch. *American Journal of Psychology*, 1941, 54: 315-335.

Stevens, S. S. On the psychophysical law. *Psychological Review*, 1957, 64: 153-181.

Stevens, S. S. *Psychophysics: Introduction to Its Perceptual, Neural, and Social Prospects*. New York: Wiley, 1975.

Stewart, A. J., Pickering, M. J., & Sturt, P. Using eye movements during reading as an implicit measure of brand extensions. *Applied Cognitive Psychology*, 2004, 18(6): 697-710.

Stone, J. V. Blind source separation using temporal redictability. *NeuralComput*, 2001, 13: 1559-1574.

Strangman, G., Boas, D. A., & Sutton, J. P. Non-invasive neuroimaging using near-infrared light. *Biol Psychiatry*, 2002, 52: 679-693.

Talaraich, J., Tournoux, P. *Co-planar Stereotaxic Atlas of the Human Brain*. Thieme, 1988.

Takeda, Y., Sugai, M., & Yagi A. Eye fixation related potentials in a proof reading task. *International Journal of Psychophysiology*, 2001, 40: 181-186.

Teasdale, J. D., & Fogarty, S. J. Defferential effects of induced mood on retrieval of pleasant and unpleasant events from episodic memory. *Journal of Abnormal Psychology*, 1979, 88: 248-257.

Tipper, S. P., Cranston, M. Selective attention and priming: Inhibitory and facilitatory effects of ignored primes. *Quarterly Journal of Experimental Psychology: Human, Experimental Psychology*, 1985, 37(A): 581-611.

Treisman, A. M., & Gelade, G. A feature-integration theory of attention. *Cognitive psychology*, 1980, 12(1): 97-136.

Tsai, L. I., & Mcconkie, G. W. Where do Chinese readers send their eyes? In: J. HYÖNÄ, R. RADACH, & H. DEUBEL. (Eds.). *The Mind's Eye: Cognitive and Applied Aspects of Eye Movement Research*. Elsevier Science BV, 2003.

Tulving, E. How many memory systems are there? *American Psychologist*, 1985, 40: 385-398.

Tulving, E. & Schacter, D. L. Priming and human memory systems. *Science*,

1990,247:301-306.

Turley,K. J.& Whiteield, M. M. Strategy training and working memory task performance. *MEM LANG*,2003,49(4):446-468.

Vazquez,A. L. ,Noll,D. C. Nonlinear aspects of the BOLD response in functional MRI. *Neuroimage*,1988,7(2):108-118.

Wacker,D. P. ,Steege,M. W. ,Northup,J. ,et al. A component analysis of functional communication training across three topographies of severs behavior problem. *Journal of Applied behavior Analysis*,1990,23:417-429.

Warrington,E. K.& Weiskrantz,L. A new method of testing longterm retention with special reference to amnesic patients. *Nature*,1968,217:972-974.

Warrington,E. K.& Weiskrantz, L. The effect of prior learning on subsequent retention in amnesic patients. *Neuropsychologia*,1974:419-428.

Watson,J. B. *Behavior: An Introduction to Comparative Psychology*. New York: Holt,1914.

Waugh,N. C. ,& Norman, D. A. Primary memory. *Psychological Review*, 1965, 72:89-104.

Weisktantz,L.& Warrington,E. K. Verbal learning and retention by amnesic patients using partial information. *Psychonomic Science*,1970:210.

Weisstein,N. ,& Harris,C. S. Visual detection of line segments:An object-superiority effect. *Science*,1974,186:752-755.

Witherspoon,D.& Moscovitch M. Stochastic independence between two implicit memory tasks. *Journal of Experimental Psychology: Learning, Memory, and Cognition*,1989,15:22-30.

Witkin,A. A. ,Moore,C. A. ,Goodenough,D. R. Field dependent and field independent cognitive style and their educational implications. *Review of Educational Research*,1977,47:1-64.

Woodworth, R. S. , & Schlosberg, H. *Experimental Psychology* (revised). New York:Henry Holt and Company,1954.

Yagi,A. ,Imanishi,S. ,Konishi,H. ,Akashi,Y. ,& Kanaya,S. Brain potentials associated with eye fixations during visual tasks under different lighting systems. *Ergonomics*,1998,41:670-677.

后 记

这本《实验心理学》是在多年不断调整教学内容、变革教学方式过程中逐渐成形的，也是作为南京师范大学 2014 年立项重点建设的"心理学研究方法教学团队"的重要成果之一，是为适应教学改革实践需要而编写的。根据《省教育厅关于启动"十三五"高等学校重点教材立项建设工作的通知》（苏教高[2016]13 号）要求，在学校推荐基础上，经专家评审、省教育厅审定，确定为省级重点教材建设项目（苏教高[2016]22 号）。需要特别说明的是，此次编撰是在我 2006 年出版的《应用实验心理学》（上海教育出版社）、2012 年出版的《实验心理学导论》（中国轻工业出版社）两部教材基础上的一次提升工作。其中有些过去比较成熟的章节，此次进行了进一步的检查修订；有些章节则是有大幅变化或新加入的。参与本书编写的人员除我本人外，还包括多名研究生同学。他们参与编撰的主要章节有：第七章（吕丹萍）、第八章（孙玉婷）、第九章（庄瑜璐）、第十章（夏绮慧、刘斌）、第十一章（解晓娜）、第十二章（施跃东）、第十三章（吴珊）。我的同事蔡厚德、蒋波、陈庆荣、钟元、应荣华、施聪莺等老师，提出过多视角的编撰建议，对于该书的质量提升起到了重要作用。全国各地各高校的同行，在多年教学中给予了诸多支持并提出过很多教材建设意见。此外，有许多本科生、研究生也不断地以多种方式向我传递了对我已出版教材的积极关注、热情支持和修订建议。我深受感动并铭记于心！

这本《实验心理学》的编撰得到北京师范大学出版集团何琳编辑的关心与支持，在出版过程中，何琳女士对文稿进行了仔细审读，提出了许多建设性的修订意见，这是此书作为精品教材系列质量的最重要保障之一。在此，表示衷心感谢！

本书写作中，参考了大量国内外一手和二手文献，在此对文献的原作者表示诚挚谢意！

邓 铸
2016 年 6 月 于随园